Patricia Beucher

Ein Garten für Faulpelze

E.U.
VERLAG
EUGEN
ULMER

Dank gilt meinen Freunden, deren Gärten und Anregungen mich zu diesem Buch inspirierten.

Zum Anfang eine gute Portion Mut

Man besichtigt ein Haus und verliebt sich in eine Landschaft, einen Himmel, ein Stück brachliegendes Land, auf dem das Licht nicht so ist wie anderswo. Ein Ort, an dem man sich in vollkommener Harmonie mit der Welt fühlt. Und dann schlägt alles um und wird zum Missklang. – Weil man anfängt, alles mögliche zu kaufen und „Supersonderangebote“ auf Pflanzenfesten mitzunehmen. Hin- und hergerissen zwischen der Gier nach Fotos von Mustergärten und der Lust auf einen Ort, an dem es sich gut leben lässt, findet man sich verstrickt in einen Garten, der dem unserer Träume überhaupt nicht mehr ähnlich sieht. Wir lassen uns irritieren durch die Furcht vor Bemerkungen wie: „Na sag mal, wie sieht denn dein Rasen aus? Stört dich der Löwenzahn nicht? Mähst du denn dieses Jahr gar nicht?“ Und zugleich verspüren wir die Lust, uns ins Gras zu setzen, das so schön nach Frühling duftet, in die Betrachtung der tausend kleinen Sonnen des Löwenzahns versunken, die mit dem Licht spielen.

Da gibt es nur einen guten Rat: Halten Sie durch! Bleiben Sie auf Kurs! Aus solcherlei Bemerkungen brauchen Sie sich gar nichts zu machen. Sie beruhen auf Vorstellungen, deren lächerlicher Ehrgeiz darin besteht, einen Garten zu haben, der aussieht wie „alle Gärten“. Zugleich hat man Bilder von Orten im Sinn, die von zahlreichen professionellen Händen geharkt und in Szene gesetzt wurden. Dabei wird dort hie und da sogar geschummelt und eine Pflanze im Topf dazugestellt, der drei Äste zurecht gebogen werden, damit das „besser passt“. Das hat aber nichts gemein mit der Einstellung, dass man gärtnert, um sich das Leben schön zu machen. Und das ist die einzige Idee, für die es sich lohnt, Geduld zu lernen, den Muskelkater der Frühlingsaktionen zu ertragen, die einzige, die heiter macht und lehrt zu beobachten.

Ja, das alles. Ohne Vorurteile. Von der Erde bis zum Himmel. Vom Steinchen bis zur Sonne, die in den Blättern spielt, vom gewöhnlichsten Gebäude bis zum großen Mysterium einer schönen Landschaft. Und selbstverständlich gehört die Fähigkeit dazu, Schönheit in einem Wirrwarr gräulicher Zweige zu erraten, aus dem drei rosafarbene Knospen hervorschauen, die dann zu Pfingstrosen werden, zu einem leichten Nebel blauer Blüten oder zu Sternen besetzten Raketen.

Inhaltsverzeichnis

Ein Gemüsegarten für Bequeme 197

Einen schönen Garten schaffen 148

Köstliches aus dem Obstgarten 269

Der Garten als Paradies

Ein Garten ist Lebensglück an einem
Ort, wo sich der Geist von den
Zwängen, Konflikten, Frustrationen
und Ängsten des überaktiven
Lebens der heutigen Zeit erholt.
Um nicht vom Kurs abzukommen, gilt es
gerade diese Idee stets im Sinn zu behalten.
Der Garten ist auch ein Raum
für Träume, den
man immer wieder
gern verändert,
verwandelt, neu
schafft und neu
erfindet...

Mutter Natur, der Leitstern des Faulen

Ein Garten ist eine Welt in einer Welt – selbst mitten in der Stadt oder in einem Vorort, wo die Landschaft überhaupt nichts Erholsames hat. Er weist eine eigene Qualität des Lichts und der Erde auf, ein eigenes Klima und eine ganze Welt von Gerüchen, Pflanzen, Insekten, Vögeln und unauffälligen Tieren. Das alles verändert sich mit den Jahreszeiten. Schließlich ist da noch die Landschaft. Es bereitet denen, die unbedingt einen Mustergarten anstreben, Kopfzerbrechen, wie sie ihren Garten in die Landschaft einfügen können, obwohl das gar nicht so schwierig ist: Ein schöner Garten passt immer gut in die Landschaft. „Aber was soll man denn tun, damit es schön aussieht, ohne dass man zu viel Zeit darauf verwenden muss?" Da haben wir mal etwas, das gar nicht kompliziert ist: Lernen Sie, sich umzuschauen, folgen Sie der Natur! Bevor Sie sich auf Pickel und Motorsäge stürzen, setzen Sie sich hin und schauen Sie.

Das ist der erste Schritt hin zu diesem roten Faden, der Sie zu einem wunderschönen, persönlichen Garten führt. Denn ein Garten ist eine ganz intime und persönliche Angelegenheit. Und für diejenigen, die es sich nicht verkneifen können, ihre kleine persönliche Buchhaltung zu führen, ist dies eine Methode, in der das Verhältnis zwischen der Beanspruchung des Lendenwirbels und dem Resultat relativ günstig ausfällt.

Gehen Sie auf Entdeckungsreise nach Pflanzen, denen es bei Ihnen gefällt. Wenn sie sich bei Ihnen wohlfühlen, werden sie schön, säen sich überall aus, sie lassen sich sozusagen nieder. Also füllen sie den Garten aus, geben ihm ein Gerüst, eine Einheit, eine Seele. Und fürs „Sehen-Lernen" (denn auch den Blick kann man trainieren) gibt es Nachbarn, Freunde, die bereits gärtnern – Freunde, die man schon immer hatte, und Freunde, die man auf dem Markt kennen lernt, auf einem Pflanzenfest, häufig ganz einfach, wenn man mit einer Pflanze unterm Arm durch die Straßen läuft. Durchs Gärtnern lassen sich überhaupt viel besser Freunde finden als über das Internet! Die schlimmsten Miesepeter verlieren beim Anblick einer Pelargonie in der Tasche ihre Sorgenfalten. Und so wird der allerkleinste Garten zum spannenden Abenteuer.

Nicht nur, dass man es nie über wird seine Möglichkeiten zu nutzen, sondern man zieht von Entdeckung zu Entdeckung, und wenn der Winter kommt, verbringt man herrliche Stunden damit ihn neu zu erfinden, während man die vom Frost zerraufte Landschaft durch das Fenster betrachtet.

Spätestens da wird's interessant und man entdeckt, in welchem Maße der schöne Garten des Faulen vor allem eine Sache der Beobachtung und der Organisation ist. Wenn Sie herausgefunden haben, was sich am besten bei Ihnen akklimatisiert und welches die Schlüsselmomente für Ihren Eingriff in den Garten sind, dann haben Sie gewonnen!

Vorbei ist dieser Verdruss, der vom Zweifel über das, „was gut ist", bis zur Frustration reicht. So dass man es gar nicht mehr wagt all seinen Regungen der Neugier, allen Versuchungen auf Pflanzenfesten und Frühlingsmärkten nachzugeben, die von hübschen, unbekannten Pflanzen überquellen. Eine neue Welt eröffnet sich mit dem Garten, klein genug, um sich darin zu üben, sie nach Maß zu strukturieren und zu formen, und groß genug, um jeden Tag eine Quelle für Entdeckungen zu sein.

Vom guten Nutzen der Pflanzenfeste

Zwar sind die meisten Gärtnervereinigungen nicht jedermanns Geschmack (vorsichtig ausgedrückt), da sie ein so konservatives, fast schon hysterisches Bild von der „Gärtnerei" pflegen, doch das Pflanzenfest bringt eine neue Generation von Gartenliebhabern zusammen, die vor allem da sind, um sich das Leben schön zu machen. Und man trifft so nette Leute, wenn man am Stand eines Baumschulgärtners ein paar Tipps austauscht!

Öffnen Sie gelegentlich an einem schönen Mai- oder Junitag auch Ihre Gartentür den Gärtnern aus der Nachbarschaft – Sie werden sicher überrascht sein, wie qualifiziert die Besucher sind und wie zahlreich die kommen, die Ihnen Samen oder einen kleinen Ableger als Zeichen ihrer Freundschaft mitbringen.

Die Entdeckung eines Königreiches

Genau das macht das Schönste am Gärtnern aus: ein Garten ist für den, der erst einmal auf den Geschmack gekommen ist, eine ständige Quelle der Inspiration – selbst, wenn die Laune des Gärtners auf dem Tiefpunkt ist. Wahrscheinlich verdanken die Gärten ihren mystischen Sinn in allen Religionen dieser Welt ihrer Fähigkeit, unerschöpflicher Jungbrunnen für den Geist zu sein. Vielleicht aber auch der damit verbundenen Geduldsübung, denn eines ist sicher: Ein Garten bringt uns dazu, die eine oder andere Meinung zu überdenken, die uns ernsthaft wichtig war. Und die Quelle aller dieser Gärten, die großen Kummer trösten, die neues Leben schenken, entspringt vermutlich diesem Lernen eines Gleichgewichts, das alle Gärtner gemeinsam haben und das doch bei jedem einzigartig ist. Ein Weg, der sie auf etwas Ungewisses, nicht Wahrnehmbares zuführt, das unveränderlich und doch nie gleich ist, gibt ihnen das Gefühl, ein kleiner Teil einer viel größeren Welt zu sein, in der es von Geheimnissen wimmelt, in der Pflanzen gedeihen und Tiere leben, spontan und ganz nach Belieben. So wie jeder von uns im Grunde verfährt, wie es ihm gefällt, frei und zugleich mehr oder weniger verfangen in wirkliche, aber auch eingebildete Zwänge.

An der Südwand des Hauses folgt *Iris pallida* auf eine alte violette Iris-Sorte, am Fuße von 'Desprez'-Rosen mit gelben Blüten und 'Gloire de Dijon'.

Übrigens werden Sie Griesgrame, Masochisten, ewig Unzufriedene, Entnervte treffen, die Brüderlichkeit ausstrahlen, sobald man ihr Gartenreich betritt. Schließlich reisen schon seit Anbeginn der Welt Pflanzen um die Erde unter dem Motto: „Möchten Sie Ableger? Hier, ich gebe Ihnen welche, ich hab so viel davon!" Da kann man sich doch fragen, warum andererseits das Gärtnern für so viele Leute Knochenarbeit, Rückzug in eine kleine Welt, Zwänge und unnütze Ausgaben – kurz: Sklaverei – bedeutet. Vielleicht versteckt der Griesgram nur seinen Schatz? Oder man hat Angst, seine Träume zu verwirklichen? Man wagt nicht sich umzuschauen, um zu entdecken, dass man auch ohne viel Aufwand, ohne große Kosten Schönheit und Harmonie schaffen kann? Wäre es nicht einen Versuch wert, sich nur mal probehalber zu ändern und im Gegenteil Kurs auf die geteilte Freude zu halten? So ist das Leben viel leichter, viel interessanter, und außerdem gewinnt man dabei jede Menge Freunde.

Wo bin ich?

Oft fängt man mit einer Kindheitserinnerung an zu gärtnern. Das leise Knirschen der Schritte auf dem Kies an einem schönen Sommerabend, an dem die gelben Rosenbüschel, die ins Schlafzimmer hineinwucherten, Sie auf einer Duftwolke einschlummern ließen, ein graublauer Lichtstrahl, der Sie an einen ganz bestimmten Nachmittag erinnert, als Sie mit der Katze im Arm an die warme Hauswand gelehnt standen, die von Glyzinen überwachsen war ... Und man träumt nur noch davon, diese Stimmung neu zu schaffen, um diese glücklichen Momente noch einmal zu erleben. Nur ist der Garten, in

dem man heute lebt, anderswo, und vielleicht bietet er andere Voraussetzungen, die der Verwirklichung dieser Bilder entgegen stehen. So sieht man Menschen, die sich verbissen mit Schubkarren und Säcken voll Erde abrackern, um Kamelien in einem Garten zu pflanzen, dessen Boden ziemlich trocken und kalkhaltig ist, weil sie sich selbst demnächst an einem schönen Herbstnachmittag in die Betrachtung eines rosa Blütenregens versunken vorstellen... Drei Wochen oder sechs Monate später haben sie dann einen neuen Liebling, vergessen die Kamelie, die vor sich hin dürstet und schwitzt. Also vergilbt sie, verliert ihre Blätter, und ein neues Kapitel beginnt...

Holterdipolter eine Runde im Gartenmarkt drehen, im Garten so schnell wie möglich allen verfügbaren Raum ausfüllen: Das ist das sicherste Mittel, um sich schnell davon zu überzeugen, dass Gärtnern eine elende Plackerei ist. Nein! Damit alles von A bis Z angenehm wird, setzen Sie sich vor der Haustür in die Sonne und betrachten Sie Ihren Garten. Tanken Sie Ihr geistiges Auge mit dem herrschenden Licht auf, stellen Sie sich neue Sinneseindrücke vor. Achten Sie auf die Proportionen des Gartens, folgen Sie dem Lauf der Sonne, nehmen Sie die schattigen Ecken wahr, geschützte Stellen, privilegierte Winkel und die, die undankbar erscheinen. Gehen Sie in allen Richtungen durch den Garten. Er ist schon bewohnt: Vielleicht stehen Bäume darin, wahrscheinlich Stauden, sicherlich auch Blumen, die ein oder zwei Jahre lang unsichtbar bleiben, und zwangsläufig viele Wildpflanzen. Gartenanfängern, die davon träumen, dass „es sofort schön sein soll", rate ich immer, ihren Garten erst einmal von Grund auf zu erforschen. Nicht nur, damit sie lernen, die Schätze überhaupt zu sehen, die schon darin wachsen, sondern auch, um sich selbst in diesem Raum wahrzunehmen und herauszubekommen, was ihnen selbst wirklich gefallen würde.

„Aber ich habe doch keine Ahnung!"

Sicher, wenn man von einer Wohnung auf ein Stück Land gerät, das verdächtig nach einem brachliegenden Feld aussieht, ist das hart. Wenn Sie dazu noch erfahren, dass es, wenn Sie nichts unternehmen, wirklich eine hässliche Brache wird, die sich noch nicht einmal zum Sonnenbaden eignet, so kann das ganz schön entmutigen. Das beste Mittel, um solche schwierigen Verhältnisse in Griff zu bekommen, lautet: mit den Nachbarn Freundschaft schließen. Es ist sehr unwahrscheinlich, dass kein Nachbar gärtnert. Und das beste Mittel, sich mit Gärtnern anzufreunden, ist, sie um Rat zu fragen. Dann sind Sie mit der Führung dran, die ausführlich kommentiert wird, womit eine Menge von Auskünften über die Geschichte des Gartens einhergehen, wie etwa: „Die Oma, die hier wohnte, hatte Kaninchen, darum wächst in der Ecke da Luzerne. Da hast du aber ein Super-Grundstück, Kumpel, denn Luzerne ist der purste Dünger..." So so, wenn dann jedenfalls die Vorstellung von einem Garten langsam zu der Idee reift, einen Gemüsegarten anzulegen, erlebt der Glückspilz, der das zu hören bekommt, die Ernte des Jahrhunderts, ohne sich sonderlich anzustrengen. Sie lernen, einen Pflaumenbaum vom Holunder zu unterscheiden, den normalen Lorbeer vom Kirschlorbeer. Bei Bäumen und Sträuchern kann man tatsächlich mit dem Buch in der Hand dazulernen (es gibt viele ausgezeichnete!).

Aber das einzige Mittel für einen Anfänger, eine im Frühling sprießende Pfingstrose von dem Brennnesselhorst daneben unterscheiden zu lernen, ist die Führung durch den erfahrenen Pflanzenkenner. Denn es gibt kein Buch, in dem gezeigt wird, wie Gartenblumen im Winterschlaf oder beim Frühlingserwachen aussehen. Rechnen Sie also nicht damit, dass Sie schon alleine klar kommen werden, aber Sie werden sehen, die gemeinsame Besichtigung ist wirklich sehr lehrreich. Man entdeckt Schätze und das Profil des Gartens zeichnet sich ab: Manche Pflanzen wachsen in jedem Boden (Tulpen, Pfingstrosen, Iris, Flieder, Japanische Zierquitten, Forsythien usw.), viele aber haben ganz besondere Bedürfnisse. Rhododendren, Horten-

Linke Seite: Wenn Regenschauer Spuren auf den Fenstern hinterlassen, träumt der Gärtner beim Hinausschauen. Oben: Dieses Eichenkind ist wahrscheinlich aus einer Eichel entstanden, die ein Vogel fallen gelassen hat. Der Baum braucht gute 50 Jahre, bis er seine ganze Majestät entfaltet hat.

Den Boden analysieren

Das ist wertvoll, wenn man einen neuen Garten in Angriff nimmt, den man noch nicht kennt: dass man in eine deutliche lesbare Analyse investiert! Verlangen Sie stets einen Ausdruck des Protokolls und stellen Sie ohne Hemmungen alle Fragen, die dieses aufwirft. Selbst, wenn es gut abgefasst ist, selbst, wenn detaillierte Ratschläge damit einhergehen, kann es passieren, dass Sie nichts davon verstehen; dann fragen Sie lieber nach, damit Sie auch wirklich verstehen, worauf es ankommt. Wenn das nicht der Fall ist, fragen Sie anderswo. Gärtnereien, Gartenbauämter und Landwirtschaftsgenossenschaften führen Bodenanalysen durch.

sien, blühende Fuchsien weisen auf einen sauren oder neutralen, jedenfalls aber fruchtbaren, frischen Boden und einen frostgeschützten Garten hin. Christrosen, Goldlack, Federnelken, die in Form sind, obwohl der Garten brachliegt, bedeuten gut durchlässigen, eher kalkhaltigen Boden. Und gleichzeitig findet man Freunde unter den unglaublichsten Typen, mit denen man schon überhaupt keine Gemeinsamkeiten hat – außer, na ja, Sie wissen schon...

Der Frühling (von der Zeit, in der der Flieder blüht, bis zur Rosenblüte) ist die beste Zeit. Da können Sie alle Pflanzen kennen lernen, die in Ihrem Garten wachsen. Denn dann steckt alles, was im Winter schläft, den Kopf aus der Erde, und alles, was im Sommer

schläft, blüht (Tulpen, Narzissen, Blausterne) oder hat leicht zu identifizierende Blätter.

Kleinklimate

Die Gespräche mit den Nachbarn sind auch ideal, um sich ein Bild vom örtlichen Klima zu machen. Reden Sie fünf Minuten lang mit einem Gärtner übers Wetter, und Sie können Gift darauf nehmen, dass er so etwas sagen wird wie: „Bei uns kann man sich auf den Wetterbericht überhaupt nicht verlassen, die irren sich immer, und wir haben ja sowieso ein Kleinklima...“ Denn es stimmt schon, wenn man den Wetterbericht hört, stellt man fest, dass nicht nur „die“ sich irren, sondern dass es tatsächlich kleinräumige Unterschiede gibt. So regnet es in Ihrem Ort vielleicht weniger häufig als in zwei Kilometer Entfernung, der Flieder blüht auf eine örtliche Distanz von sagen wir mal 12 Kilometern mit 14 Tagen Zeitverschiebung usw. Nun sind Sie bald soweit, dass Sie sich ein genaues Bild von Ihrem persönlichen Kleinklima machen können. Und der „Kleinklima-Club“ hat flugs ein neues Mitglied...

Ein paar variable Anhaltspunkte sind: Wenn der Garten von einer Hecke umgeben ist wie von einer grünen Mauer (oder von Gebäuden), ist es dort sicher milder als wenn er offen liegend allen Winden ausgesetzt ist. Hingegen hat er wahrscheinlich sehr schattige Stellen, zumindest für einen Teil des Tages, und am Fuße der immergrünen Hecken ist der Boden stets sehr trocken und nährstoffarm. Dann muss man also für diese Standorte nach Pflanzen suchen, die Schatten mögen und anspruchslos sind. Hingegen erreicht die Temperatur entlang von Mauern und Palisaden, die nach Süden oder Südwesten liegen, von April bis Ende September Rekordhöhen. Dann sind Teerosen und die schönen kälteempfindlichen Pflanzen der zweifelhaften Kategorie „wenig winterharte Stauden“ genau die Richtigen für Sie. Klar: Bei starkem Frost geht's ein. Aber Sie haben ja erst mal den Sommer vor sich.

Oft ist es schwieriger, zugige Standorte auszumachen, vor allem wenn man viel Zeit außer Haus verbringt, denn abends, wenn man von der Arbeit kommt, hat sich der Wind gelegt. Doch mit der Zeit wächst die Erfahrung, und auch hier helfen die Gespräche mit den Gärtnerfreunden – jedenfalls was die Diagnose betrifft. Praktische Ratschläge allerdings sind ein anderes Paar Schuhe, denn viele der Hobby-Gärtner machen sich gern das Leben schwer und belasten sich mit Pflanzen, die bei ihnen einfach nicht gedeihen können. Dieses Leistungsstreben, das auch die Vernünftigsten unter uns immer etwas bauchkitzelt, bringt Anfänger nur durcheinander. Das heißt aber nicht, es sei verboten, neugierig zu sein – es ist sogar viel zu spannend, als dass wir davon abraten könnten!

Mini–Maxi

Das Minimum–Maximum-Thermometer, das zugleich die Mindest- und die Höchsttemperaturen anzeigt, ist sehr aufschlussreich. Damit kann man alle Mikroklimate des Gartens ausmachen, und das macht es möglich, sich Neuheiten zu gönnen und diese in einer Gegend gedeihen zu lassen, in der man sie normalerweise nicht sieht.

Was Wildpflanzen erzählen

So wie er ist, beherbergt der Garten unzählige Wildpflanzen. Pflanzen, die Gärtner landläufig als „Unkraut“ bezeichnen. Der Grund für diese beleidigende Bezeichnung ist, dass sie einfach nur da wachsen, wo es ihnen gefällt, dass sie allen verfügbaren Raum überwuchern, und zwar auf Kosten der zarten Lieblinge des Gärtners. Auch Bäume sind oft von selbst da. Ihre Samen werden vom Wind und den Vögeln gebracht.

Da es Ihr Ziel ist, möglichst „locker vom Hocker“ zu gärtnern, nehmen Sie sich die Zeit, anzuschauen, was sich in Ihrem Garten wohlfühlt, bevor Sie den Pflanzen mit Hacke und Motorsäge zu Leibe rücken, denn sie teilen Ihnen ganz viel über die wirkliche Natur Ihres Grundstücks mit. Das ist keine exakte Wissenschaft und man muss mehrere Elemente miteinander kombinieren, um sich eine Meinung zu bilden. Aber es bedeutet eine sehr interessante Botanik- und Ökologielektion, die Sie zusammen mit Ihrer Familie durchnehmen können, zumindest, wenn Sie Kinder im Grundschulalter haben. (Ältere interessieren sich für Botanik meist nicht die Bohne.)

Doch wenn Ihre Sprösslinge klein sind, legen Sie ein Gartenheft an, in dem der Garten beschrieben wird; illustrieren Sie das Ganze mit einem Herbarium und mit Fotos, die Sie zusammen aufnehmen. So etwas schaut man sich nachher immer wieder gern zusammen an.

Es ist sehr spannend, mehr über die Pflanzen zu erfahren, die um uns herum wachsen. Ganz schnell sehen Sie die Dinge dann mit anderen Augen an, und ebenso wie ein Archäologe, der die Spuren einer alten Siedlung unter dem Profil eines etwas zu runden Hügels errät, begreifen Sie die Landschaft dann mit neuer Intensität: Die alles überwuchernden Brennnesseln z. B. zeigen stets die Gegenwart des Menschen an. Man findet sie nur da, wo der Boden durch das Schaffen des Menschen mit Nährstoffen angereichert wurde, im Unterschied zum Adlerfarn, der davon zeugt, dass ein Ort seit langem brach liegt.

Bingelkraut und Fuchsschwanz treiben die Pioniere zur Verzweiflung, die einen Garten übernehmen, der kürzlich extensiver Landwirtschaft ausgesetzt war, denn sie überwuchern alles in einem Sommer; dabei sind sie ein Zeichen für Fruchtbarkeit. Der Ginster hingegen ist kein gutes Zeichen, obwohl er zur Familie der Leguminosen (Hülsenfrüchtler) gehört. An den Wurzeln dieser Pflanzen leben Knöllchenbakterien, die den Luftstickstoff aufnehmen und pflanzenverfügbar machen. Damit reichern sie den Boden mit Stickstoff an.

Diese botanische Bilanz ist nicht nur Anfängern vorbehalten. Es ist lehrreich, sie regelmäßig durchzuführen, denn wenn Sie erst einmal gelernt haben, diese Sprache zu verstehen, erkennen Sie, wie sich Ihr Garten entwickelt. Bei uns ist der Boden ausgezeichnet, aber schwer, ein lehmiger, kalkhaltiger Löß. Am Anfang war der Garten von Ampfer und Disteln überwuchert. Nach drei Jahren biologischen Anbaus mit intensivem Mulchen und dem Einsatz von Gründünger sind diese Pflanzen verschwunden ... – außer dort, wo der Traktor des Nachbarn seine Wendemanöver ausführte (bei ihm ist es zu eng) ... und somit den Boden derart festwalzte, dass man monatelang nichts mehr damit anfangen konnte. Nun mögen Sauerampfer und Disteln verdichtete Böden. Ehrenpreis, Erdrauch, Kreuzkraut und Miere sind an ihre Stelle getreten.

Links: Wiesenmargeriten. Rechts: Der recht ansehnliche und aromatische Rainfarn wächst auf allen Böden, aber er wuchert sehr.

Die Miere ist ein ausgezeichnetes Barometer für zu viel Stickstoff im Boden, und da im Allgemeinen der Gärtner zu großzügig Dünger verteilt, ist das ein wertvoller Indikator. Entwickelt sich gar ein üppiger Teppich aus Miere außerhalb der Vegetationsperiode, fügen Sie keinen weiteren Dünger oder Kompost hinzu. Werfen Sie die ausgerissene Miere aber nicht irgendwo hin. Verwerten Sie sie, denn dies ist ein Element erster Wahl für den Kompost... aber natürlich nicht, wenn sie schon Samen trägt.

Wunderhübsche Wildpflanzen

Der Unterschied zwischen einer gärtnerischen Auslese und einer Wildblume ist oft recht fein, man schaue sich nur mal die Akelei oder den Fingerhut an. Wenn der Garten in die Wiese übergeht oder am Waldrand liegt, verbreiten sich Wildblu-

Fotos !

Wenn Sie keine Ahnung haben, knipsen Sie am besten Fotos, damit Sie sich besser merken können, was man Ihnen beschreibt. Der einfachste Apparat reicht schon, wenn Sie so dicht wie möglich herangehen. Schauen Sie in der Gebrauchsanweisung nach, welches der Mindestabstand ist, damit Sie Großaufnahmen bekommen, die so genau wie möglich ausfallen. Ein Fotografentrick, damit das Foto scharf wird: Halten Sie den Atem an, wenn Sie auf den Auslöser drücken. Und notieren Sie Ihre Bilder in einem Heft mit Nummer und Namen. Zum Beispiel: „1 bis 3: Pfingstrose *Paeonia lactiflora*“. Wenn Sie die Fotos abholen, schreiben Sie diese Namen auf den Rücken. Alle Apparate haben einen Bildzähler.

Einige gute Zeigerpflanzen

Diese Wildpflanzen zeigen an, mit welchem Bodentyp Sie es zu tun haben.

Fruchtbar: Fuchsschwanz, Gänsefuß, Erdrauch, Klebkraut, Bingelkraut, Schwarzer Nachtschatten, Vogelmiere, Brennnessel, Kreuzkraut, Ehrenpreis.

Mager: Gaspeldorn, Heidekraut, Klappertopf, Farn, Ginster, Natterkopf.

Kühl: Beinwell, Scharbockskraut, Minze, Gänse-Fingerkraut, Schachtelhalm, Hahnenfuß.

Trocken: Wegwarte, Knollenziest, Fetthenne, Wiesensalbei.

Lehmig: Kratzdistel, Klebkraut, Schwarzer Nachtschatten, Wegwarte, Wiesensalbei.

Verdichtet: Wilde Möhre, Distel, Quecke, (Echte) Kamille, Wegerich, Huflattich, Fuchsschwanz.

Sandig: Acker-Hundskamille, Pippau, Lichtnelke, Rutenhirse, Stiefmütterchen.

Kalkhaltig: Adonisröschen, Wegwarte, Stinkende Nieswurz, Esparsette, Wiesensalbei, Zwergholunder, Huflattich.

Sauer: Heidekraut, Kastanie, Fingerhut, Adlerfarn, Ginster, Stiefmütterchen, (Sauer-)Ampfer.

men darin nach Lust und Laune. Und sie sind so schön, dass es schade wäre, sie als bloßes Unkraut anzusehen. Wenn man sie im Gegenteil gewähren lässt, vollziehen sie auf elegante Weise den Übergang zwischen dem Umland und dem Garten.

In der Stadt verleihen Wildblumen dem winzigsten Garten einen Hauch von Ländlichkeit. Übrigens sind sie oft bereits da. In schattigen Höfen turnen seit dem Untergang Roms Wurmfarn und Steinfeder auf den Mauern herum, während Goldlack und Fetthenne sonnige Mauern beleben...

Von den mehrjährigen Blumen brauchen Sie nur ein paar Exemplare zu pflanzen (entweder im September oder im März-April in schön aufgelockerten Boden, der mit einer Handvoll reifer Muttererde pro Pflanzloch angereichert wurde), damit sie sich in der Folgezeit bei Ihnen eingewöhnen, üppig aussäen und sich so überall nach Belieben ansiedeln. Die einjährigen Blumen säen sich von ganz allein aus. Bei Orchideen ist allerdings Vorsicht angebracht: Schützen Sie sie, wenn sie von allein kommen, aber versuchen Sie nicht, wilde Orchideen in Ihren Garten zu verpflanzen – Sie gehen dabei ein, denn ihr Gedeihen hängt vom Zusammentreffen vieler verschiedener Bedingungen ab.

Wertvolle Bäume

Warum pflanzt man keine Bäume mehr? Die Gewohnheit, alles kahl zu scheren, ist so weit verankert, dass es einem durchaus normal vorkommt, in einen Garten zu treten, der allen Winden offen steht. Im Siedlungsraum bieten Bäume in den Gärten einen beständigen Anlass für Streitigkeiten mit den Nachbarn, die sich über den Schatten beschweren und sich apokalyptische Gewitter mit umstürzenden Bäumen ausmalen, die verheerende Folgen für Ihr Häuschen haben.

Wenn Sie sich die Bilder von Gärten auf schönen Hochglanz-Zeitschriftenseiten ansehen, stellen Sie fest, dass auf eigenartige Weise die Bäume fehlen. Mit Ausnahme ein paar saisonbedingter Artikel über Herbstfarben und eine spektakuläre Frühjahrsblüte ist es, als gäbe es sie gar nicht. Schlimmer noch: Alle Welt scheint von dieser angelsächsischen Manie ergriffen, die die Welt des Gärtnerns in den vergangenen 15 Jahren überzogen hat. Danach muss ein Baum oder Strauch, wenn er schon im Blickfeld toleriert wird, unverzüglich kahl geschoren werden, damit der Unglückliche nur noch jugendliche Triebe aufweist, die als „dekorativer" gelten als die kräftige Silhouette eines schönen, ausgewachsenen Baumes. Das passt zu einer Gesellschaft, in der die Leute Mühe haben, erwachsen zu werden, und sich dann mit dem Altern schwer tun... Der Baum ist ein Symbol für Geduld und Reife, und er nimmt heute einem Gärtner zu viel Platz weg, denn dieser hat es immer eilig, er will, dass sein Beet, sein Garten „sofort wirkt".

In der Folge pflanzen dieselben Gärtner manchmal sogar Baumriesen, die eigentlich nur Besitzer eines schönen Parks ins Auge fassen sollten. Doch das geschieht versehentlich: In der Absicht, Hecken herzustellen, die ganz schnell vor den Blicken der Nachbarn schützen, und um das Gleiche zu haben wie diese: ein Grüppchen aus drei Birken, dazu zwei Tannen und eine Japanische Zierkirsche. Zur Entschuldigung sei angeführt, dass es für einen Käufer eines Baumes oder Strauches fast unmöglich ist, sich eine genaue Vorstellung von der Natur seiner Neuerwerbung zu machen, wenn man sich nicht an eine richtige Baumschule wendet. – Um dann zehn Jahre warten zu müssen, bis die Gehölze nach was aussehen... Wenn Sie also das Glück haben, einen Garten zu haben, auf dem bereits Bäume stehen, überlegen Sie erst einmal fünf Minuten lang, bevor Sie zur Motorsäge greifen!

Denn selbst, wenn man den Bäumen vorwerfen kann, dass sie Schatten werfen, die Erde ringsum austrocknen, ihre Wurzeln zuweilen in die Abflussrohre stecken, besitzen Bäume einen höheren Wert. Sie geben einem Garten etwas Erhabenes und sie schützen ihn vor Kälte und Wind. Sie

Der Gärtner ist weggegangen, aber da steht noch sein Liegestuhl am Wasser, unter der Linde, gegenüber dem Pappelwald.

verleihen dem Garten die unverzichtbare Dimension der Vertikalen, geben ihm ein Relief. Probieren Sie es aus: Fotografieren Sie ein Haus in einem schön blühenden Garten, in dem keine Bäume stehen. Schauen Sie sich das Foto an: Wie flach der Garten erscheint! Die Farben, die Sie als so leuchtend erlebt haben, der Garten, der Ihnen „in Wirklichkeit“ so schick vorkam, scheint auf dem Foto leer und ungeordnet. Nun nehmen Sie einen Stift und skizzieren Sie nur einen einzigen Baumumriss, z. B. in eine Gartenecke, und schauen Sie erneut: Man hat den Eindruck, dass die Dinge ihre Ordnung finden. Hier tritt der Weg besser hervor, dort heben sich Farbfelder voneinander ab, das Haus selbst erscheint in diesem Rahmen klarer, besser gezeichnet...

Kurz, ein Baum ist kostbar und strukturiert viel wirksamer einen Garten als alle Zäune, Tore und Pergolen, die man sich nur vorstellen kann. (Nicht eingerechnet, dass man sie kaufen und aufstellen muss. Und das ist eine Aufgabe für sich!)

Der Baum des Nachbarn stört mich

Fällen Sie ihn auf keinen Fall eigenmächtig, denn das gibt Ärger! Handeln Sie lieber aus, dass der Baum auf intelligente Weise zurückgeschnitten wird, und schlagen Sie vor, dass Sie sich an den Kosten beteiligen. Wenn Sie ohne Erlaubnis handeln, ob durch Rückschnitt oder Mord mit Pflanzengift, sollten Sie wissen, dass Sie die Verantwortung tragen und Ihre Versicherung Sie nicht decken wird.

Vorhandene Bäume nutzen

Baumkronen sind die besten Sonnenschirme, tragen Schaukeln viel reizvoller als die gekauften Gestelle und eignen sich hervorragend für die kleinen Liebhaber der Einsamkeit im Baumhaus, fern von den Eltern.

Nur wenn der Garten im Schatten versinkt, wenn die Gehölze zu dicht stehen, muss man eine Auswahl ins Auge fassen. Wer in dieser Hinsicht keine Erfahrung hat und wenn man es mit großen Bäumen zu tun hat, beauftragt man am besten einen professionellen Baumpfleger. In der Stadt leiden die Bäume, besonders Linden und Kastanien, unter der Luftverschmutzung, und der mindeste falsch ausgeführte Schnitt kann ihre Gesundheit gefährden. Heute bieten überall qualifizierte Landschaftsgärtner oder Baumpfleger ihre Dienste an. Sie schaffen es, einen Baum zurückzuschneiden, ohne ihn zu verstümmeln, und verschaffen Ihnen auf diese Weise 50 Prozent mehr Licht. Das geht schnell, ist interessant zu beobachten wie ein Drahtseilakt und kostet erfreulicherweise weniger als ein „ordentliches“ Massaker, das den Schuldigen einfach nur beseitigt.

Der Baumpfleger kann auch eingreifen, wenn das Astwerk eines vernachlässigten Baumes oder eine Pflanze, die aus Platzmangel eine merkwürdige, untypische Form angenommen hat, neu modelliert werden soll. Auch einem von Natur aus unförmig wachsenden Strauch (wie z. B. einer Salweide, einem Haselnuss-Strauch

Der Aprikosenbaum soll launisch sein? Das kommt ganz darauf an. Denn wenn er trägt, dann ordentlich!

Man wirft doch nicht alles auf den Müll!

Warum wollen Sie mehr für die Müllabfuhr bezahlen, nur weil Sie die Müllkippe mit dem in Ihrem Garten geschnittenen Holz verstopfen? In 50 cm lange Stücke gesägt, kann es Ofen, Grill oder Kamin füttern. Kleine, 2 bis 5 cm dicke Zweige werden zu nützlichen Stützen zum Hochbinden von Himbeersträuchern, Tomaten und Bohnen, man kann hübsche Zäune damit ziehen oder Betonwände einrahmen. Dicke Äste (von Edelkastanie, Ahorn, Esche, Buche) dienen als haltbare Pflöcke, die nichts kosten. Junge Triebe von Weide und Haselnuss, die gleich nach dem Abschneiden in Form gebogen werden, ergeben ausgezeichnete Bögen für Frühbeettunnel!

oder Flieder) kann er eine hübsche Silhouette verleihen. Aber hier können Sie mit etwas Augenmaß gut allein klarkommen.

Um in einen Garten wieder Licht herein zu holen, beobachten Sie den Lauf der Sonne und beginnen Sie mit dem Aufhellen nach Osten und Westen hin, dort, wo die Schatten am längsten sind. Die Südseite kommt später dran. Einen Baum zu fällen ist leicht, aber um zu verhindern, dass sich holzzerstörende Pilze des Baumstumpfes bemächtigen, die bei benachbarten Gehölzen Fäulnis auslösen können, muss man darauf achten, dass die Baumstümpfe komplett entfernt und dann verbrannt werden. Man sollte schon versuchen, soviel wie möglich vom Wurzelwerk des gerodeten Baumes zu entfernen. Vor dem Fällen kontrollieren Sie, ob der verurteilte Baum Sie nicht doch vor unerwünschten Blicken schützt. Wenn das der Fall ist, lichten Sie erst einmal nur die Krone aus.

Wenn dann die Auswahl getroffen ist, können Sie sich gleich ein Programm für Neupflanzungen vornehmen: So können Sie etwa diesen banalen Holunder vorübergehend stehen lassen und daneben in 1 m Entfernung vom Stamm den Kirschbaum oder die Magnolie Ihrer Träume in ein ganz bequemes und reichlich mit Kompost gefülltes Pflanzloch setzen. Der

Neuling braucht zwei Jahre, um sich gemütlich einzurichten. Und dann ist es soweit, ihm Platz zu machen, damit er aufblühen kann. In der Zwischenzeit freuen Sie sich am Grün des Ungeliebten, und Ihr Garten sieht harmonischer aus.

Und wenn man die Natur sich selbst überließe?

Die echten Faulpelze kennen nicht diesen kleinen, teuflischen Motor, der den normalen Gartenfreund unablässig dazu treibt, sich seinen Garten immer neu vorzustellen, ihn mit einem Sammelsurium an Pflanzen und diversem Krempel zu füllen. In einem Wort: Sie sind gar keine Gärtner! Sie sind weiser oder auf jeden Fall beschaulicher, und sie möchten sich einfach nur setzen und zuschauen, wie die Natur das alles macht. In Mitteleuropa dauert dieser langsame Prozess der Vegetationsabfolge, der von Brennnesselfeldern zum Wald mit seinen Pflanzenetagen, Lichtungen und Dickichten führt, etwa 40 Jahre.

Die erste Etappe heißt Brache, und wenn man sie aus der Nähe betrachtet, sieht sie nicht gerade attraktiv aus. Gerade sie ist es, die den armen Unglücksraben jeglichen Mut nimmt, die von einer Wohnung in ein Haus „mit Grundstück“ ziehen, aber überhaupt keine Lust haben zu gärtnern. Brombeerranken, Brennnesseln, Ampfer, Disteln usw. bilden die erste chaotische Etappe, die gut drei oder vier Jahre dauert. Es dauert etwa 15 Jahre, bis sich die Verhältnisse geklärt haben und das Gelände zu dieser Art grasbewachsener, mit Sträuchern übersäten Heide geworden ist, auf der die widerstandsfähigsten Bäume Fuß fassen. Das ist das typische Landschaftsbild der von den Bauern aufgegebenen Felder. In den darauf folgenden 20 Jahren weicht die Heide, je größer die Bäume werden.

Aber trotzdem – kann man das denn als „echte“ Natur bezeichnen? – Zumindest ist es keine unverfälschte Natur, weil der menschliche Einfluss stets spürbar bleibt, selbst wenn nichts mehr angebaut wird. Denn sogar dann, wenn man nichts tut, sind unsere Breiten von einer Masse Pflanzen bevölkert, die sich im Laufe der Jahrhunderte hier angesiedelt haben. Um nur ein Beispiel zu nennen, streiten sich die Fachleute immer noch über die genaue Herkunft der Hundsrose (*Rosa gallica*), die in vielen Gegenden wild vorkommt; aber zugleich ähnelt sie so sehr ihren kleinen Schwestern im Mittleren Osten, dass eine schon lange zurückliegende Ansiedlung wahrscheinlich erscheint.

Diesen eigenwilligen, aber gar nicht wahrnehmbaren Prozess, der von der Wild- zur Kulturpflanze und von der Kultur- zur Wildpflanze führt, versuchen die raffiniertesten Gärtner in den Griff zu bekommen, indem sie den Raum, den sie bewohnen, mit Pflanzen bevölkern, die sich leicht eingewöhnen. Sie begnügen sich damit, behutsam einzugreifen und sind stets bereit, sich über die Sterndolde oder die Nachtkerze zu begeistern, die ein Vogel eingeschleppt hat oder die durch den Bau der Autobahn nebenan (denn manche Samen ruhen lange in der Erde) zu neuem Leben erweckt wurden. Diese nachgiebige, kultivierte Haltung empfehle ich den anderen faulen Gärtnerfreunden im Laufe dieses ganzen Buches. Ungeduldige, leidenschaftliche Aktivisten müssen wissen, dass es 15 Jahre dauert, bis die Heide sich eines aufgegebenen Stückes Land bemächtigt, und genauso lange dauert es, bis ein Garten seine Reife erlangt hat.

Empfehlenswerte Bäume und Sträucher

Der hübsche Rotdorn der alten Gärten auf dem Lande ist eine Sorte des Zweigriffeligen Weißdorns. Er eignet sich für blühende, unproblematische Hecken.

Sie sind uns so vertraut, dass wir sie kaum mehr wahrnehmen. Gerade mal im Herbst werden wir auf ihre Erhabenheit aufmerksam. Überlegen Sie jedenfalls gut, bevor Sie zur Motorsäge greifen. Das ist ein gefährliches Werkzeug, und bedenken Sie, dass die Gartencenter bei weitem nicht nur Prachtexemplare anbieten. Die folgenden Bäume und Sträucher eignen sich gut für eine ländliche Hecke. So bilden sie Barrieren, die wirksam vor Wind schützen und das Klima im Garten verbessern. Solche Hecken bieten wild lebenden Tieren Schutz und sind eine nie versiegende Quelle für Pflöcke, Pflanzstützen und Kaminholz. Denken Sie daran, wenn Sie ein ausreichend großes Grundstück haben!

Feld-Ahorn

Acer campestre

Der Feld-Ahorn bevorzugt kalkhaltige Böden. Er hat eine feinkörnige Borke, glänzendes, rund gelapptes Laub, hübsche Blüten- und Fruchtstände und ein Herbstgewand in kräftigem Buttergelb. Er fühlt sich freistehend ebenso wohl wie in der Hecke, verdient es allerdings, dass man ihn sich zu seinem wunderbaren natürlichen Wuchs entfalten lässt. Oft beherbergt er den hübschen Buchfink. Der Berg-Ahorn (*Acer pseudoplatanus*), den man häufig entlang von Stadtstraßen sieht, wirkt viel weniger elegant. Er besitzt eine ziemlich gewöhnliche Silhouette, große Fächerblätter (ähnlich der Platane, worauf sich der lateinische Artzusatz bezieht) in gewöhnlichem Grün. Hübsch sind nur seine in langen Trauben herab hängenden gelbgrünen Blütenstände im Frühjahr. Ansonsten hat er dieselbe lästige Angewohnheit wie die Esche, sich überall auszusäen und jegliche Spalte in gemauerten Terrassen auszunutzen. Aber er ist stabil genug, um Hängematte und Schaukel zu tragen..., und er wächst wirklich in jedem Boden.

Schwarz-Erle

Alnus glutinosa

Sogar im Winter ist die Schwarz-Erle leicht an ihrer tannenförmigen Silhouette zu erkennen. Den ganzen Winter über trägt sie ihre Überfülle an Fruchtständen, die wie winzige Kiefernzapfen aussehen. Im Frühling ist die Erle von Kätzchen überladen. Dieser ideale Baum für feuchten Boden hilft, Böschungen zu befestigen und einen staunassen Boden zu entwässern. Da seine Wurzeln die seltene Gabe haben, eine Symbiose mit Strahlenpilzen einzugehen, die den Boden mit Stickstoff anreichern, ist die Erde an seinem Fuße stets ausgezeichnet. In Baumschulen gibt es eine Menge Sorten: z. B. 'Pyramidalis' in perfekter Kegelform oder 'Aurea' mit goldenem Laub. Seltener ist die majestätische Grau- oder Weiß-Erle (*Alnus incana*), die wegen ihres auf der Blattunterseite silbergrauen Laubes ein Segen für windige Lagen ist. Von ihr gibt es ebenfalls eine goldfarbene Auslese (*A. incana* 'Aurea').

Sandbirke

Betula pendula

Die Sand- oder Hängebirken erscheinen fast banal, da sie in vielen Siedlungen der Nachkriegszeit gepflanzt worden sind. Sie wachsen in jedem Boden, werfen dank ihrer hellen Borke und ihrem im Herbst ganz hell gelben Laub leichten Schatten und sind im Frühling mit zarten Kätzchen übersät. Unter ihrer Krone lässt sich's gut ruhen – aber in einem Liegestuhl, denn die Zweige sind zu zerbrechlich, um eine Hängematte daran aufzuhängen. Die flach streifenden Wurzeln hindern nicht Immergrün, Veilchen, Gundermann und Kaukasus-Vergissmeinnicht daran, den Boden an ihrem Fuße zu überziehen. Diese Blumen machen kaum Arbeit: Sie sollten nur zweimal jährlich leicht gemäht werden. Wenn Sie allerdings Rasen unter einer Birke säen wollen, nehmen Sie eine Saatgutmischung für den Schatten.

Der größte Fehler der Birke ist ihre kurze Lebensdauer: Mit 30 Jahren erschöpfen sich Birken, und dann kann man sie nur noch fällen. Und zwar endgültig, denn sie wachsen nicht nach.

Edelkastanie

Castanea sativa

Die Edel- oder Esskastanie hingegen verträgt gut den Rückschnitt und reagiert darauf mit der Bildung neuer büschelförmiger Triebe. Dazu muss man sie in ein paar Zentimetern Abstand vom Boden abschneiden, am besten im Winter. Genau so verfährt man in der Forstwirtschaft, wo man die Edelkastanie alle 30 Jahre fällt.

Edelkastanien geben ein ausgezeichnetes, stabiles Bauholz, sowohl für drinnen und ebenso gut für draußen im Garten (für Zäune, Pergolen, Pfähle). Wenn man sie gruppenweise wachsen lässt, bilden diese Büschel aus glänzenden, im

Mit ihrer noch fleckenlosen und zart rosa angehauchten Rinde bringt die Birke *Betula ermanii* Licht in die frühsten Wintertage.

Der Ahorn in seiner Herbstpracht träumt davon, dass ihm der Frühling Myriaden kleiner hellgrüner Blüten aufsetzt.

Licht silbrig schimmernden Stämmen einen eleganten und zugleich wirksamen Windschutz. Im Herbst duftet ihr hell gelbes Laub und schwebt mit dem Geräusch trockenen Papiers zu Boden. Im Juni schwängern die Blüten in lang gezogenen, samtenen Büscheln die Luft mit einem betörenden Duft. Die Betrachtung einer dichten Reihe von Edelkastanien lädt zur Meditation ein. Falls Sie allerdings eine mehr materialistische Einstellung haben und erwarten, dass der Baum jeden Herbst Maronen liefert – dann sollten Sie bedenken, dass erst ab einem Baumalter von 20 Jahren mit Früchten zu rechnen ist. Inzwischen führen gut sortierte Baumschulen Sorten, die sich durchaus für Mitteleuropa eignen. Edelkastanien brauchen neutrale oder saure Böden, die mager sein können.

Zürgelbaum

Celtis australis

Der Zürgelbaum trägt leichtes, helles Laub, besitzt eine ausladende, lichte Krone und verbreitet bis in ein ehrwürdiges Alter hinein idealen Schatten. Es sind Exemplare bekannt, die mehrere hundert Jahre alt sind. Der Zürgelbaum wächst zwar bevorzugt in mediterranen Gärten, aber die nordamerikanische Art *Celtis occidentalis* ist in Mitteleuropa winterhart und verdient mehr Beachtung. (Sein Bruder *Celtis australis* ist als Jungpflanze oft nicht ausreichend frosthart.) Seine Freunde verzeihen ihm seine Unart, Schösslinge zu bilden, sowie seine Fluten kleiner schwarzer Kirschen, die sich überall aussäen, und bewundern sein schönes, elefantengraues Holz ohne Hintergedanken. Mit einem Teppich aus rosa Alpenveilchen (*Cyclamen neapolitanum* und *Cyclamen coum*) sowie der Christrose *Helleborus orientalis* ist er immer schön anzusehen – auch im Winter. Er wächst in jedem gut durchlässigen Boden.

Weißdorn

Crataegus monogyna, C. oxyacantha

Wenn Sie glücklicher Besitzer eines Weißdorns sind: Behalten Sie ihn auf alle Fälle, denn dieser eher selten gewordene Strauch wird mit den Jahren immer schöner. Vor etwa 20 Jahren wurde in Frankreich verboten, ihn zu pflanzen, denn er galt als Überträger des Feuerbrandes, einer verheerenden Bakterien-Krankheit, die Apfel- und Birnbäume sowie andere Gehölze aus der Familie der Rosengewächse zerstört. Heute erscheint eine derart strikte Maßnahme übertrieben, und darum findet man Weißdorn wieder in Baumschulen. Da er aber sehr langsam wächst, sollte man besser diejenigen Exemplare hätscheln, die es noch gibt.

Die Blüten im Mai duften nach Honig. Übrigens kann man aus den Blütenknospen des Weißdorns einen ausgezeichneten Teeaufguss zubereiten, der gut für das Herz ist. Im Sommer folgen auf die Blüten die Massen roter Beeren. Sie leuchten im Herbst in allen Farben und ernähren die Vögel bis in den Januar. Weißdorn wächst in jedem Boden, außer in sehr saurem. Oft finden wir in alten Gärten rosa und gefüllt blühende Sorten, die der Volksmund Rotdorn nennt.

Esche

Fraxinus exelsior

Eschen haben einen schlechten Ruf, das gilt sowohl für die einheimische Esche als auch für die Blumen- oder Manna-Esche (*Fraxinus ornus*), die im Mai den Garten duften lässt, aber dann unschön aussieht wegen der Masse an Eschenmanna, das aus Rissen in der Rinde fließt und das Laub schwer macht. Man wirft den Eschen zu Recht vor, sich überall auszusäen und dem Boden die ganze Feuchtigkeit zu entziehen. Sie sind also nützlich in staunassem Boden, ergeben einen guten Windschutz auf dem freien

Land, sind aber in einem kleinen Garten lästig. Eschenholz eignet sich wie kein anderes für die Herstellung von Stielen für Gartengeräte.

Maulbeerbaum

Morus alba

Der Maulbeerbaum wurde früher als Futterpflanze für Seidenraupen angebaut und entwickelt oft eine malerische Silhouette. Leider fallen, wenn der Sommer kommt, seine Beeren massenhaft herunter, bilden auf der Terrasse, dem Auto usw. Matsch und ziehen Insekten an. Die beste Methode, ihn zu nutzen, ist eine Kletterrose zur Eroberung seiner Äste daneben zu pflanzen. In fünf Jahren wird er davon überwuchert, und Sie haben keine Maulbeeren mehr. Dann aber ist er auch nicht mehr derselbe Baum.

Gewöhnliche Kiefer

Pinus sylvestris

Wenn Sie das Glück haben, eine ganz normale Kiefer in Ihrem Garten zu beherbergen – stehen sie zu ihr. Die leuchtendste aller Kiefern wird mit dem Alter immer schöner, indem sie diesen knorrigen Wuchs annimmt, den die chinesischen Maler so lieben. Sie ist dann ganz Luft und Licht, ihre dicke Borke bekommt einen Rotstich und bildet einen Kontrast zum Graugrün ihrer kleinen Nadelbüschel. Sie macht überhaupt keine Arbeit, schenkt Ihnen die kleinen Zapfen (mit denen Sie hell brennende Feuer entzünden können) und im Frühling ihre Knospen für wohltuende, nach Harz duftende Aufgüsse. Auch die Schwarzkiefer (*Pinus nigra*) entwickelt im Alter eine schöne schirmförmige Krone und eine eindrucksvolle tief rissige Rinde.

Im Babyalter sehen alle Kiefern aus wie Flaschenbürsten, und es ist oft schwer, die Arten voneinander zu unterscheiden, zumal wenn sie ihre Nadeln paarweise tragen. Normalerweise sind die Nadeln der Schwarzkiefer etwas länger und dunkler als bei der Waldkiefer. Kiefern eignen sich für alle gut durchlässigen Böden, sogar für nährstoffarme Standorte.

Schwarzer Holunder

Sambucus nigra

Ende Mai überschwemmt der seltsame, betörende Duft des blühenden Holunders die Luft. Ab Juli plündern die Vögel seine schweren Trauben mit violetten Beeren, die überall da herunterfallen und Flecken machen, wo der Faulpelz gerade seinen Liegestuhl aufstellen will. Man weiß nie so recht, was

Das leichte Laub des Zürgelbaumes, das immer in Bewegung ist, wird im Herbst gelb – ein wahres Glück für träumerisch Veranlagte.

man mit diesem Burschen machen soll, der auf jedem Boden gedeiht. Er wächst schnell, ist ein Segen für jemanden, der zu wenig Bäume hat, aber da er sich überall aussät, würde man ihn hie und da gern durch etwas Hübscheres ersetzen. Ein Rat: Überlegen Sie gut, bevor Sie ihn umbringen (der Einsatz eines Buschhackers ist unverzichtbar), denn wenn Sie ihn fällen, ist er dazu fähig, sich mit einer ordentlichen Menge von Wurzelschösslingen zu rächen. Und aus seinem Holz kann man noch nicht einmal ein Riesen-Grillfeuer veranstalten, denn es setzt einen unangenehmen Geruch frei.

Eberesche

Sorbus aucuparia

Die Eberesche verdient ihren volkstümlichen Namen „Vogelbeerbaum" voll und ganz, denn die Vögel tun sich nach einem flammenden Herbst im Winter an ihren riesigen Büscheln mit korallenroten Beeren gütlich. Ihre Blüten im Mai hingegen sind mattweiß und nicht sehr schön. Sie hat von Natur aus einen hübschen, rundlichen Wuchs und wächst sehr schnell. Zuweilen begegnet man der Mehlbeere mit dicken Früchten, etwa der Sorte *Sorbus aria* 'Edulis', die früher für die Herstellung stark Vitamin-C-haltiger Gelees angepflanzt wurde.

Linde

Tilia-Arten

Wenn Sie eine Linde haben, genießen Sie die Sommerabende in ihrem einzigartigen Duft! Am köstlichsten ist der der Sommer-Linde (*Tilia platyphyllos*) und der Winter-Linde (*T. cordata*). Die erste findet man häufig in Parks, an breiten Straßen, in Gärten und vor Bauernhöfen, die zweite im Wald (man erkennt sie an den kleinen, herzförmigen Blättern). Der betörende Duft der Silberlinde (*T. tomentosa*), der fast schon berauschend ist, überschwemmt die Gärten erst danach, im Juli, wenn auch die letzten Rosen blühen. Im Naturzustand ist dies ein riesiger, majestätischer Baum, der oft eine herzförmige Silhouette aufweist.

Gut zu wissen, dass die Linde sehr gut maßvolles Auslichten verträgt, wodurch ihre Krone lichter wird, ohne dass ihre Wuchsform darunter leidet. In der Stadt ist die Silberlinde die widerstandsfähigste. Alle Linden wachsen in jedem Boden, unter der Bedingung, dass er gut durchlässig ist.

Ulme

Ulmus procera

Es gab schon die Befürchtung, dass die schöne runde, stämmige Silhouette der jungen Ulme ganz aus unserem Landschaftsbild verschwinden würde. In den siebziger und achtziger Jahren wurden die Ulmen fast komplett vom Ulmensterben vernichtet. Möglicherweise ist nun der Große Ulmensplintkäfer, der den Schadpilz *Ceratocystis ulmi* übertrug, seinerseits mit dem Verschwinden der Ulmen zurückgedrängt. – Jedenfalls bewundere ich vom Fenster meines Schreibzimmers eine schöne junge Ulme, deren Spitze bereits die benachbarte Knorpelkirsche überragt. Die Natur ist oft großzügig: Eine Ulmenhecke ist zu Beginn der neunziger Jahre spontan aufgetaucht, um die altehrwürdigen Walnussbäume zu ersetzen, die gerade dabei waren einzugehen. Wir haben nicht daran gerührt und sie haben es geschafft, sich in einem Meter Abstand voneinander aufzureihen – und nun bilden sie einen prima Windschutz. Ihr zierliches, nach Art der Hainbuchen plissiertes Laub geht im Oktober in Hellgelb über, und im Frühling kräuseln sich Büschel aus glöckchenförmigen Blüten über einem Teppich aus Wiesen-Schlüsselblumen. Man kann sich über die Leistungen des Ulmensplintkäfers nur wundern, denn diese zähe Baumart ist fast nicht tot zu kriegen. Sie verlangt tiefgründige, nährstoffreiche Böden.

Alles eine Sache der Organisation

Einen großzügigen und abwechslungsreichen Garten schaffen heißt das bevorzugen, was an diesem Platz gut wächst, und man greift im richtigen Augenblick ein. Das bedeutet zugleich, dass man sich von allem, was am Gärtnern lästig, mühsam ist, befreit. Ist der Faule ein „Öko"? Ja – unter anderem. Denn die Philosophie des alternativen Landbaus gründet auf Beobachtung. Und die ganze Gesellschaft der kleinen Tiere (vom Regenwurm bis zum Vogel) ist im Garten willkommen. Das passt gut zu einem Gärtner, der sich für eine lockere Einstellung entschieden hat. Die einen fressen die anderen, tragen dabei zur Fruchtbarkeit des Bodens bei und sorgen für ein biologisches Gleichgewicht. Das unterstützt die Tätigkeit des Gärtners und trägt zu seiner guten Laune bei. Sicher gibt es Jahre, in denen man's bezahlt, etwa mit in null Komma nichts abgefressenen Erdbeeren, und zwar just in dem Moment, als sie gerade die richtige Reife haben – aber so ist das Leben! Hingegen ist der Faule kein verbiesterter Bio-Anhänger – denn: Wat mut dat mut!

Ein Beispiel gefällig? Die überzeugten Biogärtner verwenden keine Giftköder gegen Wühlmäuse, während ich da gar nicht zögere, wenn die Katzen überfordert sind. Aber wenn es möglich ist, eine andere Lösung für ein größeres Problem zu finden, finde ich es viel interessanter, seine Ursachen anzugehen, indem ich meine Methoden überprüfe. Das ist immer eine gute Lektion in Landwirtschaft und Ökologie, und zudem für neugierige Leute sehr anregend. Und welcher Gärtner ist nicht neugierig?!

Probleme wahrnehmen lernen

Sicher bedeutet das mühsame Arbeit für die einen und ein Vergnügen für die anderen. Selbstverständlich kann man seine Einstellung ändern, je nachdem, ob man im eigenen Garten oder bei Freunden arbeitet. Aber grundsätzlich ist Unkraut jäten, den Boden auflockern, Erde schleppen und den Garten säubern Schwerarbeit. Der zweifache Nachteil derart harter Arbeit ist, dass man sie meist nicht kommen sieht und dass man sich dann darin verstrickt findet, ohne einen Ausweg zu wissen.

Eine gute Nachricht für alle, die von großzügigen Räumen träumen: Die Menge der lästigen Arbeiten in einem Garten

steht nicht im Verhältnis zu seiner Größe, sondern hängt vielmehr von seiner Anlage ab. Nun ist es nicht sehr vielen Menschen gegeben, die tatsächliche Ausdehnung eines Grundstücks von vornherein richtig einzuschätzen und den Garten so günstig wie möglich anzulegen. Im Allgemeinen verhält es sich eher umgekehrt: Das Gelände soll so schnell wie möglich aussehen wie ein idyllischer Traumgarten, man will alles ausprobieren und neigt dazu, ihn sich mit einer Masse von mehr oder weniger impulsiv gekauften Pflanzen vollzustellen. Alles läuft darauf hinaus, sich in ein Netz von Aufgaben zu verstricken, die getan werden müssen. Die frisch gesetzten Pflanzen fordern Ihren Pflegebeistand, ohne Sie notwendigerweise mit Pracht zu überschütten.

Dazu sei angemerkt, dass der Gärtner immer konservativer wird, je länger er gärtnert. Der Dilettant, der drei Blumenkästen im Jahr füllt, hält sich nicht damit auf, unbedingt seine „Geranien" retten zu wollen; er lässt sie erfrieren und kauft im Jahr darauf neue. Selbst wenn ein Gärtner entschlossen ist, alles locker anzugehen, neigt er immer dazu, alles nutzen zu wollen, einschließlich der schlimmsten Fehlkäufe, und sei es ein buschiger lila blühender Rhododendron für einen sonnigen Garten mit reichlich kalkhaltigem Boden... Eine andere Klippe ist die gefühlsmäßige Bindung an alte Krücken, die an Muttertage, Geburtstage, Krankenhausaufenthalte usw. vergangener Jahre erinnern.

Der erste Schritt zur Vermeidung von Sorgen: Wegwerfen lernen. Ist etwas hässlich? Weg damit. Es will nicht wachsen? Weg damit! Wenn es Ihnen das Herz bricht, stellen Sie das Stiefkind auf die Straße, neben die Mülltonne – es wird sicher adoptiert! Wenn es sich um eine interessante Pflanze handelt, die aber einfach nicht passt, schenken Sie sie einem

Zum bequemen Umtopfen der neuesten Errungenschaften packt man alles in eine Großmutter-Karre. Dieses ideale Gefährt lässt sich locker mit einer Hand lenken.

Freund, der den passenden Garten dafür hat.

Der zweite Schritt auf die Ferien zu ist, Dinge zu vermeiden, die auf jeden Fall Arbeit machen. Und da gibt es viel: Zwischen Modetorheiten und den Fallen, in die man mangels besseren Wissens tappt, kommt keine Langeweile auf! Das gilt fürs Haus wie für den Garten (in zufälliger Reihenfolge):

- Hängeampeln: Unbedingtes *tägliches* Gießen und Ausputzen, noch dazu für ein recht mittelprächtiges Ergebnis.
- Gewöhnliche Pelargonien: Sie sind aufs Höchste mit Dünger vollgestopft und mit Wuchsstoffen präpariert. Zudem stammen sie allesamt aus Hybridzüchtung, so dass sie viel weniger gut mangelnde Pflege vertragen als alte Sorten.
- Gemüsegarten auf dem Balkon: Umfangreicher Transport von Erde, exzessives Gießen und dürftige Ernte. Im Endeffekt wirklich viel unnütze Arbeit, vor allem, wenn die Stadtluft drum herum verschmutzt ist.
- Kletterpflanzen mit Haftwurzeln: Sie stellen für gemauerte Fassaden (auch in gutem Zustand) immer ein Risiko dar, denn sie lösen langsam, aber unausweichlich den Mörtel und drängeln sich in die Dachisolierung.
- Bauerngärten im traditionellen Stil: Von der „Frisur" der Randbepflanzungen aus Buchsbaum und dem Formschnitt an den Sträuchern bis zur Pflege der Wege aus festgestampfter Erde bedeuten sie eine regelrechte Sklavenarbeit. Übrigens setzte das ursprüngliche Vorbild der Renaissance-Gärten die Mitarbeit so mancher zumindest nicht ungeschickter Arbeiter voraus, die (bildlich gesprochen) Bäume ausreißen konnten.
- Spalierobst: Der korrekte Schnitt dieser legitimen Sprösslinge des Französischen Gartens gestaltet sich zu kompliziert. Außerdem tragen Spalierbäume nicht besonders gut. Der jährliche Schnitt ist absolut zwingend.
- Bonsai: Hier gilt das Gleiche wie für das Spalierobst – plus Philosophie! Und deshalb ist es noch schlimmer, wenn's danebengeht.
- Edelrosen: Sie sind nicht sehr wüchsig, müssen unbedingt zurückgeschnitten, gespritzt und ausgeputzt werden, damit sie

Machen oder machen lassen?

Lassen Sie sich bei allen großen Arbeiten wie Pflügen, Roden, Entwässern, Bäume fällen oder auslichten helfen, stellen Sie jemanden an. Selbst wenn Ihnen das im Grunde teuer scheint, ist das gar nicht so wild, zumal Sie selbst möglicherweise nicht die nötigen Kenntnisse und die Methodik haben. Außerdem ist es besser, als mit einem alten Freund großen Ärger zu riskieren. Ein Garten ist ein persönliches Abenteuer, das man nicht immer so leicht teilen kann! Aber seien Sie anwesend, um die Arbeiten anzuleiten, stellen Sie deutlich dar, was Sie wollen, und sprechen Sie offen mit Ihrer Hilfskraft. So finden Sie leicht heraus, ob sie auch wirklich kompetent ist, und so kann sich ein Vertrauensverhältnis bilden, das nötig ist, damit die Arbeit zu allseitiger Zufriedenheit erledigt wird. Fragen Sie in Ihrer Gemeinde nach Adressen von Vereinen, die Dienstleitungen zu Hause und à la carte anbieten, oder schauen Sie in der Lokalzeitung nach Anzeigen. Und vielleicht gibt es einen Tauschring in Ihrer Nähe – dann kostet Sie das Ganze statt Geld einen Dienst Ihrerseits.

nach etwas aussehen. Und meist fehlt ihnen auch noch der Duft.

• Anpassungsprobleme: Hier handelt es sich meist um Kübelpflanzen, die in nicht ausreichend mildem Klima gehalten werden. Man findet sie zuhauf in den Zimmerpflanzen-Abteilungen der Gartencenter. Allzu leicht gehen Orangenbaum, *Bougainvillea, Clerodendron,* Gardenie, Jasmin, Oleander, Wandelröschen und Bleiwurz in unseren zu grauen und für sie zu langen Wintern ein. Da sie uns an Sonne und Ferien denken lassen, sehen wir sie als Erinnerungsstücke an, die vor sich hin kümmern. „Aber wir behalten sie trotzdem" – trotz der Blattläuse, Weißen Fliegen, Blattflecken... Genauso sieht es bei Kamelien und Rhododendren aus, die in ungeeigneten Böden, in unpassenden Klimaten stehen.

• Der komplette Gemüsegarten, wenn man nur zu zweit ist: Viel unnütze Arbeit, es sei denn, Sie wollen mit einer Diät aus Eingemachtem überwintern. (Aber Vorsicht vor Skorbut!)

• Der komplette Obstgarten: Ganz nebenbei verbringt man, sobald man mehr als zehn Bäume sein Eigen nennt, viel Zeit mit Spritzen, Zurückschneiden, Sauberhalten bzw. Pflegen – und das für Ernten, die vom Zufall abhängen oder im Normalfall (d. h. „man lässt doch nichts verkommen") in wahre Sklaverei ausarten.

• Der Golfrasen: Wöchentliches Mähen mindestens von März bis Oktober, plus Düngen, plus Walzen, plus Vertikutieren (und das ist zugleich stressig und grässlich), dann wieder Walzen, Neuansäen der Stellen, an denen es nicht geklappt hat usw.

• Die Grüne-Wand-Hecke: Zwei Schnitte pro Jahr sind Pflicht, sonst werden Sie bald einsehen, dass das nicht nur sehr schnell, sondern auch sehr hoch wächst. Das Ganze wird obendrein verleidet durch Rußtaupilze, die Leylandzypressen über alles lieben, durch das Zweigsterben, das Thuyas vernichtet, Rost und Milben kommen auch noch hinzu...

Zum Trost sei gesagt: Je mehr man gärtnert, um so vernünftiger wird man, um so misstrauischer wird man dem Raum und den Möglichkeiten seines Terminkalenders gegenüber. Der Grund dafür? Je länger man sich mit dem Garten befasst, um so besser wird man, und zwar dadurch, dass man Techniken und Verrücktheiten mit anderen Gärtnern bespricht. Man nennt das gemeinhin Erfahrung.

Die Gefahr des Sofort

Wir wollen alles und zwar sofort: Es soll nach was aussehen, soll das ganze Jahr über schön, schmuck und farbenprächtig sein, so etwa wie ein Freiluft-Wohnzimmer. Und alles das in einem Garten, der nicht dehnbarer ist als unsere Freizeit.

Ein klassisches Beispiel: Man fährt gut gelaunt zu einem netten Baumschulgärtner und kommt mit vollen Armen zurück: lauter Sachen, die ja wohl irgendwo untergebracht werden müssen. Und dann beginnt das, was ein Ethnologe vom Amazonas auf Studienreise durch unsere Gärten wahrscheinlich als „Tanz der Containerpflanze" oder „Irritationslauf" bezeichnen würde. Da sieht man einen immer verwirrteren Hobby-Gärtner mit großen Schritten über sein Grundstück schreiten, mit einem Spaten in einer Hand und einer Pflanze in der anderen. Er ist sichtlich verzweifelt, wenn er zur dritten Runde durch seinen Garten ansetzt. Zweite Variante: Verzweiflung macht sich breit, wenn er seinen Spaten in eine freie Stelle rammt, wobei er die *Romneya coulteri* dem Erdboden gleichmacht, bei der es zwölf Jahre gedauert hat, bis er sie endlich zum Blühen gebracht hatte. Das Ende vom Lied: 100 Prozent Begierde und Frustration.

Wenn etwas Hals über Kopf gepflanzt wird, hängt's zwangsläufig herum, blüht schlecht und passt nicht gut zu dem, was drumherum wächst. Am besten sieht man eine kleine Anzucht-Ecke im Garten vor, die Neuheiten aufnehmen kann, bevor sie ihren endgültigen Platz bekommen. Idealerweise liegt sie im Gemüsegarten, an einer Stelle mit guter, regelmäßig aufgelockerter Erde. So werden die Jungpflanzen schon mal gepäppelt, während der Gärtner überlegt.

Auf jeden Fall aber ist nach einer Weile der Garten voll. Dann muss man aufhören können und noch einmal eine Auswahl treffen zwischen dem, was man behält (was gut allein klarkommt und wirklich befriedigt), und dem, was man lieber einem Freund schenkt, der sein Glück darin findet. Sonst führt die Ankunft neuer Pflanzen nur zum Entstehen neuer Beete. Und damit beginnt der fortwährende Teufelskreis. Denn wenn man stets mit der Begeisterung eines Pioniers rodet, ergreift einen im April der Schwindel beim Anblick des Unkrauts, das versucht, sich von allen Seiten des Grundstücks zu bemächtigen. Und somit sind wir bei der großen Frage, ob es etwa einen Prototyp für den Garten eines Faulpelzes gibt.

Autark oder minimal?

Der große Traum, der unter dem Hut des Gärtners schlummert, ist eine Art persönliches Königreich mit allem Drum und Dran. Schönes, Gutes, Friedliches, Duftendes, Vögel, Blumen in Hülle und Fülle, Bäume, die unter der Last der Früchte fast zusammenbrechen, dazu schattiges Unterholz...

Obwohl nach der landläufigen Meinung der Anbau eines Gemüsegartens mehr Zeit kostet als die Pflege einer von Beeten umgebenen Rasenfläche, glaube ich, dass das eigentliche Problem woanders liegt. Ein Garten für Faule ist zugleich eine

Blumen wachsen sehr gut in Reihen zwischen dem Gemüse, aber Achtung: zu Beginn keinen Kompost geben, sonst bleiben die Blüten aus.

Sache der Dimension und eine Sache der Methode. Er nimmt viel Zeit in Anspruch, wenn er nicht nach einem einfachen und praktischen Grundplan organisiert ist. Idealerweise lässt er sich zweiteilen: einen Teil als Grünfläche, den anderen zum Bepflanzen. Natürlich streben wir nicht gerade das britische Vorbild an (das auf dem Kontinent zwar stets begehrt, aber nicht erreicht wird). Unvergleichlich gut ist „englischer Rasen" zugegeben als grüne „Quelle" für das Mulchen aller Anbauflächen. Denn man gewinnt unbestritten

Wie weit kann man die Natur gewähren lassen?

Schwertlilien, die den Durchgang versperren, indem sie auf den Weg hinaus wuchern, Kletterrosen, die Fassaden erobern und dabei die Fenster verdunkeln und Plastikdachrinnen misshandeln, Bäume, die beim Größerwerden das Haus in den Schatten tauchen, Blumen, die andere ersticken, indem sie sich überall aussäen … Gärtnern bedeutet, regelmäßig die Runde im Garten machen, um zu lichten, zurückzuschneiden, zu teilen … kurz: darauf zu achten, dass die Überschwenglichsten nicht die Schüchterneren in den Schatten stellen.

sehr viel Zeit, wenn man die Erde um die Pflanzen herum bedeckt.

Wenn also eine derartige Teilung möglich ist, kann man einen recht großen Garten haben, ohne schrecklich viel Zeit damit zu verbringen (z. B. genügt es, wenn sich eine Person 14 Tage im Jahr um einen 3000 m² großen Garten einschließlich Gemüse- und Obstgarten kümmert). Dann jedoch verteilen sich die Beete nicht hier und da über die Wiese, sondern man legt Rechtecke, Streifen oder Quadrate an, die von breiten Wegen durchzogen werden, so dass alles gut zugänglich und leicht zu pflegen ist. Bäume werden so klug gepflanzt, dass die Pflanzen ausreichend Luft und Licht enthalten. Zugleich wird damit der Insekten- und Krankheitsbefall begrenzt, denn die Schäden fallen immer viel schlimmer aus, wenn die Pflanzen nicht ihren Bedürfnissen gemäß wachsen können. Und vor allem darf man nicht auf etwas bestehen, wenn man schon spürt, dass es nicht funktionieren wird. Dann müssen Pflanzen umgesetzt werden (oft finden Stauden erst beim zweiten oder dritten Versuch ihren optimalen Standort) oder die Ausrichtung muss geändert werden.

Mit einem einfachen und praktischen Grundplan ist es sogar möglich, einen Standort mit variabler Ausdehnung für Blumen und Gemüse einzurichten, wobei man je nach Lust und Laune bzw. den Zwängen seines Terminkalenders entsprechend mit der Größe der Grünfläche jongliert. In Jahren, in denen man keine Lust auf Gartenbau hat (das kommt vor!), beschließt man also, so viel Rasen wie möglich anzusäen oder eine Mischung aus Leguminosen und Gräsern (z. B. das Landsberger Gemenge), die man wie eine kleine Wiese behandelt. So ruht sich der Gärtner aus – und der Boden desgleichen.

Auf die Schlüsselmomente kommt es an

Je nach Region und Witterung variieren diese Zeitpunkte um einige Wochen. Daher wollen wir hier einige für bestimmte Pflanzen entscheidende Perioden nennen, damit Sie genau richtig handeln und sich dadurch eine Menge überflüssiger Arbeit ersparen. Ab Seite 42 finden Sie übrigens einen Jahreszeiten-Kalender für faule Gärtner.

• Bei Rosen erscheinen zu Beginn der Blütezeit Blattläuse und es treten erste Krankheitssymptome auf: Zunächst schwarz gefleckte Blätter werden gelb und fallen ab. Das ist das Startzeichen für die erste Behandlung mit einem Pilzmittel, die anschließend bis Ende August einmal monatlich wiederholt werden muss. Bei Blattläusen hingegen warten Sie ab, ob der Befall wirklich massiv ist (das Laub kräuselt sich), denn meist verschwinden sie nach 14 Tagen von selbst wieder.

Schneiden Sie Rosen nicht zu früh zurück, wenn der Winter streng ist, denn der Frost greift die durch den Schnitt empfindlicher gewordenen Zweige an. Warten Sie lieber das Ende der starken Fröste ab, also in der Regel bis Februar. Doch schneiden Sie vor dem Erscheinen der jungen Triebe, denn die sind zart und brechen beim kleinsten Stoß ab.

• Kletterpflanzen, die an Fassadengerüsten hochwachsen, haben den Nachteil, dass sie sich nach ein paar Jahren am Dach zu schaffen machen. Man muss ihnen Ende Juni Schranken setzen. Vorher hätte das keinen Sinn, wenn sie noch in vollem Wachstum begriffen sind; sie würden nach einem Schnitt nur um so schöner neu austreiben. Junge Hecken hingegen schneidet man am besten im März, damit sie schnell gedeihen.

• Für das Roden, Abschneiden von Brombeerranken, Brennnesseln und Disteln sind der August und der September die beste Zeit. Schneiden Sie so dicht am Boden wie möglich und gehen Sie vor dem Winter einmal mit dem Freischneidgerät darüber.

• Wenn man den richtigen Augenblick zum Umgraben finden will, muss man weitaus gewiefter sein. Denn man sollte es nicht nur dann hinbekommen, wenn die Erde unter dem Spaten zerkrümelt, sondern man muss es auch vor dem Winter tun, um soviel Unkraut wie möglich zu beseitigen. Es ist nicht leicht, den richtigen Moment für die Säuberungsaktionen im Garten zu erwischen, und zwar in einer Jahreszeit, die ziemlich viele Regentage zählt. Wenn Sie mit Nachbarn reden, die schon seit etlichen Jahren gärtnern, be-

Vorher und nachher: Man könnte meinen, dass der Flughafer die Partie gewonnen hat (dabei ist seine tanzende Silhouette eigentlich ganz reizvoll). Aber wenn man sich dazu entschlossen hat, wird aufgeräumt! Am besten, wenn der Boden schön locker ist.

kommen Sie wertvolle Auskünfte der Art: „Meistens gibt es bei uns eine Schönwetterwoche Anfang bis Mitte Oktober." Speichern Sie diese Information und stellen Sie sich darauf ein, dann zu „putzen". Einen nassen Boden sollte man gar nicht erst umgraben, denn der ist schwer, die Arbeit ist recht mühsam und es kommt sowieso nichts Gescheites dabei heraus. Wenn Sie hingegen Erde grob umgraben, die unter dem Spaten fast von selbst zerkrümelt, dann erledigt der Winterfrost den Rest der Arbeit.

• Trotz allem erscheinen Unkräuter, wenn der Garten im Frühling in Gang kommt. Doch stürzen Sie sich nicht gleich beim ersten Ansturm auf die Hacke (es sei denn, Sie jäten für Ihr Leben gern). Wenn Sie abwarten, bis das Unkraut 5 cm hoch ist, um es dann mit einer gut geschliffenen Hacke zu schneiden, werden Sie es mit einmaligem Jäten los. (Eine scharfe Hacke ist wichtig, denn so haben Sie eine leichte Hand und beugen durch die lockere Bewegung Rückenschmerzen vor!) Wenn Sie früher eingreifen, haben Sie einen zweiten Durchgang 14 Tage später verdient. Warten Sie hingegen ab, bis die Wildkräuter 15 bis 20 cm hoch sind, besteht die Gefahr, dass sie Gemüse und Blumen ersticken, und es ist eine mordsmäßige Arbeit, alles wieder zu entwirren.

• Stellen wir uns das Schlimmste vor: Der Garten ist zur Brache zurückgekehrt, die Beete sind unter Flughafer, Quecke und Knäuelgras verschwunden. Ein derartiges Missgeschick kommt vor, wenn man andere Dinge im Kopf hat. Im Frühjahr bleibt Ihnen bis Mitte Mai Zeit, um alles zu retten. Aber nicht später, denn zu dieser Zeit bilden die Unkräuter Samen, und wenn Sie sie gewähren lassen, werden Ihnen die Massen von Samen, die sich da aussäen, jahrelang das Leben schwer machen. Wählen sie einen Moment, wenn die Erde locker, aber nicht zu nass ist, und dann erfolgt der Frühjahrsputz, indem Sie die Unkrauthorste vollständig herausziehen, einen nach dem anderen. Das ideale Werkzeug ist in diesem Fall die Rübenhacke, die die fester sitzenden wie Hahnenfuß oder Quecke anhebt und an der Stelle des herausgerissenen Unkrauts bereits lockeren Boden hinterlässt.

Das Schwierigste ist in diesem Fall, die Spuren der Stauden in diesem Dschungel wiederzufinden; man muss sich also Zeit nehmen und auf den Knien arbeiten. Aber das geht zügig vonstatten – und macht sogar Laune! Nach einem ersten Durchgang mit der Rosenhacke ist die Erde locker genug, um leere Stellen aufzufüllen oder Pflanzen zu ersetzen, die im Eifer des Gefechts ausgerissen wurden. Oft ist es sogar besser, die vom Unkraut durchzogenen Pflanzen ganz herauszunehmen, um sie über der Schubkarre in Ruhe zu entwirren. Und da in dieser Zeit des Jahres auch gemulcht wird, bedecken Sie den Boden gleich mit einer ordentlichen Schicht, und einen Monat später dann haben Sie angesichts Ihrer blühenden

Ein paar Bauernregeln

Der Klee schließt seine Blätter, die Schwalben fliegen niedrig: Es wird regnen.

Das Feuer will nicht brennen und Sie sind durchgefroren: Es wird schneien.

Der Rauch steigt gerade in den Himmel: Ein windstiller Tag steht bevor.

Weit entfernte Geräusche sind deutlich zu hören und das Brot wird sehr schnell hart: Trockenes Wetter.

Ein Garten-Tagebuch bringt Spaß: Man blättert immer gern darin, vor allem, wenn es dick genug ist für die Notizen mehrerer Jahre.

Beete den kurzen Augenblick der Panik vergessen, der Sie beim Anblick des im Gras untergetauchten Gartens befiel.

Das Garten-Tagebuch als treuer Begleiter

Wie ein Garten ist auch so ein Tagebuch etwas Persönliches. Es ist für den Gemüsegarten unverzichtbar, denn die meisten Gemüsesorten wachsen nicht gern in zwei aufeinander folgenden Jahren an demselben Standort. Und es ist sehr nützlich, um die Aufteilung der Beete aufzuzeichnen und den Standort der Schönen zu vermerken, die einen Teil des Jahres verschlafen, wie all die Zwiebelblumen, manche Primeln, Storchschnäbel wie *Geranium psilostemon* usw. Alle, die Gärten mit Stecketiketten verabscheuen, können im Gartentagebuch die Namen ihrer Neuanschaffungen nach der Rückkehr von einem Pflanzenfest eintragen. Die wissenschaftlichen Namen merkt man sich leichter, wenn man sie aufschreibt. Ein Heft dient auch dazu, Planungsentwürfe aufzuzeichnen, sich die Silhouette eines Baumes an einer Gebäudeecke vorzustellen, zu sehen, wie etwa der Eingang des Gartens mit einer neuen Pforte aussehen würde. Dazu kommen Fotos, Collagen, Listen von zu bestellenden Pflanzen und natürlich die Gedächtnisstütze mit den erledigten und zu erledigenden Dingen.

Die einen nehmen lieber ein kleines Oktavheft, die anderen ein schlichtes Schulheft. Die gebundenen rot-schwarzen chinesischen Kladden haben den Vorteil, dass sie dick genug sind, so dass die Notizen von mehreren Jahren hineinpassen. Doch egal, wie es aussieht – solch ein Heft blättert man immer wieder gern durch, und es gibt Ihnen Schwung an den Tagen, an denen Sie zu nichts Lust haben!

Der Jahreslauf eines faulen Gärtners

Um zu vermeiden, dass die wahren Faulpelze unter einem quälenden Programm ermüden, behandelt dieser Kalender nur das allgemeine Programm eines Ziergartens. Liebhaber von Gemüse- und Obstgärten erhalten später ihren eigenen detaillierten Kalender. Nachfolgend seien die richtigen Augenblicke für die Aussaat, das Pflanzen und die Gartenvorbereitung genannt.

März

Auf dem Programm : Gute Vorsätze für die bevorstehenden Pflanzenfeste fassen – nichts kaufen, von dem man nicht weiß, wo man es unterbringen soll! Überstürzte Pflanzungen gedeihen selten gut. Abgesehen von dem Risiko, in der Eile einen Mord zu begehen (wie viele Pfingstrosen werden jedes Jahr durch einen verkehrten Spatenhieb umgebracht?), ist das Ergebnis meist nicht schön, und man bekommt nur Rückenschmerzen davon.
Variante : Ein Anzuchtbeet vorbereiten, das mit lockerer Erde und mit einer 5 cm dicken Schicht Mutterboden angereichert wird. Hier kommen die gekauften Pflanzen so lange unter, bis sie einen richtigen Platz haben.
Im Haus : Drinnen werden einjährige Blumen ausgesät: Kornblumen, Sommerastern, Glockenreben (für die Privilegierten warmer Gegenden, denn woanders blühen sie erst fünf Minuten vor dem Frost), Sommerzypressen (*Kochia scoparia*) und andere, aber man kann auch bis zum nächsten Monat warten. Die Fensterbänke werden mit Mini-Stiefmütterchen, Aurikeln und kleinen Narzissen zum Blühen gebracht, die man fertig beim Blumenhändler kauft.
Im Garten : Beete umgraben und dabei darauf achten, dass die noch ruhenden Pflanzen, deren Neutriebe sehr empfindlich sind, nicht verletzt werden. ❦ Wenn es nicht schon im Herbst erfolgt ist (der idealen Jahreszeit): Stauden teilen. Spontan aufgegangene Sämlinge verpflanzen. ❦ Gartenwinden, Wunderblumen, Wolfsmilch (*Euphorbia marginata*), Jungfer im Grünen, Wicken und Prunkwinden direkt an Ort und Stelle aussäen. ❦ Die Rasenkante mit einem Halbmond-Kantenstecher und einer Pflanzschnur begradigen. ❦ Den für Rasenflächen vorgesehenen Platz umgraben und dabei organischen Volldünger untermischen, anschließend den Boden glattharken. ❦ Sommer- und Herbststauden pflanzen (wie Astern, Sonnenbraut, Chrysanthemen, Funkien, Phlox, Rudbeckien usw.). ❦ Pflanzungen von Bäumen und Sträuchern abschließen. ❦ Junge Hecken auf die Hälfte der Höhe zurückschneiden, damit sie dichter werden.

April

Im Haus : Aussaat von Mädchenauge, Kosmeen (*Cosmos*), Immortellen, Petunien, Tagetes, Gartenastern, Rudbeckien, Ziertabak, Zinnien. ❦ Pelargonien und Fuchsien umtopfen und an sonnigen Fenstern aufstellen. ❦ Dahlien vorkultivieren.
Im Garten : Direktaussaat von Kapuzi-

nerkresse, Kosmeen, Gartenastern, *Tagetes*, Sonnenblumen. ❦ Pflanzen von Stauden, Schopflilien, Safran, Lilien, Gladiolen und Umsetzen der Ableger vom letzten Jahr. ❦ Anfänger können ihren Garten roden, wenn der Flieder blüht, denn alles, was sich unterirdisch versteckt hat, ist nun zum Vorschein gekommen. ❦ Immergrüne Bäume und Sträucher (Koniferen, Kamelien, Japanischer Spierstrauch) pflanzen, aber sie müssen im Sommer gegossen werden. ❦ Rückschnitt von Forsythie, Japanischer Zierquitte, Zierjohannisbeere und Flieder. ❦ Erstmals den Rasen mähen, bevor Löwenzahn und Hahnenfuß ins Kraut schießen. Neue Rasenflächen ansäen. ❦ Auch Bodendecker werden abgemäht, damit sie einen niedrigen, dichten Teppich bilden. ❦ Generelles Mulchen von Flächen unter Bäumen und Sträuchern sowie der Beete, sobald die ersten Rosen blühen. ❦ Ableger von Schein- oder Zierreben nehmen und in mit Blumenerde gefüllte Töpfe einsetzen, die man an einer schattigen Stelle eingräbt. ❦ Brennnesseljauche herstellen. ❦ Schnitt von Geißblatt *Lonicera japonica* 'Halleana', wenn es sich als zu ausladend erweist. Greifen Sie getrost drastisch durch, auch wenn nur graue Zweige bleiben; in zwei Monaten ist alles wieder grün!

Mai

Im Haus : Es blühen Fuchsien, Heliotrop, Pelargonien, Ziertabak, Verbenen, und die Dickblattgewächse beginnen mit ihren Blüten die Fenster zu schmücken. Umtopfen, Ableger und Austausch aktueller Geschenke sind dran.

Im Garten : Blumensaaten im Freiland auslichten und das Zuviel in Beete oder Töpfe pikieren: *Tagetes*, Petunien, Ziertabak und Zinnien gelingen so sehr gut. ❦ Einjährige Blumen pflanzt überall, wo Platz ist: um Bäume und Gebäude herum, entlang von Hecken und natürlich auf die Beete, wo die Stauden ihre normale Größe erreicht haben. ❦ Wenn die Blattläuse wirklich massenhaft auftreten (an Rosen und Kirschbäumen verschrumpelte Blätter, Rußtau auf den Kamelien), abends ein geeignetes Spritzmittel ausbringen. Rosen gegen Rost und Sternrußtau mit einem Pilzmittel behandeln. ❦ Von Blattläusen befallene Kamille pinzieren und die abgetrennten Stängel verbrennen. Machen Sie sich keine Sorge um die Blüten: Die Pflanzen werden so nur buschiger und knicken nicht so leicht um. ❦ Der Rasen verlangt alle 14 Tage einen Schnitt, wenn es viel regnet sogar alle zehn Tage. Das ist der Augenblick, um mit dem Rasenmäher einen Pfad in die Wiesen zu schneiden. So gelangt man leichter an die Kirschbäume im hinteren Teil des Gartens oder zu einem Tisch mit Sonnenschirm, der im hohen Gras versteckt ist. ❦ Ist der Mai trocken, nicht vergessen im Frühling gepflanzte junge Bäume, Sträucher und Rosen zu wässern.

Juni

Im Haus : Immer noch stehen Umtopfen und Ableger auf dem Programm. Es ist unnütz, jetzt zu düngen, wenn die Pflanzen in ein gutes, gehaltvolles Substrat umgetopft wurden. ❦ Zimmer- wie Kübelpflanzen aus dem Wintergarten verbringen den Sommer draußen; das bekommt ihnen ausgezeichnet.

Im Garten : Die Verfechter der Blumenwiese machen Heu und verteilen das abgeschnittene Gras überall im Garten. Aber Vorsicht bei den Blumen, die Samen gebildet haben: Kornblumen, Klatschmohn und Margeriten sind ganz schöne Wucherer. Sauerampfer, Bärenklau, Hahnenfuß, Taubenkropf und Lichtnelken können

Im Juni erfolgt der Rückschnitt der einmal blühenden alten Rosensorten, gleich nachdem sie verblüht sind. Entfernen Sie ohne Skrupel ein oder zwei Hauptäste mit altem, grauem Holz. Schneiden Sie die verwelkten Blüten bei Remontantrosen ab. Und gönnen Sie allen eine Runde "Krafttrunk" in Form von 20-%iger Brennnesseljauche.

sich als arge Plagegeister entpuppen. ❦ Zu Beginn des Monats werden die letzten einjährigen Blumen gepflanzt: Fuchsschwanz, Kosmee und die großen Studentenblumen blühen ab Juli bis zum ersten Frost. Achtung: Die möhrenförmigen Pfahlwurzeln der Wunderblume (*Mirabilis jalapa*) werden mit dem spitzen Pflanzholz gesetzt, so wie Kohl. ❦ Zitrusgewächse kommen an die frische Luft an einen sonnigen Platz und werden in einen etwas größeren Topf mit neuer Erde (1/3 reifer Kompost, 2/3 Gartenerde) umgepflanzt. Achtung, die Wurzeln dürfen nicht völlig bedeckt werden. ❦ Die nicht remontierenden alten Rosensorten schneiden, sobald sie verblüht sind. Schneiden Sie ruhig einen oder zwei Haupttriebe mit altem, grauem Holz zurück. Und alle werden mit 20-Prozentiger Brennnesseljauche „gedoppt". Toilette bei verblühten Blumen. ❦ Narzissen- und Tulpenzwiebeln werden ausgegraben, bevor das Laub verschwindet, und trocken und kühl eingelagert. ❦ Hecken, die groß genug sind, schneiden und Kletterpflanzen zurücknehmen, die sich über die Dachrinnen schwingen.

Juli-August

Im Haus: Vorsicht, *Pelargonium zonale* nicht zu sehr gießen; lassen Sie die Erdoberfläche antrocknen, sonst besteht die Gefahr von Wurzelfäule, und dann ist nichts mehr zu retten. Stecklinge sind immer noch aktuell bei Kakteen, Pelargonien, Fuchsien, Wandelröschen, Schönmalven usw.

Im Garten: Von allen Sträuchern und Halbsträuchern können jetzt Stecklinge geschnitten werden: Beifuß, Buchsbaum, Deutzie, Stechapfel, Hortensie, Oleander, Strauchmalve, Salbei, Kletterrosen, Schneeball und andere mehr bilden in dieser Jahreszeit leicht Wurzeln. ❦ Mehrjährige Pflanzen in einer schattigen Gartenecke aussäen, die fein geharkt und mit Kompost angereichert ist: Akelei, Kamille, Prachtkerze, Nachtviole, Lichtnelke, Katzenminze, Gartennelke, Türkischer Mohn, *Rudbeckia*... 1 laufender Meter von jeder reicht völlig. Schützen Sie die Sämlinge vor zu viel Sonne. Sie blühen vom nächsten Frühjahr an. ❦ Aussaat unter denselben Bedingungen von Marienglockenblumen, Goldlack, Vergissmeinnicht und Stiefmütterchen, die im Frühling blühen werden. ❦ Schneiden Sie verblühten Lavendel ohne Skrupel bis auf kleine Stümpfe zurück, damit er schnell wieder hübsche kugelige Büsche bilden kann. ❦ Nehmen Sie Samen von Bärenklau, Akelei, Nelken, Lupinen, Goldlack, Trichterwinden, Prunkwinden, Kornblumen, Flockenblumen, Wicken usw. ab und lagern Sie das Saatgut lichtgeschützt, kühl und trocken, am besten in Gläsern. Vergessen Sie dabei nicht, den Jahrgang zu notieren, denn Samen halten sich nicht ewig! ❦ Brombeerranken, Disteln, Sauerampfer, Brennnesseln usw. werden direkt am Boden abgeschnitten, um sie abzutöten. ❦ Die Mäharbeit wird langsam weniger, jetzt reicht es einmal im Monat zu mähen. Unnötig, den Rasen zu bewässern: Blassgrün beruhigt. ❦ Mulchschichten, die sich bereits abgebaut haben, werden erneuert. ❦ Gießen Sie abends in Ruhe und durchdringend. Wenn der Boden sehr trocken ist, gehen Sie zweimal darüber: ein erstes

Mal, um die Erdoberfläche zu befeuchten, das zweite Mal um tiefere Schichten zu erreichen. Rechnen Sie 10 l pro m^2 und Woche für alles, was gemulcht ist.

September

Im Haus : Holen Sie Zimmerpflanzen gleich zu Beginn des Monats herein. Gegen Monatsmitte rücken Sie die Pelargonien dichter an · die Fassade und stellen Sie das Gießen aller Pflanzen in Töpfen ein.

Im Garten : Alle drei Jahre werden Stauden geteilt. Die beste Methode: Man nimmt alles heraus, gräbt um und entfernt dabei alle Unkräuter; dann pflanzt man die in zwei oder drei Teile geteilten Wurzelstöcke wieder ein, nachdem der Boden mit einer Schaufel voll reifem Kompost pro Pflanze angereichert wurde. ❦ Wer gern hegt und pflegt, sät im Garten Kornblumen, Jungfer im Grünen, Wicken, außerdem Tabak in Kisten, die man in einer Ecke des Wintergartens oder an einem geschützten Platz an der Terrasse aufstellt. Das gibt einen Monat Vorsprung auf die normale Blüte im kommenden Frühjahr. ❦ Die im Juli ausgesäten Stauden sowie Stiefmütterchen, Goldlack, Vergissmeinnicht usw. werden gepflanzt, sofern Sie Zeit dazu haben und falls der Winter bei Ihnen nicht zu streng ist. Ansonsten bleiben die Jungpflanzen bis zum Frühjahr im Anzuchtbeet. Wer keine Zeit gehabt hat, die Hecken im Juni zu schneiden, kann das jetzt tun.

Oktober-November

Im Haus : Alle Topfpflanzen in die Schubkarre und marsch in den Wintergarten, ins Badezimmer, vor das Wohnzimmerfenster. Diesmal ist die Innenseite gemeint, denn ab Mitte Oktober droht Frost. ❦ Vergessen Sie nicht, auch all die süßen kleinen Ableger zu schützen, die etwas geworden sind: Ein einfaches Frühbeetvlies reicht meistens, ist aber auch nötig. ❦ Im Garten erfolgt nach dem ersten Frost der allgemeine Herbstputz auf den Beeten. Dank der Mulchschicht, die jetzt vollständig umgesetzt ist, gräbt man locker um, teilt, verpflanzt... ❦ Tulpen, Hyazinthen, Krokusse und Narzissen werden gesteckt. Narzissen im Rasen sehen hübsch aus, am Rand aber stehen sie praktischer! ❦ Noch einmal Rasen: Geben Sie sich einen Ruck und mähen Sie ein letztes Mal, damit Sie den Winter über einen kurzen Teppich haben und gleichzeitig alles Laub beseitigen. Damit ist ein Super-Kompost für den Frühling in Sicht. Es genügt, alles aufzuhäufen und abzuwarten. ❦ Immergrüne Bäume und Sträucher werden gepflanzt.

Dezember-Februar

Auf dem Programm : Hauptsächlich Filzpantoffeln besorgen und den Winter der Betrachtung widmen. Das ist die bevorzugte Jahreszeit der Träumer, die es sich mit ihren Katalogen gemütlich machen, um alles „zu erneuern". Na, warten wir mal den Frühling ab!

Im Garten gibt es außer Gehölzschnitt und Baumpflanzungen nichts zu tun. Guten Winterschlaf, ihr Faulpelze!

Mini
ROTOR

Know-how, nicht Knock-out

Man nehme eine geringe Dosis „Gewusst-wie“, eine ordentliche Portion Fantasie, dazu eine kräftige Menge Recycling und eine Messerspitze Anstrengung, schon verbindet sich das Angenehme mit dem Nützlichen und häufig wird sogar das pure Vergnügen daraus. Hier folgt ganz konkret die bewährte Methode des Mulchens, die jeder nach seiner Fasson anwenden kann.

revex

Gärtnern mit leichter Hand

Was immer die Freunde des absoluten Nichtstuns dazu sagen mögen: Pflanzen wachsen besser in lockerer, offener Erde als in einem verdichteten und zwangsläufig von jeder Menge einheimischer Pflanzen (dem so genannten „Unkraut") besetzten Boden. Nun gibt es wahrlich nichts Lästigeres als den Garten umzugraben. Und das muss man im Gemüsegarten jeden Winter tun, vier Winter hintereinander im Obstgarten, jedes zweite Jahr in Blumenbeeten ... außer man mulcht.

Mulchen ist der Trumpf Nr. 1 des Faulen. Trumpf Nr. 2 ist eine gute Ausrüstung mit Werkzeugen in der richtigen Größe und einer kleinen „Hausapotheke". Mit etwas Methodik und Beobachtung dazu schaffen wir einen blühenden Garten und genügend Zeit, um glückliche Tage darin zu verleben.

Die Mulch-Taktik: Ein Segen für Faule!

Mulchen ist wirklich genau das Richtige für Faulpelze. Es ist nicht schwierig, kostet nichts und schafft gute Laune. Man nimmt, was man gerade zur Hand hat: Laub, Stroh von Getreide, Leinstroh oder -häcksel, Rasenschnitt, gehäckselte Rinde (aber nicht von der Kiefer, die teuer und ganz grässlich ist), trockenen Farn, große Rhabarberblätter oder auch das Schnittmaterial, das der Straßenarbeiter mit der Motorsense hinterlassen hat... je nach Gegend und Prestige des Standorts im Garten. Man verteilt eine 5 cm dicke Schicht zu Füßen aller Pflanzen und bringt den Mulch 10 cm hoch auf den Wegen im Gemüsegarten aus, ebenso hinten auf den Beeten, am Fuße der jungen Hecken und der Büsche, die im vorigen Winter gepflanzt wurden. Eine an Wunder grenzende Wirkung auf den Boden ist garantiert, der krümelig, dunkel und mit Humus angereichert wird.

Auch den Wegen gereicht das Mulchen zum Vorteil, die sich nicht mehr durch das Darüberlaufen verdichten. Und ebenso wunderbar wirkt es gegen Unkraut, das durch diese dicke Schicht nicht mehr durchkommt. Dabei bleibt die Erde darunter so frisch, dass der Garten sich selbst in sehr trockenen Sommern mit einem wöchentlichen Gießen begnügt... Und wie wohltuend wirkt sich das Mulchen auf die Kosten für die Müllabfuhr aus, wenn sich die Biotonne für die Grünabfälle erübrigt. Es ist noch nicht einmal mehr nötig, daraus Kompost zu bereiten, da die Regenwürmer diese Arbeit gleich an Ort und

Stelle übernehmen. Einziger Nachteil ist, dass sich in manchen Jahren die Schnecken üppig vermehren, aber es gibt ja Schneckenkorn.

Schließlich (und nicht zuletzt) vermehren sich in diesem günstigen Milieu die Regenwürmer, und da sie um so zahlreicher sind, je schneller die Umwandlung des Mulchs in Muttererde vonstatten geht, verbessert sich die Erde in einem gemulchten Garten merklich. Als wären die Heinzelmännchen am Werk.

Sonne, grauer Teppich und Füßekitzeln

Das sieht modrig und unordentlich aus? Überhaupt nicht! Mulch bringt Sonne in den Garten und die Erdbeeren zum Reifen, denn der auf den Wegen ausgebreitete Rasenschnitt webt einen Teppich aus grauem Filz, der sich ganz weich anfühlt, wenn man zum Gießen die Schuhe auszieht! Farn kitzelt mit seiner rotbraunen Klöppelspitze die Knöchel und duftet noch dazu. Mulchen funktioniert bei allem Pflanzen, man muss nur um jene Pflanzen, die Trockenheit mögen (wie Nelken), etwas weniger auftragen (2 cm dick). Schließlich macht Mulchen schwere Erde leichter und reichert leichte mit Nährstoffen an. Die richtige Zeit zum Ausbringen ist von Mitte April bis Mitte September.

Noch etwas zum Rasenschnitt: Lassen Sie ihn vorsichtshalber einen Nachmittag lang trocknen, damit er nicht zum Gären anfängt. Im Gemüsegarten können Stroh oder Farn, die langsam verrotten, sehr gut von einer Kultur zur anderen wandern,

Von einem ziemlich beißenden Frost gepackt, hat sich die Christrose *Helleborus orientalis* über Nacht auf das welke Laub gelegt, das ihr Lieblingsteppich ist.

wenn Sie z. B. einen Weg umgraben müssen, um dort etwas zu pflanzen. Mulch kann im Winter liegen bleiben oder nach und nach beim Freiwerden der Parzellen im Laufe des Herbstes durch die Aussaat eines Gründüngers ersetzt werden.

Meine Freundin, die Motorhacke

Nun gibt es die Lösung mit der Fräse oder besser der Motorhacke, die viel leichter zu handhaben ist und deren rotierende Hacken den Boden umwenden, während man sie mit leichter Hand führt. Aber man kann sie nur auf einem Gelände benutzen, das mindestens 1 m breit und 5 m lang ist. Darunter werden die Wendemanöver am Ende der Reihe regelrecht gefährlich. Auf den Beeten gräbt man, wenn die Erde von Unkraut überwuchert ist, von Hand um. Denn die Motorhacke durchtrennt die Wurzeln und rüttelt die Pflanzen reichlich durch, um sie anschließend wieder in den aufgelockerten Boden einzubringen, der sich wunderbar für all jene „aus dem Ärmel geschüttelten" Ableger und Sämlinge anbietet...

Wenn man so viel Platz hat, dass man mit einer Motorhacke gut durchkommt, muss man nicht alles mit der Hand umgraben, sondern kann die Pflanzen, die Samen gebildet haben, sowie alle mehrjährigen Pflanzen mit der Hand jäten, in einer Ecke aufhäufen und verbrennen, bevor man sich ans Pflügen macht. Das wiederum muss in einem gut angetrockneten, aber nicht zu trockenen Boden geschehen; die Erde muss leicht zerkrümeln, ohne zu kleben oder zu stauben.

Gehen Sie in zwei Arbeitsschritten vor: Ein erster schneller Durchgang, um die Kruste des Bodens zu lösen, ein zweiter, langsamer, um wirklich zu pflügen. Aber nicht zu tief: 20 cm reichen aus. Gräbt man tiefer, erreicht man meist die Bodenschicht ohne Humus, und das ist nur unnütze Arbeit für nichts und wieder nichts. In nährstoffarmen Böden kommt es sogar vor, dass die Humusschicht nur 10 bis 15 cm dick ist; in diesem Fall pflügen Sie auch nicht tiefer.

Zur Vorbereitung der Blumenbeete, des Gemüsegartens oder auch einer Rasenansaat ist es ideal, im Winter zu pflügen. Bei schweren Böden eher am Anfang und in groben Schollen, deren Zerkleinerung dann der Frost übernimmt, doch bei leichten Böden eher am Winterende, wenn die Erde noch feucht ist – aber möglichst nicht im allerletzten Augenblick, denn das Umgraben im Winter säubert den Boden ausgezeichnet von Unkraut.

Man komplettiert das Pflügen oder Umgraben mit einem guten Auflockern mit dem Kreil kurz vor der Aussaat, wobei man Erdschollen zerkleinert und das Gelände glättet. Es folgt ein letztes Mal Harken ganz kurz vor dem Säen, und alles ist bereit.

Ungeeignete Mulchmaterialien

Kiefernrinde ist teuer und hässlich. Sägespäne zersetzen sich nur langsam; sie legen im Boden enthaltenen Stickstoff fest und lassen benachbarte Pflanzen kümmern. Kakaomulch ist zu teuer für den Garten, aber sehr gut für die Topfkultur. Schließlich ist allergrößte Vorsicht bei ins Kraut geschossenem Heu geboten; daraus würde sich im Garten eine Bumenwiese aussäen.

Anti-Hexenschuss à la Papa

Gelegenheitsgärtner kennen gut diesen schrecklichen Schmerz, der ihnen am Tag nach einem größeren Einsatz („um den Garten auf Vordermann zu bringen“) den Rücken blockiert und eine im wahrsten Sinne des Wortes „umwerfende“ Wirkung hat. Das können Sie vermeiden, indem Sie sich aus der Apotheke oder dem Sportgeschäft eine Salbe oder ein Öl zur Lockerung von Sportler-Muskeln besorgen. Dadurch wird auch das „Gerüst“ des Städters erwärmt, der vielleicht ein kleines bisschen zu sesshaft ist... Damit gräbt man seine 20 m^2 um wie ein Weltmeister und muss es am nächsten Tag nicht bereuen. Außerdem hebt eine kleine Massage als Auftakt für wichtige Aufgaben die Laune.

Düngen oder Doping?

Es gibt Gärtner, die sich wundern, warum ihre Bäume nur potentielle Obstbäume sind und weshalb die Pfingstrosen in Blühstreik treten. Wieder andere verteilen hier ein Kanonenrohr voll Express-Dünger und da eine Haubitze voll Turbo-Dünger. Von diesen Extremen kommen wir ohne Übergang von der Nulldiät zur Bulimie. Die Bulimisten gelten übrigens als ebenso große Umweltsünder in Sachen Nitrat wie jene, die heutzutage Landwirtschaft im industriellen Stil betreiben, und zwar sehr zum Schaden unserer Kulturlandschaft ... Der Hauptgrund für dieses unsichere Verhalten liegt wahrscheinlich daran, dass es den Gärtnern an Kenntnissen über diese kulturtechnischen Fragen mangelt. An sich ist das nicht weiter verwunderlich, denn die Gartenzeitschriften übergehen ziemlich konsequent dieses schwierig zu illustrierende Thema. Und was die Dünger-Abteilung in Fachmärkten angeht, so glänzen die Verkäufer dort oft durch ihre Unkenntnis... wenn nicht gar durch Abwesenheit.

Der Faulpelz sollte sich in dieser Hinsicht von den Biogärtnern inspirieren lassen. Denn wer sich angewöhnt, systematisch seinen Garten zu mulchen, hat schon einmal einen deutlich besseren Boden im Verhältnis zu den „Nudisten“ mit der nackt gejäteten Erde. Wenn man die Bodenstruktur verbessert, bremst der Mulch, der sich in Humus zersetzt, die Auswaschung der Nitrate ins Grundwasser (die gerade in leichten Böden sehr rasch vonstatten geht) und macht die Nährstoffe in schweren Böden besser für die Pflanzen verfügbar. Kompliziert wird alles nur dadurch, dass nicht alle Böden gleich sind und die Bedürfnisse der Pflanzen stark schwanken: zwischen den Anspruchslosen, die gar keine Düngergaben wollen (Schwachzehrer wie Lupinen, Zwiebeln, Dickblattgewächse oder Trockenrasenpflanzen...), und den Starkzehrern (wie Pfingstrosen, Rosen, Obstbäume, Kürbisse, Tomaten...), die jedes Jahr einer Düngernachhilfe bedürfen.

Gemüsearten und Obstgehölze sind am „anspruchsvollsten“ – nicht, weil sie etwa mehr Nährstoffe bräuchten als Stauden und Sommerblumen, sondern weil man die Ansprüche der verschiedenen Pflanzen kennen muss, sonst kann es passieren, dass man überhaupt nichts erntet. (Genaueres dazu finden Sie in den beiden entsprechenden Kapiteln.) Im Ziergarten mag alles noch kniffliger erscheinen, zunächst einmal, weil hier oft Blumen neben Bäumen stehen und weil manche der Blütenpflanzen keine Nährstoffgaben wollen (sonst blühen sie nicht, wie Kosmeen, Klatschmohn, Glyzinen), während andere reichlich brauchen (Dahlien, Rosen, Magnolien...). Dazu kommt dann noch der unausrottbare Romantiker, der in allen Blumenliebhabern wohnt. Das geht soweit, dass sich viele Leute für das pure „Luft-und-Liebe"-Programm entscheiden und sich dann auch noch wundern, warum das nicht funktioniert!

Variationen zum Thema Kompost

Die Bereitung eigenen Komposts ist aktueller denn je, denn er hat die gute Eigenschaft, allen Bodenarten und allen Pflanzen zu entsprechen und den Boden anzureichern, ohne zur Überdüngung mit Nitraten zu führen (jedenfalls, wenn man ihn in vernünftiger Menge einsetzt!). Ganz nebenbei verbessert er die Bodenstruktur, da er ihn mit Humus anreichert. Im Unterschied zu Schnelldüngern und anderen „Aufputschmitteln", die mitten in der Wachstumsperiode die Vegetation in Schwung bringen sollen, ist Kompost ein Langzeitdünger; seine Wirkung hält über mehrere Jahre an. Die Dosis (1 bis 4 kg pro Quadratmeter) muss dem Appetit der Pflanzen und der Bodenqualität in dem entsprechenden Gartenteil angepasst sein. Die Dosierung ist eine Sache des gesunden Menschenverstandes und der Beobachtung. Zum Beispiel ist es gut, 4 kg Kompost pro Quadratmeter in einem Garten mit nährstoffarmem Boden aufzubringen, bevor man Dahlien pflanzt; die Hälfte genügt in einem Garten mit humusreichem Boden. Gleichermaßen dient Kompost dazu, die Pflanzlöcher von Bäumen und Sträuchern oder von Stauden anzureichern.

Doch um welche Art von Kompost geht es hier? – Um den idealen, der halb aus Mist vom Bauernhof, halb aus Garten- und Küchenabfällen besteht, wenn es sich um hausgemachten handelt. Oder aber um eine Mischung aus Algen und Mist vom Bauernhof, wenn man ihn säckeweise kauft. Auf den Kompost- und Dünger-

Ein Fries aus rosa Kapuzinerkresse 'Florissimo' vor dem häuslichen Komposthaufen.

säcken finden Sie die Herstellerangaben zur Nährstoff-Zusammensetzung: In aller Regel steht eine Formel N : P : K mit dazugehörigen Zahlen. N steht für Stickstoff, P heißt Phosphor und K Kalium, und die Zahlen beziehen sich auf den prozentuellen Anteil jedes der Elemente.

Eine Düngervariante stellt das Aufbringen von reifem Mist dar, wenn man im Winter umgräbt. In diesem Fall handelt es sich wie beim Mulchen darum, den Prozess zu vereinfachen, indem man den Dünger direkt auf dem Boden verteilt und den darin befindlichen Regenwürmern und Mikroorganismen im Winter seine Umwandlung überlässt. Man verteilt also den völlig ausgereiften Mist (d. h. ohne die geringste sichtbare Spur von Stroh), kleingehackt und angenehm nach Waldboden duftend, in dünner Schicht auf dem soeben umgegrabenen Boden, und dann arbeitet man ihn mit dem Kreil im Frühling unter. Davon sprachen schon die Bücher aus der guten alten Zeit, und sie nannten es „Bodenbedeckung“.

Gebrauchsanweisung für einen fruchtbaren Garten

Wenn Sie keine Lust haben, einen Komposthaufen anzulegen, kaufen Sie in einer landwirtschaftlichen Genossenschaft einen großen Sack mit organischem Volldünger, der mit Magnesia angereichert ist. Für den Preis eines 5-kg-Sackes in der Gärtnerei bekommen Sie hier 15 kg, also genug, um 2000 m² Garten, einschließlich Gemüse- und Obstgarten, damit zu versorgen. Lesen Sie die Gebrauchsanweisung gut durch und dosieren Sie den Angaben entsprechend – und korrigieren Sie die Menge nach unten (– 50 Prozent), wenn Ihr Gartenboden schon fruchtbar ist.

Stützen Sie sich auf das folgende Programm: Zwei Vegetationsperioden über Volldünger oder Kompost geben, dann jeden dritten Winter eine Bodenverbesserung durchführen. So werden die Bodeneigenschaften ausgeglichen. Denn wenn Sie z. B. in saurem oder nur leicht saurem Boden viel Kompost einsetzen, wird dieser dazu tendieren, diesen Fehler zu unterstreichen, vor allem, wenn Sie weder Asche noch Algenmehl untermischen. Verteilen Sie in diesem Fall einen kalkhaltigen Bodenverbesserer (Schlacke, Asche,

Sicher reichert der Kompost, der dort hinter dem Muskateller-Salbei reift, den Boden mit Humus an – aber man darf es nicht übertreiben!

Gesteinsmehl). Wenn Sie hingegen in kalkhaltigem Boden gärtnern, ist Kompost empfehlenswert, der nicht mit Holzasche angereichert wird. Verteilen Sie aber alle drei Jahre kaliumhaltigen Bodenverbesserer mit Magnesia und Schwefelzusatz oder auch Porphyrmehl darauf, um seinen pH-Wert zu senken. In saurem oder neutralem Milieu kann man ohne weiteres beständig mit Kompost arbeiten und Gesteinsmehl in der Vegetationsperiode einsetzen, um zugleich seine säuernde Wirkung zu korrigieren und das Wachstum der Pflanzen anzuregen. In eher kalkhaltigem Milieu verwendet man bevorzugt Schwefelblüte und Gesteinsmehl.

Die so genannten „Start-Dünger" aus dem Handel bewirken durchaus ihren Zweck; sie sind für einen gewöhnlichen Gärtner allerdings etwas zu heftig. Wenn Sie schon einmal eine Packung Blutmehl gekauft haben, wissen Sie worauf ich hinaus will. Das riecht nicht nur eklig, sondern erscheint seit der Geschichte mit dem Rinderwahnsinn nicht mehr sehr vernünftig. Man sollte besser Brennnessel- und Beinwelljauche herstellen und sie abwechselnd alle 14 Tage im Gemüsegarten bei Starkzehrern (Tomaten, Kürbis und Gurken) anwenden, und von Mai bis August einmal im Monat bei öfterblühenden Rosen. Das kostet kein Geld und wirkt wirklich prima.

Achtung, natürlich ist nicht gleich bio!

Da Ökologisches in Mode ist, finden Sie alle Arten von Packungen mit der Bezeichnung „natürlich" oder „biologisch"! Doch weder der eine noch der andere Begriff garantiert Ihnen, dass das Produkt unschädlich und auf der Grundlage gesunder Bestandteile hergestellt ist. Blutmehl ist z. B. ein natürlicher Dünger, aber mit dem „Bio"-Gartenbau eher nicht zu vereinbaren!

Pflanzen ohne Fehl und Tadel

Wenn man vor dem Einpflanzen die Pflanzanleitung für das lächerlichste Sträuchlein in einem Gartenhandbuch liest, wird man rasch von Mutlosigkeit gepackt. Mit Schemazeichnungen als Grundlage sehen Sie, wie Grabgabel-Profis sich an den Aushub riesiger Pflanzlöcher für winzige Sträucher machen. Nie sieht man sie lächeln, und die Pflanzen sehen auch nicht gerade fit aus. (In der Gartenbuch-Illustration gibt es ein Grün, das verboten werden müsste, denn es ist nicht nur schrecklich, sondern auch trügerisch!) Übrigens sind frisch gepflanzter Kopfsalat und Kohl mit ihren weichen Ohren und der schlappen Wurzel ebenfalls alles andere als ermutigend, stellt man sich sie doch eigentlich knackig, spritzig vor. Zwar ist durch den Verkauf von Jungpflanzen in Töpfen theoretisch das Pflanzen das ganze Jahr über möglich, doch wachsen Stauden und Gehölze besser an, wenn man sie zwischen Oktober und März bei bedecktem Himmel und nicht zu warmem Wetter verpflanzt. Wenn Pflanzungen zu einer anderen Zeit gelingen sollen, muss man zugleich daran denken, sie wöchentlich zu gießen bzw. sie in Hitzeperioden zu beschatten.

Die erste Grundregel, die einen der gesunde Menschenverstand eingibt, lautet, dass man in umgegrabene und von Unkraut befreite Erde pflanzt, damit die

Jungpflanzen ihre Wurzeln nach Belieben ausstrecken können. Für einen Baum rechnen Sie mit 1 m² Fläche, für eine Großstaude die Hälfte, für eine einjährige Pflanze ein Drittel davon. Bei Gemüse und Obstbäumen beachten Sie die erforderlichen Pflanzabstände. Das Pflanzloch wird in der Mitte dieses Quadrats in die aufgelockerte Erde gegraben. Seine Tiefe und Breite schwanken zwischen 20 und 50 cm – je nach Dicke des Wurzelballens plus einer Ladung Kompost als Nährstoffvorrat, damit die Pflanze gleich loslegen kann. Die Regel ist, dass die Wurzeln locker und ohne Schummelei in das Loch passen sollen. Auf keinen Fall darf alles umgeknickt werden, damit es hineinpasst – dieser „Trick" schadet ernsthaft der weiteren Entwicklung.

Pflanzen mit Pfahlwurzeln (Stockrosen, Wunderblumen usw.), deren möhrenförmige Wurzel zuweilen eine beträchtliche Länge aufweist, bringen den Faulen aus der Fassung. Wenn die kraftvolle Stockrose und die meisten Laub abwerfenden Bäume auch einen radikalen Schnitt mit der Gartenschere vertragen, mit dem ihre Hauptwurzel verkürzt wird, damit sie bequem in ein noch mit vernünftigem Aufwand zu grabendes Loch passen, so dulden das die meisten anderen Pflanzen nicht: Weder Kohl noch Wunderblumen, Magnolien oder Koniferen wachsen an, wenn man sie mit Gewalt in ein zu kurzes Pflanzloch zwängt. Im Gegenteil muss man ihnen mit einem spitzen Pflanzholz ein ausreichend tiefes Loch bereiten und dann die Wurzel schön gerade bis auf den Grund sinken lassen. Bei Containerpflanzen muss man den Ballen ringsum leicht ankratzen, um die eng im Topf zusammen gedrängten Wurzeln zu befreien.

Keinen Dutt für Sträucher!

Wenn Sie beim Herausholen aus dem Topf feststellen, dass die Wurzeln eines Strauches zu einem dicken Dutt verknotet sind, können Sie davon ausgehen, dass Sie es mit einem Kümmerling zu tun haben, der zu lange in der Baumschule herumgestanden hat. Er wird nicht anwachsen, vor allem, wenn es sich um einen Rosenstock oder um eine Konifere handelt. Bringen Sie die Pflanze zurück und verlangen Sie Ihr Geld wieder. Heben Sie daher Ihre Kassenzettel auf, bis Sie fertig gepflanzt haben!

Wegzehrung

Der aufmerksame Gärtner verteilt vor dem Pflanzen unterschiedliche Mengen von reifem Kompost in den Pflanzlöchern, die vom individuellen Nährstoffbedarf, dem Appetit der Pflanze und ihrer Größe abhängen. Eine Staude oder eine Erdbeerpflanze erhalten zum Beispiel eine Pflanzschaufel voll, die Hälfte reicht für einen Kopfsalat oder einen Kohl, den man in die bereits fruchtbare Gartenerde pflanzt, aber zwei ordentliche Schaufeln voll gebühren einem Strauch oder einem Rosenstock und drei einem Baum.

Wenn auch Unfälle bei hausgemachtem Kompost selten vorkommen: Um einen „Schlaganfall" zu vermeiden, der im vollen Wachstum befindliche Pflanzen umhaut, wenn sie direkten Kontakt mit Misterde aus dem Handel bekommen, bedeckt man sie mit einer dünnen Schicht feiner Erde, bevor man die Jungpflanze setzt, und füllt das Loch dann mit der krü-

Man gießt abends, in der köstlichen Stunde, wenn das wohltuende Wasser alle Düfte weckt. Nun braucht man nur noch seinen Stuhl ins Gegenlicht zu rücken.

meligen Erde vom Aushub des Lochs auf. Man gräbt die Pflanzen bis zum Wurzelhals ein und achte darauf, dass bei veredelten Bäumen, Sträuchern und Rosen die Veredelungsstelle nicht mit eingegraben wird. Sonst treibt im besten Falle die aufgepfropfte Pflanze Wurzeln, was die durch das Veredeln gewünschte Wirkung nichtig macht (in der Regel die Eigenschaft Wüchsigkeit und Gesundheit). Aber meistens versucht die Unterlage das Edelreis zu überwachsen, und Sie haben dann einen Wald von Wildtrieben aus der Unterlage vor sich, die nicht immer leicht zu erkennen sind. Wie man bei Stauden, Zwiebel- und Knollenpflanzen vorgeht, behandeln wir ab Seite 194.

Zum Schluss kommt noch das rituelle Gießen mit dem Brauseaufsatz, um die ganze Pflanze zu erfrischen; dabei lässt man das Wasser lange genug rinnen, um die Erde durchdringend zu benässen, sie sollte aber nicht verschlämmen. Von April bis September erleichtert auf alle Fälle eine Bodenbedeckung durch ordentliches Mulchen (5 cm stark) das Anwachsen.

Gießen, ein Moment des Glücks

Seinen Garten im Sommer zu gießen, in dieser erquicklichen Stunde, wenn der Abend mit der Nacht verschmilzt, wenn sich alles in den vermischten Düften von Pflanzen und Erde beruhigt: Das ist das pure Glück. Der Wind legt sich, die Erde knistert zufrieden, und die Nacht kommt auf Sammetpfoten. Wenn man richtig gießen will, muss man sich Zeit lassen. Die meisten Pflanzen möchten lieber reichlich direkt am Boden gewässert werden, wobei das Wasser langsam rinnen sollte. Je durstiger Pflanzen sind, um so langsamer muss man sie tränken. Gehen

Sie, wenn der Boden trocken ist, ein erstes Mal rasch darüber. Dann kommen Sie wieder zurück, und lassen Sie dieses Mal das Wasser langsam laufen. Bringen Sie eine Brause an, die sanft gießt, mit der Sie das Wasser mal unter die Pflanzen laufen lassen, mal sie damit zur Erfrischung besprühen können. Aber Vorsicht, alle mögen solch einen Regen nicht, nicht einmal, wenn er lau und leicht ausfällt. Während er Fuchsien, Farne, Kamelien, Magnolien, junge Aussaaten und Ableger zu neuem Leben erweckt, haut er die meisten alten Rosensorten um, und alle Pflanzen mit grauem Laub verabscheuen eine kalte Dusche. Auch Dahlien, Japan-Anemonen, Sommerastern und Ziertabak werden nach einer kalten Dusche kahl. Schließlich ist er das sicherste Mittel, Pelargonien, Bohnen, Kürbisse und Tomaten krank zu machen.

Im Zweifel ist es das Sicherste, die Pflanzen reichlich von unten zu gießen. Aber Achtung, nicht alle haben die gleichen Bedürfnisse: Die anspruchslosesten sind die Pflanzen mit grauem Laub, Fettblattgewächse, Salbei, Lavendel, Nelken, Zierdisteln, Zwergzinnien usw., die fast ganz auf Wassergaben verzichten können. Die anspruchsvollsten sind Topfpflanzen, Dahlien, Tomaten, Zucchini, Grüne Bohnen, Taglilien, Tabak und Petunien: Rechnen Sie hier 10 l Wasser pro laufenden Meter. Gießen Sie hier ein- bis zweimal pro Woche, aber reichlich. Gleiches gilt für Pflanzen, die tief gehende Wurzeln bilden. Haben Sie gemulcht, schieben Sie den Gartenschlauch unter den Mulch und füllen Sie, während das Wasser läuft, da Mulch auf, wo er sich schon zersetzt hat. So versorgt, vertragen auch die anspruchsvollsten Pflanzen mitten im Sommer eine etwa zehntägige Abwesenheit. Vergessen Sie die Bäume und Sträucher nicht, und auch nicht jene Rosen, die noch keine zwei Jahre in Ihrem Garten stehen: Den ganzen Sommer über müssen sie wöchentlich und reichlich gegossen werden (10 l pro Pflanze).

Luftveränderung gefällig?

Falls Sie Ihre neuen Pflanzen ein Jahr lang im Ungewissen lassen: „Ich gehe nicht ein – ich gehe nicht an“, wechseln Sie den Standort. Denn viele der vermeintlich Robusten fühlen sich nicht unbedingt an einem Platz wohl, der uns als ideal erscheint. Haben Sie auch keine Scheu bei denen, die dafür bekannt sind, dass sie nicht gerne gestört werden, wie Japan-Anemonen, Pfingstrosen, Rosen, Christrosen, Seidenblumen, Hortensien, Magnolien, Koniferen. In aller Regel vertragen sie in den ersten drei Jahren das Umsetzen ohne Probleme. Wenn Sie dann merken, wie kräftig sich die einstigen Sorgenkinder entwickeln, ist die Anwachshürde genommen.

Der Garten gießt sich von ganz allein – dem Himmel sei Dank!

In den meisten Gegenden schenkt uns der Himmel jährlich 70 bis 80 l Wasser pro Quadratmeter. In Mitteleuropa verteilen sich die Niederschlagsmengen ziemlich gleichmäßig übers Jahr, und im Juni und Juli erhalten wir normalerweise sogar reichlich Regen, das gilt selbst noch für den August, und sei es nur in Form eines Gewitterschauers. Um dieses Gratiswasser aufzufangen, vergessen Sie diese schrecklichen, meist militärisch khakigrünen Behälter aus Recyclingmaterial (was wohl natürlich aussehen soll?), die so viel kosten wie mehrere Wasserrechnungen zusammen und ziemlich ungeeignet sind. (Die Krönung ist das Modell aus Holz und Folie, das den Erwerb einer elektrischen Pumpe notwendig macht, um das darin aufgefangene Wasser da wieder rauszuholen!) Statt Ihr Geld unnötig zu verschwenden, versprühen Sie lieber Charme, denn die perfekten Behälter bekommt man über Mundpropaganda in Labors oder bei befreundeten Winzern in Form von schönen, gar nicht teuren Eichentonnen. Das ideale Volumen reicht von 500 bis 1000 l. (Um 10 laufende Meter Tomaten oder Dahlien bis zum Gehtnichtmehr zu gießen, braucht man 100 l Wasser.)

Zugleich installieren Sie ein hausgemachtes System, mit dem Sie mitten im Sommer Ferien machen können, wenn Sie dazu Lust haben, einschließlich der Jahre, die Sie in Bad Mein-Garten verbringen. Ideal ist ein Behälter mit zwei Zugängen (einer von oben, der als Überlauf dient, und einer ganz unten, um ihn völlig entleeren zu können). Wenn er unter der Dachrinne steht und an einen Gartenschlauch angeschlossen wird, der mit einem Schlauchregner oder einem Perlregner verbunden ist, haben Sie eine nahezu perfekte automatische Bewässerungsanlage, die Ihnen sogar bei Affenhitze Hitzefrei gibt. Zu Beginn und am Ende des Sommers schließt man die Tröpfchenbewässerung an den Überlauf an, im Hochsommer an den unteren Hahn. So wird der Segen des geringsten Regens doppelt genutzt.

Anti-Bruch-Schlauchführung

Wer keinen Schlauchwagen hat, steckt Laufrollen an den Beetecken fest, damit der Schlauch nicht die Pflanzen umwirft; außerdem rutscht der Schlauch leichter, indem er um die Spulen gleitet. Hölzerne Laufrollen müssen im Winter hereingeholt werden, damit die lackierten Spulen keine Witterungsschäden erleiden und ihre Form verlieren.

Die hausgemachte Tröpfchen-Bewässerung

Da heutzutage Recycling angesagt ist, basteln Sie doch eine maßgeschneiderte Tröpfchenbewässerung aus alten Gartenschläuchen. Man muss sie nur mit einer Schusterahle anbohren, die man regelmäßig bis zum Glühen erhitzt. Mit diesem improvisierten Tröpfchensystem kann man wunderbar das Wasser aus einer am Fallrohr stehenden Tonne nutzen, denn diese handgebohrten Löcher verstopfen selten, während das bei klassischen Schlauchregnern ein wahrer Alptraum ist! Unter der Mulchschicht bringt man kleinere Löcher an, um den Wasserfluss etwas zu vermindern.

SOS Pfoten im Schmieröl

In die Werkzeugkiste gehört auch ein stabiler Cutter, um mit einem Schnitt dieser Art „Verwicklung“ ein Ende zu machen.

Es ist Sonntag, schönes Wetter, es ist warm – und na so was, der Rasenmäher will nicht anspringen. Die Nachbarn freuen sich ein Loch in die Mütze, Sie aber nicht. Nur mal angenommen, es wäre zufällig die Zündkerze... (sogar neue taugen manchmal nichts). Doch Sie haben für einen solchen Fall klug vorgesorgt: Sie haben immer eine Zündkerze auf Vorrat da, aufbewahrt in einer kleinen Schachtel zusammen mit dem Zündkerzenschlüssel und einer Drahtbürste (wenn schon, denn schon!), damit das Pflegeset auch vollständig ist, denn eine Zündkerze muss ja mindestens zweimal pro Saison gereinigt werden. Das Gleiche gilt für Öl- und Luftfilter.

Falls Sie aber nicht zu denen gehören, die gern die Pfoten in Schmieröl stecken, bringen Sie alle motorbetriebenen Gartengeräte im Herbst in die Werkstatt, lassen Sie die Klinge des Rasenmähers schleifen, die Motoren einstellen, Ölwechsel vornehmen, Filter reinigen und alles einfetten. Diese Serviceleistung ist ihren Preis wert, denn sie garantiert eine Saison bei guter Stimmung.

Leuten, die knapp bei Kasse sind und prima Rasenmäher kaufen, die nicht teuer, aber markenlos sind, sei gesagt: Man muss die Schutzverkleidung nach jedem Mähen abkratzen, damit sie nicht rostet, denn meistens gehen solche Geräte über diesen Schwachpunkt kaputt (der Motor ist der gleiche wie bei den teuren), und man darf sie nicht gewaltsam schieben, wenn sie nicht vorankommen. Drehen Sie das Gerät lieber um (Stecker raus!) und schauen Sie nach, ob das hohe Gras vom Rasen im Faulpelz-Garten sich nicht zufällig um die Achse der Antriebsräder gewickelt hat. Das hat es sicherlich. Mit einem Cutter entfernt man das alles, und in zwei Minuten geht's wieder weiter!

Ein gemütliches Viertelstündchen im Gerätehaus

Es gibt auch eine Gruppe von Bastlern, die sich in das trockene Gerätehäuschen zurückziehen, sobald es etwas kühler wird, um hier was zu schleifen, da was abzukratzen, die Pflanzschnur aufzudröseln, die Tomatenstützen von den alten Strippen zu befreien... und es gibt andere Hobby-Gärtner, die keinen Gedanken an solche Dinge verschwenden. Doch nicht die sind die Schlausten, die man dafür halten könnte. Denn wenn man ein Momentchen in dem Kramladen seines Gerätehauses zubringt, stellt sich oft eine wohltuende Heiterkeit ein, vor allem wenn man die restliche Woche über im Turbotempo durch einen vollen Terminkalender rast. Im Halbdunkel, umgeben von dem guten Geruch einer Mischung aus Saatgut und Schmieröl, mit dem Durcheinander aus Töpfen und Körben – da scheint die Zeit stehen zu bleiben. Und so ganz nebenbei bereitet man einen neuen Über-Frühling vor.

Denken Sie bei den Werkzeugen ans Schärfen. Wenn Sie sich damit nicht auskennen, vertrauen Sie sie lieber einem Fachmann an, denn das muss man wirklich raushaben. Hacken aller Kategorien, Spaten, Spargelstecher, Gartenschere, Veredelungsmesser, Sichel sollten mindestens einmal im Jahr mit dem Schärfen dran kommen. Es wirkt wirklich Wunder, weil die Arbeit viel leichter vonstatten geht.

Ölen Sie auch jeden Winter die Holzstiele ein. Aber nicht mit altem Motoröl (das eine Spur zu giftig ist), sondern mit Leinöl oder auch, wenn Sie wollen, mit Oliven- oder Sonnenblumenöl. Ersetzen Sie altersschwache Holzstiele, indem Sie sie schnell durchs Feuer ziehen, damit sie sich leicht aus der Fassung lösen, und ölen Sie die neuen Stiele ein, die immer etwas rau sind. Selbst, wenn man mit Handschuhen gärtnert, zählt das, und das Holz neigt weniger zum Aufspringen, wenn man die Geräte einmal draußen vergisst.

Letzter Rat: Wenn Sie Gartengeräte kaufen, vermeiden Sie lackierte Stiele. Der Lack platzt beim ersten Regen ab, und dann muss man ihn stundenlang abschmirgeln, wenn nicht sogar der Stiel selber gesprungen ist; und den auszuwechseln, ist wirklich kein Pappenstiel. Schließlich werfen Sie alle Samen weg, deren Haltbarkeitsdatum überschritten ist, denn so blicken Sie besser durch, wenn die Stunde des Bestellens schlägt – die Winterkataloge treffen bald ein!

Noch eine Sitzgelegenheit, um Regentage in dem Duftgemisch aus Saatgut und Schmieröl verstreichen zu lassen.

Praxisblatt

Hausgemachter Kompost, bequeme Version

Wenn Sie besten Kompost innerhalb von drei Monaten haben wollen, gießen Sie ihn nach jeder neuen Schicht reichlich mit Brennnesseljauche.

Das Problem ist nur, ihn so hinzubekommen, wie man es überall immer wieder gelesen hat, mit Hilfe der hübschen Kompostbehälter. Und das ist gar nicht so einfach! Wir fassen zusammen: Suchen Sie sich eine Gartenecke im Schatten, die leicht zugänglich ist. Sie müssen kein niedliches Gestell aus Holzlatten bauen: Ausgediente Transportpaletten tun es ebenso gut. Sogar noch besser ist ein einfacher formloser Haufen; er lässt sich viel leichter wenden: Dazu braucht man nur die Motorhacke anzuwerfen und in niedrigem Gang zum Angriff überzugehen, und so wird der Kompost genau richtig und ohne Verrenkungen umgesetzt.

Die größte Pein des „Kompostomanen" ist die richtige Temperatur. „Wird er aufheizen? Wie warm soll das werden?" Da kann ich Sie gleich beruhigen: Ein Komposthaufen wird selten heiß, außer bei Aktivisten, die umrühren, umwenden, mit der Mistgabel in der Hand schwitzen und ihren Kompost der sehr widersprüchlichen Literatur zu diesem delikaten Thema entsprechend dosieren. Denn wie alle Mythen hat auch der Kompost sein Eigenleben. Und ich habe ihn in Verdacht, dass er sich bei Gemütern, die durch die Öko-Angstvorstellungen fanatisiert wurden, viel stärker erhitzt als in den Gärten derer, die das locker angehen. Ohne Flachs und Krümel. „Und wenn es sich nicht erhitzt?“ Nun, dann sind da Unkrautsamen drin, falls Sie ins Kraut geschossenes Unkraut untergemischt haben! Aber keine Bange: In diesem Fall genügt es, den Kompost auf dem Boden auszubreiten und mit der Hacke darüber zu gehen, sobald jene Unerwünschten sprießen, und schon können diese keinen Schaden mehr anrichten.

Als bequeme Version empfehle ich Ihnen, in einer Ecke mit lockerer Erde anzufangen, um die Tätigkeit der Regenwürmer anzuregen, denn sie sind es, die die Hauptarbeit bei der Kompostierung haben. Werfen Sie dort Unkraut hin, auch mehrjähriges, Küchenabfälle, Laub... Wenn diese erste Schicht 20 cm hoch ist, geben Sie eine 5 cm dicke Schicht Mist darüber und gießen Sie (10 l Wasser pro m²). Damit werden die Abbauvorgänge in Gang gebracht und die viel besprochene Temperatur steigt an. Die Unkrautsamen sterben ab, wenn's denn wohl auf über 50 °C ansteigen will.

Sie können den Kompost auch mit Brennnessel- oder Geflügeljauche gießen (30-prozentig). Wenn Sie Asche haben, streuen Sie sie alle 20 cm über die Schichten. Sie ist wertvoll, da sie viel Kalk enthält (44 Prozent) und den Kompost ausgewogen macht, dessen größter Nachteil darin liegt, dass er den Boden sauer machen würde, wenn er nur aus Pflanzen bestünde. Werfen Sie sicherheitshalber ab der Hälfte des Haufens keine Wurzeln mehrjähriger Unkräuter darauf – sie könnten zu neuem Leben erwachen!

Nicht auf den Kompost sollten: Orangenschalen, die sehr langsam verrotten, Astwerk (kommt unten auf den Haufen), frischer Rasenschnitt, der zu gären anfängt und fault (daher erst das Heu nach dem Trocknen untermischen). Wenn der Haufen 80 cm hoch ist, bedecken Sie ihn 10 bis 15 cm hoch mit Gartenerde oder schwarzer Folie.

Im Frühling und im Sommer braucht der Kompost drei bis vier Monate zum Reifen, im Herbst rechnen Sie mit sechs Monaten. Wenn Sie den Haufen einmal umwenden, beschleunigen Sie seine Reifung um einen guten Monat. Übrigens ist die Stelle, auf der der soeben im Garten verteilte Kompost gelegen hat, absolut genial für das Gelingen von Blumensaaten in Rekordgeschwindigkeit!

Vom Pferde- zum Geflügelmist

Eine Gemeinsamkeit haben sie: Man muss auf ihre Herkunft achten, denn angesichts von eventuellen Rückständen der Unkrautvernichtungsmittel, die im Stroh enthalten sind, und denen der Antibiotika, die den Tieren verabreicht wurden, kann sich der schöne, reife Mist als ganz schöner Mist erweisen. Ein besonderer Hinweis zu Champignonkompost, also kompostierter Pferdemist aus Pilzzuchten: Er ist stark verbraucht und vor allem ideal, um schwere Böden, die zum Saueren hin tendieren, aufzulockern, denn er enthält Kalk. Allerdings ist er mit Kompost aus Haushaltsabfällen gemischt und kann massenhaft Kunststoffteilchen enthalten, die man dann noch jahrelang überall im Garten findet.

Pferdemist ist der reichste und am schnellsten wärmende Mist (ideal für einen Komposthaufen). Er eignet sich gut für schwere Böden. Aber Vorsicht bei Mist von Rennpferden: Er kann Substanzen enthalten, die dem biologischen Landbau wenig entsprechen. Zusammensetzung N : P : K = 0,6 : 0,25 : 0,6

Schafmist eignet sich gut für schwere Böden, da er sich leicht erwärmt. Zusammensetzung N : P : K = 0,8 : 0,2 : 0,7

Kuhmist ist der beste wegen seines günstigen Verhältnisses zwischen Struktur und Düngergehalt. Er eignet sich für alle Böden, besonders für leichte, denn er heizt sich beim Verrotten nicht sehr auf. Aber Vorsicht bei Mist aus Stallhaltung: Er ist zu kompakt und vielleicht verdächtig, Rückstände von Antibiotika zu enthalten. Zusammensetzung N : P : K = 0,3 : 0,15 : 0,4

Geflügelmist ist sehr reich an Stickstoff und muss als Schnelldünger angesehen werden. Am besten arbeitet man ihn in dünnen Schichten (5 bis 10 kg pro m^3) in den Komposthaufen ein, um die Abbauvorgänge in Gang zu bringen. Man kann daraus auch eine Jauche herstellen, indem man einen Liter in 10 Liter Wasser auflöst und alles 24 Stunden lang ziehen lässt. In einer Verdünnung von 1: 5 erhält man eine gute Startdüngung für Kohl oder junge, schwächliche Obstbäume. Zusammensetzung N : P : K = 3 – 4 : 3 – 5 : 2 – 3. Achtung, Geflügelmist enthält außerdem einen Kalkanteil von 7 – 10 Prozent.

Praxisblatt

Die Tröpfchen-Revolution

Das Tröpfchensystem ist ideal für den Gemüsegarten und junge Hecken. Es besteht aus einem in regelmäßigen Abständen gelochten Schlauch, der durchschnittlich 2 l Wasser pro Stunde abgibt. Nehmen Sie einen dicken Schlauch (z. B. 3/4") oder einen dünneren (1/2") mit Micro-Drip-System. Dieses ist allen anderen Produkten vorzuziehen, die durch den Kalk und Verunreinigungen im Wasser ständig verstopfen. Wenn Sie die Tröpfchenbewässerung mit einem an das Fallrohr angeschlossenen Behälter verbinden, entfernen Sie die Verschlusskappen und legen Sie eine Böschung an, die 1 cm pro Meter abfällt, denn da in diesem Fall der Wasserdruck sehr schwach ist, besteht die Gefahr, dass die Pflanzen am Ende der Reihe weniger gegossen werden als die am Anfang stehenden. Auf Beeten mit Reihenpflanzung nehmen Sie lieber flache Schläuche, die mit den Löchern nach unten liegen. Eine interessante Variante ist der Perlregner, der winzige Tröpfchen „ausschwitzt". Er ist sehr hässlich (weil er aussieht aus wie eine pickelige schwarze Schlange), aber sehr wirksam, besonders bei empfindlichen Sämlingen und Ablegern, die damit prima anwachsen.

Firmen bieten komplette Tröpfchen-Bewässerungssysteme an. Diese Systeme sind nicht billig, lassen sich jedoch vollautomatisch durch einen Computer steuern, wenn sie über einen Druckminderer an die Wasserleitung angeschlossen sind. Sie ermöglichen es, verschiedene Bewässerungsintervalle in unterschiedlichen Tropfphasen einzustellen. So ein Tropfsystem funktioniert auch bei längerer Abwesenheit, allerdings bedarf es dann zusätzlich eines Feuchtigkeitsfühlers, der dem Computer meldet, wann Wasserbedarf herrscht.

Der Schlauch, mit dem Sie nicht auf dem Schlauch stehen

Nehmen Sie einen Schlauch mit Textur-Verstärkung (das steht auf dem Etikett), damit er sich weich entrollt und schnell wieder aufrollt – ohne Knicke und Knoten. Er verträgt gut Belastung und hält mindestens 20 bar Druck aus. (Aber es ist trotzdem nicht ratsam, zu oft mit dem Auto darüber zu fahren.) Er kostet etwas mehr als der simpelste Gummi-Schlauch (als „Saisonartikel“ oft als Sonderangebot zu finden), der sich an allen Ecken und Enden windet und knickt und so den Wasserfluss abwürgt. Durchsichtige, billige Kunststoffschläuche reißen nicht nur leicht ein, sondern werden im Laufe eines einzigen Sommers hart und unbeweglich. Drei Durchmesser sind üblich: 13 mm/1/2'' (da fließt das Wasser zu langsam), 16 mm/5/8'' (bis zu 20 m Länge sehr gut) und 19 mm/3/4'' (der ideale).

Steckverbindungen sind besser

Gemeint sind jene Verbindungen, die sich mit einem Griff ineinander stecken bzw. lösen lassen – im Unterschied zu den traditionellen Modellen, die zu- und aufgeschraubt werden müssen. Dieses gestaltet sich in der Regel mühsam, denn die Anschlüsse verkanten leicht. Raffiniert ist das Wasserstop-Ventil, denn es unterbricht den Wasserfluss, wenn es nicht in sein Zubehörteil gesteckt wird. Die zuverlässigsten bestehen aus Messing, sind teurer als jene aus Kunststoff, aber man tätigt eine Anschaffung fürs Leben. Wollen Sie eine Zeitschaltuhr anschließen, bevor Sie ruhigen Gewissens in die Ferien fahren, dann brauchen Sie diese, um sich vor bösen Überraschungen zu schützen.

Die Schlauchrolle: Investieren Sie in Qualität

... oder machen Sie sich auf den einen oder anderen Nervenzusammenbruch gefasst! Soll sie in der Nähe des Wasserhahns an die Wand hängen, können Sie eine aus Kunststoff nehmen.

Bei der besten von allen wickelt sich der Schlauch ganz von allein wieder auf. Wenn Sie den Schlauch überallhin schleppen wollen, während er sich nach Belieben abrollt, ohne dauernd Knoten zu bilden, nehmen Sie einen Schlauchwagen aus Metall mit mindestens 12 cm starker Rolle, leicht zugänglichem Wasseranschluss und Anschlussstücken aus Metall, einer Schlauchführung (für das leichtere Abrollen), Wasserstop-Ventil und Werkzeughalter.

Regner: bevorzugt im Carré

Weil sie im Quadrat oder Rechteck beregnen, während Kreisregner und Impulsregner Kreise ziehen, und weil sie in feinem Regen sprengen, sind Pendelregner viel praktischer, zumal man die beregnete Fläche regulieren kann.

Aber Achtung, wählen Sie einen, dessen Düse und Anschluss aus Metall bestehen, denn die aus Kunststoff halten ein Jahr, wenn überhaupt!

Eine interessante Variante stellt der flache Schlauch dar. Er schlängelt sich zwischen den Gemüse- oder Blumenreihen durch und liegt ebenso gut „richtig herum“ (und wässert dann nach beiden Seiten hin) wie „falsch herum“ als ständiger Tröpfchenbewässerer. Er ist außerdem leicht zu verstauen, denn er lässt sich dank seines flachen Profils viel leichter einrollen.

Sie alle produzieren sehr schöne Regenbögen.

Praxisblatt

Das eigene Anzuchtbeet

Konnten Sie etlichen Pflanzen nicht widerstehen, die Sie nun nicht unterbringen? Damit Sie Zeit haben zu überlegen, pflanzen Sie sie vorübergehend in ein sorgfältig umgegrabenes Beet. Heben Sie einen spatentiefen und -breiten Graben aus und setzen Sie die ausgetopften Pflanzen im Abstand von 30 bis 50 cm. (Wer weiß, wie lange sie werden warten müssen – da sollen sie sich wenigstens wohlfühlen!) Füllen Sie den Graben mit der ausgehobenen Erde auf.

Im Frühling dann, wenn Sie zu viele einjährige Blumen haben, können Sie sie neben die Gewächse pflanzen, die auf ein Plätzchen in einem Beet warten. So ist wenigstens gewährleistet, dass Sie das Gießen nicht vergessen. Im Sommer können Sie Ihre Ableger und bewurzelten Stecklinge in einen ähnlichen Graben pflanzen. Dieser wird aber mit einer 10 cm dicken Schicht aus einer Mischung gefüllt, die zu gleichen Teilen aus Sand und Weißtorf besteht.

Wenn Sie einen Gemüsegarten haben, legen Sie Ihren „Kindergarten“ dort an, und Sie werden sehen: Die Pflanzen gedeihen prächtig.

Praxisblatt

Kletterpflanzen an der Fassade

Die China-Glyzine verzaubert den Frühling durch blaues Licht und überschwemmt das Haus mit ihrem süßen, einzigartigen Duft.

Manche Menschen zeigen sich skeptisch gegenüber der Idee, Kletterpflanzen an der Fassade hochranken zu lassen, weil sie befürchten, sie würden die Wände ramponieren, Feuchtigkeitsprobleme schaffen oder alles Mögliche an Ungeziefer anlocken. All das trifft nicht zu, sofern man die Pflanzen 50 cm von der Mauer entfernt setzt und die Wurzeln fächerförmig nach außen richtet.

Kletterpflanzen breiten sich meistens gewaltig aus: Rechnen Sie mit mindestens 2 m Abstand zwischen den Einzelpflanzen (Kletterrosen, Sternjasmin, Jasmin, Trompetenblume, Wein usw.), und für umfangreichere wie Glyzine, Wilden Wein und Kletterrosen, deren Triebe 10 m lang oder länger werden können.

Da die Erde direkt an der Hauswand meist trocken und nährstoffarm ist, geben Sie drei Schaufeln Kompost in jedes Pflanzloch und vergessen Sie nicht, in den ersten beiden Sommern wöchentlich zu gießen. An einem solchen Standort ist es sehr heiß und sehr trocken. Danach können Sie die Hände in den Schoß legen und den Kletterern beim Wachsen zuschauen.

Die besten Kletterpflanzen, die zuverlässig wachsen und kaum einer Pflege bedürfen, stellen wir ab S. 116 vor.

Das alles kostet ja ein Vermögen!

Zunächst einmal sind da die Baumschulgärtner. Sie sind dermaßen zuvorkommend und beredt, dass man statt der Gangschaltung schließlich Kamelienzweige in der Hand hat, da das Auto bis unters Dach mit Schätzen vollgestopft ist, die man nie und nimmer in seinem Gärtchen unterbringen kann. Dazu muss man noch Holz kaufen, in eine Luxus-Bastlerwerkstatt investieren, einen Kraftprotz für die groben Arbeiten bezahlen und einen Fremdenführer für die schaulustige Menge einstellen, die sich an der Pforte drängelt – na, schönen Dank! Wer allerdings kontaktfreudig ist, findet schnell Freunde. Und dann kommt man, wenn man auch nur eine Spur Fantasie hat, mit drei Groschen zu einem wunderschönen Garten.

Ein ganzes Königreich in einer Erbse

Mit Samen kann man einen Garten fast umsonst füllen. Der Preis einer Packung schwankt zwischen 80 Pfennig und vielleicht 8 bis 9 DM für die seltensten, und für diesen Preis kann man 20 bis 2000 kleine Pflänzchen erhoffen. Das hängt zugleich von der Feinheit der Samen und ihrer Keimfähigkeit ab. Im ungünstigsten Falle erhält man mit einer Samenpackung etwa zehn Pflanzen. Am wenigsten förderlich wirken schlechtes Wetter, die Katze, die es sich auf der keimenden Saat gemütlich macht, plötzliche Hitze an einem Tag, an dem Sie das Gießen aus welchen Gründen auch immer versäumt haben...

Das Angebot ist schwindelerregend, und gelungene Aussaaten sind keine Hexerei. Ein Tipp für Leute, die knapp bei Kasse sind: Durchforsten Sie die Supermärkte – da findet man billige Herrlichkeiten. Übrigens habe ich mit Samen aus dem Lebensmittelladen für umgerechnet 30 Pfennig pro Tütchen angefangen zu gärtnern. Sie stammen von denselben Herstellern wie die ganz teuren in den luxuriösen Keinschutzpackungen (die dermaßen gut verpackt sind, dass man sie ohne Schere unmöglich auf bekommt). Schließlich hängen die Samenhändler fast ausnahmslos von multinational agierenden Konzernen ab. Unter ihren Markennamen finden sich die teuersten Samen, die inzwischen zum überwiegenden Teil die Bezeichnung „F1-“ oder „F2-Hybride“ tragen, was bedeutet, dass es sich um Samen aus Hybridzüchtung handelt, der eine aufwendige Prozedur der Selektion vorangegangen ist. Für uns ist nur von Bedeutung, dass wir diese Sorten im eigenen Garten nicht nachziehen können. Über 80 Prozent des

Gemüsesaatguts sind Hybriden, aber das sind nicht die, die Feinschmecker aussuchen... Sie kaufen billigere Köstlichkeiten (siehe Seite 242 ff.). Bei den Blumen finden sich die Hybriden vor allem bei den Einjährigen: Schreiende, immer gleiche Farben, lauter „kompakte“ Pflanzen – Hybrid-Blumen sind meist grässlich.

Ein Topf mit 20 cm Durchmesser genügt schon, um eine ganze Menge pikierfähiger Blumen heranzuziehen.

Weit entfernt von diesen Scheußlichkeiten findet man sehr leicht über 300 Sorten sehr hübscher einjähriger Blumen. Diese brauchen etwa drei Monate vom Samenkorn bis zur Blüte, bilden vor dem Winter Samen und sterben dann ab. Wenn man ein bisschen sucht, vor allem in Richtung Versandhandel, sollte man auch viele Stauden finden. Zwischen den beiden gibt es eine für Anfänger verwirrende Kategorie, die Zweijährige genannt werden, denn sie blühen erst ein Jahr nach ihrer Aussaat, bilden dann Samen und sterben ab. Allerdings nicht immer! Denn oft findet man innerhalb dieser Kategorie auch Blumen, die normalerweise mehrjährig sind (also Stauden), aber in Gegenden mit strengem Winter der Kälte erliegen (oder sie werden nach der ersten Blüte unschön). Je nach Katalog finden Sie deshalb das Löwenmaul oder die Chabaud-Nelke mal in der Kategorie der Einjährigen, mal bei den Zweijährigen und woanders bei den Stauden.

Wenn man nun ein bisschen in Katalogen und in den Abteilungen der Gartencenter sucht, findet man leicht gut 20 Stauden, die nicht nur jahrelang blühen, so groß werden, dass man sie alle drei Jahre teilen muss, sondern auch noch Samen bilden. Ganz richtig: Wenn sie verblüht sind, bilden die Blumen, wenn man sie gewähren lässt, selber Samen. Manche treiben es mit der Güte soweit, dass sie sich selbst aussäen. Man kann aber auch ihre ausgereiften Samen im Spätsommer einsammeln und dann kühl und trocken in Metallbüchsen, lichtgeschützt in Gläsern oder in Papiertütchen verpackt lagern. Und das kostet nicht die Bohne!

Pflanzen vermehren durch Teilen

Wenn die Stauden an Ort und Stelle stehen, neigen sie alle dazu, sich dick und fett zu machen – manche sogar in einem Maße, dass man nicht darum herumkommt, sie alle drei bis vier Jahre zu teilen, denn sonst erdrücken sie sich gegenseitig und nur die kräftigsten setzen sich durch. Das ist z. B. der Fall bei den *Geranium*-Arten, Frauenmantel, Schleifenblume, Wollziest und Artemisien.

Manche, wie Nelken und Iris, sollten alle drei Jahre geteilt werden, damit sie wieder schön blühen, oder aber der Ballen wird in der Mitte kahl, die Pflanzen beginnen zu kümmern und ihre Schönheit lässt zu wünschen übrig. Diese Teilungen erfolgen entweder zeitig im Frühjahr oder zu Beginn des Herbstes. Danach werden die Wurzelstöcke wieder in lockere, gut mit Kompost angereicherte Erde gesetzt.

Viele Zwiebelpflanzen verhalten sich genauso wie Stauden: Wenn sie sich in Ihrem Garten wohlfühlen, vermehren sich Tulpen und Hyazinthen langsam, aber sicher. Narzissen, Schneeglöckchen und Blausterne wuchern dermaßen, dass man sie alle drei Jahre herausnehmen und neu pflanzen sollte. Bei dieser Gelegenheit kann man allen, die welche möchten, Zwiebeln abgeben, denn oft ist ihre Zahl ins Astronomische gewachsen: Sie kann sich innerhalb dieser Zeitspanne in gutem, unkrautfreiem und tiefgründigem Boden verfünffachen! Die beste Zeit zum Ausgraben ist das Frühlingsende, wenn das Laub der Pflanzen abwelkt.

Bäume säen?

Warum nicht? Sie brauchen nicht viel, um Wurzel zu fassen, und sie sind robuster als gepflanzte Bäume. Man muss nur den Boden um ihre Wurzel in den ersten vier Jahren frei halten. Wenn Sie in einer niederschlagsreichen Gegend leben, wachsen Gehölzsämlinge sehr schnell. Wie sagte doch die große Baumschulgärtnerin Martine Lemonnier, die viele seltene Bäume in ihrem schönen Garten gesät hat: „Sie leben an unserer Seite so vor sich hin, und eines Tages hebt man die Augen und sagt sich: 'Guck an, du bis aber gewachsen!'."
Ein wichtiges Detail: Packen Sie die Samen erst einmal für einige Wochen ins Eisfach des Kühlschrankes, dann keimen sie leichter.

Und wo bleiben, bitteschön, die Freunde?

Ein Garten ist wahrhaftig Balsam für die Seele. Und bei den Stichworten „Ableger" bis „Zierkohl" lernt man immerzu nette Leute kennen. Wo denn? – Überall, sie müssen es nur ausprobieren. Nehmen wir mal an, Sie bleiben vor einer Fassade stehen, an der Pelargonien und Oleander prunken. Zunächst einmal passiert gar nichts, höchstens eine Gardine bewegt sich leicht. Dann taucht die Besitzerin auf (denn in der Regel sind Gärtner*innen* am Werk). Sie sagen: „Ich fragte mich, wer hier der Künstler ist" oder noch besser: „Ich habe Ihnen einen Apfelkuchen mitgebracht, weil ich Sie um einen Ableger von Ihrem herrlichen Oleander bitten wollte." Und dann steht der Freundschaft nichts mehr im Wege.

Auch auf Pflanzenfesten kann man fruchtbare Begegnungen machen und nette Tauschpartner kennen lernen, denn oft findet man hier einen Stand mit dem Schild „Pflanzenbörse". Das kostet nichts, man muss nur etwas Hübsches zum Tauschen mitbringen. In Großbritannien und immer häufiger auch in Frankreich und Deutschland öffnen Gartenbesitzer ihre Gartenpforte der Öffentlichkeit für ein Sommerwochenende. Das sind zugleich zwanglose, familiäre Tauschtage. Wenn Sie einen schönen Garten haben, kann ich Sie nur dazu ermuntern, so ein Treffen zu veranstalten, denn es macht riesigen Spaß. Und außerdem ist es so schön, sich beim Betrachten seiner prächtigen, gelben Irispflanzen an den Tag zu erinnern, als sie in einer Apfelkiste ankamen – mit einem netten Briefchen obendrauf –, weil Sie, als Sie Ihren Garten zeigten, gesagt haben: „Ich mag ja lieber die alten Irissorten; sie sind viel graziöser als die dicken, krausen von heute!"

Praxisblatt

Saatgut in Hülle und Fülle

Von den ersten sonnigen Tagen im Januar an überkommt den Gärtner die Lust zu säen. Es stimmt schon: Diese sonnigen Nachmittage, an denen man trotz der entblätterten Bäume und eines ganz kahlen Gartens den Eindruck hat, dass der Frühling zurückkehrt, sind herrlich.

Anfang Januar

Die Ungeduldigsten stellen Kisten im Haus auf eine sonnenbeschienene Fensterbank, füllen sie mit Blumenerde und fangen an, Glockenreben oder Auberginen zu säen. Aber das sind zwei Trödler, die Aussaat nach Maß erfordern und die ich denen abrate, die ein optimales Preis-Leistungs-Verhältnis wollen, denn bei den beiden kann man wirklich nicht sicher sein, ob es klappt.

An sich ist aber die Methode stets dieselbe. Nehmen Sie einen 30 cm langen, 8 bis 10 cm tiefen Styroporkasten (es gibt Aussaatkisten zu kaufen) oder einen Topf mit 20 cm Durchmesser. Füllen Sie ihn mit Aussaaterde oder Weißtorf, legen Sie die Samen in 5 cm Abstand auf das schön lockere Substrat, bedecken Sie sie mit 1 cm feinkrümeliger Erde, drücken Sie mit der Hand an und gießen Sie vorsichtig mit der Brause. Stellen Sie die Kästen auf eine Heizung an einem sonnigen Fenster. Ein Trick, damit die Keimung leichter geht: Legen Sie eine wassergetränkte Zeitung auf die Oberfläche und lassen Sie sie eine knappe Woche darauf. Ersetzen Sie sie dann durch transparente Kunststofffolie, denn die Atmosphäre in den Wohnungen ist trocken und beeinträchtigt die Keimphase der Pflänzchen.

März bis April

Jetzt beschleunigen sich die Dinge, denn das ist die Zeit, in der alle Einjährigen gesät werden (die vom Spätfrühling bis zum Herbst blühen) und der größte Teil des Gemüses. Ab Ende März oder genauer zur Zeit der Tulpenblüte geht man zur Direktsaat draußen über. Man legt ein Anzuchtbeet auf einem sonnigen, 1 m breiten Beet an. Wenn Ihre Gartenerde nicht von Natur aus bereits leicht ist, machen Sie sie lockerer, indem Sie 5 cm ultrareifen Kompost oder Weißtorf darauf verteilen, den Sie zügig mit dem Kreil einarbeiten. Dann bereiten Sie das Saatbett mit der Harke vor.

Aus einem Meter Saat entstehen etwa 20 Jungpflanzen. Vergessen Sie die Etiketten nicht! Wenn Sie die Samen mit Torf bedecken, gehen sie besser auf.

Ich rate Ihnen, eine Rasenharke zu nehmen, die eine feine Struktur und ganz flaches Gelände schafft. Ziehen Sie feine Rillen in Querrichtung, denn 1 m Saat ergibt, wenn alles aufgeht, mindestens 20 Pflanzen (meistens mehr), und es ist schwierig, kleine Samen breitwürfig und zugleich locker zu säen. Bedecken Sie das Saatgut mit einer 1 cm starken Schicht Torf, drücken Sie alles mit einem Brettchen fest und gießen Sie mit der Brause. Und vergessen Sie das Schneckenkorn nicht, denn die Viecher haben im Frühling Appetit!

Damit die Saat aufgeht, empfiehlt es sich, sie zu Anfang mit einem Folientunnel zu schützen. Sie entfernen ihn gegen Mitte April, wenn sich das Wetter allmählich bessert. Die jungen Pflänzchen können verpflanzt werden, wenn sie 10 cm hoch und breit sind. Aber denken Sie daran, sie einmal in der Woche reichlich zu duschen, oder bewässern Sie sie mit einem Perlregner.

Juni bis Mitte August

Die Aussaat mehrjähriger Blumen und der Zweijährigen steht an. Das geschieht ebenfalls in so einer Art Pflanzschule wie im Frühjahr, aber dieses Mal im Halbschatten, denn in der Sommersonne verdorren die empfindlichen Jungpflanzen früher oder später. Sowohl die Stauden (die mehrjährigen Blumen) als auch die Zweijährigen Sommerblumen werden im Herbst ausgepflanzt: Marienglockenblumen, Bartnelken, Goldlack, Kugel-Primeln, Bartfaden (*Penstemon*). Steht der endgültige Platz noch nicht fest, können sie bis zum Frühlingsbeginn auf dem Anzuchtbeet parken. Damit das Saatgut leichter aufgeht, gibt es einen unfehlbaren Trick: Säen Sie unter einem Sonnenschutz aus Vlies aus, einem alten Rollo oder einem Stück Schilfmatte. Und vor allem denken Sie daran, einmal wöchentlich zu gießen. Haben Sie ein Auge auf die Schnecken!

Praxisblatt

Vermehren von Stauden, Zwiebelblumen und Knollenpflanzen

Wählen Sie dafür einen kühlen Tag aus, der Boden muss schön locker sein. Stellen Sie Schubkarre und Körbe für den Transport bereit und graben Sie die Pflanzen mit der Grabgabel aus, aber nur keine Hektik, damit nichts beschädigt wird. Große Wurzelballen kreisen Sie erst mal ein, indem Sie die Gabel ringsherum in den Boden stecken und leicht anheben. Vorsicht, manche Knollenpflanzen (wie Pfingstrosen, Tränendes Herz und Taglilien) besitzen sehr zerbrechliche Wurzeln! Wenn Sie eine Bio-Grabgabel haben, ist nun ihr großer Augenblick gekommen, denn mit ihren zwei Stielen kann man die größten Wurzelballen ohne Mühe anheben.

Oft haben übrigens Quecken fleißig ihre Wurzeln im Spiel... Legen Sie alles in die Schubkarre und entwirren Sie das Durcheinander mit der Hand. Bei Ballen unempfindlicher Pflanzen wie Artemisien oder Storchschnäbel brauchen Sie nicht so zimperlich zu sein: Stechen Sie die Grabegabel getrost mitten hinein – es macht nichts, wenn dabei ein paar Wurzeln auf der Strecke bleiben.

Iris

Irispflanzen werden nach einer besonderen Technik geteilt, und zwar im Sommer: Breiten Sie dazu eine große Plane aus, legen Sie den Wurzelballen darauf, machen Sie sich's am Rand gemütlich, und nun kommen die guten Rhizome (das sind die festen, die innen weiß sind) ins Töpfchen.... Die schlechten (alten, faltigen) werfen Sie weg.

Kürzen Sie Laub und Wurzeln mit der Gartenschere auf die Hälfte ein und pflanzen Sie dann alle 30 cm in lockere Erde an einem sonnigem Standort – aber bitte sehr oberflächlich: Die Rhizome dürfen nur gerade eben mit Erde bedeckt sein.

Großstauden

Beetstauden, wie Weiße Lilien, Taglilien, Pfingstrosen, Tränendes Herz, werden im Sommer vorsichtig ausgegraben und von Hand geteilt. Setzen Sie sie dann in Pflanzlöcher, in die Sie zuvor eine Schaufel voll Erde und darüber die gleiche Menge Sand gegeben haben. Anschließend füllen Sie mit einer Mischung aus gleichen Teilen Sand und der ausgehobenen Erde auf. Graben Sie die Pflanzen nicht zu tief ein (nur bis zum Wurzelhals), denn sonst blühen sie nicht.

Zwiebelblumen

Die Zwiebeln werden mit der Grabgabel herausgenommen und bis zum Herbst in Kisten an einem kühlen Platz gelagert. Am liebsten haben sie gute, tiefgründige und durchlässige Gartenerde. Schweren Boden lockern Sie zuvor auf. Aber pflanzen Sie tief: mindestens 10 cm. Ein Mittel, das sie zum üppigen Wachstum anregt und sich wunderbar auf die nächste Blüte auswirkt: Geben Sie ihnen am Ende der Blütezeit Kaliumschlacke.

Oleander

Von dieser Ferienerinnerung schneidet man am besten Ableger, die in Wasser stehend austreiben. Wenn Sie Ableger stibitzt haben, stecken Sie sie in eine Wasserflasche und überlassen Sie dann alles Weitere der Natur. Im darauf folgenden Monat erscheinen Wurzeln, und wenn diese 5 cm lang sind, können Sie die Ableger in Töpfe mit Einheitserde pflanzen. Aber Vorsicht: Oleander ist empfindlich! Im Winter braucht er einen hellen, kühlen, aber frostgeschützten Platz.

Praxisblatt

Ableger gefällig?

Ableger sind so etwas wie Zauberstäbe: Simsalabim wandern sie von einem Garten in den anderen, so dass sich die Pflanzen freundschaftsstiftend über die ganze Welt verbreiten. Natürlich haben die Gewächse, von denen man am leichtesten Ableger machen kann, den meisten Erfolg... Die Pelargonien sind doch wohl der lebende Beweis dafür. (Ob sie wohl doch mit der Alraune verwandt sind?) Ein kleiner Zweig mit nur drei Blättchen dran genügt: Schon bekommt er Wurzeln, und zwar zu fast jeder Jahreszeit (am besten jedoch von Mai bis Juli). Man kann aber noch von einer Menge anderer Pflanzen Ableger abnehmen, auch von vielen Sträuchern. Hier nur eine Auswahl der einfachsten: Schönmalve, Scheinrebe, *Akebia*, Beifuß, Schmetterlingsstrauch, Buchsbaum, die Ölweiden *Eleagnus angustifolia* und *E. ebbingei*, Geißblatt, *Choysia*, Clematis, *Escallonia*, Fuchsie, Spierstrauch, Keuschbaum, Hortensie, Heckenkirsche, Oleander, Gartensalbei, Wein. Stecken Sie die einjährigen Triebe zu zwei Drittel in eine Mischung aus 50 Prozent Sand und 50 Prozent Torf. Halten Sie alles feucht, schützen Sie die Stecklinge unter einer Gärtnerglocke für die ersten 14 Tage, und alles ist geritzt.

Heben Sie in einer schattigen, kühlen Gartenecke mit frischem Boden einen spatentiefen und -breiten Graben aus. Klopfen Sie den Aushub auf einer Seite gut fest.

Auf dem Grund verteilen Sie eine 10 cm dicke Schicht aus halb Sand, halb Torf. Lehnen Sie die Stecklinge mit 10 cm Abstand voneinander an die Grabenwand.

Bedecken Sie sie bis zu zwei Drittel ihrer Höhe mit der feinen Erde vom Aushub, die eventuell angehäuft wird.

Gießen Sie unmittelbar danach reichlich mit dem Brauseaufsatz, am besten in zwei Durchgängen: Beim ersten wird die Erde nur angefeuchtet, beim zweiten wird sie ordentlich durchtränkt.

Bis Juni spannen Sie einen lichtdurchlässigen Tunnel über die Stecklinge. Von Juli bis September vertauschen Sie ihn besser mit einem Sonnenschutz, um das Anwachsen zu erleichtern.

Ableger in Töpfen

Gut zu wissen: Auch Ableger von den kälteempfindlichsten Pflanzen können im Tontopf in einer Mischung aus halb Sand, halb Torf gezogen werden. Darüber kommen große Kunststoffflaschen ohne Boden. Potthässlich, aber wirkungsvoll, besonders bei Fuchsien und Nelken. Noch ein Tipp: Im Topf wurzeln Ableger leichter, wenn sie gegen die Topfwand gelehnt werden! Im folgenden Frühjahr wird ausgepflanzt. Aber haben Sie eigentlich genug Platz? Wenn nicht, finden Sie sicher Freunde, denen Sie mit einem Ableger eine Freude machen können!

Praxisblatt

Die Kunst des Absenkens

Die absoluten Schussel unter den faulen Gartenliebhabern werden Absenker noch bequemer finden als Ableger. Warum? Man muss nämlich nur einen Zweig an der Unterseite ankratzen und unter ein bis drei Schaufeln Kompost verbuddeln, damit er anwurzelt! Das Ganze hat nur einen Nachteil: Es funktioniert nicht mit allem. Absenker-Champions sind: Nelken, Clematis, Kletterrosen (Rambler) und allgemein alles, was biegsam ist und klettert, außerdem Johannisbeersträucher und überhaupt alles, was in Strauchform wächst. Am hübschesten sind regelrechte Absenkerschlangen, bei denen ein langer Trieb überall da Wurzeln bildet, wo er einen „Fuß“ auf den Boden bekommt. Absenker werden im Sommer hergestellt und im darauf folgenden Frühjahr verpflanzt.

Probleme und ihre Lösung

Wenn man gewisse Meckerer hört, könnte man meinen, dass ein Garten ein wahres Krankenhaus ist. Sicher gibt es Problem-Jahre, doch es verstreichen mindestens ebenso viele, in denen alles gut geht. Auch hier ist es allemal besser, zur Vermeidung von Problemen im rechten Augenblick zu handeln als dauernd. Wirksam reagieren kann man, wenn man eine Grundausrüstung, die man mit Feingefühl aussuchen muss, zur Hand hat: Damit kann bei starkem Befall schnell, mit dem richtigen Mittel und dem richtigen Material eingegriffen werden. Dazu sollte man eine Auswahl an Produkten, die so wenig giftig wie möglich sind, in der „Hausapotheke" haben – denn leider (bedenken Sie die lange Liste der in den vergangenen Jahren verbotenen Substanzen) gibt es allen Grund, Ökofreak zu werden.

Die Sache mit dem Unkraut

Die Akte ist dick und spannend wie eine Vorabend-Fernsehserie. „Sie" sind überall, „sie" lauern Ihnen auf, „sie" machen all Ihre Anstrengungen zunichte, den Garten der an der frischen Luft aufgeputschten Hausfrau Meister-Proper-rein zu bekommen. Fangen wir noch mal von vorne an: Wenn Sie, statt den Garten von allen Seiten mit Dünger zu bombardieren, weil Sie meinen, ihm könne etwas fehlen, beschließen, was davon zu verstehen (siehe „Düngen oder Doping?", Seite 52), dann müssen Sie Ihren Garten in Zukunft auch nicht mehr mit dem Buschmesser frei schlagen, da er im Winter unter der Vogelmiere, im Frühling unter dem Erdrauch oder mitten im Sommer unter dem Gänsefuß zu verschwinden droht (um nur die wichtigsten Hauptdarsteller unserer Alpträume zu nennen).

Wenn Sie nicht mehr Ihren Garten fünf Minuten vor dem Pflanzen umgraben (oder für Glückspilze: mit der Fräse darüber gehen), sondern die weise Angewohnheit annehmen, das im Winter zu tun, dann haben Sie 50 Prozent Sorgen weniger. Der Boden ist fast „sauber". Erstaunlich sauber sogar, so dass er den Anschein erweckt, als gehöre er einem dieser Tüchtigen, die immerzu mit der Hacke zugange sind. Ich spreche da aus Erfahrung, denn ich habe ein ehemaliges Getreidefeld als Garten übernommen. Fünf Jahre Trickserei waren nötig, bis ich endlich diese Millionen von Samen los war, die noch nicht mal nach einem Feldzug mit einem selekti-

Von links nach rechts: Sauerampfer, Hahnenfuß, Kratzdistel, Winden und Gänsefingerkraut.

ven Unkrautvernichtungsmittel eingegangen sind.

Schließlich sind, wie Sie sicher schon gemerkt haben, „Unkräuter" gerade die Pflanzen, die wunderbar an Ihren Garten angepasst sind. Gleich ob Quecke, Winde, Gundermann, Melde, Vogelmiere, Löwenzahn, Flughafer, sie gedeihen, sobald sie auch nur ein freies Plätzchen entdecken. Die richtige Taktik, um sie endgültig loszuwerden, ist also, das Gelände mit Pflanzen zu besetzen, die ebenso wuchern wie das Unkraut, aber wesentlich hübscher sind: Jungfer im Grünen, Kapuzinerkresse, Kosmeen, Mini-Tagetes oder auch einen alles überwuchernden Kürbis.

Einjährige Blumen sind besonders wirksam, wenn man gern so eine Art „gemischter Rabatte" hat. Zwischen den noch jugendlichen Sträuchern und Stauden säen oder pflanzen Sie alle 20 cm so viele Einjährige wie möglich, um das Gelände besetzt zu halten, und mulchen Sie dann alles, auf dass es sprieße und aufeinander zuwachse und sämtliche unerwünschte Besatzer im Keim ersticke.

Nach drei Jahren haben Stauden und Sträucher zusammengefunden. Von da an ist die Pflanzendecke so geschlossen, dass es praktisch kein Unkraut mehr gibt, vor allem wenn Sie sich angewöhnen, den Garten jedes Frühjahr gut zu mulchen.

An die Wasserkessel!

In der Abteilung Sprichwörter und alte Zöpfe spukt noch eine Geschichte von Kartoffel-Kochwasser als genialem Unkrautvernichtungsmittel herum. Doch Sie brauchen gar nicht dieselbe Diät wie das Hausschwein anzufangen, denn kochendes Wasser auch ohne Kartoffeln reicht vollkommen. Es wirkt erstaunlich gegen Unkraut, das sich um den Platz vor der Küchentüre herumdrückt!

Zu Hilfe, Angriff

Es ist nicht immer leicht, zwischen einer Krankheit und einem Insektenbefall zu unterscheiden. Ein Beispiel ist der Rußtau, der das Laub vieler Pflanzen mit schwarzen, fettigen Ablagerungen ähnlich wie mit Ruß überzieht, von der Kamelie bis zur Kirsche. Dabei handelt es sich um Pilze, die sich im Honigtau entwickeln, den Schildläuse (z. B. auf der Kamelie) oder auch Blattläuse (Kirschbaum) absondern. Wenn man die Blattunterseite gründlich untersucht, sind die Insekten zu sehen. In diesem Fall ist die Lösung die Behandlung mit einem geeigneten Insektizid. Am schwierigsten sind die Attacken von Milben zu identifizieren, die dazu führen, dass die Blätter ihre Farbe verlieren und einen bleiartigen, ungesunden Farbton annehmen. All das, ohne etwas erkennen zu können. Eine Prüfung mit der Lupe bringt dann die Anwesenheit winziger, weniger als 1 mm kleiner Spinnentiere ans Licht. Woraus wir schließen können, dass man sicherheitshalber eine Lupe in seiner „Hausapotheke" haben sollte.

Dazu gehört natürlich auch eine Grundausstattung der wichtigsten Pflanzenschutzmittel: ein Spritzmittel gegen saugende Insekten, am besten auf Pyrethrum-Basis, Stäubemittel gegen Blattläuse, Spritzmittel gegen Echten und Falschen Mehltau (in aller Regel verschiedene Substanzen), Schneckenkorn nicht zu vergessen. Zusätzlich sollten Sie sich eine zuverlässige Rückenspritze, einen Zerstäuber und feste Schutzhandschuhe zulegen.

Manche Leute rühmen sich, nie zu „spritzen". Das ist möglich, wenn der Garten abgelegen auf dem Lande und luftig liegt ; aber kein Garten ist je ganz vor einer Problemphase geschützt. Blattläuse z. B. kommen in Massen zur Zeit der Fliederblüte und verschwinden üblicherweise spätestens gegen Ende der Rosenblüte. Allerdings können sie in der Zwischenzeit Kirschbäumen und Rosen ernsthaft schaden und eine ganze Bohnenernte vernichten. In diesem Fall ist man ganz froh, wenn man ein Pyrethrum-Mittel bei der Hand hat, um sie loszuwerden. Das ist nicht so schrecklich giftig und setzt einem Befall ein Ende, der bei empfindlicheren Pflanzen zum großen Problem werden kann. Etwa wenn die Kirschbäume schon Zeichen von Monilia-Fäule tragen (die Früchte verfaulen, wenn sie gerade reif sind). Bei regnerischer Witterung gnade dann Gott! Blattläuse übertragen diese Krankheit durch ihre Saugtätigkeit und verstärken sie. Und wenn Monilia schließlich die ganze Pflanze befallen hat, ist das Jammern groß.

Gegen Insekten sind biologische Lösungen in Mode: Marienkäfer gegen Blattläuse, Lockstofffallen gegen Wickler, Nematoden gegen Schnecken und Maulwurfsgrillen, ein Bakterium *(Bacillus thuringiensis)* gegen Raupen. Leider wirken sie in einem Garten nicht, denn für ein

Wirksame Maßnahmen

Um die Wirkung der Mittel zu verstärken, machen Sie es wie die Profis: Geben Sie ein Netzmittel zur Senkung der Oberflächenspannung ins Wasser des Zerstäubers. Geben Sie ätherisches Öl von Minze oder Kiefer (20 Tropfen pro Liter Wasser) zu den Insektizid- und Fungizidlösungen sowie zu den Flüssigdüngern. Sie wirken zusätzlich und duften außerdem gut!

spürbares Ergebnis müsste man sie in der ganzen Umgebung einsetzen und man bräuchte ein ganzes Arsenal an Nützlingen, Lockfallen usw. Die Kosten stiegen für einen Hobby-Gärtner ins Immense.

Aber gibt es eigentlich Pflanzen, die vor Krankheiten gefeit sind? Stauden und blühende Sträucher bereiten in aller Regel keine Sorgen. Allgemein ist der Gemüsegarten eher problemlos, wenn man einigermaßen darauf acht gibt, drei Jahre lang nicht die gleiche Kultur am selben Standort anzubauen. Anders verhält es sich bei den Rosen, und ebenso gelten Obstbäume als empfindlicher.

Wenn man aber einigermaßen konsequent Sorten anpflanzt, die gut zum Klima des Gartens passen, und wenn sie am richtigen Platz stehen (Rosen nicht im Schatten), dürfte es keine gravierenden Probleme geben. Fragen Sie beim Kauf von Rosen und Obstgehölzen ausdrücklich nach widerstandsfähigen, krankheitsresistenten Sorten, dann haben Sie schon viel Ärger und Arbeit gespart.

Die Ferien von Frau Feldmaus

Genauso routiniert wie sich ein Wohnwagen-Urlauber in der Blechschlange fortbewegt, nimmt sie sich eine Salatreihe vor und frisst sich bis hinten durch. Die Salatköpfe sind immer noch da, aber sie kippeln ein bisschen, und Sie merken, dass da was nicht stimmt, denn sie welken außerdem. Klar, denn sie „schweben“: Die Wurzeln sind weg! Frau Feldmaus war da... Und sie hat gar keine Skrupel, bei den Möhren, bei Mangold, Kohl, Roten Rüben usw. fortzufahren. Narzissen und Tulpen kommen nie aus der Erde, schön rote und bereits duftende Äpfel erweisen sich als leer und leicht wie kleine Luftballons. Man weiß nicht immer, wem man die Schuld daran geben kann: Frau Feldmaus selbst, die wie eine typische rötlich-braune Maus mit großen Ohren aussieht, oder der Wühlmaus, dieser hübschen Grubenarbeiterin, die man mit einem Mini-Meerschweinchen verwechseln könnte... Sie ist eine Plage für Apfelbäume, deren Wurzeln sie frisst. Bei abgefressenen Früchten haben wir auch den Herrn Gartenschläfer mit der schwarzen Maske über den Augen und dem gefleckten Schwanz in Verdacht.

Sicher heißt die radikale Lösung gegen Nagetierfraß Rattengift, am besten in Form von Sirup, den man über Kekse gießt und unter Hohlziegeln versteckt. Es wirkt, aber man läuft Gefahr, auch die Käuzchen zu vergiften, die kranke Feldmäuse fressen. Hoch leben die Katzen!

Muss man Maulwürfe torpedieren?

Ganz und gar nicht. Denn erstens führt das zu nichts und zweitens steht der Maulwurf in Deutschland unter Schutz. Wenden Sie lieber diesen Großvater-Trick an: einen auf einen Pflock genagelten Blumentopf, der „Tock-Tock“ macht, wenn er vom Wind bewegt wird. Das nervt den Maulwurf so, dass er woanders hinzieht. Man muss allerdings den Pflock in seinen Bau stecken.

Haben Sie Schnecken gesagt?

Sie verbringen die Regentage majestätisch in einer leuchtenden Spur, begleitet von dem leisen Knacken zerkauter Blätter... Das waren vielleicht gerade Ihre schönsten Funkien. Solange es nicht regnet, verkriechen sich Weinbergschnecken, Nacktschnecken und die kleinen Schnirkelschneckchen gern in der Kühle einer Mauer (hinter den Schwertlilien womöglich) und sind so vor Ihren mörderischen Absichten geschützt. Hundertprozentige Ökofreaks fragen sich: „Werfe ich sie nun ins kochende Wasser oder lieber in kaltes, um Schneckenjauche zu machen?“ Die Genervten beschließen: „Jede angetroffene Schnecke ist eine tote Schnecke.“ Sie ziehen los, um sich besonders breite Stiefel zu kaufen. Heuchler verteilen überall mit Bier gefüllte Becher, damit die Plagegeister in Trunkenheit versinken. Faule lassen sie gewähren und wetten auf den Appetit der Käfer, Kröten und Igel, die in denselben Verstecken herumspuken. Auf jeden Fall Vorsicht: Schneckenkorn kann für Katzen tödlich sein. Wenn Sie welches kaufen, verwenden Sie zusätzlich ein Abwehrmittel gegen Hunde und Katzen. Es gibt auch ein neues Mittel auf der Basis einer speziellen Nematodenart, aber leider ist es sehr teuer.

Onkel Igel und Tante Spitzmaus

Gegen Mitte Mai sieht man sie abends bei Sonnenuntergang familienweise zum Vorschein kommen, durchs Gras trotten auf der Jagd nach Schnecken und anderem Kleingetier. Zur gleichen Zeit flitzen die Spitzmäuse mit der spitzen, trompetenförmigen Schnauze an Mauern entlang wie kleine schwarze Blitze und pfeifen seltsam auf der Suche nach Larven.

Hören Sie nicht auf die Griesgrame, die den Igeln vorwerfen, dass sie die Eier in den Nestern ausschlürfen, auch nicht auf die, die Maus und Spitzmaus verwechseln, denn diese beiden sind ausgezeichnete Verbündete. Manchmal wird Herr Igel zahm und kommt zum Fressen zusammen mit der Katze, obwohl die Milch nicht so gesund für ihn ist. Wenn Sie es also an einem Sommerabend hinter Ihnen schnaufen und wühlen hören: Keine Panik, das ist nur Herr Igel, der da ganz geschäftig herumspaziert!

Ein traditioneller französischer Schneckentopf: Eine Geschichte, die im Kochtopf endet ...

Praxisblatt

Pflanzenschutzmittel: nur für den Notfall

Alle Pflanzenschutzmittel sind Giftstoffe, die man soweit wie möglich vermeiden sollte. Tabu und in der Bundesrepublik ohnehin verboten sind Unkrautvernichtungsmittel (Herbizide) im Garten.

Bei den Insektiziden sollte man in jedem Fall nur für den Hausgarten zugelassene Mittel verwenden, die man in einem Geschäft mit guter Beratung kauft. Sie brauchen sicher kein ganzes Arsenal an Chemikalien zu kaufen. Ein Pyrethrum-Präparat oder ein Insektizid auf der Basis des Neem-Baumes werden Sie auf alle Fälle gelegentlich brauchen (zur Abwehr gegen Blattläuse, Dickmaulrüssler, Erdflöhe, gefräßige Insektenlarven und andere Lästlinge). Bei den Fungiziden genügt vielleicht ein Spritzmittel gegen Pilzkrankheiten an Rosen. Es wirkt auch gegen pilzliche Krankheitserreger an anderen Pflanzen.

Immer mehr Nützlinge werden inzwischen auch für den Einsatz im Hausgarten angeboten: Raubmilben gegen Spinnmilben, Nematoden (Fadenwürmer) gegen Dickmaulrüssler, Schnecken und Maulwurfsgrillen, ein Schimmelpilz gegen gefräßige Engerlinge, Schlupfwespen gegen die Weiße Fliege, parasitische Bakterien (*Bacillus thuringiensis*) gegen Insektenlarven. Alles sind erprobte Methoden, allerdings für eine Privatperson oft recht kostspielig, und es funktioniert nur, wenn man seinen Bestand sehr genau kontrolliert und die Nutzorganismen zum richtigen Zeitpunkt, bei den geeigneten Witterungsbedingungen ausbringt. Ob das für einen Faulpelz die richtigen Maßnahmen sind? Da nimmt er vielleicht doch eher den Verlust des einen oder anderen Salatkopfes hin und sät seine robusten Sommerblumen einfach nur noch dichter aus.

So behandelt man richtig

Zunächst einmal wählt man stets einen ruhigen, trockenen, nicht zu warmen Tag. Führen Sie die Behandlung am besten frühmorgens durch und ziehen Sie Jacke und Handschuhe über, wenn Sie die Mittel umfüllen. Dosieren Sie genau richtig, wie auf der Packung angegeben: auf keinen Fall zuviel, Verbrennungen an den Pflanzen könnten die Folge sein. Aber auch nicht zu schwach dosieren, sonst gewöhnen sich die Schaderreger zu rasch an den Wirkstoff und Sie haben dann den Salat (oder eben nicht).

Um Bäume auch oben gut zu erreichen, verwenden Sie eine Verlängerung für die Spritze. Finden Sie durch Drehen der Spritzdüse den richtigen Druck heraus, so dass ein Nebel entsteht, der gerade so fein ist, dass das Mittel gut auf den Blättern haftet. Befeuchten Sie auch gut die Blattunterseiten und spritzen Sie ausgiebig, das heißt tropfnass. Am Ende spülen Sie immer mindestens dreimal den Zerstäuber unter viel Druck, damit die Düse gut durchgespült wird. Schließlich nehmen Sie das Gerät auseinander und spülen Sie den Behälter und die Düse getrennt aus.

Ein letzter Rat: Behandeln Sie stets bei ruhigem Wetter und mit speziellen Gummihandschuhen. Bei schwierig aufzulösenden Mitteln nimmt man besser eine Kunststoff-Gießkanne, die mit einem Aufsatz für Flüssigdünger ausgerüstet ist. Bei gut löslichen Mitteln verwenden Sie einen Zerstäuber mit einem Sprühkegel. Spülen Sie am Ende dreimal durch und lassen Sie die Spritze jedes Mal leer laufen, nachdem Sie sie unter Druck gesetzt haben.

SOS Sicherheit

Während immer mehr von der Gefahr durch Spritzmittel geredet wird, ist es doch ungeheuerlich, wie viele Hersteller alle Grundsätze der Sicherheit vergessen. Undichte Zerstäuber oder solche, die man nicht ganz leer bekommt, gibt es häufig. Das ideale Modell hat eine breite Öffnung, einen durchsichtigen Behälter mit Mess-Skala, der durch einen Schraubverschluss mit der Düse verbunden ist. Vorsicht, ohne diese zusätzliche Öffnung ist es unmöglich, ihn völlig leerzubekommen, und das ist der Fall bei Spritzen, die mit einem Wasserstop-Ventil angeschlossen sind. Schließlich ist ein Zerstäuber mit Schalter viel besser als ohne, besonders, um das Gerät vollständig auszuspülen.

Ärgerlich ist, dass die in den Verpackungen der Spritzmittel mitgelieferten Dosierlöffel selten mit den auf dem Paket aufgedruckten Angaben übereinstimmen. Und dann stehen Sie da und müssen Gramm in Milliliter umrechnen oder umgekehrt. Falls es Ihnen überhaupt gelingt, die Striche auf einem zu weichen Dingsbums zu lesen, das beim leisesten Zittern auszukippen droht. Wenn Sie mal ein gut gemachtes Maß finden, heben Sie es sich auf. Oder kaufen Sie, um diesen ganzen Ärger zu vermeiden, einen Küchen-Messbecher und verzeichnen Sie darauf mit wasserfestem Filzstift Striche mit den Maßen, die zum Inhalt Ihres Zerstäubers passen (die Pulver haben alle die gleiche Dichte). Ein weiterer Vorteil des Messbechers liegt darin, dass er Ihnen deutlich macht, wie wichtig das mindestens dreimalige Ausspülen des Zerstäubers ist, um ihn wirklich sauber zu bekommen! Ein letztes Manko ist, dass man selten bis nie Verfallsdaten und Hinweise zur Aufbewahrung des Mittels findet. Man könnte meinen, sie hielten ewig. Wenn das der Fall wäre, müssten sie einen wirklich beunruhigen...

Zum Abmessen und Mischen der Spritzmittel gibt es nichts Besseres als einen Messbecher aus der Küche, einen Schneebesen und ein Schälchen. Ergänzen Sie noch einen Nylon-Kaffeefilter, um zu vermeiden, dass die Düse des Zerstäubers verstopft, was sehr nervtötend ist!

Gestrüppbefreiung für Poeten

Für Häuslebauer, deren Grundstück von den Baufahrzeugen verwüstet und bereits von einer Besetzung durch Gänsefuß, Distel, Zaunwinde und anderen Herrlichkeiten bedroht ist, bedeutet die Luzerne das Wundermittel schlechthin. Im Frühjahr oder im September wird gesät, nachdem man mit der Motorsense darüber gegangen ist, den Boden mit der Fräse gelockert hat, und anschließend wird möglichst gewalzt, so dass die Samen gut angedrückt werden. Der einzige Nachteil ist, dass man mindestens ein Jahr warten muss, bevor die Luzerne in einem herrlich poetischen Dunkelblau blüht, die Luft mit ihrem Duft erfüllt und endlich gemäht werden kann...

Prosaischer ausgedrückt lockern ihre sehr tief gehenden Wurzeln den Boden auf über 1 m Tiefe, und diese Pflanzenmasse, die beim Pflügen untergegraben wird, reichert ihn mit Humus an. In leichter Kieselerde kann man sie durch Roggen ersetzen, diesem eleganten Getreide mit den langen blass grünen Halmen.

Praxisblatt

Häufige Krankheiten und Schädlinge

Ein grundsätzliches Heilmittel: kranke oder von Schädlingen befallene Früchte, Blätter und Zweige systematisch entfernen und verbrennen. Das ist mühsam, aber mindestens ebenso wirksam wie eine Behandlung.

Blattläuse : Sie sind grau, grün oder schwarz und saugen unbarmherzig am Pflanzengewebe! Bei Topfpflanzen wird man sie leicht mit in lauwarmem Wasser gelöster Schmierseife (30 ml/l) los. Rosen, Bohnen, Kirschbäume usw. stäubt man ein mit Algenkalkstaub, Asche oder Gesteinsmehl. Nur bei einem starken Befall behandelt man mit einem Mittel auf Pyrethrum-Basis aus dem Fachhandel.

Botrytis oder Grauschimmel : Diese Krankheit lässt Saaten eingehen und überzieht Erdbeeren mit grauem Schimmel. Sie wird begünstigt durch Feuchtigkeit und stehende Luft im Pflanzenbestand. Gegenmittel: Frische Erde verwenden und die Oberfläche bei Ansaaten leicht mit Holzkohlenstaub überpudern. Wenn Erdbeerpflanzen befallen sind, muss man unverzüglich alle betroffenen Früchte pflücken und vernichten.

Dickmaulrüssler : Diesen etwa 10 mm langen Rüsselkäfer bekommt man selten zu Gesicht, sein Schadbild dagegen sehr oft. Und dessen Ausmaß kann beträchtlich sein. Die gelblich weißen Larven, die aussehen wie kleine Engerlinge, fressen ungeniert vom Blattrand aus runde Löcher in die Blätter. Rhododendren, Kirschlorbeer, Rosen und andere Schöne des Gartens haben es ihm besonders angetan. Die wirksamste Abwehr sind häufige Bodenlockerung (um die Larven zu stören) sowie Igel und Spitzmaus. Ansonsten haben es manche schon mit

abendlichem Ablesen und Angießen mit Rainfarntee versucht. Pyrethrum-Spritzungen und Nematodenpräparate sollen auch helfen.

Kraut- und Knollenfäule: Diese Pilzkrankheit befällt Kartoffeln und Tomaten. Auf den Tomatenfrüchten entstehen graugrüne, später braune Flecken, das Fruchtfleisch verhärtet. Auf den Blättern breiten sich die brauen Flecken rasch aus. Die Krankheit zeigt sich meistens am Ende der Saison, wenn Kälte und Feuchtigkeit wieder Einzug halten. Bei großer Befallsgefahr kann man Kupferoxychlorid (0,05 %) zwei- oder dreimal im Abstand von acht bis zehn Tagen spritzen.

Echter Mehltau: Er befällt vor allem Kletterrosen und Wein, Stachelbeeren, Gurken und Kürbisse, in deren Umgebung die Luftzirkulation gestört ist, bevorzugt am Ende der Saison. Man erkennt ihn an der weißen Filzschicht, die Blätter und Früchte überzieht. Schachtelhalmbrühe, allein oder in Kombination mit 1 % Wasserglas (Natriumsilikat) dämmt den Befall ein. Bei großer Befallsgefahr spritzt man mit Netzschwefel, sobald die ersten Flecken auftreten. Kürbisse und Gurken brauchen nicht behandelt zu werden.

Falscher Mehltau: Verschiedene pilzliche Krankheitserreger verursachen helle Flecken auf der Blattoberseite, an der Unterseite zeigt sich weißgrauer Pilzbelag. Betroffen sind häufig Salat, Kohl, Spinat, Feldsalat, die Weinrebe und Zwiebeln, die dann schlecht ausreifen und sich nicht lagern lassen. Befallene Pflanzen und Pflanzenteile muss man sofort entfernen und vernichten. Bei starken Befall kann man vorbeugend ein Kupfermittel spritzen. Vor allem bei Feldsalat sollte man übermäßige Nässe vermeiden. Wenn wirklich notwendig, dann gießt man morgens.

Monilia: Diese Pilzkrankheit befällt Blätter, Triebe und Früchte von Kern- und Steinobst. Bei der deutlichsten

Pflücken Sie alle von Monilia befallenen Äpfel und verbrennen Sie sie. Das ist zwar ziemlich lästig, aber auch die beste Form, die Krankheit unter Kontrolle zu bringen.

Ausprägung verfaulen die Früchte, wenn sie gerade reif sind, und weisen konzentrische Flecken mit weißen Punkten auf (Fruchtfäule). Wenn man nicht reagiert, beitet sich die Krankheit auf den ganzen Baum aus, ästeweise verwelken die Blütenbüschel und Blätter (Spitzendürre).

Um Mehltau-Befall zu vermeiden, der sich auf Wein zerstörerisch auswirkt, vermeiden Sie, die Reben zu dicht an einer Wand zu erziehen. Geben Sie dem Spalier 5 bis 10 cm Abstand, so dass die Luft zirkulieren kann.

Entfernen Sie alle von Monilia befallenen Früchte, Triebe und Blütenbüschel und verbrennen Sie sie. Reinigen Sie danach das Schnittwerkzeug gründlich mit einem Desinfektionsmittel, um eine Ansteckung von Baum zu Baum zu vermeiden. Behandeln Sie mit einem Präparat gegen Pilzkrankheiten im Oktober und Februar. Und wenn die Knospen weiß sind, wirkt Natriumsilikat (100 ml/l), dem 30 g/l Algenkalk beigesetzt werden. Führen Sie diese Behandlung einmal monatlich bis September durch, entfernen Sie aber weiterhin konsequent die befallenen Triebe.

Gemüsefliegen: Vor allem an Rettich und Radies sowie an Möhren fressen die Larven dieser Fliegen, die ganz ähnlich aussehen wie die Stubenfliege. Sie hinterlassen diese unansehnlichen schwärzlichen Fraßgänge. Die erste Abwehrmaßnahme heißt: für windoffene Anbauflächen sorgen, mit Mischkulturen arbeiten und nicht zu dicht pflanzen oder säen. In bedrohten Lagen sollte man eher früh, im März-April, säen (und früh ernten), um den Zeitpunkt der Eiablage an den Jungpflanzen zu umgehen. Wirkung zeigen Kulturschutznetze, die man über die Beete spannt, und Insektenstreumittel Nexion Neu.

Rost: Orangefarbene Punkte erscheinen auf der Rückseite der Blätter, die mitten im Sommer abfallen. Die Rosen ‘Madame Isaac Pereire’, Malven sowie Stockrosen, Löwenmäulchen und Pflaumenbäume sind die Hauptopfer. Entfernen Sie befallene Blätter und behandeln Sie Rosen mit einem Pflanzenpflegemittel aus dem Fachhandel mit Schwefelzusatz. Bei Pflaumenbäumen ist eine monatliche Behandlung mit Algenkalk von Juni bis September eine wirksame Vorbeugung, oder spritzen Sie ab Ende Juni ein- bis zweimal ein Pflanzenpflegemittel kombiniert mit Netzschwefel.

Schild- und Wollläuse: Sie kleben auf Blattunterseiten und Trieben, sind weiß und flockig (Wollläuse) oder haben einen braunen Schild (Schildläuse). Besonders scheinen sie Zitrusgewächse, Oleander und Kamelien zu lieben. Die beste Methode ist das Ersticken mit einem Mittel auf Mineralöl-Basis, denn die gegen Schildläuse wirksamen Insektizide sind sehr giftig. Das Gleiche wirkt auch bei der Wolllaus, aber die Früchte bekommen einen schlechten Geschmack davon! Wirksam ist auch schon das bloße Einpinseln mit gewöhnlichem Salatöl.

Schnecken : Sie sind der Albtraum eines jeden Hobby-Gärtners, diese hemmungslosen Schleimer, die sich unter dem sonst so nützlichen Mulch verstecken und von Sommerblumen, Dahlien, Tagetes, Funkien und Rittersporn nach zwei, drei Regentagen nur noch die traurigen Stängel übrig lassen. Zum Glück gibt's Igel, Blindschleiche und Amsel. Hemmschwellen aus Asche, Russ oder Gesteinsmehl wirken zumindest bei trockener Witterung ein wenig. (An den Stammtischen der Hobby-Gärtner kursieren recht abenteuerliche, oft unappetitliche Abschreckmethoden...) Also ganz ohne Schneckenkorn kommt der Faulpelz nicht aus. Neue Präparate auf Eisenbasis hemmen den Fraßdrang und damit die Entwicklung der Schnekken. Man muss das blaue Korn allerdings gleichmäßig auf das bedrohte Beet verteilen, es bringt nichts, einzelne gefährdete Pflanzen oder Horste mit einer Barriere zu umzingeln.

Schorf : Er überzieht Früchte (übrigens auch jene des Feuerdorns) mit grauen, harten Flecken. Man beugt ihm vor, indem man Bäume im Frühjahr und Herbst mit Brennnesseljauche gießt und mulcht. Im März, April, Mai und Juni mit Natriumsilikat (100 ml/l) behandeln, dem Algenkalk (20 g/l) zugesetzt wird. Bei kalter Witterung (unter 15 °C) setzt man vorbeugend vor der Blüte ein Kupfermittel ein (z. B. 0,05 % Kupferoxychlorid). Guten Schutz bieten bei nicht allzu anfälligen Sorten regelmäßige Behandlungen mit Efeublätter-Extrakt.

Wurzelfäule : In der deutlichsten Version welkt der Baum ganz plötzlich mitten im vollen Wachstum, während man um seinen Stamm herum büschelweise die Fruchtkörper des Hallimasch findet, einem hübschen Pilz mit honigfarbenem Hut. Die Wurzeln tragen weiße Spuren vom Pilzmyzel, häufig erkennt man an den Wurzeln die festen weißen Stränge aus Pilzfäden. Der Hallimasch ist ein gefährlicher Schadpilz an Gehölzen. Vorbeugend muss man unbedingt Restholz, vor allem aber die Wurzeln von abgestorbenen oder gefällten Gehölzen, gründlich entfernen und verbrennen.

Brennnessel- und Schachtelhalmjauche als Wunderdünger!

Man nehme eine ordentliche Handvoll Brennnesseln, die noch keine Samen gebildet haben, fülle damit einen Eimer zur Hälfte und drücke gut fest. Darauf lege man zum Beschweren einen Ziegelstein, bedecke alles mit Wasser und lege einen Deckel darüber. Nach 14 Tagen ist es soweit: Mit Wasser verdünnt (1:5) wird die Jauche zum Gießen der Starkzehrer (von unten!) verwendet. Im Gemüsegarten alle 14 Tage, von Mai bis August einmal monatlich im Ziergarten (Rosen, Pfingstrosen, junge Sträucher). Gefiltert (durch einen Kaffeefilter) und 1:10 verdünnt, wird die Pflanzenjauche von April bis Juli einmal im Monat auf kranke Obstbäume gesprüht.

On a pris goût à la

Glücklich in seinem Garten

Ob in der Stadt oder auf dem Land, ein Garten, um sich zurückzuziehen oder aber offen für alle – ein Garten ist immer ein Moment des Glücks, das man um so unbeschwerter genießen kann, je mehr man sich von den Begierden des „Sofort“ freimacht. Doch da es Zeit braucht, Geduld zu lernen, lassen Sie uns ein bisschen anschauen gehen, wie Sie jetzt schon glücklich in Ihrem Garten leben können.

Alles, was sofort Freude macht

Man kann noch so oft sagen, dass Gärtnern eine Schule der Geduld ist – und doch möchte jeder immer bald in einem wunderschönen Garten leben. In einer Sinfonie der Wohlgerüche, inmitten von Blumen essen, lesen oder plaudern sind unvergessliche Momente. Eine gute Neuigkeit: Man kann die Fenster und die unmittelbare Umgebung des Hauses innerhalb weniger Stunden zum Blühen bringen dank einer reichen Auswahl an Pflänzchen, die das ganze Jahr über zu bekommen sind. Und an trüben Tagen schafft es gute Laune, wenn man den Tag mit einem hübschen Ausblick beginnt. Andere gute Nachricht: Es gibt eine reiche Auswahl an Pflanzen, die innerhalb weniger Monate groß werden und blühen und bis zum Winter schön bleiben. Das sind die sogenannten einjährigen Blumen; sie blühen in ein paar Monaten so großzügig, dass sie alle Unvollkommenheit des Gartens darum herum vergessen lassen.

An einem einzigen Wochenende lässt sich der Gesamteindruck verändern, indem man das hübscher macht, was man täglich vor Augen hat. Den alten, potthässlichen, aber sehr praktischen Schuppen verschönern, das Brachland, das Sie herausfordert, zu neuem Land machen, den scheußlichen Betonweg in einen reizvollen Pfad verwandeln... Und all das ist nicht teuer, kostet nur ein paar Kniffe und Know-how, das so ganz nebenbei Ihre künstlerischen Fähigkeiten zum Vorschein bringt, denn ein Garten ist wirklich etwas ganz Persönliches... so sehr, dass nur echte Faulpelze die Kunst lernen, den ihren zu teilen, um, angereichert mit den Entdeckungen der Freunde, ein Abenteuer der anderen Art zu erleben. Voneinander angestachelt ersinnen sie sich schnell schöne Gärten, in denen es sich wohl ergehen lässt.

Frühling am Fenster – noch vor dem Frühling!

In dieser Zeit gibt es keine Probleme mit der Himmelsrichtung: Ob für den Schatten oder in der Sonne – von Februar an kauft man bereits blühende Pflanzen in kleinen Töpfen. Hyazinthen, Narzissen, *Iris danfordiae* und Tulpen bleiben drei Wochen lang schön. Gartenprimeln, die nicht zu sehr mit Dünger aufgeputscht sind (der normale Blütendurchmesser beträgt 3 und nicht 7 cm!), blühen sechs Wochen lang, aber den Rekord brechen die Hornveilchen und Aurikel: zweieinhalb Monate Blüte und tipptopp. Horn- und Duftveilchen gibt es in allen Aquarelltönen, cremefarben, hell und dunkel lila, zartblau, rotbraun, braun, mit einer Unzahl kleiner Blüten mit gelben Schnurrbärten oder mit einem Clownsgesicht bepinselt.

Die schmucken, mattgrünen Blattrosetten der Aurikel erscheinen zur selben Zeit wie die zweifarbigen Blütenkronen und verbinden die seltensten Farbtöne miteinander: Dunkelviolett wie die Nacht, Grau, Grün, Rotbraun, diverse Brauntöne, und alle haben eine kleine cremefarbene, kontrastierende Mitte, die weiß überstäubt ist. Der Duft ist köstlich. Hornveilchen säen sich gern überall aus, wobei sie ihre Samen aus ihren sternförmig geöffneten Balgfrüchten schleudern. Aurikel sind mehrjährig und wachsen übrigens ebenso gern als Fries auf einer Trockenmauer aus Stein wie als Randbepflanzung auf einem halbschattigen, aber gut dränierten Beet. Wenn sie Mitte April verblühen, bleibt ein hübsches, helles Laub in Form von Ziegenohren zurück und rahmt Nelken, Storchschnabel, Fuchsien und Fettblattgewächse ein, die sie jetzt mit dem Blühen ablösen.

Das zweite Leben der Topf-Zwiebelblumen

Sobald die Hyazinthen, Tulpen und kleinen Narzissen verblüht sind, pflanzen Sie sie in den Garten. Setzen Sie die Zwiebeln in 10 cm Abstand in eine spatentiefe Rille, die 5 cm hoch mit Muttererde und ebenso viel feiner Erde angefüllt wurde. Man nimmt die Zwiebeln vorsichtig auseinander, um die Wurzeln zu entwirren. Die gesteckten Zwiebeln bedeckt man mit der ausgehobenen Erde und kennzeichnet die Stelle für das nächste Jahr. Dann blühen sie zwar weniger üppig, aber im Laufe der Jahre wird die Zahl der Zwiebeln sprunghaft ansteigen.

Die schöne Jahreszeit der sonnigen Fenster

Blumen umrankte Fenster, eine hübsche Terrasse, ein paar sorgfältig ausgesuchte Ton- oder Keramikgefäße, die vor dem Haus stehen – und alles sieht adrett und einladend aus. Gärtnereien und Märkte quellen über von Jungpflanzen, die vom Frühjahr bis zum Herbst nur darauf warten, dass wir sie setzen. Da Pflanzen in Töpfen natürlich durstiger sind als die im Freiland lebenden, wählen Sie nur solche, die zugleich üppig gedeihen und genügsam sind, damit Sie auch mal für ein oder zwei Wochen wegfahren können, wenn Sie Lust dazu haben.

Das typische Beispiel sind die „Geranien", besser Pelargonien. Zwar verdienen die Hänge-Pelargonien ihren Namen durchaus, doch kann auch der aufrecht wachsenden Pelargonie (*Pelargonium zonale*) etwas Werbung nicht schaden. Ehrlich gesagt, sind die Pflanzen, die überwiegend die Gärtnereien bevölkern, nicht nur scheußlich, sondern durch die modernen Gartenbautechniken auch noch unglaublich geschwächt. Nun ist aber eine tatsächlich kulturwürdige Pelargonie eine Pflanze, die Ihre Abwesenheit verträgt, ohne aufzumucken und sogar das ehrwürdige Alter von 40 Jahren erreicht – und

Von links nach rechts: lieblich duftende Aurikel, die Edelpelargonie 'Ginette Lanier' und eine alte Pelargoniensorte mit Rosenblüten: 'Rambler Ville'.

dabei die ganze Zeit Massen von Ablegern produziert, die vorbei gehenden Bewunderern Freude machen. Eine alte Geranie ist wie eine alte Katze: nett, friedlich, etwas gerupft, aber aufmunternd. Diese Art finden Sie manchmal in Gärtnereien, aber meistens doch bei den Gärtnern auf dem Markt, die sie Ihnen mit etwa den Worten anpreisen: „Ach, die da, ich weiß gar nicht, wie die heißt, aber die haben wir schon immer... schon zu Zeiten meiner Eltern..." Manche Spezialisten verkaufen auch beeindruckend umfangreiche Sortimente über Versand oder auf Messen und Pflanzenfesten.

Pelargonien vertragen sich hervorragend mit Fettblattgewächsen. Bei uns wachsen sie übrigens oft zusammen im selben Gefäß. Fettblattgewächse begnügen sich mit der trockenen Erde an der Topfoberfläche, formen um die Pelargonien herum eine Garnierung, und wenn der Herbst kommt, wandern alle ohne viel Firlefanz an einen frostgeschützten Platz. *Aeonium, Echeveria, Umbilicus (Rosularia), Pachyveria, Graptopetalum, Aloë, Crassula*-Arten und alle Arten der Fetthenne (*Sedum*) halten jede Menge hübscher Sorten bereit, die alle absolut anspruchslos sind. Übrigens genügt es, ein Zweiglein davon auf den Boden fallen zu lassen, und schon wurzelt es an. Kurzum: Es sind ideale Pflanzen für Faulpelze! Liebhaber köstlicher Düfte fügen noch eine Königin der Nacht (*Selenicereus grandiflorus*) hinzu, die Ihre Abende verzaubern wird.

Sukkulente Eigenschaften besitzen auch die etwas in Vergessenheit geratenen Großmutterblumen Portulak und Mittagsblume. (Sie alle überstehen mit ihren fleischigen Blätter Trockenheit.) Das Schauspiel der Blüten, die sich in dem Augenblick öffnen, wenn die Sonne gerade im Zenit steht, ist einfach zu schön, und sie hören nicht auf zu blühen, wenn es kühler wird. Sie sind einjährig, aber wahrscheinlich finden Sie im nächsten Jahr in der trockenen Erde am Fuße der Mauer jede Menge Kindlein, die mit dem Frühjahr gekommen sind.

Sind da noch die Nelken, ebenso dicke Verbündete der Faulen. Wie kann eine so hübsche Pflanze bloß derart aus der Mode geraten? Für Fensterbänke nehmen Sie

Chabaud-Nelken, denn sie blühen am üppigsten (viel besser als die Tiroler Gebirgshängenelken, die sich angeblich für Blumenkästen eignen sollen). Chabaud-Nelken blühen in riesigen Büscheln mit spitzenbesetzten Blüten, die die ganze schöne Jahreszeit über göttlich duften. Man muss sie nur abschneiden, wenn sie verblüht sind, damit sie sich bis zum ersten Frost ständig erneuern. Sie sind mehrjährig und bleiben zwei Jahre lang kompakt, danach kann man Stecklinge oder Ableger gewinnen, um seinen Vorrat zu erneuern und zu vergrößern. Wer in sie vernarrt ist, nimmt ein paar Töpfe in den Wintergarten, damit sie bis in den Winter hinein blühen. Die anderen begnügen sich mit dem Anblick ihres graugrünen Laubes in dicken, schön ordentlich ausgestopften Polstern. Denn sogar auf einem Fensterbrett oder einem kleinen Balkon ist das Laub wichtig.

Wenn einmal unsere Pelargonientöpfe keine Dickblattgewächse beherbergen, so formt als Ersatz der Pontische Beifuß (*Artemisia pontica*) seine graugrüne Halskrause. Er fühlt sich schön an und produziert Ableger wie ein Weltmeister. Um ihn am Blühen zu hindern und damit er etwas magerer wird, knipse ich seine Triebspitzen um den Juni herum ab, und so habe ich auch gleich jede Menge Ableger, die ich nur in andere Blumentöpfe stecken muss, wo sie sofort Wurzeln bilden. Seine strauchigen Kameraden *Artemisia* 'Powis Castle' und die Eberraute (*Artemisia abrotanum*) gelingen ebenso gut in Töpfen, sollten aber allein stehen, denn sie sind sehr wüchsig. Feinschmecker von jenseits des Mittelmeeres haben eine Schwäche für 'Powis Castle', den sie in Form von Absinth zur Teestunde genießen. Eine Prise

Dickblattgewächse: Sie zu sammeln macht Spaß, und sie sind garantiert unproblematisch.

genügt schon, um einer ganzen Kanne mit grünem Tee ein köstliches und belebendes Aroma zu verleihen.

Natürlich sind Aromapflanzen wie Lavendel, Rosmarin, die verschiedenen Thymian-Arten, Steinquendel, Katzenminze, Verbenen und Basilikum auch hübsch in Töpfen und schaffen mit ihrem Laub zusammen mit ihren Nachbarpflanzen harmonische und ungewöhnliche Bilder.

In der Gruppe der sogenannten Ampel- oder Hängepflanzen (weil sie in Blütenkaskaden herunterhängen) gibt es wenige, die einem Gelegenheits-Gärtner entsprechen, denn die meisten gehören zu den Ewigdurstigen und Anspruchsvollen. Eine Prämie verdienen die kleinblütigen Petunien, Diascien, die Verbene und die Zwerg-Tagetes (*Tagetes tenuifolia*), deren dicke Kissen mit dem zarten, farnartigen Laub die Sommerabende zum Duften bringen, wenn man sie gießt. Zu meiden sind hingegen Zweizahn (*Bidens*), Lobelie, 'Surfinia'- oder 'Fortunia'-Petunien wie auch die Sortengruppe 'Million Bells', die zugleich Vielfraße und Schluckspechte sind, und zudem in puncto Schönheitspflege sehr anspruchsvoll.

An sonnigen Fassaden

Für große Töpfe sind Färberkamille, Römische Kamille und Oleander immer noch sichere Werte. Zum Unglück all derer, die Mühe mit den lateinischen Namen haben, fiel es den Botanikern ein, ausgerechnet in dem Augenblick, als sich der Ruf der Römischen Kamille (*Anthemis nobilis*) als ideale Pflanzen verbreitete, diese *Chamaemelum nobile* umzubenennen. Wir werden es verschmerzen. Vor allem, da die Verkaufsetiketten nur zögerlich derartigen Reformen folgen. (Die Färberkamille heißt übrigens *Anthemis tinctoria*.) Angesichts des sehr bescheidenen Aussehens der kleinen Jungpflänzchen im Frühjahr braucht man nun aber Gewissheit darüber, dass es sich wirklich um diese weißgelbe oder rosa Margerite handelt, die in Überschallgeschwindigkeit wächst, um dann den ganzen Sommer in 70 bis 80 cm breiten Horsten zu blühen. Ein guter Rat: Kaufen Sie sie auf dem Markt, da haben Sie einen Ansprechpartner, der Sie beruhigen kann. Die Pflanzen blühen bis zum er-

Zausende Katzen

Katzen lieben es, ihre Schnauze an Fettblattgewächsen zu reiben. Pauz pardauz, fallen die Blätter ab und unsere „Zier-Artischocken" stehen ganz kahl da. Da bewahren wir Ruhe, heben die Opfer der letzten Schmuserei auf und stellen sie auf einen mit sandiger Erde gefüllten Topf (halb Gartenerde, halb Sand). Wohl gemerkt: „stellen", und dann nichts weiter als abwarten... Innerhalb eines Jahres werden die kleinen Jungpflanzen erwachsen. Ein wahres Wunder, das die Kinder entzückt, denn es gelingt immer. Wir haben mit ein paar Blättern sogar eine *Pachyveria* gerettet, die in den Ferien von Dickmaulrüsslern vertilgt worden war!

Stockrosen, die sich nach Lust und Laune aussäen, ein Gärtner, der zwar knapp bei Kasse ist, aber Fantasie hat, dazu ein Oleander – und schon ist der Garten fertig!

sten Frost, sind im Mittelmeerraum und bei kühler, gerade frostfreier Überwinterung mehrjährig, und im Frühling kann man gut Ableger davon nehmen.

Der Oleander teilt mit ihnen die Vorliebe für volle Sonne und frische Luft, das braucht er sogar in Gegenden mit weniger gnädigem Himmel als am Mittelmeer, denn sonst kleben sich Schildläuse und Milben diskret unter die Blätter und machen ihn prompt hässlich. Es empfehlen sich vor allem Sorten, die nach Honig duften, wie die gelb gefüllt blühende 'Luteum Plenum', die weiß blühenden 'Mont Blanc' (gefüllt) und 'Sœur Agnès' (einfach), die rosa gefüllt blühende 'Rosée du Ventoux' oder 'Italia' mit einfachen roten Blüten. Diese Spezialitäten stöbern Sie eventuell bei einem Fachhändler auf oder auch zufällig auf einem südlichen Markt, wo sie fast nichts kosten. Aber seien Sie den Sortenangaben gegenüber lieber skeptisch, denn mit den Etiketten nimmt man es dort nicht so genau.

Schmucklilie, *Anisodentea*, Stechapfel, einige Palmen, Keulenlilie und der Zitronenbaum *Citrus limon* 'Quatre Saisons' gedeihen ebenfalls sehr gut, ohne ihren Besitzer zu plagen. Besonders erwähnt werden sollen die neuen Riesen-Verbenen: In Indigoblau ('Muriel'), Granatrot ('Patricia') oder in Rosatönen ('Mélodine') bilden sie ungeahnt üppige, duftende Töpfe. Große Blütendolden mit starker Farbwirkung besitzen zudem die 'Tapien'-Verbenen.

Die schöne Jahreszeit der schattigen Fenster

Verträumte, versonnene Gärtner – freuen Sie sich, denn diese Fenster und Terrassen sind das Paradies des Grüns (aller Grüntöne!) und bieten den Neugierigen eine Palette herrlichen Laubes, dessen Farbtöne mit der Jahreszeit wechseln. Sie sind problemlos, denn diese Gärten bestehen aus sehr robusten Pflanzen, die sich übrigens im Topf ebenso wohl fühlen wie im Freiland. Farn-Wildlinge wie Wurmfarn und Frauenfarn (*Athyrium filix-mas, A. filix-femina*) mit großen Wedeln wie aus Spitze oder das Bubiköpfchen (*Soleirolia soleirolii*), das dicke, lockige Teppiche in zartem Grün knüpft, fühlen sich überall wohl, wo es kühl, dunkel und feucht ist. Das Bubiköpfchen eignet sich hervorragend zum Ausfüllen der Erdoberfläche in Töpfen und dient Schönmalven, verschiedenen Steinbrech-Arten, Fuchsien oder Aurikeln, die sich ebenfalls im Schatten wohlfühlen, als Hintergrund. Dieser empfindlich wirkende Abenteurer entwischt häufig und versucht sein Glück sogar auf dem nackten Zement und in den finstersten Ecken.

Kaum anspruchsvoller ist der Steinbrech (*Saxifraga*): Er verlangt gerade mal einen Topf, um ihn mit rundlich gezackten Blättern zu füllen, die silbrige Spitzen haben und auf der Unterseite oft eigenartig rot sind. Aus den Rosetten lugen im Mai-Juni schlanke Stiele mit rosa, roten oder weißen Blütchen hervor. Viel seltener ist *Saxifraga cortusifolia* var. *fortunei*; herrlich, wenn man diesen Steinbrech auf einem Pflanzenfest aufstöbert: Mit seinem wunderbaren, hellgrün glänzenden Laub, das gefiedert ist wie ein Ahorn und auf der Unterseite rot, und mit seinen duftigen Kandelabern mit den weißen, zarten Sternen im September-Oktober ist er eine Augenweide. Runde, niedliche Blätter, aber diesmal flauschig, hat *Tellima grandiflora*, die man ebenfalls im Angebot der Staudengärtnereien findet. Wie der Steinbrech und das Bubiköpfchen gehört sie zu denen, die eines schönen Morgens zwischen zwei Bodenplatten auftauchen, was beweist, wie genügsam sie ist. Sie kommt aus mit wenig Erde, wenig Licht und ziert im Juni mit hohen, winzigen grünen Glöckchen, die leicht rot überhaucht sind und nach Primeln duften. Alle diese Schätze halten sich recht gut, obwohl sie so zerbrechlich aussehen. Denken Sie auch an den Efeu, an alle Efeuarten, die panaschierten, den hellen 'Buttercup', der sich draußen viel wohler fühlt als in „Zimmerpflanzen-Arrangements".

Schließlich eine Merkwürdigkeit, die Sie wahrscheinlich schon in der Zwiebelabteilung von Gartengeschäften gesehen haben: die Schopflilie (*Eucomis bicolor*). Sie fühlt sich im Schatten sehr wohl; zuerst einmal bildet sie einen dicken Strauß gebänderter Blätter und blüht von Juni bis August „ananasartig", und zwar in Grün mit purpurroten Flecken. Dann erscheinen die Samen wie eine Unzahl kleiner schwarzer Augen, und so bleibt sie wie eine Ananas mit ihren zart grünen Flecken und ihren großen, glänzenden Blättern stehen bis zum Frost.

Schattige Fenster und Terrassen sind ebenfalls ideal für Schönmalven (*Abutilon*) und Fuchsien, und da kommen Farbenliebhaber voll auf ihre Kosten! *Abutilon*-Hybriden blühen mit ihren vereinzelten Glöckchen in allen Farben außer Blau, aber nichts kommt der Schönmalve *Abutilon megapotamicum* 'Rio Grande' gleich, um eine triste Wand in ein hübsches Dekor zu verwandeln. Im ahornähnlichen Laub, das für diese Sorte typisch ist, hängen Unmengen kleiner chinesischer roter Lampions mit gelbem Unterrock und langem Kometenschweif aus rosa Staubgefäßen, die von Mai bis zum Frost ständig erneuert werden. Man muss nur ihre sehr biegsamen Triebe ans Spalier binden oder verstreut mit Krampen direkt an der Wand befestigen. Aber Achtung, manche Händler drehen einem gern alles mögliche an: vor allem eine scheußliche Sorte mit gelb gesprenkeltem Laub, die aussieht, als sei sie krank. Auch in Grün gibt es sie, und es ist sogar ein schönes, mattes Dunkelgrün; diese Blätter werden fast gar nicht abgeworfen, wenn der Winter nicht zu garstig ist (bis –10 °C).

Fuchsien hingegen stehen gern allein als heitere kleine Sträucher, die von Kopf bis Fuß schmuck anzusehen sind, besonders die mit einfachen, kleinen Blüten. Denn die meisten der Sorten mit großen, gefüll-

ten Blüten, besonders die für Ampeln bestimmten, sind recht empfindlich und verlangen die volle Aufmerksamkeit einer Vollzeit-Hausfrau, die ihnen Dünger, Anti-Dies und Anti-Jenes verpasst. Sie wachsen gern in Gesellschaft von Zimbelkraut, dessen runde Blätter mit hell lila emaillierten Miniatur-Löwenmäulchen den ganzen Sommer über Girlanden schlingen. Schönmalven und Schopflilien verbringen den Winter vor starkem Frost geschützt an einer sonnenbeschienenen Mauer, z. B. unter einem Dachvorsprung oder auch in einem Raum, in dem sich die Temperatur zwischen 0 und 10 °C hält. Alle anderen sind mehrjährig; auch wenn das Bubiköpfchen im Falle starken Frostes zu erfrieren droht, legt es wieder los, sobald die schönen Tage kommen, als sei nichts gewesen.

Vor schattigen Wänden

Im Freiland begnügt sich die Wolfsmilch (*Euphorbia characias*) mit fast nichts. Man sieht sie sogar in riesigen Sträußen auf altem Mauerwerk blühen. Es reicht ihr ein großer Topf (Durchmesser mindestens 30 cm) und gute, gewöhnliche Erde, um sich an die Produktion einer Armvoll dicker, graugrüner Bürsten zu machen. Im April-Mai krönen sie dann ausladende goldene Ähren, die aussehen wie Hunderte von Katzenaugen bei *Euphorbia characias* ssp. *wulfenii*, oder es drängen sich dicke Walzen aus grünen Schuppen mit braunen Sprenkeln und einer grünen Perle bei der Sorte 'Martinii'.

Ein anderer Pluspunkt ist, dass die Schöne, obwohl sie in der Kälte schrumpft, absolut immergrün ist. Schließlich wächst sie in einem Affenzahn, so dass ein kleiner, im Frühling gekaufter Topf im Sommer eine 60 cm große Pflanze ergibt, die im Jahr darauf sogar doppelt so groß werden kann.

Die leicht hinfälligen Funkien hingegen mit den großen Blättern, an denen die längs verlaufenden Blattnerven so gut zur Geltung kommen, wollen gute Muttererde, die zu gleichen Teilen mit gut verrottetem Mist angereichert ist. Und dann werden sie üppig (60 cm). Sie erscheinen im Frühling als entzückende kleine Hörnchen, die das Grün wechseln (sie entfalten eine umwerfende Palette an Grüntönen), bevor sie von Juni bis August in netten Sträußen blühen, die aussehen wie kleine, weiße oder hell violette Lilien.

Oben: Ein Wurmfarn streckt seine Wedel bis in die Triebe dieser *Fuchsia magellanica* hoch, die ein Schattenfenster einrahmt. Rechts: *Abutilon megapotamicum*.

Hell lila „Lilienblüten“ und blaugrünes Laub hat *Hosta* ‘Fortunei Hyacinthina’, die Blätter von *Hosta* ‘Fortunei Aurea’ sind im Frühjahr gelb und vergrünen im Lauf des Sommers, bei ‘Fortunei Albopicta’ haben die Blätter mit gelbgrüner Mitte einen unregelmäßigen dunkel grünen Rand.

Meine Liebste aber ist *Hosta plantaginea* mit dem zart grün glänzenden Laub und den dicken Sträußen weißer Blüten, die duften wie Weiße Lilien. Auch sie wachsen schnell, außer wenn sich Schnecken darauf stürzen, was ihnen selbst auf Hochhausbalkonen schon gelungen sein soll; man weiß nicht, wie sie dort hinaufgekommen sind – wahrscheinlich über die hausgemachte Blumenerde.

Da alle diese Pflanzen im Freiland winterhart sind, eignen sie sich übrigens alle gut, wenn man schnell mal eben eine hübsche kleine Schattengarten-Ecke komponieren möchte.

Unter dem Brachland wächst zartes Gras

Ultra-Minimalisten, Freunde eines Schläfchens im weichen Gras, brauchen sich nicht den Kopf zu zerbrechen (und wahrscheinlich auch dieses Buch nicht zu kaufen). Die größten Glückspilze sind die kontaktfreudigen Leute, die es verstehen, sich mit Freunden zu umgeben, denn in einem schönen, sonnigen Sommer führen sie eine Rodungsaktion durch – eine einzige – und nun brauchen sie nur noch einen stabilen Rasenmäher zu kaufen, damit sie dann grünes Gras haben, auf dem sie sich in der herrlichen Natur ausstrecken.

Denn mit den schönen Tagen kommen die Freunde, die nur vom Grillen, von frischer Luft und „Farniente“ träumen. Nur leider langweilen sie sich nach einem Tag auf dem Lande. Aber da Sie nicht schon

Der japanische Garten ohne Tücken

Im Allgemeinen eignet sich Japanisches überhaupt nicht für Faulpelze... außer so etwas wie ein Moosgarten. Die Supersonder-Besinnlichen klauen den Bonsai-Freaks eine ihrer schönen großen Bonsai-Schalen aus lasiertem Ton, schütten eine Mischung aus halb Kies, halb Muttererde rein, kaufen sich beim Blumenhändler einen Topf Bubiköpfchen, teilen ihn in zuckerwürfelgroße Portionen und pikieren diese mit 10 bis 15 cm Abstand in die Schale. Einmal wöchentlich gibt's eine Dusche, um den Start zu erleichtern, und dann geht's los! Nun muss nur noch das Ganze draußen vor ein im Schatten liegendes Fenster gestellt werden.

Innerhalb von drei Monaten haben Sie einen tollen weichen, wogenden Moosgarten, eine Art lockiges Federbett in Zartgrün, das herrlich anzuschauen ist. Man kann das variieren, indem man andere Schalen mit verschiedenen Arten Moos aus dem Wald bepflanzt.

Wenn sie Ende Mai gemäht wird, gibt die Wiese bis zum Herbst Ruhe. Um gut darüber laufen zu können, mäht man mit dem Rasenmäher einmal im Monat einen Weg frei.

wieder die Sehenswürdigkeiten der Umgebung besichtigen wollen, die Sie schon als Kind angeödet haben, stehen auch keinerlei Reiseführer der Region in Ihrem Bücherregal. Bleibt der Garten. Lassen Sie die grünen Bohnen beiseite (das ist für Anfänger etwas kompliziert) und richten Sie all den vorhandenen guten Willen ohne Erfahrung auf dieses Stück brachliegenden Geländes aus.

Denn nichts ist erhebender als zu sehen, wie das Chaos einem zwar etwas buckligen, aber schönen Grundstück weicht, das dank jenes kleinen Zaubergeräts namens Buschhacker angenehm frei wird. Ein Mofa-Motor, Tragriemen und ein langer Stiel mit zerstörerischer Klinge: Das ist das ideale Werkzeug für eine schöne „Rasen"-Baustelle. Stellen Sie die Tragriemen richtig ein, damit die Klinge gerade so mit minimaler Anstrengung die gewünschte Höhe hat, wenn der ausgewählte „Mäher" sich schön gerade hält. Auf geht's!

Die richtige Methode: Bedächtig ins Gestrüpp vordringen und dabei auf halber Höhe eine weiche Bewegung von rechts nach links ausführen (oder andersrum, wenn man Linkshänder ist), dann beim zweiten Durchgang wieder auf halber Höhe abschneiden, was übrig bleibt. Anschließend von rechts nach links direkt am Boden schneiden und dabei so viel Abfall wie möglich an die Seite schieben. Das ist ein Bewegungsablauf, den man in einer Viertelstunde lernt.

Wenn man in der Gruppe arbeitet, ist der Vorteil, dass jemand hinten das abgeschnittene Gestrüpp mit einer Heugabel zusammentragen und daraus wahre Scheiterhaufen errichten kann... *die* Gelegenheit für gemütliche Grillabende! Aber vergessen Sie weder Jacke noch alte Hose und Brille für den Mäher! Denn die stabilsten Freundschaften halten schlecht der Belastungsprobe einer Heimfahrt in einem Anzug stand, der mit Gras-Schnecken-Ragout-Spritzern verziert ist. Aber das passiert zwangsläufig, wenn man die Baustelle mit zuviel Begeisterung angeht. Auf der anderen Seite ist das auch die Sorte Missgeschick, über die man noch zehn Jahre später lacht...

Die ideale Zeit für solch eine Baustelle ist zwischen Ende Juli und Mitte September, denn das abgeschnittene Gestrüpp wächst kaum nach und erliegt dann einem einfachen Mähen 14 Tage später... außer, es sind tatsächlich hauptsächlich Brombeerranken und Brennnesseln, die alle Zeit der Welt hatten, Samen zu bilden...

In solchen Fällen (wie auch gegen Quecken und Winden) hilft nur das monatelange Abdecken mit schwarzer Folie, um auf Dauer den unerwünschten Gewächsen die Schranken zu weisen. Wer hier nachlässig vorgeht und voreilig pflanzen will, wird jahrelang mit zeitraubendem und oft fruchtlosem Jäten gestraft. Geräte für die Rodungsaktionen wie Motorhacke, Fräse und Buschhacker kann man in den allerorten vorhandenen Mietparks für relativ wenig Geld ausleihen. Anschließend muss man nur noch einen stabilen Rasenmäher kaufen, sofern man einen „richtigen" Rasen möchte. Alle anderen machen mit dem Buschhacker weiter (der diesmal mit einem Nylonfaden zum Abschlegeln ausgerüstet wird) und mähen ihre Wiese zweimal im Jahr im Juni und dann im September.

Nach der Baustelle kommt das Schaschlik

Erkundigen Sie sich in jedem Fall zunächst bei Ihrer Gemeindeverwaltung, ob offenes Feuer überhaupt erlaubt ist, die Bestimmungen weichen doch sehr voneinander ab. Wählen Sie einen schönen, ruhigen Tag, bringen Sie den mit Wasserstop-Ventil ausgerüsteten Gartenschlauch in die Nähe und bewaffnen Sie sich mit einer Harke und einer Mistgabel, um die Äste in der Mitte der Feuersbrunst zusammenzuschieben. Machen Sie lieber mehrere Gestrüpphaufen in 60 bis 70 cm Höhe und 1 m Breite als einen einzigen riesigen, denn einen Riesen-Holzhaufen anzuzünden ist ziemlich gefährlich. Warten Sie mit den Schaschlikspießen ab, bis der Scheiterhaufen zu glühender Kohle geworden ist.

Die Metamorphose des Hässlichen

Wenn man einen Garten erbt, der mit einer hässlichen Hütte ausgestattet ist, einer *Thuja*-Hecke oder sogar mit einer Panorama-Aussicht auf eine scheußliche Landschaft, dann muss man was tun. Doch bevor Sie sich kopfüber in schwere Arbeit stürzen, schauen Sie erst einmal, ob Sie nicht das nutzen können, was vorhanden ist, ohne sich das Leben unnötig schwer zu machen. Ein paar Beispiele für leicht zu verbessernde Grässlichkeiten:

Zum Beispiel die Hütte aus zusammengestoppelten Brettern und dem fast schon obligatorischen Dach aus Blech. Vielleicht bedarf es eines rettenden Liftings auf der Grundlage einer hübschen Farbe, um diese Hässlichkeit in ein rosa oder freundlich grünes Häuschen zu verwandeln. Wenn die Hütte schon mit Efeu überwuchert ist, geringschätzen Sie ihn nicht. Denn nach einer Phase, in der er die Wände tapeziert, entwickelt sich der Efeu baumartig, und dann wird er erst richtig interessant. Im Herbst locken seine cremefarbenen Blüten Scharen von Bienen an, später schmückt er sich bis zur Narzissenblüte mit grünen und schwarzen Beeren. Diese beiden passen gut zusammen, und Sie haben tolle Sträuße zur Hand. In diesem Fall heitern Sie den Efeu nur etwas auf, indem Sie an eine Hüttenecke eine Trompetenblume oder auch eine Kletterrose pflanzen. Nach etwa einem Jahr, in dem sie anwachsen, sind diese Pflanzen stabil genug, um sich zwischen den dicken Ästen eines baumartigen Efeus durchzuschummeln, sogar wenn er sein Altersstadium erreicht hat und im vollen Wachstum begriffen ist. Ihre Blüte wird durch dieses herrliche, glänzende Laub noch verschönert, und innerhalb von vier oder fünf

Der Efeu und die Rose 'Seagull' haben eine Hütte in fünf Jahren überwuchert. Im Anschluss daran hat sich der Efeu darangemacht, den Pfosten daneben in einen vollendeten Kegel zu verwandeln.

Jahren sieht man die Hütte vor lauter Grün nicht mehr.

An Mauern stört Efeu schon eher, denn nichts kann ihn daran hindern, seine Haftwurzeln gnadenlos überall reinzustecken, so dass der Mörtel auf die Dauer kleinbeigibt. Besser also, man wählt Kletterpflanzen, die an einem Spalier hochranken oder -schlingen.

Man findet leicht Fertig-Spaliere aus Holz. Wieder spielen Trompetenblumen und Kletterrosen ihre Rolle als effektvolle Kletterpflanzen und schütten im Hochsommer (Trompetenblume) bzw. im Frühsommer (Kletterrose) einen Monat lang ihre Blüten aus. Da beide ihr Laub abwerfen, gesellen Sie eine immergrüne *Akebia quinata* dazu. Nicht, dass ihre Blüte so umwerfend wäre, aber sie wächst wirklich in einem atemberaubenden Tempo, schlichtweg ideal, um eine Wand zu überziehen. Wie der Efeu ist sie in der Lage, sich eine 20 m² große Hütte einschließlich des Blechdachs in fünf Jahren einzuverleiben. Man muss nur zu Anfang die Triebe mit gespannten Schnüren oder mit Hilfe eines Metallspaliers auf das Dach leiten. Übrigens ist diese Art grüner Wandbehang eine ausgezeichnete Isolation, und Sie verwandeln nicht nur ein Scheusal in ein reizendes Wäldchen, sondern die Klimaanlage ist zugleich noch im Preis inbegriffen.

Die Verbindung von Spalier und mehr oder weniger wüchsiger Bepflanzung in Form von einer Mischung aus immergrünem Laub und saisonaler Blüte funktioniert auch wunderbar, wenn es darum geht, störende Aussichten zu kaschieren. Dann muss man aber Spaliergitter an stabilen und ausreichend hohen Pfosten befestigen. Zwei mögliche Varianten, die zu den überall wachsenden Schnellen gehören: das immergrüne Geißblatt (*Lonicera japonica* 'Halliana') und der Feuerdorn.

Spaliere und Basteleien

Werfen Sie bei einem Baustoffhändler einen Blick in die Abteilung mit Baustahlmatten. Da finden Sie quadratische oder rechteckige Platten mit unterschiedlich großen Maschen, die mehr oder weniger steif sind und sich leicht mit der Drahtschere schneiden lassen. Man kann sie in einen Rahmen aus Dachlatten (4 × 4 cm, 4,5 × 1,5 cm oder 10 × 1,5 cm) einpassen, der mit Bohrungen in den erforderliche Abständen versehen wurde, um das Gitter zu befestigen. Auf diese Weise erhält man schöne, gar nicht teure und schnell gemachte Platten. Ein guter Rat: Es ist nicht nötig, das Gitter zu streichen, aber streichen Sie die Rahmenbretter, *bevor* Sie das Ganze anbringen, dann geht es viel leichter. In derselben Verkaufs-Abteilung finden Sie außerdem Armierungseisen, große Stangen, die ideal sind zum Herstellen von Bögen, und Gitter aus Metall mit quadratischem Querschnitt, die sich wunderbar für große Bögen oder die Verbindung zweier Gebäude mit einem Himmel aus Kletterrosen eignen.

Der Fall der *Thuja*- oder auch Scheinzypressen-Hecke ist viel ärgerlicher, denn einerseits schützt sie Sie vor Blicken und Lärm, andererseits ist sie wahrhaft scheußlich, und außerdem verpflichtet sie zu einem jährlichen Schnitt, denn sonst wird sie riesig. Wenn das niemanden stört, lassen Sie sie in Ruhe, Sie werden dann sehen, wo's hinführt. Aber um den Gesamtaspekt zu verbessern, können Sie auch hier in regelmäßigen Abständen Kletterrosen pflanzen, sommergrünes Geißblatt, Trompetenblumen oder in der Sonne sogar Glyzinen (*Wisteria sinensis*). Aber dabei muss ganz besonders sorgfältig gepflanzt werden, damit die Kletterpflanzen sich schnell in die Lüfte schwingen und innerhalb von vier Jahren ausgewachsen sind.

Ein Rat: Wenn Sie die Absicht haben, die Hecke zu entfernen, pflanzen Sie diese wuchernden Kletterpflanzen alle 2 m, warten Sie drei Jahre ab, und wenn sie ihrerseits an die 2 m hoch sind, entfernen Sie nach und nach die Gehölze in der Hecke, um sie durch Spalierteile zu ersetzen, die dann den Kletterpflanzen als Stütze dienen. Wenn nur noch da und dort ein paar Thujen vorhanden sind, sieht das Ganze schon deutlich weniger abstoßend aus. Dann können Sie immer noch sehen, ob Sie den Rest auch noch entfernen oder nicht. Thujen und Scheinzypressen liefern Kaminholz, das beim Verbrennen Wohlgeruch im Haus verbreitet.

Massen von Blumen für dieses Jahr

Sie sind zu niedlich! Man setzt sie im Frühling, sie wachsen ganz schnell und blühen vom Juni bis zum Frost. Die duftenden unter ihnen (Heliotrop, Kapuzinerkresse, Tabak, Nelken und Tagetes) verzaubern die Abende und die Nächte. Die großen ermöglichen schnell bestellte Beete, egal, wie man sie mischt, und die ganz niedrigen Bodendecker weben hübsche Borten an der Kante oder überbieten sich in Töpfen auf Fensterbänken im Wettbewerb mit den Pelargonien. Man findet in dieser Palette, die in den Gärtnereien ganz banal unter der Bezeichnung „Beetpflanzen" laufen, alle Formen von Blumen, die man sich nur vorstellen kann, vom kleinen, ganz einfachen Wimpelchen bis zum Pompon, über alle Variationen zum Thema Korbblütler, unter denen die Sommerastern die absoluten Königinnen sind.

Schon der Frühling bringt eine hübsche Auswahl an kleinen Jungpflanzen, die man nur setzen muss. Vorsicht ist jedoch bei Pflanzen geboten, die mit Stauchemitteln behandelt sind. Sie sind beim Kauf ungewöhnlich kompakt und blühen oft frühzeitig ab März. Voll und ganz optimiert herangezogen, halten sie beim Endverbraucher nicht länger als ein Blumenstrauß (oder sie schleppen sich leidend und folglich unansehnlich über den ganzen Sommer).

Das Dumme ist nur, dass in jedem Gärtner ein Krankenpfleger schlummert und man versucht, solche Problemkinder um jeden Preis zu retten, aber das ist wirklich vergebliche Liebesmüh.

Man muss also lernen, dem Ruf der ersten Sonnenstrahlen zu widerstehen und darf seine Jungpflanzen erst im April kaufen, wenn die seriösen Gärtnereien so weit sind und Ihnen wohl proportionierte Pflanzen anbieten, die noch nicht blühen – aber das ist normal – und zwar meistens zu einem spürbar gemäßigten Preis im Vergleich zu jenen armen, misshandelten „Super-Frühlingsangeboten", die Ihnen das Geld entlocken sollen.

Ein Weg sämtliche mütterlichen und väterlichen Neigungen zu befriedigen sind eigene Aussaaten. Ein echtes Vergnügen! Denn man kann sich nicht nur beim allerersten Zeichen des Frühlings seine „Babys" keimen und wachsen sehen, sondern die Investition ist noch dazu so gering, dass die Überfülle von Jungpflanzen, die ein Samentütchen für ein wenig Geld enthält, einfach überwältigend ist. Außerdem hat man, wenn man sät, eine sehr große Auswahl, denn es gibt Unmengen von einjährigen Blumen, die man nie als Jungpflanzen findet.

Schließlich verschafft es ein unglaubliches Glücksgefühl, weil diese kleinen Sämlinge, die in Hülle und Fülle aufgehen, beliebte Geschenke ergeben. Und Pflanzen an vorbeikommende Freunde, Nachbarn, auf der Tombola, in der Schule, kurz an alle zu verteilen, die nett aussehen und vom Frühling angeregt sind, das ist ja wohl einer der wichtigsten Antriebe eines Gärtners!

Den ganzen Sommer über blühen

Kapuzinerkresse, Mädchenauge, Kosmee, Goldmohn, Kokardenblume, Prunkwinde, Lein, Tagetes, Sommeraster, Sonnenhut, Ringelblume, Ziertabak, Zinnie.

Einen Monat lang blühen

Prunkwinde, einjährige Chrysantheme, Klatschmohn, Kornblume und Flockenblume, Jungfer im Grünen, Mohn, Wicke.

Die Kunst, in Töpfen zu gärtnern

Vergessen Sie um alles in der Welt Kunststoffgefäße und diese scheußlichen Kunststeine. Überall auf Töpfermärkten und in Werkstätten findet man herrliche Sammlungen von gartengeeigneten Gefäßen. Sie wurden von Leuten geschaffen, die ihr Handwerk gern und mit Sinn für Formen ausüben, und so geben diese Pflanzgefäße der banalsten Terrasse eine besondere Note. Meist mögen wir sie sowieso lieber als die anderen, außerdem behält man sie länger, denn sie sind solider als die gewöhnliche Ware aus dem Baumarkt. Man findet auch immer mehr hübsche Holzgefäße, die keine geringe Investition bedeuten, aber jahrelang halten.

Pflanzen in Töpfen sind im Allgemeinen durstiger, als wenn sie im Freiland ausgepflanzt wurden. Planen Sie daher gleich in größeren Dimensionen und nehmen Sie lieber Töpfe als Kästen, die nicht tief genug sind und daher häufige Wassergaben fordern. Rechnen Sie auf Fensterbänken und Balkons pro Pflanze mit einem Topf von 20 cm Durchmesser. Das gilt für den Schatten wie in der Sonne. Große Gefäße, die Margerite, Oleander, Schönmalve, *Canna*, Fuchsien, Hortensien und Klebsame (*Pittosporum*) aufnehmen sollen, müssen mindestens 40 cm Durchmesser aufweisen. Stellen Sie eine Allzweck-Erdmischung aus gleichen Teilen Gartenerde, grobem Sand und reifem Kompost her. Städter können Einheitserde und Gartenerde zu gleichen Teilen mischen.

Es gibt natürlich auch fertige Topferden zu kaufen, aber achten Sie darauf, dass Sie einen Tonanteil besitzt, sonst kommen Sie bei heißem Wetter mit dem Gießen nicht mehr nach. Enthält sie zugleich Vorratsdünger, braucht man den Sommer über nicht mehr zu düngen, und wöchentliches Gießen reicht aus, außer bei

Ein Esslöffel „Wasserkörnchen" genügt für einen großen Topf, um die Gießhäufigkeit spürbar zu verringern; vermischen Sie sie aber gut mit der Erde.

großer Hitze: Da wird zweimal wöchentlich gegossen. Wertvoll für diejenigen, welche im Sommer wegfahren, ist das Untergraben von „Wasserkörnchen“ in die Erde beim Umtopfen. Dieser Zuschlagstoff, der bei Nässezufuhr gelartig aufquillt, saugt sich mit Wasser voll und sorgt für einen größeren Wasservorrat in der Topferde.

Um die Verdunstung herabzusetzen, mulchen Sie die Topfoberflächen, z. B. mit Tongranulat oder mit Kakaoschalen, was sogar recht hübsch aussieht. Schließlich hören Sie in der ersten Septemberhälfte auf zu gießen, wenn Sie Ihre Pflanzen für das nächste Jahr überwintern wollen, denn zu viel Feuchtigkeit bringt sie um.

Crassula, Echeveria und *Aenonium* verbringen das ganze Jahr draußen auf ihrem Stuhl im Schutz der Mauer.

Pflanzen für Faule: Dickblattgewächse

Man pflanzt sie in einen hübschen Topf mit sandiger Erde um, und dann braucht man sie nur noch zu betrachten. Ihre Kritiker behaupten, dass es bei ihnen gar nichts zu sehen gibt... Und gerade das ist sehenswert! Aber was wollen Sie schon so ungehobelten Klötzen erklären? Was verstehen solche Banausen von zarten Variationen in den Grüntönen – je nachdem, ob die Schützlinge Durst haben oder nicht, ob ihnen warm oder kalt ist.

Für die sogenannten „anderen Sukkulenten“ (neben den bekannteren Kakteen) gibt es zwei wichtige Ereignisse im Jahr: Wenn der Herbst kommt, werden die Rosetten flacher, als wollten sie ankündigen: „Wir schließen!“ Und wenn der Frühling anklopft, richten sich die Rosetten wieder auf, jedes Blatt gerät in Alarmstimmung und fängt ganz plötzlich und in Windeseile an, dick zu werden, hier und dort neue kleine Rosettchen hervorzubringen, und dabei blühen die Pflanzen auch noch!

Spannend ist auch, sie voneinander unterscheiden zu lernen, mit einem Buch in der Hand, denn das ist nicht immer leicht. „Pflanzen für Intellektuelle“ mäkeln dieselben Kritiker, die einen Blick auf die Namenschilder geworfen haben und darauf nur Latein sehen. Sicher sind die Sukkulenten geistig anregend und die beste Schule für die Einführung ins Botanikerlatein, denn sie tragen tatsächlich kaum volkstümliche Namen. Abgesehen von der „Rose de Corail“ (einer dicken *Echeveria*-Hybride, die wenig bekannt und breit wie eine Kompottschüssel ist) und der Königin der Nacht (*Selenicereus grandiflorus*) mit den großen, weißen Blüten wie eine Wüsten-Seerose, weit und breit nur Wissenschaftsnamen... und leider oft kein Etikett, wenn sie neben der Kasse im Gartenmarkt zum Preis von ein paar Mark feilgeboten werden.

In der Familie der Crassulaceen mit den Gattungen *Aloë, Aeonium, Crassula, Echeveria, Euphorbia, Grapto-*

petalum, Haworthia, Pachypodium, Pachyphytum, Pachyveria, Sedum und *Senecio* finden Sie Ihre idealen kleinen Herrlichkeiten.

Übrigens mögen Kinder diese Art Pflanzen sehr und entdecken so ihr Interesse an der Botanik. Geben Sie ihnen jedoch keine Pflanzen aus der Familie der Agaven, denn ihre Blätter tragen oft gefährliche Dornen.

Damit Sukkulenten gedeihen, brauchen sie ein Substrat aus gleichen Teilen Gartenerde, feinem Kies und Sand. Im Sommer sollen sie draußen stehen, zweimaliges Gießen pro Monat genügt von September bis Mai, bei einem leicht absonnigen, trockenem Standort. Sie müssen im Winter nicht unbedingt im Haus stehen; es genügt ein geschützter Platz vor einer sonnenbeschienenen Wand eines Balkons. Krankheiten treten keine auf, aber manchmal gehen sie aus unerklärlichen Gründen ein. Kippen Sie den Topf aus und suchen Sie die rundliche Made, die wahrscheinlich die Wurzeln bis zu den Trieben ausgehöhlt hat. Das ist die Larve des Dickmaulrüsslers, ein Angreifer mit verheerenden Folgen. Glücklicherweise lassen sich von Dickblattgewächsen leicht Ableger gewinnen, denn das ist alles, was Sie dann noch tun können – abgesehen natürlich vom aufmerksamen Umtopfen der Nachbarpflanzen, Reinigen der Töpfe mit der Bürste und dem Beseitigen der von den Larven befallenen Erde.

Praxisblatt

Fuchsien, einfach gemacht

Sie sind sehr blühfreudig und wachsen unglaublich schnell: Zwischen März und Ende Juni schaffen sie es von der Größe einer kleinen Topfpflanze zu einem üppigen Strauch. Fuchsien sind Halbsträucher, und es gibt einigermaßen winterharte Arten und Sorten, die im Freien überwintern können, unter einer 10 cm dicken Laubschicht als Schutz vor Feuchtigkeit, die bei stärkerem Frost ihr einziger Feind ist. Von Mai bis Ende November hingegen schätzen Fuchsien die Frische an einem schattigen Fenster oder auf einer schattigen Terrasse.

Am liebsten mögen sie Lauberde, die man schön reif unter den Hecken aufsammelt, oder andernfalls eine Mischung aus gleichen Teilen Einheitserde und Gartenerde. Aber vor allem keine Panik, wenn die Pflanzen im April noch tot erscheinen, das ist normal! Fuchsien sind unübertroffen, wenn es darum geht, im Handumdrehen wieder grün zu werden und fangen bald wieder an zu blühen.

Schließlich eine Neuigkeit, die stets Freude macht: Ableger von ihnen herzustellen ist ein wahres Kinderspiel: Man braucht nur verblühte Triebe abzubrechen und sie in Töpfe mit einer

Mischung aus Torf und Sand zu pflanzen. Auf diese Weise kann man Fuchsien von Juni bis August nach Herzenslust vermehren. Im Freiland ausgepflanzt, werten sie Schattenbeete auf, wobei die wüchsigsten Sorten mit bis zu 2 m Wuchshöhe Kletterpflanzen spielen, wenn man sie dadurch ermutigt, dass man sie an eine Wand lehnt.

Pflanzen im „Hafer-Look“

Schmale Blätter, sehr biegsame Zweige in 1 m hohen Sträuchern, die unter einer Vielzahl spitz zulaufender Blüten ·herunterhängen wie in Haferrispen: Das ist *Fuchsia magellanica* mit ihren Sorten. Mit halb geschlossenen, karminroten Blütenkelchen über einem violetten Unterröckchen wirkt 'Gracilis' sehr fein, etwas runder und mehr kirschrot sind die Blüten bei 'Riccartonii'. Wenn Sie von einer Fuchsie träumen, die ein Fenster einrahmen soll, brauchen Sie 'Mrs Popple'. Sie strahlt den gleichen Charakter aus, blüht in den gleichen Farben, hat aber runde Blüten und wird in einem 50 cm großen Topf bis zu 2 m hoch.

Diese idealen Fuchsien gibt es auch in Sorten mit panaschiertem Laub, die sich hervorragend für das Aufhellen einer schattigen Ecke eignen: 'Variegata' mit dem weiß geränderten Laub strotzt vor Energie und Gesundheit, und 'Versicolor' ist herrlich anzusehen, denn je nach Lichtintensität erscheint ihr Laub mal eher rosa, mal eher silbern. Es gibt auch eine gelbliche Form, 'Aurea', die jedoch einen etwas gezierten Eindruck macht. Niedrig (50 cm), aber erstaunlich blühfreudig sind die „Däumlinge“, die mittelgroße, einfache Blüten mit abgerundeter Korolle gemeinsam haben: 'Lady Thumb' mit rotem Blütenkelch und weißem Unterrock und 'Tom

Bei *Fuchsia magellanica* und ihren Sorten sind die Blütenkronen immer schmal, aber das Laub wechselt zwischen zweifarbig und golden.

Thumb' mit rosarotem Blütenkelch und hell lila Unterrock.

Wie Schmetterlinge mit Rüschen, breiter als hoch (70×60 cm), mit großen Blüten und noch mehr Abwechslung in den Farbtönen sehen die Blüten aus bei 'Hello Dolly' und 'Mrs Cornellissen'; ihre roten Blütenkelche mit langen Spitzen stehen über kleinen weißen und eng drapierten Unterröcken. 'Pixie' blüht rot mit hell lila Korolle.

Die gefüllten haben etwas Rokoko-Artiges: 'Arc en Ciel' hat einen roten Kelch mit mauvefarbener Korolle, 'Brutus' blüht einen Hauch dunkler mit violetten Rüschen. Beide zeichnen sich aus durch kräftiges Holz, kräftige Blüten und Gesundheit. Diese zwei alten Sorten wurden zu Beginn des 20. Jahrhunderts von Lemoine, einem genialen Blumenzüchter aus Nancy, geschaffen, der eine Menge hübscher Blumen herausgebracht hat.

Praxisblatt

Kletterrosen – die Rettung für unansehnliche Ecken

In der untergehenden Sonne eines schönen Juni-Abends: Die Strauchrose 'Wedding Day'. Sie ist fast immergrün und schmückt sich im Herbst mit einer Unmenge goldgelber Hagebutten.

Sie wuchern und stellen dabei rasch den Ungeduldigen zufrieden, der in jedem Gärtner schlummert. Schnell (d. h. innerhalb von vier Jahren) erreichen sie 4 m Höhe und Breite, und wenn sich der Platz auch nur im Mindesten dazu anbietet, hören sie da nicht auf: Unsere über zehn Jahre alten Kletterrosen sind mehr als 10 m breit und klettern 5 m hoch!

In dieser Gruppe finden sich Pomponrosen nach alter Art, einfach blühende und moderne Züchtungen mit edel anmutenden Blüten. Die einfachen oder halb gefüllten Sorten duften meist stärker als die Sorten mit stark gefüllten Blüten. Zu den einfach blühenden zählen 'Wedding Day', 'Toby Tristam', 'Longicuspis bertoloni', 'Francis Lester', während z. B. 'Bobbie James' und 'Seagull' halb gefüllte Blüten tragen.

Die Blütezeit dauert bei jeder Sorte etwa drei Wochen im Zeitraum zwischen Ende Mai und Mitte Juli, so dass Sie mit zwei gut aufeinander abgestimmten Sorten, von denen eine früh blüht, über sechs Wochen in Rosen schwelgen. Und ihr Duft überschwemmt den Garten. Von August an folgen auf die Blüten zinnoberrote, orangefarbene oder auch goldene Hagebutten, die bis Februar hängen bleiben.

Die ganz Frühen

Die Saison beginnt in der ersten Juniwoche mit den halb gefüllten, weißen Blüten von 'Bobby James', die an Wildrosen erinnern und in Büscheln stehen. Eine Rüsche aus schlankeren Blütenblättern umgibt auf reizvolle Art die Staubgefäße. Im Rosengarten von L'Haÿ-les-Roses empfängt diese

Die schöne Rose 'Kathleen', die herrlich duftet, blüht sehr gut im Schatten. Hier wächst sie inmitten von Steinen.

Rose den Besucher auf den ersten Laubengängen am Eingang des Gartens, und ein Spaziergang in dem durch diese Blüten gefiltertem Licht bleibt unvergessen.

'Seagull' mit den zarten, weichen pomponartigen Blumen und dem cremefarbenen Teint folgt ihr unmittelbar, zusammen mit 'Wedding Day', die eine der erstaunlichsten Rosen ist. Denn ihre dicken Knospen öffnen sich zu weit auseinander stehenden Blütenblättern (wie bei Apfelblüten), zunächst ockergelb, gehen sie in Weiß über und verblühen in einem Rosa, das bei regnerischem Wetter fast schon ein Karminrot ist. Übrigens ist 'Wedding Day' fast immergrün, wächst noch gut im Schatten und überzieht sich mit goldenen Hagebutten.

'Ghislaine de Féligonde' mit stark gefüllten, samtigen Blumen in Apricot, die im Verblühen gelb und durchscheinend wie heller Wein werden, hat sehr wenig Stacheln und dieselbe Qualität. Sie ist herrlich an einer Mauer nach Osten und in kargem Boden. Wenn es einem gelingt, sie etwas zurückzuschneiden (dazu ist eine Teleskop-Gartenschere unerlässlich) blüht sie noch einmal ganz schön im August-September. Ein Wort zu 'Félicité und Perpétue', der man ihr fehlendes Duften verzeiht, denn sie trägt milchweiße, rosettenartig dicht gefüllte Rosen und herzige kleinen Knospen, sie ist nahezu immergrün und ideal, um ein Blechdach zu überwuchern, sogar bei undankbarem Boden. Eine aufsehenerregende Sorte ist 'Mrs F. W. Flight' mit gefüllten Blüten in Rosa und Weiß, ebenfalls ohne Duft, aber voller Wuchskraft.

Ebenfalls zu den ganz wuchskräftigen zählt 'Venusta Pendula'. Ihre Triebe erreichen locker 6 bis 10 m Länge. Die relativ kleinen, weißlich rosa Blüten erscheinen in großer Fülle, duften aber nur schwach. Diese Sorte bleibt auf Dauer gesund.

Von Mitte Juni bis Mitte Juli

'Toby Tristam' wartet oft die letzte Juniwoche ab, um ihre Blüten aus unzähligen Knospen zu entfalten, die rund sind wie Perlen, opalartig rosa, und die an dünnen Stielen hängen wie Kirschblüten. 'Longicuspis Bertoloni' duftet vielleicht am stärksten und hat außerdem den Vorteil, so spät zu blühen, dass ihre Blüte im Juli die der vorher blühenden ablöst. Sie ist ebenfalls besonders wüchsig und unsere, die wir an einen Schuppen behutsam an einem Spalier ziehen, hat in zehn Jahren 20 m Länge, 2 m Dicke und 4 m Höhe erreicht! Wie eine Blütenwolke mit kleinen weißen Pomponblüten in Rosé wirkt 'The Garland' Ende Juni. Leider vertragen ihre Blüten sehr schlecht Regen. Die von 'Thalia', die in einem etwas grünlichen Weiß Anfang Juli blühen, sind dagegen haltbarer, aber ohne Duft. Als die späteste Sorte von allen hat 'Aimée Vibert' ihren Auftritt mit milchweißen, fast gefüllten, aber nur schwach duftenden Blüten.

Zwei hübsche Rosen, die schön duften: 'Kew Rambler' trägt einfache, rosafarbene Wildrosenblüten mit weißer Mitte, 'Treasure Trove' bringt halb gefüllte Blüten in einem apricotfarbenen Rosa hervor. Beide blühen Ende Juni. Ich übergehe absichtlich drei, die zäh sind wie Quecken: 'American Pillar', 'Excelsa' und 'Dorothy Perkins', denn sie duften nicht und bekommen leicht Mehltau. Auf der anderen Seite können sie sich wirklich überall anpassen.

Damit diese Riesen munter loswachsen, geizen Sie nicht bei den Vorbereitungen: Graben Sie ein Pflanzloch von 40 cm Seitenlänge, mindestens 50 cm von der Stütze entfernt. Sollen Kletterrosen eine Hecke überwuchern, graben Sie ein großes, 70 cm breites und 50 cm tiefes Loch, in das Sie als Starthilfe drei Schaufeln Komposterde schütten. Umgeben Sie die Wurzeln mit neuer Erde und arbeiten Sie nach dem Einpflanzen zwei Handvoll handelsüblichen Volldünger an der Erdoberfläche unter. Vergessen Sie im Sommer nicht zu gießen und vor allem: Mulchen Sie mit Rasenschnitt. Übrigens gibt es von einer Reihe öfter blühender Strauchrosen auch kletternde Auslesen, sogenannte Climbing-Sports. Sie alle brauchen viel Entwicklungsraum.

Einen Rosenstock kann man mit einem Weidenzweig am Spalier befestigen. Halten Sie die Äste mit einer zurechtgeschnittenen Astgabel fest und befestigen Sie sie dann mit Draht.

Binden Sie über den Draht einen etwa 5 bis 6 mm dicken, also noch gut biegsamen Weidenzweig. Schlingen Sie um den Rosenstamm eine Acht und verknoten Sie dann die Enden.

Entfernen Sie den Draht, dann die Stütze. Diese Art der Befestigung verletzt nicht die Äste und hält mindestens drei Jahre.

Turbo-Kletterpflanzen

Nach einem vollen Jahr, in dem sie uns die zweifelhafte Nummer „Ich gehe nicht ein, ich wachse aber auch nicht“ vorgespielt haben, geht's mit Volldampf gen Himmel. Aber Achtung: Wenn das Ziel erst einmal erreicht ist... geht's weiter! Die Liebhaber von Freiheit und üppiger Vegetation sind entzückt, wer einen winzigen Garten hat, gibt seine Illusionen auf. Sie sind eine wunderbare Tarnung für einen hässlichen Schuppen, eine Scheinzypressenhecke oder eine große Mauer, aber man sollte vermeiden, sie in einen Baum hochzuschicken, den man behalten möchte, sie würden ihn erdrücken... Wenn Sie aber z. B. einen Holunder oder Ähnliches haben, und Sie sind nur zu bequem, um ihn abzuhacken, bietet das Überwachsenlassen eine natürliche Lösung, um ihn loszuwerden. Die folgenden Kletterpflanzen pflanzt man am besten von November bis März, abgesehen von der Glyzine, bei der eine Pflanzzeit im April-Mai ratsam ist.

Akebie

Akebia quinata

Obwohl landauf landab ihr Vanilleduft gepriesen wird, verdient ihr Geruch eher so eine Kennzeichnung wie muffig, aber nur, wenn es warm ist. Zarte, weinrote Blüten erscheinen im April, wenn der Goldlack blüht. Ein unübertroffener Pionier in frischem Boden und an eher schattigen Plätzen. Die eigentümlichen fleischigen Früchte mit diffus graulila Färbung werden handtellergroß. Der immergrüne Kletterer tapeziert 25 m^2 in drei Jahren mit einer Sintflut aus zart grünen Blättern. Die biegsamen Trieben eignen sich gut für Absenker.

Trompetenblume

Campsis tagliabuana, *C. grandifolia* u. a.

Diese Fee, die in jedem Boden wächst, bevorzugt trockene und sonnige Gärten. Sie wartet den Hochsommer ab,

um riesige Sträuße aus Trompetenblumen in einem altmodischem Orangeton ('Mme Gallen') zu entfalten; bei *C. grandiflora* spielen sie nach Blassrosa, die Blüten sind größer und prunken in glänzendem, sommergrünem Laub mit metallischen Reflexen. Trompetenblumen sind ideal, um 6 bis 8 m² hässliches Gitter zu drapieren. Sie treiben Ranken wie Weinreben, haben aber den Fehler, dass sie in trockenen, verdichteten Böden Wurzelschösslinge bilden. Vorsicht bei alten Mauern, auf die sich die Schöne dank ihrer Haftwurzeln schwingt.

Kleinblütige Clematis

Clematis montana,
C. tangutica u. a.

Wolken zartrosa Blüten wie bei der Japanischen Anemone (sie sind Verwandte) erfreuen im Frühling bei zahlreichen Sorten der *Clematis montana*. Alle sind entzückend, von der cremefarben bis zur rosa blühenden, aber entgegen ihres Rufs duften sie nicht. Sie klettern an Fassaden, alten Bäumen und Spalieren 6 m hoch und höher hinauf und überziehen leicht 20 m² in drei Jahren. Sehr hübsch wirkt diese Clematis zusammen mit der Glyzine (*Wisteria sinensis*), die zur gleichen Zeit blüht (oder in manchen Jahren unmittelbar danach). Sie hat jener gegenüber aber den Vorteil, sogar im Schatten und im Trockenen zu wachsen. Auf die Blüte folgt graziöses, fein gelapptes, rauchfarbenes Laub.

Clematis tangutica blüht den ganzen Sommer über schubweise in kleinen gelben Laternen, die mit silbrigen Quasten gemischt sind (Samenständen). Dazu gesellen sich das zart grüne Laub und das gleiche ungestüme Temperament, um alles zu überwuchern – somit ideal, wenn man ein Blechdach verschwinden oder eine grässliche Remise verschlingen lassen will. Diese Art bevorzugt frische Böden, gibt sich aber mit jeglicher guter Gartenerde zufrieden.

Die Brennende Waldrebe (*Clematis flammula*) und ihre Verwandte, *Clematis vitalba*, sind entzückende und wirksame Tarnungen, etwa zusammen mit einer Palisade aus Feuerdorn mit gelben Beeren. Das Schauspiel geht dann bis spät in den Herbst hinein weiter. Schützen Sie den Wurzelstock mit einem Hohlziegel oder verstecken Sie ihn z.B. hinter einer Wolfsmilch *Euphorbia characias*, denn alle Clematissorten haben lieber ihren Fuß im Schatten.

Linke Seite: *Akebia quinata.* Links: *Campsis grandiflora.* Unten: eine *Clematis montana.*

Efeu

Hedera helix

Man findet in Baumschulen inzwischen Efeupflanzen, die schon baumartig wachsen und ebenso (leider aber seltener) den nepalesischen Efeu mit goldgelben Beerenbüscheln. Absenker und Ableger herzustellen ist ganz einfach, man braucht nur einen bereits baumartigen Trieb bei einem wild gewachsenen Efeu abzuschneiden, um innerhalb von drei Jahren einen dicken, 1,50 m hohen Busch zu haben. Er liebt Schatten und frische Böden, wächst aber auch im trockenen Schatten. Passen Sie auf die Mauern auf, denn er schwingt sich mit seinen Haftwurzeln nach oben, und selbst, wenn er buschig geworden ist, bringt er noch Triebe mit Super-Haftwurzeln hervor.

Für Glückspilze, die in milden Klimaten gärtnern: *Solanum jasminoides* ist in der Lage, den gesamten Giebel eines Hauses mit weißen oder malvenfarbenen Sternen zu überziehen.

Prunkwinde

Ipomoea indica

In Gegenden, in denen der Winter erträglich bleibt, setzt sich diese Riesen-Prunkwinde in Szene, indem sie alles, was sie erreichen kann, mit ihren wallenden Behängen aus gelappten Blättern überwuchert. An den mildesten Standorten ist die Prunkwinde immergrün, dabei übersät mit farbenfreudigen Wimpeln von Rosa bis zu einem flimmrigen Blauviolett, je nach Tageszeit. Anderswo erfriert sie und verzehrt sich vor allem nach Licht, denn es sind Exemplare bekannt, die in Gegenden mit starker Sommersonne strenge Winter überstanden haben. Es kann vorkommen, dass sie bis zum Boden erfriert und im Mai wieder aufersteht, um ihre Stütze neu zu erobern.

Die Prunkwinde wächst garantiert in allen Böden und begnügt sich mit dem geringsten Fleckchen Erde, die ein bisschen locker ist. In drei Jahren kann sie 50 m² überziehen. Schützen Sie den Wurzelstock mit einer Armvoll Laub, auf das Sie ein paar Ziegel legen, um ihr über ihre ersten Winter zu helfen.

Japanisches Geißblatt

Lonicera japonica 'Halliana'

Bei ihr gibt es keine Wartezeit: Sie legt sofort los. Übrigens bildet der geringste Trieb, der den Boden berührt, automatisch Absenker. Folglich genügt es, um einen Ableger zu bitten, und Sie bekommen sogar gleich fertig bewurzelte. Die Pflanze klettert mindestens 1 m pro Jahr in die Höhe und kennt keine Grenzen. In einem Maße, dass man in jedem dritten Frühjahr mit der Heckenschere ergreifen und ohne Skrupel dicke Packen Grünzeug entfernen muss, denn wenn nichts mehr zum Klettern übrigbleibt, wird die Pflanzenmasse so unförmig, dass sich bis zu drei Meter dicke Schichten bilden. Dieses Geißblatt blüht im Juni-Juli mit cremefarbenen Blüten, die nie stark, aber angenehm nach Jasmin duften. Es wächst absolut in jedem Boden und sehr lebhaft bis in den tiefen Schatten.

Nachtschatten

Solanum jasminoides

Leider ist er nur für Privilegierte, die in sehr mildem und vor allem trockenem Klima leben, wirklich geeignet; denn anderswo erfriert er leicht. Schade, denn seine zarten, wehenden Blütenkronen in Weiß oder Zartlila erscheinen in riesigen, leichten Sträußen – eine Wonne. Der Nachtschatten ist in der Lage, 30 m² zu bedecken und sich bis 5 m hoch zu schwingen. Schützen Sie nur eben seinen Wurzelbereich in den ersten beiden Wintern mit einem Ziegel.

Sternjasmin

Trachelospermum jasminoides, T. asiaticum

Bekannt ist vor allem die erstgenannte weiß blühende Art. Sie blüht wie Jasmin, hat indessen einen viel schwereren Duft. Der Sternjasmin bleibt den Gärten in wintermilden Lagen vorbehalten, denn er erfriert leicht. Er blüht von Mai bis Juli.

Gartenfreunde in weniger begünstigten Regionen bevorzugen besser *Trachelospermum asiaticum* mit ockergelben Blüten. Der Duft dieser Art fällt viel subtiler aus: Er geht von dem eines Echten Jasmins zu dem der chinesichen Glyzine über. Die Art blüht aber viel länger, nämlich von Juni bis zum Frost. Aber man findet sie in den Baumschulen selten! Beide Arten erreichen eine Höhe von 4 m. Für frische Böden im Halbschatten.

Glyzine, Blauregen

Wisteria sinensis

Wenn man eine schnell kletternde Pflanze sucht, sollte man von den Glyzinen diese (am besten die blaue) wählen. Aber Vorsicht, um sicherzugehen, dass sie ihre Mission erfüllt und den Garten im April-Mai mit blauem Licht und süßem Duft überschwemmt, muss man sie bereits blühend kaufen. Tatsächlich gerät man gelegentlich an Pflanzen, die nie blühen.

Pflanzen Sie die Glyzine also spät an irgendeinen sonnigen, trockenen oder feuchten Platz (das ist ihr schnuppe; sie bildet sogar an Ufern Ausläufer) und verhätscheln Sie sie gerade mal im ersten Sommer, indem Sie sie einmal in der Woche gießen, damit sie sich gut entwickelt. Danach ist sie in der Lage, genauso gut auf eine Zeder zu klettern wie auf eine ausgewachsene Scheune, wobei sie zweimal im Jahr blüht: vor dem Erscheinen der Blätter im Frühling und noch einmal spärlicher im Sommer, in einem dunkleren Blau.

Japanische Glyzinen (*Wisteria floribunda*) mit den sagenhaften 1 m langen Trauben haben leider weder diese alles überwindende Vitalität noch diesen Duft.

Wilder Wein

Parthenocissus tricuspidata und *P. quinquefolia*

Wilder Wein hat als Kennzeichen Haftscheiben an den Ranken, Schein- oder Zierrebe (*Ampelopsis*) sowie die Rebe (*Vitis*) dagegen nicht. Alle färben sich im Herbst gleich flammend rot, sie fühlen sich im Schatten ebenso wohl wie in der Sonne und wachsen in allen Böden. Die schönsten haben Haftwurzeln: *Parthenoncissus henryana* entwickelt im Halbschatten cremefarben geädertes Laub, jenes von *P. quinquefolia* leuchtet im Herbst karminrot. *P. quinquefolia* bildet nur wenig Haftscheiben und greift Mauern weniger an als *P. tricuspidata*, der übliche Wilde Wein mit dem leuchtenden dreilappigen Laub.

Bei den rankenden Typen finden sich ebenfalls Herrlichkeiten: *Ampelopsis brevipedunculata* mit Weinblättern und im Herbst türkisblauen Beeren passt beispielsweise gut zu Hortensien. Leider aber ist er zu selten, denn man bietet uns immer nur seine scheußliche panaschierte Sorte an. *Ampelopsis aconitifolia* formt eine Wolke aus stark eingeschnittenen Blättern, die im Herbst gelb werden, und in denen orangefarben getönte Perlen erscheinen.

Was *Vitis coignetiae* angeht, so spricht sein überdimensionales, raues und mattes Laub (25 cm) an.

Alle hier genannten Arten eignen sich dafür, alles zu überziehen, wie es beliebt, und alle (außer der genannten Ausnahme) tragen nachtblaue Beeren.

Hitliste

Blumen en masse für diesen Sommer

❖
Im März-April in Kisten säen. Einen Monat später auf 30 cm Abstand pikieren.

⁜
Im April-Mai direkt an Ort und Stelle säen und dann auf 30 cm Abstand auslichten.

Natürlich fehlen hier diejenigen, die von einem gewissenhaften Gärtner gehätschelt werden müssen, aber das soll nicht heißen, dass man es nicht mit ihnen versuchen soll – beim ersten Mal funktioniert meistens alles!

Steinkraut ❖

Alyssum maritinum

Der kleine, weiße, rosa oder violette Nebel duftet nach Honig. Er blüht von Juni bis August in 30 cm großen Polstern. Geeignet für Blumenkästen, sonnenbeschienene Randbepflanzungen und Steingärten, auch in Meeresnähe. Und vor allem haben Sie keine Angst, spindeldürre Jungpflanzen zu pikieren (mit einem angespitzten Stöckchen), sie wachsen ganz schnell. Für volle Sonne.

Fuchsschwanz ❖ ⁜

Amaranthus caudatus, A. gangeticus

Wie Rastalocken wirken die purpurroten oder grünen Blütenstände. Die Sorte 'Golden' ist herrlich tabakfarben panaschiert, 'Intense Purple' blüht purpurrot und hat fast schwarzes Laub. Die Pflanzen werden in Indien, Afrika und Südamerika wegen ihrer Blätter und der Samen kultiviert. Fuchsschwänze sind herrliche Zierpflanzen, die in nährstoffreichem, frischem Boden bis zu 2 m hoch werden, aber auch sonst überall wachsen. Sie blühen von August bis zum ersten Frost. Für volle Sonne, in jedem Boden.

Ringelblume ❖

Calendula officinalis

Ein Duft wie eine starke Gitane-Zigarette, ein dicker Kranz Zungenblüten um eine kleine, grüne ('Dollioules') oder schwarze Mitte ('Princesse') von Juli bis September. Diese altmodische Blume kann man ziehen, ohne seine Filzschlappen zu wechseln, denn sie wächst ganz allein in der vollen Sonne, dort wo die glatt gestampfte Erde angenehm die Fußsohlen massiert. Die Blüte von Juli bis September endet im Chaos, aber das verzeiht man ihr, denn sie sät sich überall aus. Wer Sehnsucht nach portugiesischen Tankstellen empfindet, pflanzt sie zusammen mit Sommerzypressen. Unbedingt volle Sonne, 50 cm.

Kornblume ❖ ⁂

Centaurea cyanus

Vergessen Sie die Kleinwüchsigen zugunsten den Großen (1 m), und freuen Sie sich auf Arme voll wunderbarer Blüten. „Gemischt" mit rosa, weißen und blauen Blüten oder auch ausschließlich blau blüht heutzutage die leuchtende Feld-Kornblume von einst. Je nach Jahr blüht sie einen ganzen Monat lang im Mai-Juni oder auch mitten im Sommer. Um die Blüte einen Monat vorzuziehen, säen Sie Kornblumen im September ins Anzuchtbeet und pflanzen Sie sie im Frühling um. Die Kornblume sät sich bereitwillig aus. Sehr beliebt ist sie bei Bienen und Hummeln. Zwischen dem grauen Laub von Beifuß, Artischocken und *Stachys byzantina* sieht sie besonders reizend aus.

Wucherblume, Einjährige Chrysantheme ⁂

Chrysanthemum segetum, Ismelia carinata

Die kleine Gruppe schöner großer (1 m) Sommerblumen mit spitzenartigem Laub bringt entweder Unmengen von Pompons in Farben von Creme bis Rötlich (bei den mehr oder weniger gefüllten Sorten) hervor, oder es erscheinen die typischen Korbblüten der Margeriten, die mit einem kontrastfarbenen Kranz aus Strahlenblüten eingefasst sind. (*Ismelia carinata* als Hybride 'Burridge' sieht allerdings sehr nach den Fünfziger Jahren aus.) Die Auslesen der Herbstchrysanthemen werden nur 50 cm hoch, und ihre leuchtend gelben Blumen wirken bei 'Eldorado' sternartig mit einer kleinen schwarzen Mitte. Das Fest währt einen guten Monat von Juni bis Juli.

Dieser Aufsehen erregende Amarant 'Golden' sät sich weniger leicht selbst aus als der gewöhnliche Fuchsschwanz.

Margeriten bevorzugen leichte, frische Erde und Sonne. Zu fruchtbarer Boden bekommt ihnen weniger, sie blühen nicht. Wenn man die Pflanzen auslichtet und die überzähligen pikiert, verlängert man die Blütezeit um 14 Tage. Pinzieren Sie schließlich die Triebspitzen, damit lassen sich die Blüten vervielfachen.

Sommerwinde ❊

Convolvulus tricolor

Die Blume par excellence für den Gemüsegarten. Man sät sie direkt in die lockere Erde zwischen zwei Reihen Porree. Sie beschert uns eine massenhafte, aber flüchtige Blüte im Juni-Juli, die nützliche Insekten anlockt. Für volle Sonne, in allen Böden.

Mädchenauge ❖

Coreopsis drummondii

Man könnte von einem Schwarm dicker, Bewusstseins verändernder Bienen sprechen. Eine irreelle Leichtigkeit und schimmernde Blüten, die den ganzen Sommer sonnig machen. Feengleich. Sehr hübsch wirken Mädchenaugen mit Sonnenblumen, die im Hintergrund tollpatschig herumstehen und die gleichen Farbtöne zeigen, oder man mischt sie mit rosa Tabak für einen verzauberten Sommer. Man kann Mädchenauge von März bis Juni säen, direkt ins Freiland als eine der letzten Aussaaten, die dann höher werden (70 bis 80 cm), während pikierte Pflanzen nur etwa 40 cm erreichen. Ein Tipp: Knipsen Sie die Triebspitze der Jungpflanzen ab, damit sie sich verzweigen. Für volle Sonne und nährstoffreichen Boden.

Kosmee ❖ ❊

Cosmos bipinnatus

Noch ein Kind des Windes, das vom Juli bis zum Frost in 1 m hohen (oder noch höheren) Wogen blüht. Kosmeen bevorzugen auch die Direktsaat, bei der sie kräftiger wird. Aber Vorsicht: in einem nicht zu fruchtbaren Boden, denn sonst bildet sie eine dif-

Volle Sonne auf Sonnenblumen und golden leuchtenden Kosmeen: Das funktioniert in nährstoffreichem, aber eher leichtem Boden.

fuse Blattmasse, wird 2 m hoch und blüht erst kurz vor dem Frost, anstelle im Juli damit anzufangen. Wie die Kapuzinerkresse entfaltet sie im September ihren köstlichen Duft.

Die schönste Sorte heißt 'Sensation', sie sät sich häufig aus. 'Seashell' hat röhrenförmige, etwas mickrige Blütenblätter, sehr schön ist hingegen die weiße 'Purity', und es gibt eine niedrigere (80 cm) blassrosa Selektion. Kosmeen sind ideal als Beethintergrund oder für die Zeit, bis die Hecke gewachsen ist, zusammen mit Stockrosen oder einer Gruppe verschiedener Sonnenblumen.

Die goldene Kosmee (*Cosmos sulphureus*) finde ich ein bisschen zu heikel. Sie braucht wirklich einen sehr leichten und fruchtbaren Boden, um mit Massen von Blütenkronen in allen Gelbtönen bis zu einem schönen, dynamischen Orange zu blühen.

Rittersporn ❊

Delphinium ajacis, D. consolida

Wo er sich wohlfühlt, ist er märchenhaft: Die Füße im Trockenen, von der Sonne erhitzt, sieht man ihn manchmal an Kiesgruben stehen... oder er wächst gar nicht. Es gibt nur entweder – oder, keine Zwischenstufen. Seine 50 cm bis 1 m hoch schwebenden Blütenrispen leuchten in allen Blau- und Rosatönen mit etwas Weiß oder in einer dicken Wolke blauer oder weißer, spornbesetzter kleiner Blüten bei *Delphinium consolida* und dauert den ganzen Juni über. Ab September säen.

Goldmohn, Schlafmützchen ❊

Eschscholzia californica

Dieses Kind der Dünen sorgt für hübsche Gärten am Meeresrand. Goldmohn ist ideal für alle unmöglichen Ecken. Wenn Sonne da ist, erfüllt er, komme was wolle, von Juli bis zum Frost seine Mission, Blümchenteppiche (15 cm hoch) oder in allen Gelbtönen (einschließlich der schrillsten) funkelnde Randbepflanzungen zu bilden. Er sät sich zudem genauso eifrig aus. Nachteil: Er wirkt etwas gewöhnlich und man wird ihn schwer wieder los.

Sonnenblume ❖

Helianthus annuus

Das Trostpflaster für Ungeduldige, die sich fragen, ob ihre Hecke sich wohl endlich zum Wachsen entschließen wird, und der Liebling der Mini-Gärtner, die es gar nicht fassen können, dass eine sooo große Pflanze aus sooo einem kleinen Samenkorn wächst. Dabei ist sie gar nicht so klein, die „Pepita“, die die Spanier zum Aperitif knabbern, begleitet von einem mundig trockenen Vino. Es ist nicht schwierig, sie breitwürfig zu säen, denn ihre dicken, gestreiften Samen flutschen nicht so leicht aus der Hand. Am besten ist Direktsaat in eine gute, nährstoffreiche Erde im April-Mai, mit 10 cm Abstand. Lichten Sie die Jungpflanzen auf 30 cm Abstand aus, wenn sie vier Blätter haben, pikieren Sie die Überflüssigen mit dem spitzen Pflanzholz und gießen Sie gut an.

Die Vögel stürzen sich ab August auf die dicken Herzen mit noch milchweichen Kernen – da brauchen Vogelliebhaber wahrlich kein Fernglas mehr, um sie zu beobachten! Meine liebsten sind: die großen (1,80 m) mit mittelgroßen, schwefelgelben Blüten und Blättern wie Gurkenpflanzen sowie die Mischungen mit rötlich braunen, orange getönten Blüten mit kontrastfarbigem Kranz. Es gibt auch stark gefüllte Typen, die aber oft etwa kurzbeinig (nur 80 cm hoch) daherkommen. Wirkungsvoll als Beethintergrund.

Strohblume ⁂

Helichrysum bracteatum

Nehmen Sie die große (*H. monstrosum*) mit dem zerzausten Inneren, die ganz gefüllt ist und in allen vorstellbaren Farbtönen außer Blau blüht, mit strohartigen, spitzen Blütenblättern (1,20 m). Hummeln und Bienen verbringen ganze Tage darin.

Säen Sie die Strohblume nicht zu früh, das heißt erst im April-Mai aus. Sie blüht den ganzen Sommer über und duftet bei Anbruch der Nacht herrlich nach Honig und Bohnerwachs. Für alle Böden, aber am liebsten in mageren, und in der Sonne.

Sommerzypresse ⁂

Kochia scoparia

Diese Art ist völlig in Vergessenheit geraten. Dabei sieht sie aus wie ein Angorakater in grünem Synthetikfell aus dem Comic-Heft, ein Geschenk des Himmels für die Unentschlossenen, die sich fragen, ob sie sich nicht an die Kunst der Formschnitte wagen sollten. Denn sie geruht, innerhalb von zwei Monaten einen hübschen, runden Strauch zu bilden – oder einen mehr ovalen, wie ein dickes Ei. Dazu hat sie ein angenehm zu streichelndes „Fell“ und feiert den Herbst in leuchtendem Rot, bevor sie abstirbt. Im nächsten Jahr dann taucht sie garantiert zu Hunderten im Kies auf den Wegen auf, oder am Fuße der Mauern, denn im Allgemeinen sät sie sich in Hülle und Fülle aus, allerdings nicht immer. Für alle Böden, in der vollen Sonne, 60 bis 80 cm.

Duftwicke ❖ ⁂

Lathyrus odoratus

Sagen wir es lieber gleich: Wenn Sie keinen nährstoffreichen, leichten und frischen Boden haben, brauchen Sie es gar nicht erst zu versuchen! Die leidenschaftlichen Liebhaber dieser Herrlichkeit säen sie im September in Kisten auf eine frostfreie Veranda, pflanzen sie zeitig im Frühjahr mit dem Erdballen aus (sie mag es gar nicht, wenn man ihr an die Wurzeln geht) und holen dann ihren Liegestuhl, um die umwerfend raschen Fortschritte der Wicken an den Stangen bis zum abschließenden Feuerwerk im Mai-Juni zu bewundern. Abends wird die Luft mit dem unvergesslichen Duft geschwängert. Allerdings nur, wenn sie ‘Spencer’ oder ‘Antique Fantaisy’ (1,50 m) gesät haben, denn die anderen riechen nach gar nichts. Privilegierte, die auf einem perfekten Gelände gärtnern, können auch von Februar bis April ins Freiland säen und sich zwei Monate länger von Juni bis Ende Juli verzücken lassen. Am allerschönsten ist es, wenn man Duftwicken an Haselnussruten hochranken lässt und im Gemüsegarten bei den Erbsen zieht.

Bechermalve ⁂

Lavatera trimestris

Man verzeiht ihr ihre etwas brave Erscheinung: ein naives Rosa und Weiß und eine adrette Figur, denn wenn sie gut wächst, bildet sie ein Blütenmeer. Aber es ist wie mit den Winden: Das eine Jahr klappt’s gut, das andere nicht. Viel besser gelingt die Kultur in Gärten, die gegossen werden. Säen Sie die Bechermalve in Reihen entlang einer Mauer oder gemischt mit Sonnenhut ‘Marmelade’, um das etwas nichtssagende Rosa etwas zu beleben. Höhe 80 cm.

Lopezia ⁂

Lopezia racemosa

Ideal als ein Schwarm winziger rosa Schmetterlinge für Randbepflanzungen. Sie wächst nicht höher als eine Zwerg-Zinnie (30 cm), mit der zusammen sie fantastisch wirkt. Die Lopezia blüht von Juli bis zum Frost und sät sich bereitwillig aus. Probieren Sie ruhig auch die Kultur im Topf, denn sie scheint nicht sehr durstig zu sein. Für alle Böden, aber selten.

Tabak ❖

Nicotiana affinis

Er verzaubert schöne Sommernächte, denn er entfaltet seinen Duft bei hereinbrechender Nacht in sanften Wellen. Leider sind auch hier die meisten Sorten durch Züchtung kleiner geworden und haben ihren Duft verloren, wie es scheint zugunsten eines kompakteren Blütenstandes. Dabei gefällt uns gerade seine hohe, leichte Silhouette (1 m) so gut, auf der lange Trompeten mit Sternen am Ende schaukeln. Nehmen Sie die „gemischten Großen" mit rosa, blass grünen, weißen und dunkel karminroten Blüten. Ziertabak blüht vom Juli bis zum Frost. Hübsch und sehr apart zusammen mit Wunderblumen, gelingt er auch gut in Töpfen (30 cm), begleitet vom Beifuß *Artemisia pontica*.

Der große Tabak *Nicotiana sylvestris* wird über 1,50 m hoch und blüht erst ab August in dicken weißen Ähren, die üppig duften. Er ist so vertrödelt, dass man schon die Hoffnung aufgibt, wenn er plötzlich loslegt, und dann bleibt er bis zum Frost herrlich. Seine robuste Silhouette sollte gruppenweise mit je drei bis fünf Pflanzen zwischen Buschmalven, großen Dahlien und alten Rosensorten stehen, oder auch mit Fuchsschwanz oder Kosmeen zusammen. Diese zwei Arten säen sich aus und vertragen in gut durchlässigen Böden an geschützter Stelle Temperaturen bis zu –7 °C, obwohl sie im Winter alle Blätter verlieren. Für frische Böden im Halbschatten.

Die Jungfer im Grünen, die mit dem hausgemachten Kompost gekommen ist, hat allmählich den ganzen Garten erobert, so dass ich sie auch als Gründünger einsetze.

Jungfer im Grünen ✳

Nigella damascena

In einen Nebel aus fedrigem, leichtem Blattwerk eingehüllt, entfaltet sie ihr milchig-grünes Kleid, um sich in einem stets etwas grünlichem Weiß, in einem sehr blassen oder das andere Mal sogar leuchtendem Blau zu zeigen. Reizend sieht sie zusammen mit Mohn, weißer Nachtviole, pastellfarbenen Schwertlilien und alten Rosensorten aus. Sie sät sich überall aus und überwuchert in einem Jahr die Erdbeeren und in einem anderen die Umgebung der Garage mit Massen kleiner Blüten, die im Winde wogen (Höhe 60 cm). Am besten, man sät Nigellen im September an Ort und Stelle aus, damit sie im Juni blühen, denn sobald es anfängt, warm zu werden, gehen sie regelrecht in „Boden-

deckung" über. Man kann die jungen Sämlinge im April pikieren (mit dem spitzen Pflanzholz wie bei Porree), aber man muss es sofort tun, sonst wachsen sie nicht an. Für alle Böden, Halbschatten bis volle Sonne.

Klatschmohn ⁂

Papaver rhoeas

Flüchtig, höchstens zwei Wochen im Juni, aber so hübsch! Und er wächst auf allen Böden, je magerer sogar, desto wohler fühlt er sich. Wenn Sie schöne Sträuße binden wollen, brennen Sie die Stängelspitzen mit einem Feuerzeug an. Für volle Sonne.

Einjähriger (Schlaf-)Mohn ⁂

Papaver somniferum

Stolz wird er 1,20 m hoch und höher. Vom Laub bis zur Blüte trägt er antiquierte und sehr seltene, weil ungewöhnliche Farben zur Schau. Im nächsten Jahr finden Sie dann überall Pflänzchen mit den typischen graugrünen Blättern, aber nur wenige haben dann auch gefüllte Blüten, während fast alle dieses leicht rauchige Rosa ihres Vaters, des Schlafmohns, aufweisen (abgesehen wahrscheinlich von ein oder zwei roten Typen). In zwei Jahren (und dann für die Ewigkeit) folgen dann Massen von Nachkommen mit einfachen, rosa Blüten, die in der Mitte ausgedehnte Saftmale zeigen. Ideal, um eine freie Ecke im Garten im Juni zu besiedeln, um daraufhin zu etwas anderem überzugehen. Für alle Böden, auch magere, aber in voller Sonne.

Petunie ❖

Petunia-Hybriden

Wozu soll man sich mit der Aussaat von Petunien abmühen, wenn man sie überall findet? – Weil das leicht gelingt und man so die dicken, krausen Monster mit ihren ordinären Farben vermeiden kann. Denn zu Hause säen wir kleinblütige Petunien als Einzelsorte oder in bunter Mischung. Garantiert ist eine Non-Stop-Blüte vom Juli bis zum Frost und abendlicher Duft in einer betörenden Lieblichkeit, vor allem mit Veilchen zusammen. Eine einzige Schwierigkeit: Säen Sie locker aus, denn der winzige Samen rutscht überall durch. Gut zu wissen: In verdichteten Böden, am Fuße von Mauern und im Gewächshaus säen sich Petunien bereitwillig aus. (Übrigens kann man Petunien im Gewächshaus mehrjährig kultivieren.) Sehr hübsch wirken sie mit Pelargonien in Töpfen oder als Randbepflanzung im Freiland. Für Plätze im Halbschatten.

Dieser Schlafmohn ist ein illegitimes Kind des großen, dick gefüllten Mohns, der zehn Jahre zuvor gesät wurde!

Prunkwinde ⁂

Pharbitis (Ipomoea) purpurea

Bei ihr kann man nie wissen: Unsere haben sich von allein in die Spalten einer alten Beton-Bodenplatte ausgesät, und erst beim dritten Versuch haben sie sich dazu entschlossen, zu keimen. Diese blühfreudigste Windenart öffnet ihre kleinen Schirme in allen Blau- und Rosatönen vom Juli bis zum Frost und erklimmt Gartenlauben und Spaliere bis in eine Höhe von 3 m. Die blaue mit großen Blüten ist weniger großzügig. Was die Pracht- und Sternwinden (*Ipomoea lobata* und *I. coccinea*) angeht, so frage ich mich, wo ihre Fotos in den Katalogen herkommen, denn bei mir ist damit Pustekuchen! Für alle Böden, aber in der Sonne. Ein Tipp: Weichen Sie die Samen vor der Aussaat eine Nacht lang in einem Glas Wasser ein.

Gartenbohne ⁂

Phaseolus vulgaris

Mit ihren dicken, violetten Samen, ihren korallenroten und weißen Blüten und ihrem guten Willen, alle möglichen Stützen hochzuklettern, ist sie der große Liebling der Kinder, die sie im Mai in Töpfe auf dem Balkon oder genauso gut auch ins Freiland säen können. Man kann sie auch essen, aber die Bohnen schmecken nicht besonders. Für volle Sonne und gute Erde. Pinzieren Sie die Triebspitzen, wenn sie 1,50 m hoch sind, damit sie sich verzweigen. Blüte im Juli, Ernte im August.

Sonnenhut ❖

Rudbeckia bicolor

Die schöne große Prärieblume (80 cm) ist nett behaart und wächst dort mehrjährig, wo der Winter nicht zu streng ist und der Boden gut dräniert. Heitere, breite Margeriten-Blumen prunken in bräunlichen Gelb- oder Rottönen rund um eine kaffeebraune Scheibe bei ‘Gloriosa Daisy’ oder in einem warmen Orangegelb bei der halb gefüllten ‘Marmelade’. Schön zusammen mit Astern, Kosmeen und Japan-Anemonen. Für alle Böden, Halbschatten bis volle Sonne und vor Zugluft geschützt.

Skabiose ⁂

Scabiosa atropurpurea

Ziehen Sie Skabiosen um ihres Honigduftes willen und wegen ihrer gerüschten Blüten in allen Farben (sogar in einem sehr dunklen Schokoladenbraun) zwischen den Pompon-Dahlien oder auch zusammen mit der Kokardenblume, aber nehmen Sie den großen gefüllten Typ, da die kleine etwas zwergenhaft wirkt. Skabiosen blühen den ganzen Sommer über und sind in Sträußen sehr hübsch, sogar noch, wenn ihre Fruchtstände Samen gebildet haben. Man kann sie im September oder im März-April säen, egal in welche Erde, aber in die Sonne.

Studentenblume ⁂

Tagetes erecta

Den Blumenzüchtern scheint nichts Gescheiteres eingefallen zu sein, als sie bis ins Lächerlichste zu verkleinern. (Kennen Sie diese zwergenhaften Pflanzen mit der dicken Blüte direkt am Boden, die schon im Supermarkt verwelken?) Die einzige Lösung lautet, eine Tüte Samen mit 80 cm hohen und breiten „gemischten Großen“ zu kaufen, solange es sie noch gibt, und sie im Mai direkt in den Gemüsegarten zu säen. Da man sie auf 30 bis 40 cm Abstand auslichten muss, damit sie all ihre Würde entfalten können, kommen die überzähligen Pflanzen zu Sonnenhut, Japan-Anemonen, Astern und Tabak auf die Beete, und so wird der Herbst einfach wun-der-bar. Im Gemüsegarten sieht sie neben den Kohlköpfen herrlich aus. Sie ist eine sehr schöne Blume für Sträuße mit intensivem, eigenartigem, und meiner Meinung nach lieblichem Duft. Für nährstoffreichen Boden in der Sonne. Blüht von August bis zum Frost.

Tagetes ❖

Tagetes patula, T. tenuifolia

Ebenso wie bei den Petunien sehen die meisten im Handel erhältlichen Pflanzen scheußlich aus. Also säen wir die hübscheren Sorten lieber selbst. ‘Arlequin’ (‘Harlekin’), die 80 cm hoch und höher wird, hat einfache Blüten mit kaffeebraun und goldgelb gestreiften Blütenkronen. ‘Gnom’ bildet ein kleines Polster aus farnähnlichen Blättern mit zitronengelben, orangegelben oder rötlichen kleinen Blüten, die nach Zitronenmelisse duften, wenn man sie berührt. Die beiden sind zusammen oder auch einzeln sehr hübsch: Die große neben rosa Kosmeen oder Dahlien, die kleine als Randbepflanzung vor Mädchenauge (eine Augenweide) und Sonnenblumen, um den Sommer sonnig zu machen, komme was wolle. Warum nicht auch im lasierten Tontopf in Begleitung von Basilikum und Pelargonien.

Täschelkraut

Thlaspi montanum u. a.

Ein Geschenk des Himmels für alle Unglücksraben, die einen von der Sonne gequälten trockenen Garten haben. Man wirft im Frühling den Inhalt einer Samenpackung auf ein fein geharktes Beet, und zwei Monate später erscheint ein reizender Teppich aus rosa, violetten, purpurroten oder fliederfarbenen Blütenträubchen (30 cm). Die Blütezeit dauert einen Monat, danach bilden die Pflanzen Samen und säen sich selbst wieder aus. Ideal als Blitz-Tarnung für hässliche Ecken, die sehr hübsch ganz für sich allein auf einem Beet wirkt.

Kapuzinerkresse ❖ ❊

Tropaeolum majus

Sie entwickelt sich genauso hübsch bei Direktsaat wie gepflanzt und sät sich spontan selbst aus. Sie blüht vom Juni bis zum Frost. Ab September füllen ihre Blüten den Garten mit Duft, aber die herbstlichen Regenfälle bringen zugleich die zwergigen Typen zum Wuchern, vor allem 'Tom Thumb'. Wählen Sie lieber 'Diamant', 'Florissimo', 'Globe' (gefüllt und kleinwüchsig) oder für Ampeln 'Gleam', die relativ klein bleibt. Kletternde Kapuzinerkresse ist weniger blühfreudig.

Alle säen sich in Hülle und Fülle aus. Schwarze Blattläuse befallen oft Kapuzinerkresse in Töpfen und Pflanzen, die in einem Garten mit zuwenig Sonne vor sich hin vegetieren. Ein einmaliges Sprühen mit Schmierseife befreit sie davon. Für volle Sonne, in allen Böden. *Tropaeolum canariense* passt theoretisch an frische und halbschattige Standorte, aber sie enttäuscht.

Zinnie ❖

Zinnia elegans

Die dicke, riesige mit den Dahlienblüten spielt oft die Launische. Sie will gegossen werden, will gute Erde und etwas Aufmerksamkeit, um sie vor dem Appetit der Schnecken zu retten, die sich dauernd auf sie stürzen. Aber für solche Farben ist man gern bereit, seinen Liegestuhl näherzuholen und sich darum zu kümmern, denn sie ist ein Augenschmaus. So rauchige Orangetöne, so grünliches Weiß und so flammendes Rot gibt es nicht noch einmal. Die kleine 'Lilliput' beeilt sich, ab Juni schnell mit ganz engen Maschen eine Menge Blüten im Perlmuster zu stricken, und erlischt erst beim ersten Frost. Man muss sie aber mit *Lopezia* mischen, damit sie nicht gar so banal dasteht. Und was soll man schließlich zu *Zinnia peruviana* sagen, dieses zarte, biegsame und graziöse Geschöpf (60 cm) mit Blumen in köstlichem Orangegelb? Na ja, sie gedeiht dann, wenn es ihr passt, denn in den Jahren, in denen sie eine abschlägige Antwort erteilt, keimt sie noch nicht einmal. Dabei ist sie von allen die Widerstandsfähigste gegen Trockenheit.

Eine schön besonnte Zinnie schiebt ihren Kopf durch den Zaun.

Das schöne Leben im Garten

Von April an kann man vor sonnigen Fassaden draußen frühstücken, und sogar in Gegenden mit kontinentalerem Klima gibt es bis zum Spätherbst Tage, an denen man im Schutz einer sonnenbeschienenen Mauer sitzen und die Landschaft bewundern kann. In diesen Momenten einfachen Glücks wird der Geist von dem Licht und der Schönheit der Landschaft durchdrungen. Wenn der Sommer kommt, schlagen Freunde der Bequemlichkeit ihr Bett sogar mitten auf der Wiese auf, um unter den Sternen zu schlafen. Andere wiederum verteilen Tische und Liegestühle überall da im Garten, wo man üblicherweise nicht stehen bleibt. Für die Entdeckung neuer Aussichten, für reizende Augenblicke, die man bewahren möchte, um mittendrin in der Schönheit der Dinge ein Glas Wein zu trinken oder zu lesen, den Blick ausgeruht vom blass grün gewordenen Gras, die Kirschen griffbereit.

Zur gleichen Zeit denken sich die Kinder in ihrer Hütte Geschichten aus oder buddeln in der Modermatsche. Alles kein Problem: 50 m Schlauch her, ein kleiner Brausekopf darauf gesetzt, und man erfindet ein Sommerbadezimmer, in dem es das warme Wasser gratis gibt. Manche zögern noch etwas (die Baustelle, die Kosten) und beschließen dann: „Wir gönnen uns ein Schwimmbecken!“ Nach der Anstrengung die Entspannung, sprich Belohnung, vor allem, wenn man sich für die Art „wie im Süden“ entscheidet: Bauen mit Freunden und erstes Bad, sobald das Becken gefüllt ist, ohne sich mit hypothetischen Rhododendren-Pflanzungen verrückt zu machen (nur damit es so aussieht wie in den Zeitschriften). Aber für Rhododendren muss man im heißen, trockenen Süden ohnehin sehr umtriebig sein... Die Fauleren bleiben besser gleich am Beckenrand sitzen und lauschen dem Rauschen des Windes in den Weiden und träumen von Stränden, von der Sonne, von angewärmten Felsen, von Urlaubsstimmung.

Picknick im Garten

Ein Tisch, ein paar Stühle, eine hübsche Aussicht – man braucht nur noch den Tisch zu decken. Stellen Sie als Abwechslung Tisch und Stühle einmal woandershin. Das ist nämlich eines der besten Mittel, die Möglichkeiten seines Gartens zu entdecken. Man hat den Eindruck zu reisen, ohne das Haus zu verlassen, denn während man das gute Essen und die Gespräche genießt, schweift der Blick umher und man entdeckt eine Unmenge neuer Dinge. Plötzlich registriert man ganz neue Details. So schult sein Blick den Hobby-Gärtner allmählich zum Landschaftsgestalter, und der Garten nimmt Gestalt und Persönlichkeit an.

Zugleich wird man, während man sich zu Anfang mit einem behelfsmäßigen Tisch und Stühlen zufriedengegeben hat, anspruchsvoller. Ein ebener Untergrund ist das Mindeste, um in Ruhe zu essen. Der wackelige Tisch, der einen beim Zerlegen des Hühnchens stört, der Stuhl, der plötzlich in einem Mäusegang zusammenbricht, während man sich gerade angeregt unterhielt, erweisen sich letztendlich als nervtötend. „Und wenn wir uns eine richtige Terrasse bauen?" Rasch tappt der Faulpelz in die Fallen umfangreicher Bauarbeiten, wenn gerade die großen Ferien anfangen, wenn die „Supersonderangebote" der Heimwerkermärkte massenhaft ins Haus flattern... Letztendlich müssen Sie selbst entscheiden, aber einmal bei feuchtem Wetter mit der Walze übers ganz kurz gemähte Gras gezogen, genügt schon, um den Boden für den Sommer plan zu bekommen. Dauerhafter ist feiner Kies, den man in einer dünnen Schicht (3 cm) im Frühling auf gerodete Erde verteilt (nachdem die Grassoden ausgestochen wurden). Kies genügt, um Löcher und Buckel mit minimalem Arbeitsaufwand auszugleichen. Wenn niemals Autos über die Fläche fahren, hält das 15 Jahre oder länger. Bleibt die Frage nach der Größe der Fläche für den Freisitz. Planen Sie großzügig: mindestens 3,50 m Seitenlänge für einen großen Tisch und damit man seinen Stuhl zurückschieben kann, ohne werweißwohin zu kippen.

Ein anderes Problem, das den Freund von Essen im Freien abschreckt, ist der Transport von Geschirr und diversen Platten und Schüsseln. Aktivisten haben die Lösung gefunden: Sie bauen sich Sommerküchen, die mit jedem Extra, das hinzu kommt, furchterregender werden. Von Pizzaöfen zu Holzlagern: Beton noch und nöcher. Für mich ist das ideale Fahrzeug zum Transport von Töpfen und Tellern Opas Anhänger, der früher dazu diente, Gras für die Kaninchen zu holen. Das Luxusmodell hat selbstverständlich zwei be-

Die Geschichte mit dem Sonnenschirm

Mit den Sonnenschirmen ist das so eine Sache. Entweder sie sehen so aus, als wollte man mit ihnen in die Oper gehen (das sind die mit dem großen, naturweißen Schirm – oder marineblau oder safrangelb für Liebhaber des Provenzalischen). Billig in Drittweltländern hergestellt, machen sie erst viel her und dann schnell schlapp. Oder es sind diese lächerlichen Dinger mit kitschigen Rankenmustern und Wellenkante, deren Verwandtschaft mit einer gewissen Art Bettüberwurf nur schwer zu verleugnen ist. Und dazwischen ist Ebbe. Also, da wir uns auf Mutter Erde niederlassen: Es lebe die häusliche Kreativität! Kaufen Sie eine Bahn festen Stoffes (etwa 130 cm breit) und zwei Metallpfosten für Zäune (2,50 m lang). Nähen Sie einen 15 cm breiten Saum an die Schmalseiten. Schieben Sie eine 3 cm breite, 1,40 m lange Leiste in die Säume und befestigen Sie an jedem Ende der Leisten 2,80 m Nylonschnur. Spannen Sie das so entstandene Sonnensegel zwischen die beiden Pfosten, die Sie fest in den Boden rammen.

wegliche Stützbeine, die es wunderbar plan in Griffweite vom Tisch verankern, wo auch immer dieser steht, selbst am Ende einer durch und durch buckeligen Strecke. Und wenn die Stunde des Tischabräumens schlägt, passt alles auf einmal rein. Und natürlich ist das Vehikel zugleich ideal für den Transport des Computers und des kompletten Inhalts eines Bücherregals, wenn man sein Büro draußen einrichten will.

Sessel oder Hängematte?

Für die Auswahl seines Gartenstuhls hat jeder seine eigenen Vorstellungen, aber er muss bequem, stabil und leicht sein. Verteilen Sie doch gleich mehrere Sitzgelegenheiten im Garten und denken Sie daran, Stühle unterschiedlicher Größe zu kaufen, denn ein 1,60 m und ein 1,80 m großer Mensch fühlen sich nicht unbedingt in demselben Sitz wohl, und in einem Gartenstuhl sollte man normalerweise bequem und entspannt sitzen.

Ein Wörtchen zu den Liegestühlen mit Stoffbahnen: Hüten Sie sich vor Billig-Modellen. Ihr lackiertes Holz platzt beim ersten Regenguss, und der Stoff neigt dazu, am Ende der ersten Saison ganz plötzlich zu reißen, wenn es nicht gutes, nylonverstärktes Material ist. Nehmen Sie lieber Stühle aus geöltem Holz. Sie müssen zwar jedes Jahr zu Saisonbeginn mit Leinöl eingerieben werden, aber nach drei Jahren erweisen sie sich als unverwüstlich gegen schlechtes Wetter. Denken Sie zugleich daran, die Scharniere zu schmieren, damit sich die Stühle leicht zusammenklappen lassen. Stoffe guter Qualität halten mindestens fünf Jahre. Wenn Sie Holzstühle anstreichen wollen, lohnt die Investition in eine atmungsaktive Farbe. Der deutlich höhere Preis im Vergleich zur normalen Farbe wird dadurch wettgemacht, dass Sie mindestens fünf Jahre Ruhe haben. Genauso verhält es sich bei Schmiedeeisen: Das muss man unbedingt mit einer speziellen Farbe streichen, am besten mit zugesetztem Rostschutz, denn gewöhnliche Farben bilden Blasen und lassen sich noch vor dem Ende des ersten Sommers wie eine Art Schlangenhaut abziehen.

Was schließlich die Hängematten betrifft: Wer die bereichernden Stunden des hausgemachten Makramee erlebt hat, kennt noch die schreckliche Wirkung seiner Muster auf der Haut desjenigen, der darin seinen Mittagschlaf hält. Und um dem Schicksal zu entgehen, das nackte Fleisch im Makrameemuster „tätowiert“

Im Schatten eines Pfirsichbaums

Lange Blätter, leichter Schatten – der Pfirsichbaum ist ein herrlicher natürlicher Sonnenschirm (vor allem, wenn er breit pyramidal erzogen wurde). Frisch und duftend taucht die Frucht in den Geschäften auf, sobald der Sommer naht. Komfortverwöhnte nutzen das Plätzchen unterm Pfirsich auf einer Reisstrohmatte mit zwei aufeinander gelegten dicken Kopfkissen, um halb sitzend, halb liegend zwischen zwei Schläfchen zu lesen und den Himmel durch die schlanken Blätter des Pfirsichbaums hindurch zu betrachten, zwischen denen die Pfirsiche dem August entgegen reifen.

zu haben, braucht man noch nicht einmal füllig zu sein. Ausnahmsweise haben hier die Dürren dieselben Probleme wie die Molligen. Der andere wichtige Punkt ist die Breite. Die bequeme Hängematte muss breit gewählt werden, sehr breit sogar: mindestens 1,50 m pro Person. Dieselben Opfer des Makramee wissen, wovon ich spreche, denn um schneller fertig zu werden (dieser Sinn für Schnelligkeit packt doch die Gemütlichsten am Schlafittchen), neigte die bescheidene Makrameeknüpferin dazu, ihr altrosa Knüpfwerk schmal zu fertigen. Was die betrübliche Wirkung hatte, dass der Schläfer anlässlich der ersten Fliege, die er mit zu heftiger Handbewegung verjagte, gnadenlos in die angrenzenden Brennnesseln flog.

Schließlich haben die bequemsten Hängematten Schlaufen, die über die ganze Breite verteil sind und in einem Ring zusammengeführt werden. Die stabilsten haben außerdem einen Saum auf ganzer Länge, in dem eine Schnur verläuft, die die Schlaufen verstärkt. Übrigens kippen Hängematten (auch breite) mit Holzstangen an jedem Ende leicht, besonders, wenn sie stark gespannt sind.

Bleibt zu sagen, dass die Hängematte irgendwo aufgehängt werden muss. Hängen Sie sie besser nicht in einen Obstbaum. Pflaumen-, Kirsch- und Aprikosenbäume brechen leicht und unvermittelt. Wählen Sie lieber eine Linde, einen Ahorn, eine junge Ulme oder einen Zürgelbaum. Aber weder den Maulbeerbaum zur Zeit der Maulbeeren noch den Holunder zur Zeit der Holunderbeeren (übrigens ist er ebenfalls nicht sehr stabil), denn diese Früchte machen Flecken, die man nie wieder herausbekommt.

Ein Garten für Kinder

Wenn man guter Dinge zum nächstbesten Heimwerkerdingsbums fährt, gucken sie sich die Gartenhäuschen aus billigem Täfelungsholz begierig an. „Du, Papa, kaufst du mir das kleine Haus?“, und wir antworten: „Bloß nicht, hast du gesehen, wie scheußlich das aussieht?“, und wir träumen von selbst gebauten Butzen aus Brettern und alten Fenstern, die uns in die Finger geraten. Wenn Sie kleine Robinsons haben: kein Problem. Zählen jedoch Ihre Sprösslinge zu den Komfortliebhabern, die gleich von vornherein verkünden: „... und dann hab ich meinen eigenen Fernseher“, brauchen Sie sich gar nicht erst in ein erhebendes „Hütte-in-Eigenbau-Wochenende“ zu stürzen: Da ist der Misserfolg vorprogrammiert. Die Kids werden nie einen Fuß hineinsetzen, denn solche Gören wollen auch Teppichboden und Klimaanlage... Natürlich sind uns die liebsten Kinder die Pfiffigen, die sich in einer Ecke ganz allein ihre Hütte bauen, um für sich zu sein. Sie besetzen die alte Waschküche oder auch den aufgegebenen Schuppen. Selbst wenn ihr Geschmack dem Ihren konträr entgegengesetzt ist, lassen Sie sie in Ruhe. Auch sie leben in diesem Garten und haben das Recht, sich frei darin zu fühlen.

Die Kleineren (5 bis 10 Jahre) bebauen gern ein eigenes Stück Garten. Auch hier seien Sie nicht zu streng. Graben Sie ihnen 1 m² gute Erde um, das ist die richtige Größe für einen Mini-Gärtner, zeigen Sie ihnen die Samen, mit denen leicht etwas gelingt (Kapuzinerkresse, Bohnen, Radieschen, Kopfsalat), auch Tomaten zum Pflanzen und Erdbeeren. Zeigen Sie den Kindern Schritt für Schritt, wie man’s macht, etwa wie man einigermaßen breitwürfig sät, die Samen bedeckt, eine Jungpflanze gut in der Erde festdrückt, angießt... und lassen Sie sie dann selber

Ein kleiner Garten der Fantasie

Erfinden Sie für die Kleinen einen fantastischen Garten, der mit Efeu-Geißlein, kugelrunden Elefanten aus Wildem Wein oder Walen aus Strauchheckenrose (*Lonicera nitida*) bevölkert ist. Die bekommt man ganz einfach hin: Man muss sich nur eine Form aus feinem Maschendraht ausdenken und Efeu, immergrünes Geißblatt oder einen Wilden Wein als Fell darum wachsen lassen. Ein Schnitt mit der Heckenschere von Zeit zu Zeit, um die abstehenden Triebe zurechtzurücken – und im Laufe eines Jahres haben Sie einen Mini-Zoo. Lassen Sie um dieses kleine Paradies herum alte Rosen mit schweren, duftenden, seidigen Blüten wachsen und natürlich mit Trieben ohne Stacheln, zwischen denen man gut Verstecken spielen kann: ‘Zéphirine Drouhin’, die wie Perlmutt schillernde ‘Kathleen Harrop’ oder ‘Thérèse Bugnet’ mit rosa Blüten.

machen. Wenn sie Lust haben, Heliotrop oder Safran zu pflanzen, warum nicht – meistens haben Anfänger eine glückliche Hand, warum also nicht auch sie? Überwachen Sie nur soviel wie nötig, damit ihr Garten möglichst hübsch ist, aber ohne die Dinge an ihrer Stelle zu tun. Sagen Sie z. B.: „Ich gehe jetzt gießen, kommst du mit?", statt den ganzen Garten auf einmal zu wässern. Und vor allem sparen Sie nicht mit Lob, wenn der Augenblick kommt, in dem der Salat oder die Radieschen Ihres kleinen Gärtners verspeist werden!

Am Wasser oder im Wasser?

Die absoluten Glückspilze, die auf einem dieser sonnigen Berge leben mit kleinen Schluchten, in denen das Wasser des Wildbaches sich zwischen Strand und Fels zum idealen Schwimmbecken erwärmt, stellen sich diese Frage noch nicht einmal: „Am Wasser", heißt es, wenn es zu kalt zum Baden ist, sonst heißt es „darin", und man braucht sich nicht mit weiteren Arbeiten herumzuplagen. Wenn Sie am Ufer eines Baches gärtnern, heißt es eher „am Wasser". Bereiten Sie sich das Glück, seine Ufer mit Pflanzen zu gestalten, die schnell wachsen, wie Bambus, Esche, Weide, Erle oder dem Gewöhnlichen Schneeball, die die Ufer befestigen, unglaublich schnell wachsen und dabei einen herrlich anzusehenden grünen Hintergrund bilden, der allen Arten von Vögeln Schutz bietet.

Wenn Sie Lust auf ein Becken haben, sollten Sie besser in ein richtig gemauertes Bassin investieren. Sie können es mauern lassen oder selber mauern. Ehrlich gesagt: Solange die Teichfolien so schrecklich schwarz sind und solange die in Umlauf befindlichen Fertigbecken so hässlich aussehen, ist der Teichbau im Garten eine wenig motivierende Prüfung. Zu viel schwere Arbeit in Sicht, trotz der üblichen Hinweise in der Werbung im Stil von: „Graben Sie einfach nur ein Loch, und im Handumdrehen ist mit der Soundso-Methode Ihr Teich soweit, dass er reizende japanische Zierfische aufnehmen kann." Folgender Rat ist da schon realistischer: „Überlegen Sie, wie Sie es anstellen, einen Minibagger in Ihr nettes Gärtchen zu bekommen, ohne alles aufzuwühlen. Sorgen Sie dafür, dass Sie einen großen Haufen Sand und Backsteine für den Teichgrund und den Rand lagern können, ohne allzu viel Schaden anzurichten, und vor allem stellen Sie sich auf ein paar Wochenenden Knochenarbeit ein." Und all das für ein Wasserbecken, das sowieso hässlich wird... Wenn man schon Knochenarbeit leistet, sollte man sich lieber gleich einen richtigen Naturtümpel gönnen oder sogar einen Schwimmteich.

Eine echte Lösung für Faule ist das Wasserbecken im Trog. Kaufen Sie ein großes, glasiertes Tongefäß und füllen Sie es mit Wasserpflanzen: betörend duftenden Seerosen, Wasserhyazinthen und Wassersalat, Wasser-Schachtelhalm, dazu gesellen Sie noch zwei hübsche japanische Zierfische als Mückenbekämpfungsmittel... und dann brauchen Sie nur noch auf die erste Libelle zu warten!

Der Gärtner hat die Intelligenz besessen, nichts zu tun, und sein Teich verschmilzt wunderbar mit der Landschaft.

Bäume als natürliche Sonnenschirme

Keine Krankheiten und für fast jeden Boden geeignet: Im Folgenden finden Sie eine Auswahl an rasch wachsenden „Sonnenschirmen“, die ihre ausgewachsene Größe innerhalb von zehn Jahren erreichen, sowie ein paar „Trödler“ für geduldigere Faulpelze. Um ihre Form zu verschönern, können Sie die Gehölze im Winter zurückschneiden, muss aber nicht sein. Da schließlich die meisten im Winter ihr Laub abwerfen, bringen sie im Sommer Schatten und filtern im Winter den Wind.

Eschenahorn

Acer negundo

Dieser aus Nordamerika stammende Ahorn ist eine leuchtende Erscheinung, vor allem im Frühling und im Herbst. Der typische Eschenahorn hat helles, lichtes Laub, das immer in Bewegung ist. Von Mai bis August schmückt er sich mit Blütentrauben und danach mit Fruchtständen. Weiter verbreitet sind die buntlaubigen Sorten: gelb geflecktes Laub besitzt ‘Aureomarginatum’, ‘Variegatum’ hat unregelmäßig weiß gerandete Blätter, und vor allem das Laub von ‘Flamingo’ vereint im Frühjahr Weiß und ein köstliches Rosa.

Der Eschenahorn wächst in allen Böden, aber hübscher entwickeln sich die Bäume im Halbschatten denn in voller Sonne. Außerdem empfiehlt es sich, ihnen einen Erziehungsschnitt zu verpassen, damit sie deutlich breiter als hoch wachsen. Ausgewachsene Größe: 5 × 5 m.

Seidenakazie

Albizia julibrissin

Von Juli bis September umgibt sie ein rosa Heiligenschein aus ganz feinen Blütenquasten, die mit dem Sommerlicht spielen. Die Seidenakazie wächst sehr schnell und bildet schon im Alter von drei Jahren einen netten, großen Sonnenschirm. Schneiden Sie sie in Form, denn wenn sie in vollem Wachstum begriffen ist, sieht sie leicht nach nichts aus. Sie braucht normalen bis leichten Boden und eine geschützte Stelle. Die Sorte ‘Cyrano’ blüht dunkler rosa als der Typ, den ich persönlich vorziehe wegen den am Ansatz helleren Pompons, die aussehen wie das Fell einer windzerzausten Angorakatze. Ausgewachsene Größe: 8 m breit, 6 m hoch.

Trompetenbaum

Catalpa bignonioides

Auch dieser legt in einem Affenzahn los mit großen, hell grünen, samtigen Blättern, die breit sind wie zwei Hände und deren Stiele in alle Richtungen abstehen. Im Juni-Juli wachsen daraus kleine Leuchter aus weißen Löwenmäulchen mit purpurrot und gelb verzierten Kehlen. Im Sommer dann folgen ihnen lange, grüne Schoten, die später schwarz werden. Dieser Baum, der in jedem Boden wächst, verträgt gut den Rückschnitt und fühlt sich in der Sonne wie im Halbschatten wohl. Es gibt eine herrliche goldene Sorte (‘Aurea’), die etwas niedriger bleibt als

Ein großer Weichselbaum, der ganz allein in einer Gartenecke wächst, genügt, um dem Garten eine außergewöhnliche Würde zu verleihen.

die Ausgangsform (10 m gegenüber 15 m), aber ebenso breit ist (5 bis 8 m) und ebenso schnell wächst.

Judasbaum

Cercis siliquastrum

Mit seiner rosa-lila Blüte in kleinen, faustgroßen Büscheln, die Ende April sogar auf seinen Hauptästen mit dem sehr dunklen Holz erscheinen, ist er ein Frühlings-Symbol der Mittelmeerländer. Erst nach der Blüte zeigt sich das runde, matte Laub in einem eigenartigen Grün, das im Herbst in Goldgelb wechselt. Wenn er Sonne hat, sind ihm Kalk oder trockener Boden egal, das hießt, er zieht solche Verhältnisse sogar vor. Stutzen Sie seine untersten Äste, wenn er 5 Jahre alt ist, um ihn dazu anzuregen, einen 5 × 5 m breiten Wuchs anzunehmen.

Gelbholz

Cladrastris lutea

Wenn dieser kleine, runde Baum im Juni wie eine baumförmige Glyzine mit langen, weißen, gelb gesternten Trauben blüht, die sanft duften, bleiben die Leute wie geblendet stehen, um ihn zu betrachten. Allerdings scheint dieser charmante kleine Amerikaner aus der Mode gekommen zu sein. Dabei ergibt er einen idealen Sonnenschirm, der sich im Herbst goldgelb färbt und einen leichten, hübschen, glatten, mausgrauen Stamm hat. Größe als erwachsener Baum: 5 bis 6 m. Für nährstoffreichen Boden und Sonne.

Schmalblättrige Ölweide

Elaeagnus angustifolia

Ihr feines graugrünes Laub bringt Sonne in die Gärten, die sie aufnehmen, und im Mai–Juni kommt dazu Duft aus Wolken goldener Blütchen, auf die winzige kupferfarbene Oliven folgen (essbar, aber nicht gerade umwerfend im Geschmack). In Meeresnähe ist die Ölweide bekannt dafür, dass sie heftige Winde abhält. Es genügt, ihre unteren Äste zu entfernen, um daraus einen reizenden natürlichen Sonnenschirm zu machen. Ölweiden sind sehr widerstandsfähig gegen Trockenheit und erstaunlich winterhart. Sie wachsen schnell und sind ausgewachsen 4 bis 6 m hoch und breit.

Unter der Trauerweide ist es immer angenehm, denn das leiseste Lüftchen bewegt die Zweige zum Wohlgefallen dessen, der sich dort in seinem Sessel niederlässt.

Blasenbaum

Koelreuteria paniculata

Dieser graziöse kleine chinesische Baum, der zur Familie der Seifenbäume gehört, ist merkwürdigerweise aus der Mode gekommen. Merkwürdig deshalb, weil dieser für alle Böden geeignete Baum mit den großen, leuchtend grünen, gefiederten Blättern im Juli von gelben Sträußen erstrahlt, dann im Herbst rot leuchtet und ganz voll kleiner roter Laternen hängt. Er ist nicht groß, 4 bis 5 m breit, nimmt nicht viel Platz weg, und die Bienen lieben ihn. Er kann 7 m hoch werden, lässt sich aber leicht durch einen Erziehungsschnitt zähmen. Mit zunehmendem Alter entwickelt er einen knorrigen Wuchs wie auf einem opulenten chinesischen Holzschnitt. Er wächst zu Anfang recht langsam, aber auf allen Böden in sonnigen Gärten.

Maulbeerbaum

Morus kagayamae

Dieser japanische Baum mit den großen, geschlitzten Blättern in glänzendem Grün, die im Herbst goldgelb leuchten, wächst sehr schnell. Er hat einen deutlichen Vorteil gegenüber seinen Kollegen, dem Weißen und dem Schwarzen Maulbeerbaum *(Morus alba* und *Morus nigra*): Er produziert wenig Maulbeeren. Das bedeutet: keine Flecken und Wespen. Er bevorzugt leichte, eher trockene Böden und Sonne. Größe als ausgewachsener Baum: 6 bis 7 m hoch und breit.

Vogelkirsche

Prunus avium

Wer alles will: Sonnenschirm, Schneeflockenblüte im Frühling, Kirschen und Herbstfarben, kauft sich einen „richtigen" Kirschbaum. Für kleine Gärten eignet sich eine kurzstämmige 'Montmorency' oder eine 'Allegria', zwei Kirschbäume mit säuerlichen Früchten, die kleine, innerhalb von 5 Jahren 3 m hohe und breite Sonnenschirme abgeben. In große Gärten passt ein Weichselbaum 'Early Rivers' oder auch eine Knorpelkirsche 'Moreau' mit dicken, schwarzen Kirschen. In 5 Jahren erreicht sie die gleiche Größe, aber dann wächst der Baum weiter, bis er 12 m groß ist. Übrigens schneidet man Kirschbäume in der Kirschenzeit zurück. So kann man Kirschen bis zum Überdruss essen und behält gleichzeitig einen Sonnenschirm in vernünftiger Größe. Es gibt auch eine Varietät unserer Vogelkirsche mit gefüllten Blüten (*P. avium* 'Plena'), die sehr hübsch ist, aber keine Kirschen trägt. Für alle tiefgründigen, aber nicht zu schweren Böden.

Japanische Blütenkirsche

Prunus serrulata

Die Gärtner, die das berühmte Foto von Edouard Boubat gesehen haben, auf dem eine unbekannte kleine Prinzessin im Schnee einer blühenden Japanischen Blütenkirsche spielt, träumen davon. Aber um diesen ehrwürdigen Baum mit der so besonderen Silhouette hinzubekommen, muss man schon eine passende Sorte wählen, denn genau wie der populäre 'Kanzan' mit den rosa Pomponblüten haben viele einen aufrechten Besenwuchs. Unter den am leichtesten in Baumschulen zu findenden Sorten gibt es 'Shimidsu-sakura' mit rosa Knospen und daunenleichten Blütenbüscheln, die auf dünnen Stielen tanzen. 'Shirofugen' hat pflaumenblaue Knospen, die sich zu weißen Blüten in lockeren Trauben öffnen und dann rosa in kupferfarbenem Laub verblühen. 'Shirotae' hat so hängende Äste, dass sie bei ausgewachsenen Bäumen den Boden berühren; riesige schneeweiße und zart duftende Pompons erscheinen zwischen hübsch gefälteltem Blattwerk. Schließlich 'Taihaku' mit riesigen Blütenbüscheln in durchscheinendem, reinen Schneeweiß, die sich in einem jungen, kupferfarbenen Laub in Schnee auflösen. Alle blühen im April, mögen frischen, aber gut durchlässigen Boden und brauchen überhaupt keinen Schnitt. Ihre Herbstfarben sind ebenfalls herrlich. Größe eines ausgewachsenen Baumes: 4 bis 5 m Höhe und 10 m Breite.

Trauerweide

Salix alba 'Tristis'

Wen die Blätter im Gesicht stören, mag sie nicht, die Freunde des Versteckspiels hingegen lieben diesen wallenden Vorhang aus hängenden Zweigen. Durch 30 Jahre Vorortgeschichte mit ihrer Präsenz in den Einfamilienhausgärten banalisiert, kann man sie jetzt – da sie aus der Mode gekommen ist – wieder unbefangen betrachten. Also sieht man einen großen Schirm mit goldenen Fransen, die mit dem Winde spielen, hellgrünes Laub, das im April von schmalen, zarten, gelben Kätzchen erleuchtet wird, leicht, immer in Bewegung, ebenso hübsch im Winter wie im Sommer dank ihrer jugendlich gelbgrünen Zweige. Man kann ihr periodisch einen „Bubischnitt" in 1,50 m Abstand vom Boden verpassen, um gut darunter durchzukommen. Und was die Größe des Sonnenschirms angeht, so können Sie getrost alle Ihre Freunde einladen, denn 20 m Durchmesser ergeben schon einen ganz gemütlichen Raum! Die Trauerweide wächst schnell, auf allen frischen Böden, ideal im Uferbereich, in der Sonne wie im Halbschatten.

Schnurbaum

Sophora japonica

Dieser schöne chinesische Baum, den man öfter einmal in alten Parkanlagen sieht, beweist jede Menge guter Qualitäten. Zu seinem gefiederten, farnartigen Laub kommen im Juli-August (in einer Zeit also, in der wenige Bäume blühen) weiße Schmetterlingsblüten in Trauben oder Rispen. Der Schnurbaum ist eine gute Bienenfutterpflanze; er wächst schnell und

gut, wobei er von allein einen schönen rundlichen Wipfel bildet. Größe als ausgewachsener Baum: 15 m. Achtung, die Sorte 'Pendula', die mit ihren lockig gebogenen Zweigen und ihrem enger stehenden Laub sehr filigran wirkt, wächst nur sehr langsam (30 Jahre Wartezeit für einen Sonnenschirm mit zwei Sitzplätzen). Geeignet für jede gute Erde in einem sonnigen Garten.

Praxisblatt

Die Kunst der Gartenlaube

Für dieses gotische Modell braucht man die Mitarbeit eines Künstlers, aber das Holz bleibt gleich: Es stammt von der Edelkastanie.

Schattig im Sommer, luftig, hell im Winter, kann sie sich an das Haus anlehnen oder mitten im Garten stehen, wo sie einem eiligen Gärtner die Möglichkeit gibt, einem baumlosen Grundstück Relief zu verleihen. Da ich diese grässlichen Bausätze nicht ausstehen kann, die man in Baumärkten findet, habe ich mich für eine rustikale Laube entschieden, die gut zu meinem Garten auf dem Lande passt. Sie sei Ihnen ausdrücklich empfohlen: Man erricht sie an einem Wochenende, sie ist stabil, hübsch, wirklich nicht teuer (weniger als 100 DM für 25 m²). Außerdem macht es dem Nachbarn, der Ihnen das Holz geliefert hat, Freude zu sehen, dass Sie aus seinen Stangen etwas Hübsches zaubern. Denn eine Gartenlaube darf ruhig spontan entstehen und etwas nach Improvisation aussehen. Sie sollte rustikal sein und kann – wie meine – ganz aus Kastanienholz bestehen.

Allerlei Varianten

Sicher sind auch ganz andere Lösungen mit Anlehnung an historische Vorbilder denkbar: So kann die Laube im italienischen Stil einen Sockel aus aufgemauerten Backsteinen erhalten oder aus dicken Quadersteinen (was die Hilfe eines richtigen Maurers erfordert). Darüber kommt der „Himmel“ aus Stangen.

Um die Laube „einzukleiden“, wählen Sie eine recht verschlungene, aber nicht zu dicht wachsende Kletterpflanze, denn die Luft muss zirkulieren können, damit darin ein angenehmes Klima herrscht: Vielleicht die chinesische Glyzine (*Wisteria sinensis*), eine kleinblütige Clematis (*Clematis montana* 'Elisabeth', *C. tangutica*, *C. flammula*) oder ganz einfach einen Weinstock mit guten Trauben, der ohne Spritzen auskommt, wie 'Perdin' oder 'Amandin'.

Praxisblatt

Kleine Weiden-Häuser

So sieht ein kleines Weidenhäuschen im ersten Sommer aus. Danach wird es immer dichter, und das Flechtwerk verschwindet unter einer Masse neuer Triebe.

Sie sind gerade groß in Mode und ganz leicht zu bauen. Aber Achtung: Es gelingt nur in frischem Boden. Planen Sie besser nicht zu groß, denn diese Art Bau ist hübsch und lustig bis 1,50 Seitenlänge, darüber wird's kompliziert. Damit es nett aussieht, pflanzt man alle 15 cm diesjährige Weidenzweige, die schlank und kräftig sind, immer paarweise zusammen. Um auszurechnen, wie viele man davon braucht, gibt's eine Rechenaufgabe für Ihre Sprösslinge: Lassen Sie sie mit den vorgegebenen, immer gleichen Abständen den Umfang ausrechnen. Vergessen Sie nicht die „Tür", das heißt, eine Länge von 75 cm bleibt ohne Weidenzweige! Graben Sie den Umriss ihrer zukünftigen Gartenlaube um und rupfen Sie dabei alles Unkraut aus.

Besorgen Sie sich fingerdicke (kleiner Finger!) Weidenzweige, die zwischen November und März voller Leben sind. Stecken Sie sie paarweise und in den geplanten Abständen 20 cm tief in den Boden. Treten Sie die Erde fest, gießen Sie ... und warten Sie den Frühling ab. Im April mulchen Sie den aufgelockerten Erdstreifen mit dem ersten Rasenschnitt 5 cm dick. Zur gleichen Zeit – mit dem Austrieb – fangen Sie an, die Zweige alle 15 cm über Kreuz mit Bast zusammenzubinden.

Je nachdem, wie die Weidenzweige wachsen (50 cm im ersten Jahr, danach 1 m), wird die Pflanzenwand weiter gebaut. Vom zweiten Jahr an können Sie beginnen, das Dach zu weben. In drei Jahren wird das Häuschen ganz gemütlich, sobald die jungen Blättchen erscheinen, und ergibt ein hübsches Versteck.

Praxisblatt

Ein Schwimmbecken für schöne Tage

Ein Schwimmbad bedeutet wahres Glück in sonnigen Gegenden, wo man mindestens von Juni bis Mitte September etwas davon hat. Ansonsten hat man es schnell satt, dass man nur dafür die ganze Arbeit reinsteckt, dass man ein paar Mal kurz reinspringt. Einen Fehler kann man vermeiden: Das Schwimmbecken aus Kunststoff, das nicht teuer und angeblich so schnell aufzubauen ist. Es ist hässlich, nicht stabil und nicht zuverlässig. (Da wird einem geraten, die Folie einfach nur auf Sand zu legen, aber die Quecken schaffen es, sie in weniger als einem Jahr zu durchbohren!). Es zu füllen, zu pflegen und auszuleeren sind Prüfungen, die Ihnen das Leben verdrießen, und die Aussicht ist damit sowieso schon verschandelt. Rechnet man die Kosten zusammen, stellt man bald fest, dass man mit all dem Geld 50 Jahresabonnements im städtischen Schwimmbad für die ganze Familie hätte zahlen können.

Für ein richtiges Schwimmbecken in 11 × 5 m Größe muss man schon einiges an Geld veranschlagen. Glückspilze, die geschickte und beherzte Freunde haben, können sich billiger ein Schwimmbecken schaffen. Zum Beispiel findet man prima Bausätze in 8 × 4 m zu vernünftigen Preisen, wozu dann allerdings die Kosten für den Aushub mit einem Bagger hinzukommen. Außerdem braucht man einen Beckengrund aus wasserdichtem Stahlbeton. Man bedenke auch den Arbeitslohn, denn wenn der Betonmischer anrückt, sollte man schon eine gute Mannschaft bereitstehen haben, die in der Lage ist, den Rhythmus einzuhalten.

Für unseren Freund René, der sein Schwimmbecken mit Familienangehörigen baute, ist die Qualität der Schicht, die den Beckengrund bildet, das Allerwichtigste. Sie muss nicht nur aus Stahlbeton sein, sondern auch absolut gleichmäßig, damit sie auf keinen Fall später reißt. Statt ein

Becken aus Leichtbausteinen zu bauen, die mit einem Dichtungsmittel ausgespachtelt werden, sollte man besser das ganze Becken aus Stahlbeton gießen und dann fachgerecht abdichten.

Im ersten Jahr badet man als Bastler in einem grauen Becken, denn damit das schöne türkisfarbene Schwimmbad lange hält, sollte man lieber ein ganzes Jahr abwarten, ehe man die hübsche blaue Farbe darauf streicht, um Blasen auf der noch nicht völlig stabilisierten Spachtelmasse zu vermeiden.

Noch ein Rat von Freund René: Denken Sie an einen Stromanschluss für die Reinigungsbürste. Damit erleichtern Sie sich die spätere Pflege des Schwimmbeckens. Damit das Wasser auch ohne Massen von „Mittelchen" klar bleibt, lässt René seine Pumpe 10 Stunden am Tag laufen, und so braucht er nur eine 200-g-Chlor-Tablette pro Skimmer und pro Woche (Jahresverbrauch seines 55 m^2 großen Schwimmbeckens: 7 kg Chemie). Und etwa alle 14 Tage fischt er mit einer Art Staubsauger die ins Wasser gefallenen Blätter heraus.

Ein Tümpel für die Frösche

Einen richtigen Tümpel gräbt man in Lehmboden (am besten in der Nähe einer Quelle) unterhalb eines Geländes, das er entwässert; zur Not tut es auch das Wasser, das aus den Dachrinnen hierher geleitet wird. Wenn der Boden von Natur aus sehr lehmig ist, braucht man nur den Teichgrund mit dem Schaufelbagger festzustampfen, damit das ausgehobene Becken dicht ist. Man muss für das Ausheben eines 50 m^2 großen Teich etwa 3 bis 4 Stunden Maschinenarbeit veranschlagen.

Tragen Sie die gute Erde ab und sorgen Sie für einen Lagerplatz außerhalb der Reichweite des Ungetüms. Vereinbaren Sie auch mit der Firma die Entfernung des Aushubs, sonst haben Sie nachher eine grauenhafte Böschung.

Und vor allem seien Sie am Tag des Aushubs anwesend und seien Sie energisch: Es ist einfacher, einen runden Teich zu graben als ein eckiges Ich-weiß-nicht-was, selbst, wenn der Baggerführer versucht, Sie mit der Andeutung einzuwickeln, dass er sie „sonst immer eckig macht". Das mag wohl sein, aber es ist hässlich.

Oder wenn der diensthabende Baggerführer versucht, Sie mit irgenwelchen Argumenten zu blenden: Er soll Ihnen lieber einen hübschen sanften Abhang graben als ein Dings mit lauter Stollen aus dickem, hartem Lehm als Strand auf einer Seite.

Schließlich, letzter diplomatischer Kampf: Handeln Sie aus, dass die gute Erde um den Teich herum verteilt wird, bevor er sich wieder vom Acker macht, damit Sie schnell Erlen, Sumpfcalla, Bambus, Eibisch, Sumpfschwertlilien, Weiderich, Mädesüß, Weiden, Schilf, Gewöhnlichen Schneeball oder eine schöne Rambler-Rose pflanzen können. Vergessen Sie nicht die Goldfische, sie fressen Mücken!

Angler setzen noch Schleien und Rotaugen dazu, und die Frösche kommen von ganz allein.

Ein kleiner Steckling wird groß

Baumarten, die sich am Wasser wohlfühlen, vermehren sich leicht. Die schnellsten sind Weiden und Pappeln, von denen man Stecklinge schneidet, genauer daumendicke, 1 bis 1,50 m lange Steckhölzer, die man schräg von einem schön kräftigen diesjährigen Trieb abschneidet. Sie werden direkt ans Ufer gepflanzt, indem man sie mindestens bis zur halben Höhe in die nasse Erde am Ufer steckt. In den Niederlanden und in Flandern säumt man die Wasserläufe mit Weidenstecklingen, um die Ufer zu befestigen. Wer will, wächst an, wer kann, wächst. Die jungen Bäume werden dann alle drei Jahre zu Kopfweiden zurückgeschnitten und bringen so eine Menge Kleinholz, das sich prima zum Feueranmachen eignet.

Freunde der Korbflechterei besorgen sich bei einem Fachhändler Weidenarten mit verschieden gefärbten Trieben, denn man braucht dazu Weiden, die so dünn und so biegsam und so wenig verästelt wie möglich sind. Die Kopfweiden werden dann jeden Winter gestutzt.

Erlen lassen sich ebenfalls leicht vermehren, allerdings mit Hilfe von Risslingen, das sind Seitensprosse, die an der Basis einen kleinen Keil alten Holzes besitzen. Risslinge nimmt man im Winter ab und schlägt sie bis zum April ein, um sie dann an Ort und Stelle zu stecken.

Die Esche wächst besser aus Samen, und da sie sich sowieso überall aussät, ist es einfacher, kleine Pflänzchen auszugraben und diese ebenfalls im Winter zu pflanzen. Ziegen und Kühe fressen übrigens sehr gern Eschenlaub, sie genehmigen es sich vor dem Gras auf der Weide, weshalb man diese Bäume auch oft als 1,50 m hohen „Kopfbaum" stutzt, wenn sie am Rand einer Wiese stehen, denn die Tiere fressen sowieso, was sie erwischen können.

Der Gewöhnliche Schneeball bildet gern Wurzelschösslinge, von denen man im Winter leicht bewurzelte Exemplare verpflanzen kann. Zu den kleinen weißen Hortensien-artigen Blütenständen im April kommen dann von August bis November schwere Sträuße roter, glasiger Beeren.

Am schwierigsten zu vermehren ist der Bambus. Trotz seines Temperaments als Aufläufer bildender Eroberer wächst er nur an, wenn man im September oder April Schösslinge abnimmt, am besten, nachdem man den Wurzelstock rundum abgestochen hat: Im September für die Abnahme im April, im April für eine Abnahme im September. In der Zwischenzeit kann er Haarwurzeln bilden, die das Anwachsen erleichtern, ansonsten: Fehlanzeige.

Und das Abstechen des Wurzelstockes ist wahrlich kein Honigschlecken. Man muss schon mit der Hacke ran und mit dem Schwung eines verliebten Sportlers, der seine neue Flamme beeindrucken will.

Es genügt schon, eine Kletterrose zur Eroberung der alten Weide auszuschicken, um den Tümpel "gartenmäßig" aussehen zu lassen.

Einen schönen Garten schaffen

Zunächst einmal zeichnet sich ein schöner Garten durch Persönlichkeit aus. Seine Struktur muss so gegenwärtig sein, dass man sich sogar im Winter gern darin aufhält. Doch man braucht sich nicht den Kopf darüber zu zerbrechen, wie man an seltene Pflanzen herankommt. Am besten gelingt ein schöner Garten auf einer Grundlage aus soliden Arten und Sorten, die man gut kennt und großzügig überall pflanzt. So erhält der Garten einen Rhythmus, einen Rahmen, um den dann Ihre Neugier und Experimentierfreude Variationen schlingen können.

Ein schöner Garten hat eine Struktur

Wenn man anfängt zu gärtnern, brennt man darauf, ganz viel auszuprobieren. Man möchte alles (und zwar sofort!), manchmal auch Gegensätzliches, und das ergibt dann so etwas wie einen Garten voller Warenproben und sieht nur chaotisch aus, sobald Sie drei Schritte zurücktreten. Nun ist aber ein wirklich gelungener Garten genau das Gegenteil. Selbst, wenn Sie beschließen sollten, ein Jahr lang nicht mehr Hand anzulegen, soll seine Grundstruktur präsent bleiben. Wie geht das?

Wenn Sie versuchen Ihren Garten mit den Augen eines Landschaftsgärtners zu betrachten, wird es Ihnen leichter gelingen, ihm eine Struktur zu geben. Denn es ist zwar ganz nett, Pflanzen zu sammeln, aber das macht keinen Garten aus. Da werden Sie gleich aufmucken: „Aber ich bin doch kein Landschaftsgärtner!“ – Na und? Ihre Kinder auch nicht – beziehen Sie sie gerade deshalb mit ein, denn Sie werden Hilfe brauchen. Sie werden sehen, das macht großen Spaß, es ist wie ein Spiel. Holen Sie übrigens gleich mal den Fotoapparat, kaufen Sie ein Heft und kleben Sie ein Etikett mit der Aufschrift „Vorher – Nachher“ drauf. In diesem Erinnerungsheft werden Sie später bestimmt gern blättern.

Drei Tricks für angehende Landschaftsgärtner

Für alle, die immer sagen „Ich kann nicht zeichnen“, „Von Pflanzen habe ich keine Ahnung“ folgt hier eine kleine Anleitung, wie Sie Ihre Ideen sortieren und sich mit dem vorhandenen Raum vertraut machen können. Denn die Fähigkeit, sich einen Raum vorzustellen, kann man genauso pflegen wie die Pelargonien! Wenn Sie gerade erst eingezogen sind, wenn Sie einen Garten haben, der Ihnen nicht gefällt und Sie sich vielleicht von der Größe dieser Aufgabe überfordert fühlen, so ist das normal – aber dagegen kann man was tun:

Kaufen Sie einen billigen Fotoapparat und ziehen Sie los auf die Entdeckungsreise Ihres Gartens. Knipsen Sie ein Foto von jedem Fenster des Hauses aus. Stellen Sie sich dann neben die Gartentür, machen Sie von dort eine Aufnahme vom Garten und fotografieren Sie auch das Haus vom Garten aus.

Schauen Sie sich die Fotos aufmerksam an und schreiben Sie auf ein Blatt Papier in zwei Spalten auf die eine Seite, was Ihnen gefällt, auf die andere, was Ihnen nicht gefällt. Notieren Sie alles, was Ihnen auf den Fotos auffällt. Und dann fügen Sie das Restliche hinzu: Den Nachbarn, der bei Ihnen überall reingucken kann; die Sonne, die gerade da hinknallt, wo Sie gern den Grill aufstellen möchten; das scheußliche Gartentor, das die Kinder aber ganz toll finden; den hässlichen Schuppen aus Fertigteilen, in dem man aber sehr praktisch alles verstauen kann, was im Wege ist, und den so hübschen, aber einsam in seinem Winkel herum stehenden Kirschbaum.

Legen Sie Pauspapier auf die Fotos und zeichnen Sie mit einem Filzstift die wichtigsten Umrisse nach: Haus, Zaun, Bäume. Wenn Sie das nun auf ein weißes Blatt kleben und so oft fotokopieren, wie sie wollen, kann Ihnen diese Skizze als Grundlage für Ihre Entwürfe des Gartens dienen: Hier zeichnen Sie den Umriss eines Baumes, dort eine Strächergruppe...

Beschaffen Sie sich so viele Kataloge, wie Sie können, und spielen Sie mit den Blüten in den verschiedenen Jahreszeiten: Skizzieren Sie mit Buntstiften auf Pauspapier einen Plan für jede Jahreszeit und legen Sie sie übereinander, um zu sehen, ob auch alles passt. Wenn Sie dann ans Pflanzen gehen, gehen Sie genauso vor: Beginnen Sie beim Füllen des Beetes mit dem „Winter“ (den Immergrünen), dann kommt der „Frühling“ und schließlich „Sommer“ und „Herbst“. Sie werden sehen, das macht großen Spaß.

Übrigens: Pflanzen Sie getrost eng, damit es gleich nach was aussieht. Sie haben drei Jahre Zeit, in denen Sie Bäume, Sträucher und Rosen problemlos umsetzen können. Stauden sind im Allgemeinen alle drei Jahre reif zur Teilung. Also fürchten Sie nicht, sich zu irren. Sie dürfen sogar Ihre Meinung ändern!

Womit fängt man an?

Als nächstes folgt die Phase der „Raumordnung“. Was sehen Sie durch das Fenster, wenn Sie im Wohnzimmer, in der Küche oder im Badezimmer stehen? Es ist wichtig, etwas Schönes im Blickfeld zu haben, das an trüben Tagen Aufmunterung verschafft. Fangen Sie also damit an. Knipsen Sie wieder Fotos. Denn wenn auch Ihre Augen rasch „vergessen“, was Sie stört, gibt der Apparat alles wieder, was er „sieht“, ganz „objektiv“.

Eines der Geheimnisse gelungener Gartenszenerien ist, Bilder auf zwei oder drei Ebenen zu komponieren. Doch dabei braucht man sich das Leben gar nicht schwer zu machen, einfache Pflanzen genügen dafür. Unten eine immergrüne Randbepflanzung, deren Blüte leuchtend eine Jahreszeit kennzeichnet: Federnelken mit grauem Laub, Schwertlilien, deren

Butterbrotpapier = Zauberpapier

Kaufen Sie eine Rolle Butterbrotpapier. Es eignet sich wunderbar als Pauspapier. Befestigen Sie ein Blatt auf einem Foto, zeichnen Sie alle Umrisse von Gebäuden und Bäumen mit dem Filzstift darauf, kleben Sie es auf weißes Papier und fotokopieren Sie es.

Hier lautete die Frage: "Und wenn wir den Weg mit einem gespannten Draht überzögen?", aber die Entscheidung fiel dagegen aus, weil der Traktor, der das Holz liefert, nicht mehr durchgekommen wäre.

schmale, lange Blätter sanft unterstreichen und strukturieren; Hornkraut oder Wollziest bringen mit ihren ausgedehnten, silbernen Samtteppichen Licht und vergrößern optisch den Raum. Als Rahmen für dieses Bild verwenden Sie Kletterpflanzen, die an der Hauswand hochranken. Von den Türen und Fenstern aus sehen Sie, wie Blüten und Blätter durchscheinend die Szene einrahmen. Mit Glyzinen, Kletterrosen und Clematis an Spalieren ist diese Zauberwirkung garantiert. Sie können auch die Fokuspunkte mit einjährigen Blumen schmücken, die das Dekor den Sommer über vervollständigen.

Ein Trick, der hilft, das Bild ausgewogen erscheinen zu lassen: Betonen Sie Gebäudeecken mit einem runden Strauch

Hinter den Buckeln der Buchsbäume schauen *Iris pallida* und der Orientalische Mohn 'Princesse Louise' hervor.

(Buchsbaum, Pfaffenhütchen, Strauch-Pfingstrose, *Choisya*, Lavendel usw.), mit einem großen Pflanzgefäß, in dem winterharte Pflanzen wachsen, oder ganz einfach mit einem dicken Findling.

Aus der Nähe schön, aber von weitem besehen flach

Der Grund: Es fehlt an Volumen. Das ist normal in noch jungen Gärten und wenn man gerade ein Haus auf dem Lande gekauft hat. Dort neigt man noch zu häufig dazu, alle vorhandenen Bäume zu roden. Bringen Sie rasch Rankgerüste an, entweder flächig an den Hauswänden oder in Form von Bögen oder Pergolen.

Bögen spannen sich über Wege und über der Eingangstür, Pergolen gliedern den Raum und schaffen Übergänge zwischen den verschiedenen Teilen des Gartens. Man findet fertige Konstruktionen in den Baumärkten. Die Wirkung ist prompt und zauberhaft. Der Garten erhält eine neue Dimension und wirkt geheimnisvoller: Man sieht nicht mehr alles auf einmal, sondern die Fläche muss nach und nach entdeckt werden, indem man durch die Bögen schreitet.

Tun Sie jedoch nicht zu viel des Guten: Gerade in den Vororten neigen die Leute ohnehin dazu, sich abzuschotten. Dichten Sie Ihren Garten nicht nach allen Seiten ab, sondern achten Sie vor allem in ländlichen Gegenden darauf, dass der Blick in die Landschaft erhalten bleibt. Fensterartige Öffnungen in der Hecke oder im Spalier geben schöne Rahmen für den Blick in die Ferne ab.

An Fassaden angebrachte Spaliere schließlich verzaubern die unansehnlichsten Gebäude und bringen die banalsten Pflanzen zur Geltung. Wählen Sie dafür kräftige Kletterpflanzen: Jasmin, Geißblatt, Glyzine, Kletterrosen (‘Ghislaine de Féligonde’, ‘Veilchenblau’, ‘Mrs F. W. Flight’, ‘Seagull’ usw.) und kleinblütige *Clematis*-Arten (*C. tangutica, C. montana* ‘Elisabeth’, *C. flammula* u. a.).

Wie gelingt ein schönes Beet?

Am leichtesten ist es, wenn man es vor einem bleibenden Hintergrund komponiert: vor immergrünen Sträuchern, einer Hecke, einem Zaun aus Maschendraht oder bemalten Brettern, an dem eine schöne Mischung aus immergrünem und sommergrünem Blattwerk hochrankt. Beim Aufbau dieses Rahmens, der dem Beet Struktur verleiht, denken Sie auch daran, mit den Grüntönen des Laubes zu spielen: mehr oder weniger hell, grau oder golden. Im Halbschatten sind die Goldtöne wertvoll, denn sie machen das Bild sonnig, während gelbes Laub in der vollen Sonne zum Verbrennen neigt; da sind Grautöne besser.

Spielen Sie auf dem gesamten Beet mit diesen Nuancen, indem Sie es mit Stauden bepflanzen, so dass der Garten selbst im Winter Relief hat. Und natürlich wählen Sie winterharte, nicht zu teure Pflanzen, damit sie rasch eine Masse bilden, die wirkt.

Geeignete Sträucher sind z. B. Orangenblume (*Choisya*), Buchsbaum, Geißblatt, Klebsame Japanischer Spierstrauch, Ölweide, Portugiesischer Kirschlorbeer. Große Stauden wie Buschmalve, Beifuß wie den Wermut ‘Powis Castle’, Muskatellersalbei und Gartensalbei für die graugrünen Töne bieten sich ebenfalls an. All das sind unproblematische Pflanzen mit sehr unterschiedlicher Silhouette. Doch auch die Beschaffenheit und Form des Laubes spielen eine sehr wichtige (meines Erachtens zu wenig beachtete) Rolle in einem schönen Beet, das seinen Besitzer in Frieden lässt! Von lackglänzend bis samtig, von glatt bis plissiert, von winzig bis riesig fangen die Blätter das Licht auf unterschiedliche Weise auf und unterstreichen mehr oder weniger die aufeinander folgenden Blüten... Wagen Sie ruhig einmal, sehr stark grafisch wirkende Pflanzen wie z. B. Rizinus, *Yucca*, Fenchel, Engelwurz, Meerkohl sowie die Christrose *Helleborus lividus* ‘Corsicus’ zu verwenden, die den Beethintergrund oder die Beetmitte strukturieren.

Nun fehlen nur noch die Farben, und hier spielen die Jahreszeiten eine wichtige Rolle. Wenn man jeweils drei bis sieben gleiche Pflanzen zusammenpflanzt, schafft man gleich schöne Volumen, die „Unkraut“ überhaupt keine Chance lassen. Das funktioniert prima: Ein so im Frühling zusammengestelltes Beet, das mit Rasenschnitt gemulcht wird, sieht von Juni an wunderschön aus und bleibt drei Jahre lang üppig. Dann muss man die Stauden teilen und die Gelegenheit nutzen, gut zwischen den Pflanzen umzugraben und

Pflanzen zur Tarnung, die Fülle verleihen

Die von den Kindern so geliebte, aber im Grunde genommen hässliche Gartentür oder auch der Wäscheplatz können wunderbar hinter Pergolen verschwinden. Man braucht nur einen Rahmen an 2 m hohen Pfosten befestigen und bestückt das Ganze mit einer schön üppigen Kletterpflanze.

allgemein Dünger zu verteilen (eine Handvoll in der Nährstoffzusammensetzung N : P : K = 4 : 8 : 12 pro Quadratmeter). Die Freunde freuen sich: Man hat jede Menge Ableger zu verteilen – und mal ehrlich gesagt: Einmal putzen alle drei Jahre, da kann man doch nicht meckern, oder?

Bäume: das Gerüst des Gartens

Aber wo soll man sie pflanzen, damit sie das Haus und den Garten nicht zu sehr beschatten? Messen Sie den Schattenwurf, indem Sie einen Pflock im Maßstab des Baumes in die Erde stecken, den Sie ins Auge gefasst haben. Zum Beispiel steht ein 2 m langer Pflock für einen 20 m hohen Baum. Messen Sie den Schatten, den er wirft, um 9 Uhr, um 12 Uhr und um 16 Uhr, um die kritischen Zeiten im Winter auszumachen. Diese Übung sollte am besten zwischen Herbst und Frühling stattfinden, wenn die Sonne niedrig steht. Wenn Sie es mitten im Sommer tun, müssen Sie die herausgefundenen Längen verdoppeln, um eine Vorstellung von dem tatsächlichen Schattenwurf des erwachsenen Baumes zu bekommen, d. h. ab einem Durchschnittsalter von 15 Jahren.

Nun lassen Sie uns sehen, wie dieser Baum „in echt“ wohl aussehen könnte. Schneiden Sie eine Figur mit dem schematischen Umriss des gewählten Baumes in etwa 50 cm Höhe aus Pappe aus. Bitten Sie ein Kind, sich damit an die Stelle zu stellen, an der Sie ihn pflanzen wollen, und nehmen Sie Ihren Fotoapparat. Dirigieren Sie Ihr kleines Mannequin so, dass der „Baum“ an die gewünschte Stelle im Sucherausschnitt rückt und drücken Sie ab. Nun haben Sie das Foto von Ihrem Garten in 20 Jahren!

Grau ist sanfter

Gelobt sei das Helle und Zarte! Häufig besitzen die Graulaubigen ein samtiges, oft auch aromatisches Laub, das ein Polster, eine Randbordüre oder einen hübschen Busch formt, wenn man sie im Sommer von den verwelkten Blüten befreit. Die folgenden Pflanzen gedeihen in jedem Boden, wollen aber volle Sonne.

Beifuß-Arten

Der Beifuß (*Artemisia*) ist eine Welt für sich. Vom winzigen Römischen Wermut (*Artemisia pontica*), der ein hübsches Polster aus graugrüner Spitze bildet, bis zum großen Strauch-Wermut (1,20 m hoch und höher), der im sommerlichen Licht herrlich aussieht, umfasst die Gattung eine ganze Reihe winterharter und für alle Böden geeigneter Pflanzen. Die seltene Sorte 'Lambrook Silver' hat ein geradezu fedriges Laub, das aber empfindlicher ist; sie verlangt einen hervorragend dränierten Boden. Kein Problem indes bereitet der Wermut 'Powis Castle' – abgesehen davon, dass er sich ins Unendliche ausbreitet und leicht innerhalb von zwei Jahren 1,5 m² auf 60 cm Höhe mit einem strahlend hellen Silberton ausfüllt. Die Eberraute (*Artemisia abrotanum*) gibt sich gesitteter (30 bis 40 cm) und hat hübsches Laub in einem Farbton zwischen Grün und Grau, während der Kampfer-Beifuß (*Artemisia camphorata*) etwas blasser ist. Lassen Sie Wermut gar nicht blühen, schneiden Sie statt dessen die Pflanzen zurück, sobald die Triebe höher werden.

Die Lampionblume wandert immer. Hier schlängelt sie sich als leuchtender Kontrast durch den Beifuß *Artemisia* 'Powis Castle'.

Federnelke

Die Federnelke (*Dianthus plumarius*) formt ein dickes, immergrünes Kissen, das aussieht wie ein kleiner graublauer Nerz, der sich oben auf einer Trockenmauer oder am Beetrand in der Sonne aalt. Im Juni überschwemmen es zarte Federchen in Weiß, Rosa oder Rot, die göttlich duften. Die hübschesten sind die mit einfachen Blüten und einer kleinen, dunklen Krone in der Mitte. Im Spätsommer lassen sich nach Herzenslust Ableger abnehmen.

Heiligenkraut

Im Laufe eines Jahres bläht sich ein kleines Topfpflänzchen auf wie ein Kopfkissen und lässt sich willig Stecklinge abnehmen. Das Heiligenkraut (*Santolina chamaecyparissus*) wirkt ausgespochen reizvoll, wenn es im Juni von Myriaden gelber Knospen überschwemmt wird. Wenn möglich mäht man es im Juli, sonst sieht es nach zwei Jahren nicht mehr sehr schön aus. Die grüne Version wächst weniger kräftig. Für alle sonnigen Standorte, mit Außnahme von extrem lehmigen Böden.

Katzenminze

Besonders als Randbepflanzung sieht die Katzenminze (*Nepeta × faassenii*) schön aus (Höhe 30 cm). Jedenfalls theoretisch, denn sie neigt dazu, so ganz nebenbei auf Abenteuer in der Ferne auszugehen. Sie hat raue, graugrüne kleine Blätter, in denen sich die Katzen mit Vorliebe wälzen. Die blauen Blüten erscheinen im Juni. Bei 'Six Hills Giant' ist die Blütenfarbe dunkler. Für die Beetmitte eignet sich 'Souvenir d'André Chaudron' (eine große, kräftig blaue Sorte) zusammen mit Muskatellersalbei.

Lavendel

Wählen Sie den Echten Lavendel (*Lavandula angustifolia*), dessen Duft leichter ist als bei der Lavandinpflanze (*L. latifolia*), außerdem wächst er buschiger, ist dunkler und auffälliger. Leider ist der niedliche *Lavandula stoechas* mit seinem angenehmen Kampferduft und seinem spitzenartigen Laub das Privileg geschützter und gut dränierter Gärten.

Ölweide

Man kennt die Schmalblättrige Ölweide (*Elaeagnus angustifolia*) von der Meeresküste, aber die wenigsten wissen, dass sie ziemlich winterhart ist und eine kleinere Verwandte hat, die wie eine Miniatur-Ausgabe aussieht (Höhe nur 2 m): *Elaeagnus multiflora* macht sich hübsch im Beethintergrund. Sie hat das gleiche weidenartige Laub, fragile, goldene Blüten im April-Mai, einen herrlichen Duft und anschließend winzige, kupferfarbene olivenähnliche Früchte.

Wollziest und eine unbekannte Rose (wahrscheinlich 'Cuisse de Nymphe') sind eine Augenweide!

Salbei

Vom Gartensalbei (*Salvia officinalis*) gibt es verschiedene Auslesen mit unterschiedlich farbigem Blatt. Jedoch ist für mich die natürliche Form die schönste. Ein Rat: Säen Sie Salbei selbst aus, damit Sie viele Varianten in graugrünen Farbtönen haben, deren Blüte von Rosa bis Blau reicht. Die 'Purpurascens'-Sorten, deren Laub die violette Tönung eines Gewitterhimmels hat, und 'Icterina' mit dem gelb gefleckten Laub sind wunderschön. Für alle Standorte. Ableger lassen sich von August bis Oktober in beliebiger Menge abnehmen.

Silberweide

Die Silberweide (*Salix alba* 'Sericea') ist die Königin der feuchten Gärten, zu deren Trockenlegung sie beiträgt, indem sie eine ungeheure Menge Wasser aus dem Untergrund emporpumpt. Sie behält vernünftige Proportionen bei, wenn man sie jeden Winter bis zum Stamm zurückschneidet. Achtung, im Naturzustand ist das ein 15 m hoher Baum! Das Laub trägt einen wunderschönen lebhaften Silberton zur Schau.

Vexiernelke

Im Juni leuchten die Blüten der Vexiernelke (*Lychnis coronaria*) in einem umwerfendem Purpurrot. Daneben sieht die weiße Variante ziemlich langweilig aus. Die restliche Zeit über präsentiert die Vexiernelke dicke Rosetten aus silbrigen Blättern. Sie sät sich leicht selbst aus.

Wollziest

Der Wollziest (*Stachys byzantina*) macht sich immer gut. Setzen Sie ihn als Randbepflanzung, damit er die Beete schön überwuchern und ihre Umrisse in einem silbrigen, samtweichen Licht verwischen kann, das die Farben leuchten lässt. Die dicken Ähren sind im Juni mit winzigen rosa Blüten besetzt.

Hitliste

Kleine Stauden-Hitparade

Alle Arten der folgenden Auslese wachsen schnell an und breiten sich aus, häufig säen sie sich auch aus, und man kann leicht Ableger gewinnen. Setzen Sie sie im frühen Herbst oder auch im Frühling in Dreier- oder Fünfergruppen mit 30 cm Abstand in einer gut vorbereiteten Boden (eine Handvoll Dünger in der Zusammensetzung N : P : K = 4 : 8 : 12). Die Pflanzen etablieren sich in den folgenden sechs Monaten und ersticken in ihrer Umgebung alles Unkraut im Keim. Für ihren Unterhalt verlangen sie nicht mehr als eine Volldüngergabe jedes Frühjahr, und so etwa alle drei Jahre sollte man die Wurzelstöcke teilen. Für den, der sich besonders für diese Pflanzengruppe interessiert, lohnt sich von Zeit zu Zeit der Besuch in einer Staudengärtnerei mit eigenen Anzuchtflächen. Dort entdeckt man immer wieder etwas, um das Gesicht des Gartens zu ändern, möglichst ohne hinterher über die zusätzliche Arbeit lamentieren zu müssen. Vorsicht ist generell angebracht bei nicht eindeutig winterharten Arten, vor allem in jenen Gegenden, wo mit einem echten Winter zu rechnen ist.

Aster, *Aster*

Der lateinischer Name *Aster* bedeutet „Stern“, und das ist gut getroffen für diesen Schatz, der von Ende August bis zum Frost die Beete mit Armen voll zarter Margeritenblumen überschwemmt, deren Farben im Herbstlicht so schön leuchten: Rosa, Blau, Violett, Purpurrot... Meine allerliebsten sind die Raublattaster *Aster novae-angliae* mit dem flaumigen Laub, das nach Bohnerwachs duftet. ‘Alma Pötschke’ blüht pink, ‘Konstanz’ violett, ‘Andenken an Paul Gerber’ purpurrot, ‘Madame Loyau’ bon-

bonrosa. Im Unterschied zu den Glattblattastern *Aster novi-belgii* werden sie nie vom Mehltau befallen, der die so schöne Reihe der 'Ballard' dahinrafft. Mischen Sie Hängeastern (*Aster vimineus*) hinzu sowie 'Monte Cassino' mit den winzig kleinen weißen Blüten für ein zauberhaftes Herbstbild.

Bleiwurz, *Ceratostigma plumbaginoides*

Es gibt sie in zwei Größen, die beide königsblaue Blüten und rötliches Laub mit dunklen, zarten Stielen haben: 'Miss Willmott' ist 70 cm und 'Lady Larpent' 15 cm hoch. Herrlich in trockenem Boden, lässt sie die Goldtöne des Spätsommers aufleuchten. Die kleine ist kräftig, fühlt sich auch im Topf wohl, und kann auf einem gut wasserdurchlässigen Gelände leicht zum netten Wucherer werden! Es lassen sich gut Ableger abnehmen.

Brandkraut, *Phlomis russeliana*

Hohe quirlständige Leuchter stehen wie blass gelbe Vögel über den dicken, herzförmigen, immergrünen Blättern. Diese Pflanze für alle Standorte ist im Beet wunderbar. Wenn sie Samen bilden, bleiben die verdorrten Blütenstände bis zum Frühling ansehnlich. Die Pflanzen haben einen eigenartigen, aber recht angenehmen Geruch und säen sich überall aus.

Buschmalve, *Lavatera thuringiaca*

Diese ausladende, aber leichte Staude mit Strauchcharakter (mit Höhe bis 1,50 m) ist eine der Königinnen der Faulen-Beete. Die gewöhnliche in zartem Rosa ist die dankbarste, 'Barnsley' aber die charmanteste, denn sie blüht in allen Rosatönen gleichzeitig. Es kommt automatisch zur Bildung von Ablegern bei zerstreuten Faulpelzen, die einen Topf davon in einer

An einem schattigen und trockenen Standort überwuchert diese *Anemone*-Japonica-Hybride ihre Nachbarin, *Euphorbia* 'Martinii'.

Gartenecke vergessen: Die Schöne wurzelt sacht ins Freiland aus, der Faule zieht wie verrückt, um sie auszureißen ... und gewinnt dabei ein halbes Dutzend Ableger. Neidhammel, die meinen, dass man sich bei allem Mühe geben muss, finden sie geradezu ekelhaft! Sie ist fast immergrün. Ein Fehler? Nach fünf bis sechs Jahren geht sie ein. (Vorsicht: *Lavatera olbia* ist in Mitteleuropa nicht ausreichend frosthart.)

Glockenblume, *Campanula portenschlagiana*

Im Clan der Bodendecker, die keine Probleme bereiten, schlägt diese alle Rekorde des guten Willens. Lassen Sie ein Zweiglein davon am Fuße einer sonnigen Mauer oder auch zwischen die Steine fallen, und schon entsteht eine üppige Randbepflanzung oder ein dickes Polster aus gekrausten Blättern, die von Mai bis Juli unter den blauen Glöckchen verschwinden.

Goldlack, *Erysimum cheiri*

Der kleine, immergrüne Halbstrauch entzückt das ganze Frühjahr über mit unglaublich samtigen Blüten in allen Gelb- und Brauntönen, in Rötlich und von Rosa bis Purpurrot. Dazu der unvergessliche Duft, sobald die Sonne hervorkommt. Der zweijährig gezogene Goldlack sät sich bereitwillig aus, aber besser lässt man nur einen seiner Triebe Samen bilden, damit er drei bis vier Jahre hintereinander immer schöner wird, bevor er seiner Saat Platz macht. Vorsicht bei kompakten Züchtungen; kaufen Sie ein billiges Samentütchen mit einer sogenannten „Mischung".

Japan-Anemone, *Anemone hupehensis* var. *japonica*

Der Anfang ist oft unberechenbar, da darf man nicht zögern, sie rechtzeitig umzupflanzen. Was sie vor allem mag: steinige Böden und eher Halbschatten. Obwohl... nach drei Jahren Unentschlossenheit hat sie mich jetzt in der Sonne mit anscheinend nicht zu bändigenden Ablegern versorgt – mitten auf dem Rasen, den ich anstelle eines ehemaligen Anzuchtbeetes angelegt habe! Die einfachen rosa ('Praecox', 'September Charm') und weißen Sorten ('Honorine Jobert') blühen weitaus üppiger als die gefüllten: in 1 m hohen Büscheln von August bis Ende September.

Kaukasus-Vergissmeinnicht, *Brunnera macrophylla*

Die energiestrotzende Version des bekannten Vergissmeinnichts: Diese Pflanze für alle Böden ist mehrjährig und immergrün, sie hat große, herzförmige, matte Blätter mit schwarzen Stielen und blüht von April bis Ende Mai (Bild links). Leider ist die wunderhübsch panaschierte Version nicht so robust.

Lampionblume, *Physalis alkekengi* var. *franchetii*

Diese charmante Wucherin kommt oft als blinder Passagier mit dem Geschenk einer Nachbarin. Ihr einziger Fehler ist, dass ihre Wurzeln denen der unerwünschten Zaunwinde ähnlich sehen. Geben Sie ihr auf keinen Fall zu nährstoffhaltige Erde, denn dann entwickelt sie sich weniger hübsch. Im August erfreut sie durch charmante weiße Blüten und anschließend durch ihre orangefarbenen Lampions. Mysteriöse Kleinstlebewesen zerschneiden diese bald in ein beigefarbenes Netz, so dass die darin versteckte rote Beere (die ihr wohl den anderen Namen „Blasenkirsche“ eingebracht hat) zum Vorschein kommt.

Lycesteria, *Leycesteria formosa*

Dieser Strauch mit hellem Laub wird 1,50 m hoch und dehnt sich ins Unendliche aus, sofern ihn nicht der Frost immer wieder in die Schranken weist. Auf hübsche Blütentrauben mit weißen Blütchen zwischen purpurnen Hochblättern im Juli folgen granatrote Beeren, auf die Fasane angeblich ganz verrückt sind. Die frostempfindliche Pflanze braucht guten Schutz im Winter und ist dann fast immergrün.

Mutterkraut, *Tanacetum (Chrysanthemum) parthenium*

Man weiß schon gar nicht mehr, wie man die Kamille nennen soll, denn die Botaniker haben bei den Chrysanthemen ein fürchterliches Chaos angerichtet. Im Grunde kann uns das egal sein, da wir sie nicht kaufen. Sie hat helles, duftendes Laub und den ganzen Juni über dicke Sträuße voll von Margeritenblumen, die mal gefüllt wirken, mal die gelbe Scheibe aus Röhrenblüten zeigen. Sie sät sich überall aus. Schneidet man sie zurück, sobald sie verblüht ist, blüht sie noch einmal im September.

Muskatellersalbei, *Salvia sclarea*

Dieser sorgt garantiert für Überraschung: Er entwickelt sich zwischen März und Juni von einer kleinen, Rosette aus behaarten Blättern zur Riesenpflanze. Er blüht herrlich in großen, pyramidenförmigen Ähren von Bläulich bis Malvenrosa und durchscheinend, hat aber einen etwas durchdringenden Geruch, der im Herbst noch stärker wird! Er sät sich überall aus.

Eine gesäte Christrose: *Helleborus orientalis.* Sie wächst in den Steinen eines Mäuerchens mit kräftiger Erde in den Ritzen und bildet einen riesigen, 50 cm breiten Strauß.

Nachtviole, *Hesperis matronalis*

In manchen Jahren wird die malvenfarbene lästig, die weiße aber nie. Leider sät sie sich viel weniger gut aus. Die ganze Zeit über, wenn Pfingstrosen und alte Rosen blühen, verströmt sie ihren köstlichen Nelkenduft. Für alle Standorte, sogar im Schatten.

Nieswurz, Christrose, Lenzrose, *Helleborus*

Helleborus lividus ‘Corsicus’ hat grüne Blüten und weist eine imponierende Statur von 1 m Höhe und mehr auf. *Helleborus orientalis* zeichnet sich durch ihre unglaubliche Farbpalette aus, die von Purpur bis Schwarz reicht, von Weiß bis Strohgelb mit granatrot getüpfelten Varianten. Alle sind echte Faulpelz-Pflanzen. von Januar bis April kann man sie im Garten von Martine Lemonnier entdecken, die jedes Jahr neue Sorten züchtet. Lenzrosen bevorzugen kühlen, sogar schweren, ja selbst steinigen Boden und fangen ein Jahr nach der Pflanzung ganz beeindruckend an zu wachsen. Die Christrose (*Helleborus niger*) hingegen bevorzugt gut durchlässige Böden. Sie blüht von November bis Januar. Die herrlichen, eingeschnittenen Blätter sind immergrün.

Bei Stockrosen nehmen Sie lieber die mit einfachen Blüten, die meistens länger leben als die gefüllten. Und nehmen Sie unverzagt davon Samen ab, denn so erhalten Sie reizvolle Mischungen.

Pfingstrose, *Paeonia lactiflora*

Glauben Sie nicht denen, die behaupten, Pfingstrosen blühten nie – sie wissen nur nicht, wie man mit diesen Stauden umgeht! Und dazu gehört: unbedingt oberflächlich pflanzen und gute Dränage. Vor allem aber lassen Sie Pfingstrosen in Ruhe, wenn sie erst einmal gut angewachsen sind. Im April blühen dann als erste *Paeonia officinalis* und die wunderbaren Strauchpfingstrosen der Suffruticosa-Gruppe. Das Geheimnis dieser stattlichen Damen beruht auf einer großzügigen Ration Kompost in jedem Frühjahr. Die vielen Hybriden der *Paeonia lactiflora* verlängern das Vergnügen bis Ende Juni. Hunderte von Sorten kann man bei spezialisierten Züchtern (wie Jean Luc Rivière im Departement Drôme) finden – und sich hin- und herreißen lassen ... denn es gibt darunter auch welche in einem schrecklichen Rot und einem Rosa, das unschön wird. Viele duften wunderbar.

Purpur-Kegelsonnenhut, *Echinacea purpurea*

Diese Verwandte des gelbblumigen Sonnenhutes stammt ebenfalls aus den Prärien des nordamerikanischen Westens. Die robuste Pflanze verträgt Trockenheit recht gut, braucht aber nährstoffreichen, das heißt mit Kompost angereicherten Boden. Die Blumen mit Durchmessern bis 15 cm halten sich lange, bis in die Wintermonate. Bei den neueren Sorten stehen die purpurroten bis rosa Zungenblüten waagerecht ab, und es gibt auch strahlend weiße Sorten wie 'White Swan' (oft 'Alba' genannt) und 'Green Edge'.

Scheinaster, *Boltonia*

Blütenrispen, übervoll mit weißen Asternblumen stehen 1,20 m hoch über blaugrün angehauchtem, glattem und klar umrissenem Laub. Die Scheinaster blüht den ganzen Herbst über.

Schwertlilie, *Iris germanica*

Die alten, preisgünstigen Sorten sind hübscher und robuster als die modernen mit Riesenblüten. Und außerdem duften sie. Staudengärtnereien bieten eine unglaublich schönen Palette mit zweifarbigen Blüten an! Die Blüten halten nicht lange (14 Tage), die Iris blüht aber zuverlässig, und die Blütezeit lässt sich auf zwei Monate ausdehnen, wenn man frühe und späte Sorten mischt.

Sonnenhut, *Rudbeckia fulgida* u. a.

Hohe, gelbe Margeritenblumen mit grün gesprenkelter Mitte besitzt 'Autumn Glory'. Sie blüht zur gleichen Zeit wie die Astern im Spätsommer. Diese Riesenblume (1,50 m) gibt es auch in einer gefüllten Version 'Plena'. Zur gleichen Zeit ragen die gelben Blütenkörbchen mit schwarzer Mitte der *Rudbeckia nitida* in die Höhe (aber nur 50 bis 60 cm), am schönsten zwischen denselben Astern, jedoch nur wo und wann es ihnen gefällt.

Stockrose, *Alcea rosea*

Bei ihr heißt es alles oder nichts. Alles heißt: Invasion mit ihren dicken Büscheln aus 2,50 m hohen Blütenschäften, die einen netten Hang dazu haben, sich auszusäen. Dabei kreuzen sie sich mit jeglichem neuen Farbton, und es gibt ein schönes Durcheinander von einfachen bis zu gefüllten Blüten, so dass jedes Frühjahr neue Überraschungen bringt. Sie verstärkt ideal eine zu langsam heranwachsende Hecke und entzückt den ganzen Sommer über, vor einem ländlichen Hintergrund ebenso gut wie in einer tristen Vorstadt. Einfach im Frühling aussäen, direkt in eine Saatrille, danach kommt sie allein klar. Von Juli bis zum Frost entfernt man die verblühten Stängel.

Storchschnabel, *Geranium*-Arten

In der Abteilung der mehrjährigen Storchschnäbel ist *Geranium endressii* aus den Pyrenäen der absolute Champion. Er blüht lange in Rosa von Mai bis Juli, dann noch einmal im September, wenn man ihn schön kurz schneidet, und vermehren kann man die Art, soviel man will! Sein einziger Fehler ist, dass sein Laub im Winter ziemlich stark einzieht. Vorsicht, einige Sorten zeigen ein nicht so schönes, schmutziges Rosa. Ein anderer Liebling ist der Armenische Storchschnabel (*Geranium psilostemon*); er blüht in leuchtendem Rot mit einem aufreizenden schwarzen Auge, und zwar im Juni in riesigen, 70 cm breiten Polstern. Aufpassen, er verschwindet im Winter!

Taglilie, *Hemerocallis*

Unter der Bedingung, dass man nicht eine dieser schrecklichen amerikanischen pseudo-solarisierten Hybriden nimmt, ist das eine verlässliche Pflanze mit langem, grasartigem Laub, die sich gut für hübsche Randbepflanzungen eignet. Bevorzugen Sie alte Sorten mit kleinen Blättern wie die gelben 'Flava' und 'Citrina'. Letztere duftet sogar. Für frische Böden.

Tellima, *Tellima grandifolia*

Dieser kleine Schatz mit immergrünem, mattem, ein kleines bisschen rauem Blatt schmückt sich im Juni mit langen, feinen, roséfarbenen oder auch grünlichen Blütenschäften wie eine winzige Glockenblume. Sie duftet schön nach Primeln und sät sich überall aus, auch auf dem Trockenen und im Schatten, obwohl sie als Randbepflanzung oder im Topf brav und immer hübsch bleibt.

Wunschvorstellungen und Realitäten

Die Leitidee: So einfach wie möglich bleiben, so nah wie möglich an dem, was man beherrscht und vor allem an dem, was machbar ist. Dies bedarf eines gut durchdachten Plans, damit der Garten weder unbeholfen noch vernachlässigt aussieht. Also keine Rasenflächen, die durch abkürzende Trampelpfade kahl sind, sondern Wege, die dorthin führen, wo man hin will; keine Sträucher, die durch immerwährendes Anrempeln angefressen aussehen, sondern schöne, runde Büsche, die an der richtigen Stelle stehen, wo sie ein Gebäude zur Geltung bringen, eine Blüte unterstreichen, einen Überraschungseffekt schaffen. Bestehendes gilt es soweit wie möglich zu nutzen (siehe auch „Die Metamorphose des Hässlichen“, S. 104). Und selbstverständlich gehört eine Hecke dazu sowie ein Rasen, auf dem man sich gern ausstreckt und liest – aber alles nach Faulpelz-Manier arrangiert!

Die Kunst der Überraschungen

In vielen Gegenden Frankreichs fand man früher in den Steinmauern, die damals die Gärten umgaben, wie von ungefähr eine Tür, die zu nichts anderem führte als zum benachbarten Feld und dem weiten Horizont. Und daran geknüpft sind viele Erinnerungen, die für immer im Gedächtnis bleiben. Durch Überraschungen wird ein Garten lebendig. Denn ein Garten, den man auf einen Blick wahrnimmt, erscheint innerhalb kürzester Zeit langweilig. Schauen Sie sich nur mal die 08/15-Gärten an, wie lächerlich die sind. Nicht allein diese sorgsam gestutzten Rabatten öden einen an, sondern mehr noch dieser leere Raum, der sich dem Betrachter auf einen Schlag darbietet. Auf den ersten Blick bleibt einem der Mund vor Überraschung offen stehen – und fünf Minuten später vom Gähnen.

Überraschungseffekte kann man mit Hilfe von Bäumen, Sträuchern, aber auch mit Rankbögen, Zäunen oder Hecken gestalten. Diese teilen den Raum in kleinere Abteilungen auf, die der umherstreifende Besucher erst allmählich entdeckt. Ohne gleich in die Sklaverei auf britische Art zu verfallen, wo die schön gerade geschnittene Heckenmauer hohe Räume aus Grün schuf, in die man durch ausgesparte Öffnungen trat, schafft man mit Hecken aus Liguster (*Lonicera nitida*) oder einem einfachen, durch Geißblatt verdecken Maschendrahtzaun kleine Räume, in denen man seiner Fantasie freien Lauf lassen kann.

Die berühmte englische Landschaftsgärtnerin vom Anfang des 20. Jahrhunderts Gertrude Jeckyll machte diese Kunst der eingezäunten Gartenteile populär. Sie nahm sie als einen Kunstgriff, um jahreszeitlich geprägte Beete zu einem besonderen Thema, in einem Farbton oder auch in einem bestimmten Stil zusammenzustellen. Der Vorteil ist: Wenn die schöne Periode des jeweiligen Teiles vorbei ist, hat man ausreichend Zeit, es wieder in Ordnung zu bringen, da es ja nicht gleich zu sehen ist.

Überraschungen erlebt man auch, wenn man sich abends mal in den Gemüsegarten setzt und dabei den Wilden Wein entdeckt, der in der Laube gelb wird, das Geißblatt, das eine kleine Butze versteckt, in der man so schön lesen kann, wenn es auf das Blechdach regnet, oder auch diesen Bogen, der Sie am oberen Ende einer kleinen, direkt in den Hang gehauenen Treppe empfängt.

Es lebe die freiwachsende Hecke!

Eine schnell wachsende Hecke ist der Hauptehrgeiz des normalen Gärtners. Sie soll einen schönen, grünen Hintergrund bilden, vor neugierigen Blicken schützen und die Farben auf den blühenden Beeten zum Leuchten bringen. Nur leider läuft das in der Realität immer ganz anders. Die Favoritenstellung von Scheinzypresse (*Chamaecyparis*) und *Thuja* im Sonderangebot der Gartencenter und Gartenmärkte gerät zwar allmählich ins Wanken, seit Otto Normalverbraucher klargeworden ist, dass er sich mit dem Kauf zugleich ein lebenslanges Pflicht-Abonnement für ein Schnitt-Programm einhandelt. Und dieses verträgt keinerlei Nachlassen... Dennoch hält die Versuchung immer noch an. Sicher, diese beiden Gehölze wachsen schnell, aber das Problem ist,

dass das Wachstum nur sein Ende findet, indem die Pflanzen ganz plötzlich eingehen.

Da ist ein klein wenig Mühe durchaus angebracht: Pflanzen Sie Bäume, die weniger schnell wachsen. Die Ihre Unaufmerksamkeit aber nicht gleich ausnutzen, um in 10 m Höhe abzuhauen und ganz unauffällig alle Nährstoffquellen des Gartens anzuzapfen. Eine Hecke bildet zugleich den Rahmen für einen Garten. Stellen Sie ihn aus verschiedenen Immergrünen und Sommergrünen zusammen: Es gibt eine ganze Menge, die hübsch blühen.

Für ein gutes Gleichgewicht bietet sich eine Mischung in abgestuftem Rhythmus an, z. B. drei Eiben, die eine Ecke vor Zugluft schützen, dann einen Schneeball, einen Kirschlorbeer, anschließend einen Flieder, ein Geißblatt, eine Eibe, einen Falschen Jasmin, drei Duftschneebälle... So haben Sie zugleich eine Einheitlichkeit (die gleichen Pflanzen wiederholen sich) und eine Vielfalt, die es erlaubt, die filternden Eigenschaften der Laub abwerfenden Hecke und die Wirkung der Immergrünen gegen Kälte und Blicke miteinander zu vereinigen. Und bei der Auswahl, die Sie ab Seite 177 finden, brauchen Sie keine Heckenschere.

Seien Sie standhaft: Kaufen Sie lieber junge Pflanzen im Bündel als 1 m große Schösslinge oder auch Jungpflanzen in 1-Liter-Töpfen. Die Bündelware für wenige Mark überholt rasch die Großen, die teuer sind und viel mehr Mühe beim Anwachsen haben. Vor allem aber schneiden Sie die Reiser gut zurück, damit sie dichter werden, und wenn Sie es kaum erwarten können, dass die Hecke Form annimmt, setzen Sie Stockrosen zwischen die Pflanzen: So haben Sie den ganzen Sommer über eine wunderschöne, 2 m hohe Wand.

Gut durchkommen

Ein schöner Garten ist ein lebendiger Raum. Wenn man sich gut in ihm bewegen kann, ohne dauernd lästige Umwege machen zu müssen, nimmt er rasch eine reizvolle Gestalt voller Überraschungseffekte an. Die ideale Wegeführung können Sie bestimmen, indem Sie einfach von den örtlichen Gegebenheiten ausgehen: Die Garage im vorderen Gartenteil oder der hinter dem Haus angelegte Gemüsegarten müssen direkt erreichbar sein. Wenn Trampelpfade den Rasen durchziehen, heißt das, dass die bestehenden Wege nicht an der richtigen Stelle liegen. Auf einem Grundstück, auf dem alles neu angelegt werden muss, planen Sie von Anfang an ein, dass der Gemüsegarten, der

Eine kleine Tür wie in alten Zeiten

Nehmen Sie 20 cm breite Verschalungsbretter, nageln Sie sie auf zwei Querhölzer und schaffen Sie so ein 1 × 1,70 m großes Brett. Schrauben Sie zwei 70 cm lange Türbeschläge darauf, stecken Sie zwei Pfähle zwischen zwei Sträucher in der Hecke in den Boden, schrauben Sie zwei Angeln auf einen davon und hängen Sie die Tür ein, wobei Sie darauf achten, dass sie 20 cm Abstand vom Boden hat. Schrauben Sie einen Schraubhaken ein, damit Sie sie öffnen und an dem anderen Pfahl einhaken können. Streichen Sie alles in einer zarten Farbe: in schönem Bananengelb, Himmelblau, ruhigem Grün.

Rosa multiflora var. *platyphylla* (die Seven-Sisters-Rose der Briten) mit einmaliger, duftender Blüte bildet einen großen Strauch mit gebogenen Trieben.

Holzschuppen, die Waschküche und die Garage in Hausnähe liegen müssen, so dass die Dinge, die Sie brauchen, so nah wie möglich an Ihrem „Stützpunkt" zusammengefasst sind. Denken Sie an den Winter und die Rutschpartien...

Ideal wäre es, provisorische Wege anzulegen und fünf oder sechs Monate (oder sogar ein Jahr) abzuwarten, denn dann können Sie beurteilen, ob der Verlauf wirklich praktisch ist. Legen Sie dann die endgültigen Wege ganz nach Ihrer Vorstellung an – in gerader Linie oder leicht gekrümmt, aber vor allem praktisch: Es gibt Fantasien, die man schnell satt hat, und es ist immer schwierig, sich dann dazu aufzuraffen, einen Strauch wieder auszubuddeln, selbst, wenn er ein bisschen gerupft aussieht, weil ungeduldige Passanten immer zu dicht daran vorbeigegangen sind. Geben Sie den Wegen eine bequeme Breite: 1 m bis 1,50 m für einen Hauptweg, 40 cm für einen Pfad hinter einem großen Beet, 80 cm, wenn er eine Hecke säumt, die Sie regelmäßig schneiden wollen (denken Sie an die Manöver mit der Heckenschere!).

Gepflasterte Wege

Das wird eine ziemliche Baustelle, aber nach der Anstrengung kommt die Belohnung, denn solche Wege sind wirklich hübsch, halten ein Leben lang und machen gar keine Arbeit. Da sie gut sichtbar sind, muss das Pflaster mit reiflicher Überlegung ausgesucht werden. Und da dieses schwer ist, kann man es nicht so einfach umtauschen! Apropos: Lassen Sie sich immer die genauen Transportkosten nennen, bevor Sie eine Bestellung unterschreiben.

Sie laufen wenig Gefahr, einen Irrtum zu begehen, wenn Sie ein Material nehmen, das schon beim Hausbau oder anliegenden Gebäuden Verwendung gefunden hat: Backstein, Schiefer oder Steine derselben Art. Eine Pflasterung aus unregelmäßigen Bruchsteinen ist billig und potthässlich, wenn man sie schlecht verlegt (weshalb ich sie ursprünglich überhaupt nicht mochte). Mit ganz eng aneinander gelegten Platten sieht sie aber eigentlich gar nicht so übel aus. Bei näherer Betrachtung stellt man fest: Es sind die dicken,

Hübsche Hartbrandziegel

Man findet noch hie und da handwerklich arbeitende Ziegeleien, die wegen mangelnder Werbung auf Sparflamme produzieren und nach und nach erlöschen (falls ich es so sagen darf). Sie stellen Backsteine von einer vollkommenen Schönheit her, die etwas rau sind, also rutschfest. Hartbrandziegel empfehlen sich in jedem Fall: Sie sind viel wetterfester als normale, sind geflammt oder dunkel, ergeben wunderschöne Wege, und ihr Preis hält sich in Grenzen – ein Stein kostet etwa so viel wie eine Briefmarke.

Wenn Sie geschickt sind, lassen Sie sich von Intarsienmustern inspirieren, wie sie in Belgien und in den Niederlanden üblich sind, sonst begnügen Sie sich damit, sie nebeneinander zu legen und mit einer Reihe in Längsrichtung zu säumen; das sieht auch sehr schön aus.

Eng liegende Platten als Trittsteine auf dem Rasen oder als Bruchsteinweg, über den sich hier ein Bogen aus *Rosa longicuspis* 'Bertolonii' schwingt.

breiten Fugen, die dieses Pflaster hässlich machen, vor allem, wenn sie aus grauem Zement bestehen. Vermeiden Sie von vornherein zementierte Wege. Backsteine und Steine lassen sich sehr gut auf einem Sandbett verlegen oder auch auf feiner Erde, und wenn Sie wirklich befürchten, dass das nicht stabil genug ist, fassen Sie sie einfach mit einer Reihe Backsteine ein, die in einem Zementbett ruhen und mit Mörtel verfugt sind.

Ein Teppichboden für Faule

Rasenwege sind wirklich ideal. Ihr Gras wird alle 10 bis 14 Tage gemäht. Wenn Sie ein neues Grundstück haben, säen Sie eine gute, belastbare Gräsermischung, denn sie verträgt es, dass man darauf herumläuft, ist aber feiner als Rasen für Sportplätze. Rasen ist ideal für Nebenwege. Pfade, die Sie täglich benutzen, können Sie mit einem Schachbrettmuster aus 20 × 20 cm großen Terrakottaplatten verstärken, die auf ein einfaches Bett aus Sand oder feiner Erde gelegt werden, und zwar genau auf der Höhe des Rasens, damit Sie problemlos mähen können.

Der einzige Nachteil: Rasen neigt dazu, Ausflüge auf die Beete zu veranstalten, vor allem, wenn man mit Quecken gestraft ist. Da gibt es zwei Lösungen. Die erste ist: Säumen Sie die Wege mit 5 bis 6 cm breiten Dachsparren. Sie werden direkt auf den Boden gelegt, so dass die Räder des Rasenmähers beim Mähen der Kante im Gleichgewicht bleiben, und ersparen Ihnen das lästige „Spiel" mit den so genannten Kantenschneidern. Dachsparren

Nehmen Sie feinen Kies und verteilen Sie ihn so dünnschichtig wie möglich: Eine 2 cm dicke Auflage reicht völlig.

gibt es in 5 m Länge oder länger, denn sie sind ja normalerweise für die Dachkonstruktion bestimmt. Sie sind billig und werden meistens als bereits behandeltes Holz angeboten.

Die zweite Lösung ist, die Wege mit Zwerg-Kapuzinerkresse zu säumen. Sie hält das Gras auf Abstand, und wenn der Frost der Kapuzinerkresse den Garaus gemacht hat, ist hier der Boden sauber und locker. Säen Sie die Kapuzinerkresse im April in eine Saatrille in 20 cm Abstand zum Weg; lassen Sie alle 10 cm ein Samenkorn fallen. Ab Mitte Juni tritt sie in Erscheinung und verschwindet erst wieder mit dem ersten Frost.

Das Nonplusultra ist natürlich, die hübschesten Sorten auszusuchen: Sie haben etwas zerknautschte Blüten mit Sporn, die sich gut vor dem Laub abheben. Sie heißen 'Globe', 'Bijou' oder 'Florissimo', haben schön gefüllte Blüten, herrliche Farben (Rosa, Cremeweiß, Aprikosenfarben, Hellgelb), und die Blütenblätter wirken wie Sonnenplissee. Und sie bleiben brav, während 'Tom Pouce' seine Blüten unter den Blättern versteckt und sich außerdem vom ersten Septemberregen an wie eine kriechende Kapuzinerkresse verhält. Hübsch sind sie alle, säen sich in Hülle und Fülle aus, und in den folgenden Jahren muss man nur noch Myriaden von spontan wachsenden Pflänzchen umsetzen.

Eine kleine Kiesmusik

Unter den Schuhen knirschender Kies, der Besuch ankündigte... das ist für manche eine liebgewordene Kindheitserinnerung. Der Kiesweg ist einer der klassischen Wege, der sich zugleich am leichtesten selber anlegen lässt. Und der billigste: Ein Kubikmeter Kies kostet etwa soviel wie ein Kilo Rindfleisch, und damit bedeckt man 50 m². Denn wenn man bequem darauf gehen will, muss man feinen Kies nehmen und ihn in einer dünnen Schicht verteilen (2 bis 3 cm). Je feiner desto so weniger klemmt er sich im Profil der Stiefel fest, um so weniger knirschen die Türen... und die Zähne! In Kieswerken oder im Baustoffhandel findet man unter Umständen auch extrafeinen Kies, der noch besser aussieht und ganz billig ist.

Wenn man ihn auf einem vorbildlich gestampften Boden verteilt, hält der Kies 15 Jahre und länger. – Wenn er allerdings von Autos zerfahren wird, nur drei Jahre, aber nach zweimaliger Erneuerung stabilisiert sich der mit Steinchen übersättigte Boden.

Wenn Sie den Rasen mähen wollen, ohne zu fürchten, dass Ihnen alles um die Ohren fliegt, säumen Sie den Weg mit einer Reihe Ziegelsteine oder mit geschälten Rundhölzern, die dicht an der Graskante in den Boden gerammt werden. Das verhindert auch, dass der Kies sich im Gras verteilt, wenn die Kinder auf dem Weg mit ihren Matchboxautos spielen.

Rasen oder Wiese?

Anfallsartig ungefähr alle 14 Tage gemäht, nicht gesprengt, nicht mit Dünger bombardiert, geht der Rasen eines Faulen von Juni bis September langsam in Blassgrün über. Ein Segen, denn das ist erholsamer für die Augen und lässt das Licht in einem Garten aufleuchten, in dem nun massenhaft rosa Blüten erscheinen. Etwas weiter hinten im Garten, auf der Wiese, ist die Stunde des Heumachens gekommen. Denn nach einer köstlichen Zeit, in der Unmengen von Löwenzahn, Hahnenfuß, Wucherblumen und Vexiernelken einander ablösen, wo das Gras mit Wellen aus Margeriten im Winde wogt, haben Windstöße und Gewitter große Wirbel niedergedrückt. Angesicht dessen steht verblüfft der Gärtner mit umgeschnallter Motorsense.

Ja, so ist das mit dem Gras! Entweder Sie entscheiden sich für regelmäßiges Mähen alle 10 bis 14 Tage, und der Rasenmäher muss zusehen, wie er alles schluckt – dann können Sie überallhin treten. Oder aber es ist die Rückkehr in den Dschungel mit einer großen Runde Heumachen im Juni, und Ende September wird das nachgewachsene Gras abgemäht. Eine Wiese ist hübsch und immer voller Überraschungen, denn von einem Jahr auf das andere tauchen dort immer wieder andere Blumen auf. Zugleich muss man aufpassen, dass die umtriebigsten von ihnen nicht übermäßig ins Kraut schießen. Dazu zählen Disteln, Löwenzahn, Guter Heinrich, Hahnenfuß, die sich unkontrolliert überall aussäen.

Ein anderer Nachteil: Umgekipptes Gras ist recht schwierig zu mähen. Das vermeide ich, indem ich die Wiese im April mähe (wenn der Hahnenfuß gerade blüht), dann im Juni und noch einmal Ende September. In der Zwischenzeit mäht man mit dem Rasenmäher Wege, die zu den Obstbäumen führen und diese vom hohen Gras freihalten.

Die Falle der Bodendecker

Was auch immer für die Beweggründe für die Schaffung dieses Begriffes waren, er bedeutet nicht, dass man dort laufen könne, wo ein Bodendecker wie ein Teppich auf dem Boden liegt, um Ihnen das Mähen zu ersparen. Meistens bedeuten Bodendecker einen wahren Dschungel. Das Schlimmste sind Brombeerranken (man sagt *Rubus*, um Neulinge besser zu täuschen!) und Rosen. Johanniskraut ist absolut unausrottbar. Nur damit Sie's wissen!

Praxisblatt

Wie ein kleiner Garten größer wirkt

Selten ist das Gelände, über das man verfügt, ganz ideal. Das Schlimmste ist ein ganz in die Länge gezogenes Grundstück ohne klare Form und ohne Perspektive. Aber wozu gibt es die Kunst der optischen Täuschung, des Trompe-l'œil auf gut Französisch. Eine nette kleine Laube ganz aus geflochtenem Spaliergitter mit einer Bank mittendrin, auf der man herrlich von Rosenduft umweht lesen kann, braucht ja lediglich tief *auszusehen*! Notwendige Breite: 1 m, und welch eine herrliche Aussicht! Variante: Wenn der Garten sehr schmal ist, malen Sie einfach im Stil des Manierismus ein Trompe-l'œil an die Wand!

Manchmal wird auch die Perspektive brüsk unterbrochen, weil der Besitz ein paar Schritte vom Haus entfernt zu Ende ist. Auch hier können Sie mogeln, diesmal mit würfelförmig gestutzten Hecken, deren Größe unregelmäßig, jedoch wohlüberlegt abgestuft ist. Ideal wäre ein Baum in der Nähe, um die geometrische Struktur der Hecke zur Geltung zu bringen. Ansonsten pflanzen Sie einen schön runden, ausladenden Strauch dazu (eine schöne Schneeball-Sorte, eine Weide, eine alte Rosensorte mit überhängenden Trieben) oder leiten Sie eine Kletterpflanze über einen Rankbogen. Setzen Sie außerdem vor die Gebäude Schwertlilien, deren klar geformte Blätter die Perspektive verlängern.

Machen Sie sich keine Sorgen, mit dem Nachbarschaftsrecht in Konflikt zu geraten. Sie können eine schöne Wirkung erzielen, auch wenn Sie dicht an der Grundstücksgrenze pflanzen, genau in 50 cm Abstand, denn eine 2 m hohe, 30 cm dicke Hecke reicht schon aus, um mit Volumen zu spielen, und Sie haben bald ein hübsches Ergebnis. (Der gesetzlich vorgegebene Mindestabstand zum Nachbargründstück variiert von Bundesland zu Bundesland.) Die Eibe übrigens bummelt drei Jahre lang herum, aber wenn sie dann ins Wachsen kommt, dann richtig. Sie bleibt hübsch, wenn man sie einmal im Jahr zurückschneidet.

Praxisblatt

Gebrauchsanweisung für einen rustikalen Rasen

Linke Seite: In dieser Randbepflanzung im Schlosspark von Bagatelle in Paris werden Rosen und Clematis an einem Doppelspalier gezogen, das der Szene Tiefe verleiht.

Man sät den Rasen im September oder im April auf umgegrabene, eingeebnete Erde, aus der man so viele Steine wie möglich entfernt hat. Kaufen Sie eine gute, widerstandsfähige Rasenmischung, die feinlaubig und haltbar ist. Säen Sie gemäß den Herstellerangaben aus. Denken Sie auch daran, die Samen einzuharken und dann zu walzen (das ist wichtig, um die Keimung zu erleichtern). Eine gleichmäßige Fläche erleichtert später das Mähen.

Ein Tipp für das Ansäen eines Weges: Wölben Sie sein Profil etwas nach oben, bevor Sie die Samen verteilen, und gehen Sie beim Walzen sehr sorgfältig vor, denn man verdichtet in der Mitte immer mehr als an den Seiten.

Wenn Sie Lust auf Zwiebelblumen im Gras haben, setzen Sie sie am besten im Randbereich oder auch in großen Flecken z. B. zwischen Primeln und Veilchen, denn damit sie wieder blühen, muss man ihr Laub zum Einziehen in Ruhe lassen. Nehmen Sie Arten, die leicht verwildern: Kleine botanische Narzissen (*Narcissus bulbocodium, N. cyclamineus, N. poeticus*), Blaustern, wilde Alpenveilchen (*Cyclamen neapolitanum*). Damit es natürlich aussieht, werfen Sie jeweils eine Handvoll (zehn oder zwölf) Zwiebeln auf den Boden und graben Sie sie dort ein, wo sie hingefallen sind.

Pflanzen Sie ebenso Flecken aus Wiesen-Schlüsselblumen, Primeln, Immergrün, Lungenkraut mit panaschiertem Laub, Salomonssiegel... Nach dem Mähen im Frühjahr erscheinen dann im nachgewachsenen Gras die Blumen, die den August verschönern: dunkelrosa Flockenblumen, Echter Majoran, Malven, Garben... im Jahr darauf haben Sie schon Veilchen, die überraschend zu Besuch kommen, zarte Glockenblumen im Juni, weiße Margeriten, wilden Klatschmohn und sicher so allerhand schöne Unbekannte.

Um die Zusammensetzung des Straußes zu variieren, können Sie auf Spaziergängen in der Landschaft Samenstände wilder Blumen sammeln und daheim ganz gezielt in die Wiese einsäen.

Faulpelz-Geheimnisse für eine schöne Hecke

Klein pflanzen ist das Geheimnis einer gelungenen Hecke. Damit sie sofort loslegt, bereiten Sie alles sorgfältig vor: Graben Sie einen 1 m breiten Streifen in mindestens 50 cm Abstand (Mindestabstände bei der Gemeinde erfragen!) von der Grundstücksgrenze um. Wenn die Hecke vielleicht einmal über 2 m hoch wird, halten sie 2 m Abstand ein. Graben Sie alle 70 cm mit der Hacke Löcher. Zu zweit geht das ganz schnell: Der eine gräbt die Löcher, wirft eine Schaufel voll Kompost hinein, der andere pflanzt und füllt wieder auf. Verteilen Sie zum Schluss zwei Handvoll Dünger pro Meter. Auflockern, Gießen und das Auslegen einer Tröpfchenbewässerung sind ganz wichtig, damit die Hecke im ersten Sommer gut anwächst. Mulchen Sie zudem 15 cm dick mit Stroh oder Farnkraut. Im Sommer lassen Sie sich den gesamten Rasenschnitt aus der Nachbarschaft geben, um diese Matratze zu vervollständigen, die zum durchgehenden Teppich verfilzen und die Hecke versorgen wird.

Im Winter, der auf die Pflanzung folgt, beweisen Sie Mut: Schneiden Sie radikal zurück! Kürzen Sie die Sträucher um zwei Drittel. Es mag schwer erscheinen, sich dazu durchzuringen, aber nach dieser Behandlung wachsen die Gehölze schön buschig. Im folgenden Winter schneiden Sie sie noch einmal um ein Drittel zurück. Und innerhalb von drei Jah-

Ein panaschierter Spindelstrauch und Flieder in einer hübschen, schnell gewachsenen und rasch dichten Hecke.

ren haben Sie eine hübsche, dichte Hecke, die so groß ist wie Sie selbst und wirksam vor starken Winden schützt. Und die dadurch geschützte Fläche ist 20-mal so groß wie die Hecke hoch ist.

Was den Schnitt betrifft: Den können Sie ein für allemal vergessen! Falls Sie Zweifel und Fragen haben, können Sie sich an die Gartenbauberater der regionalen Landwirtschaftsämter oder an die Obst- und Gartenvereine wenden. Übrigens beraten auch die örtlichen Naturschutzvereine (z. B. die BUND-Ortsverbände), wenn es um die Anlage von Vogelschutz-Hecken geht.

Eine kleine Auswahl an zahmen Sträuchern

Wohlgemerkt „zahme" Gehölze stellen wir im Folgenden vor. Daher fehlen solche Genossen wie der Bambus, die wie wahnsinnig Ausläufer bilden. Die Auswahl enthält Sträucher, die in der Regel nicht über 2 m hoch werden. Dadurch kann man sie tatsächlich 50 cm nah an die Grundstücksgrenze pflanzen, abgesehen vielleicht von lokalen Sonderfällen. Die Genannten bereichern durch ihre Blüten, ihren Duft und ihr hübsches Laub, schließlich sollen sie vor allem einen schönen Rahmen schaffen. Übrigens eignen sich all diese Sträucher auch für einen Beethintergrund; sie können eine Hausecke betonen oder die Tür zum Gemüsegarten einrahmen. Sie sind durchwegs robust, sehr hüsch und leicht zu ziehen.

Buchs

Buxus sempervirens

In jedem Boden kann der Buchsbaum gedeihen, aber er gilt als absoluter Trödler. Für die Sorte mit den runden Blättern ('Rotundifolia') gilt das allerdings nicht. Gedulden Sie sich trotzdem in den ersten zwei Jahren: Er richtet sich erst häuslich ein – dann aber für die Ewigkeit. Buchs bevorzugt kalkhaltige Böden.

Und diese ländliche Hecke? Ein Geißblatt hat einen sehr hässlichen Maschendrahtzaun „verschlungen". Das ist ein Express-System, das innerhalb von zwei Jahren hervorragend seine Aufgabe erfüllt!

Ölweide

Elaeagnus × ebbingei

Der Erfolg der Ölweide beweist, dass der lateinische Name nicht hinderlich ist, wenn sich eine Pflanze als wertvoll erweist. Die fast unsichtbare Blüte von September bis Weihnachten verströmt einen betörenden Duft. Die dicken, immergrünen Blätter sind auf der Unterseite hübsch silbrig angehaucht. Die Ölweide wächst sehr schnell. Schneiden Sie sie alle drei oder vier Jahre zurück, denn wenn man sie sich selbst überlässt, wird sie über 3 m groß.

Spindelstrauch

Euonymus japonicus

Der Japanische Spindelstrauch ist mit seinem lackglänzenden, blass grünen Laub wunderschön, vor allem in frischen Böden, die er sehr gern hat. Zu

Wenn *Lonicera nitida* über 1,20 m hoch wird, ist sie Windstößen gegenüber sehr empfindlich.

Beginn bummelt er herum, wächst dann aber in Windeseile zu einem dicken, dichten Busch heran. Zwei panaschierte Sorten erinnern an frühere Zeiten: 'Président Gauthier' in Cremeweiß und seine Zwergform (1 m) 'Bravo', oder auch 'Aureomarginatus', die leuchtend gelbe Blattränder hat. Aber Vorsicht, diese beiden wachsen besonders langsam (10 cm pro Jahr). Pflanzen Sie Spindelsträucher in eine luftige Ecke, denn sonst bekommen sie leicht Schildläuse.

Kerrie, Ranunkelstrauch

Kerria japonica

Wenn die Kerrie ihre kleinen, dottergelben Pompons auf ihre dicken, 1,5 m hohen Büsche aus langen Ruten setzt, weiß man, dass der Frühling nun ganz bestimmt wieder da ist. Für alle Böden; sie bildet Schösslinge wie verrückt.

Liguster

Ligustrum vulgare

Der Liguster erinnert an Spaziergänge durch Hohlwege im Juni, wenn seine cremefarbenen Ähren die Luft mit einem eigenartig scharfen Duft füllen. Er hat zartes, dunkles Laub, das fast immergrün ist. Leider ist er selten in Baumschulen zu finden. Dort stößt man eher auf *L. ovalifolium* mit dem hellen Laub, der ebenfalls sehr blühfreudig ist. Beide sind winterhart und bilden einen perfekten Wind- und Sichtschutz. Um sie in 2 m Höhe zu halten, schneiden Sie sie ab einem Alter von 10 Jahren alle zwei oder drei Jahre zurück.

Geißblatt

Lonicera-Arten

Schnell präsent und schnell adrett ist das sommergrüne Geißblatt (*Lonicera periclymenum*). Es bildet einen ansprechenden und wirksamen Windschutz. Wenn man mit den Sorten 'Belgica' (früh) und 'Serotina' (die von Mai bis September blüht) spielt, hat man von April bis September duftende Blüten. Für alle Böden. Aber wenn Sie ein immergrünes Geißblatt suchen, hüten Sie sich vor dem Japanischen Geißblatt (*Lonicera japonica*), das mit seinen 5 bis 7 m Wuchshöhe leicht seine schwächeren Nachbarn in der Hecke überwuchert. Nehmen Sie lieber *Lonicera chinensis* mit den rosa Blüten, die von Mai bis September betörend duften. Es ist bedeutend weniger angriffslustig.

Immergrüne Strauch-Heckenkirsche

Lonicera nitida

Kleines, leuchtendes Laub, das immer grün und adrett ist: Damit hat er als Liebling aller Vorortgärtner schön Karriere gemacht, ohne dass ihm das einen hübschen Spitznamen eingebracht hätte. Er wächst flott und häkelt Ihnen ebenso gut die dicke Kugel, die Fantasiefigur, die niedliche, 1 m hohe Hecke oder die 50 bis 60 cm hohe Randbepflanzung. Und um sich die Pflanze zu beschaffen, braucht man nur jemandem über den Weg zu laufen, der seine Hecke schneidet, und schon hat man eine Armvoll Stecklinge ergattert, die er mit Vergnügen abgeben wird (so ist er sie los!). Und alles wächst gleich an.

Wenn man vergisst, die Heckenkirsche zurückzuschneiden, wird sie hübsch zottelig wie eine dicke Katze, die sich ärgert. Bis 1,20 m Höhe geht's. Darüber hinaus sieht's aber wirklich nach Rock'n Roll aus, denn da bringt das leiseste Lüftchen die Triebe zum Tanzen.

Falscher Jasmin

Philadelphus coronarius

Vom Falschen Jasmin oder Pfeifenstrauch muss man die einfach blühenden Sorten nehmen, denn – Verrat! – der gefüllte hat keinen Duft. 'Silberregen' (*P.* × *lemoinei*) hat kleine Blüten, die nach Erdbeeren duften. Auch der herkömmliche Pfeifenstrauch duftet, man muss ihn aber im Auge behalten. Denn nach einem problematischen Anfang legt er los wie eine Rakete, bildet überall Schösslinge, kurz, er wird lästig (bei 3 m Höhe und 5 m Breite). Wie beim Flieder ist auch hier die beste Art des Rückschnitts, Sträuße zu schneiden.

Portugiesische Lorbeerkirsche

Prunus lusitanica

Mit seinen langen, aber immergrünen Pfirsichblättern, die ziemlich winterhart sind, hat er den dichten Wuchs, der gut in eine Hecke passt, und dazu weiße Blüten, die im Juni nach Bittermandeln duften. Er wächst von Natur aus 3 bis 4 m hoch in schöner Pyramidenform. Wenn er im Frühling in den ersten fünf Jahren zurückgeschnitten wird, bildet er eine hübsche grüne Wand. Als mediterrane Art ist dieser Strauch sehr frostempfindlich, er treibt jedoch schnell wieder auf.

Flieder

Syringa vulgaris

Wenn man ihn gewähren lässt, kann der Flieder 4 m hoch wachsen, aber da er um so reicher blüht, je mehr Sträuße man pflückt, tun Sie sich keinen Zwang an! Man verzeiht ihm seine kurze Blütezeit, denn sein Duft ist unvergesslich. Erinnern Sie sich wieder an die gefüllten Sorten ('Mme Lemoine' in Weiß, 'Michel Buchner in Lila mit weißer Mitte und 'Olivier de Serres' in Lavendelblau mit purpurroten Knospen).

Eibe

Taxus baccata

Sie kommt am Anfang etwas langsam in Gang, aber sie holt später auf – unter der Bedingung, dass man auf

Sieht er nicht schön aus, dieser Feuerdorn, der Liebling der Vorortgärten, verstrickt mit dem Wilden Wein.

keinen Fall ihren Wipfel schneidet, solange sie noch nicht die gewünschte Höhe erreicht hat. Für Faulpelze ist sie die einzige Gehölzart, die sich für einen Schnitt in bestimmte Formen eignet.

Schneeball

Viburnum-Arten

Man kennt vor allem den Gewöhnlichen Schneeball (*Viburnum opulus*), der an Bachrändern wächst, wo er im Mai seine kleinen, wie Spitze zarten „Hortensienblüten" entfaltet. Darauf folgen schwere Büschel roter, durchscheinender Beeren, die im herbstlich leuchtenden Laub herrlich aussehen. Der Wollige Schneeball, *Viburnum lantana,* blüht im Mai in cremeweißen, körnigen und flachen Sträußen, die sich zu schweren, nachtblauen, roten und weißen Beeren entwickeln. Die runden, dicken, rauen Blätter leuchten dann in herbstlichem Karminrot. Eine gute Nachricht: Er mag Kalk! Eine gute Karte in einer Familie, die nur Asse hervorgebracht hat, ist außerdem *Viburnum × burkwoodii,* ein wintergrüner, locker und sparrig wachsender Strauch. Die Blüten im April-Mai duften herrlich. Er kommt auf steinigem Untergrund und selbst im Schatten zurecht.

Lorbeer-Schneeball

Viburnum tinus

Dieser Schneeball stammt aus der sonnigen, trockenen Garrigue, wächst aber in jedem Boden: Unseren haben wir gepflanzt, kurz bevor eine schreckliche Kältewelle hereinbrach, und er hat nicht gelitten. Schön sind seine weißen Blüten mit dem säuerlichen Duft, die kleinen rosa Knospen und die silbern schimmernden nachtblauen Beeren, an denen man sich den ganzen Winter über freuen kann. Er ist immergrün, hat biegsames Astwerk und einen hübschen natürlichen Wuchs. In Mittereuropa ist er nur in wintermilden Regionen ausreichend frosthart.

Hitliste

Rosa oder grauer Teppichboden?

Diese Teppiche für jeden Standort breiten sich in der Sonne wie im Schatten aus, da, wo Sie weder Lust haben zu mähen noch Unkraut zu beseitigen. Tatsächlich: Man kann drauftreten aber nicht alle Tage, sonst werden sie unansehnlich. Man pflanzt im Frühling, jeweils eine Jungpflanze alle 30 cm. Innerhalb von sechs Monaten werden sie zum Teppichboden, und in weniger als zwei Jahren liefern sie jede Menge Ableger für Freunde. Sie eignen sich außerdem sehr gut für Randbepflanzungen zwischen dem Rasen und dem Blumenbeet, obwohl sie etwas abenteuerlustig sind.

Hornkraut

Cerastium tomentosum

Das Hornkraut strotzt vor Gesundheit, die schon fast beunruhigend ist.

Am Straßenrand würde es soweit gehen, das Pflaster zu überwuchern! Aber es ist wirklich genial, denn es ziert unmögliche Standorte mit seinen graugrünen Mäuseohren, in denen im Juni weiße Sterne leuchten.

Phuopsis

Phuopsis stylosa

Ebenfalls im Juni verschwindet das zarte Laub in Form grüner Sterne unter einem Meer luftiger rosa Blütendolden. Zwei Fehler hat diese Staude allerdings: In der Sonne riecht sie sehr unangenehm, und wenn es sehr kalt ist, erfriert sie. Im Frühling braucht sie eine Runde Frisieren mit dem Freischneidgerät, damit alles wieder schön ordentlich wird, und sie ist wirklich ein unvergleichlicher Unkrautvernichter, der sich weder vom Lehm, noch von Steinen oder total armen Böden abschrecken lässt: Bei uns überzieht sie einen Entwässerungsgraben, in dem dicke Steine liegen!

Immergrün

Vinca minor

Die gleichen Bedingungen braucht das kleine Immergrün, das aus unseren Wäldern stammt. Je mehr man es abschneidet, um so dichter wird es und umso hübscher ist der Teppich. Aber wenn Sie wollen, dass es im Frühling blüht (in Blau), lassen Sie es in Ruhe. Die panaschierte, also weißbunte Version ist fast ebenso wirksam, aber ihre großen Schwestern (*V. major, V. hirsuta*) sind nicht gerade berauschend: Zwar wuchern sie ziemlich, aber sie sind hoch, schicken dauernd trügerische Lianen auf Spaziergänger-Fang aus, und man wird sie nicht mehr los.

Eine andere wirksame Pflanze zum Kaschieren und Abdecken ist das Brandkraut (*Phlomis russeliana*) mit den großen, herzförmigen Blättern, das bereits unter den Stauden aufgeführt ist.

Zement, Teer, große oder kleine Steine: Das Hornkraut lässt sich von nichts und niemandem aufhalten und knüpft entschlossen seinen Teppich.

Stimmungen und Farben

Auf der Grundlage von Stauden, Bäumen und Sträuchern kommen im Laufe der Jahreszeiten die Farben dazu. Jede hat ihre Stimmung, ihre dominierenden Töne, die nie gleich sind, da sich ja das Licht ändert. Man wird nie müde, seinen Garten immer neu zu erfinden, da er den gleich bleibenden Rahmen, der außerhalb der Zeit zu stehen scheint, mit ständiger Änderung, Entwicklung und Überraschung verbindet. Genau wie das Leben! Denn verkniffene Geister möchten wohl das Bild um jeden Preis festhalten – trotz ihrer mühseligen Anstrengungen („Was macht so ein Garten doch für eine Arbeit!") gelingt das diesen Unglücklichen aber nie so ganz. Das Privileg des entspannten Gärtners ist der Weg des geringsten Widerstandes. Schauen wir uns lieber an, was von Natur aus in jeder Jahreszeit blüht und gedeiht.

Der Frühling

Im Frühling passiert dermaßen viel, dass man zwei Phasen unterscheiden kann. Die erste dauert von Ende Februar bis Ende April (von der Winterjasmin- bis zur Fliederblüte), die zweite von der Flieder- bis zur Rosenblüte. In dieser Jahreszeit geht alles sehr schnell, die Blütezeiten haben einen beschleunigten Rhythmus, alle 14 Tage blüht etwas und wird schon von der nächsten Blüte abgelöst, die die Landschaft in einem strahlenden, jungen und frischen, die Farben steigernden Licht verändert. Es gibt auch einen dauerhafteren Hintergrund, das sind vor allem die Sträucher, die einen ganzen Monat lang blühen. Zu dieser Kategorie gehören: Japanische Zierquitte, Kamelie, Forsythie, Zierjohannisbeere, Winterjasmin. Aber auch Stiefmütterchen, Vergissmeinnicht, Kaukasus-Vergissmeinnicht, Goldlack, Levkojen, Christrosen, Wolfsmilch und Aurikel gehören zu denen, die lange (von ganz zu Anfang bis zur Mitte des Frühlings, mindestens bis zur Fliederblüte) blühen.

Daneben folgen die flüchtigen Blütezeiten in Perioden von etwa 14 Tagen: Tulpen, Narzissen, Krokusse, Schachbrettblumen, Schwertlilien, Hyazinthen blühen zusammen mit Aprikosen-, Pflaumen-, Kirsch- und Birnbäumen. Die Sternmagnolie (*Magnolia × soulangiana*), die Duftblüte (*Osmanthus burkwoodii*), die Ölweide *Elaeagnus multiflora*, die Glyzine (*Wisteria sinensis*), *Clematis montana*, die Spierstrauch-Arten *Spiraea arguta, S. betulifolia, S. thunbergii* und *S. cantoniensis* kommen einher mit Flieder, Kerrie,

Blaues Licht im Mai oder Juni, zwischen *Iris pallida* und *Wisteria sinensis.*

Klebsame (*Pittosporum*), Orangenblume und dem Schneeball *Viburnum* × *burkwoodii.*

Der zweite Teil des Frühlings ist die Zeit der Rosen, Rhododendren und großblütigen Clematis, die einen Monat lang schön bleiben, umgeben von Storchschnabel, *Tellima*, Ziest. Ihr Schauspiel geben Papageien-Tulpen, Dichter-Narzissen, Pfingstrosen, Akelei, Kamille, Kornblumen, Jungfer im Grünen, Klatschmohn, Margeriten, Nelken, Mohn, Wiesenraute, Fingerhut, Kornelkirschen, Deutzien, Kolkwitzien, Apfelbäume, Pfeifenstrauch, Brandkraut (*Phlomis fructicosa*)...

All dies in einer Reihenfolge, die oft vom Wetter durcheinandergebracht wird, das uns frühe und späte, herrliche und enttäuschende Jahre beschert, aber immer ein paar Überraschungen auf Lager hat. Nichts steht jemals fest, z.B. blüht die Korsische Christrose *Helleborus argutifolius* mal genau zur selben Zeit wie die orangefarbene Papageien-Tulpe, mal vor dem rötlichen, samtigen Goldlack. Die Zierjohannisbeere schmückt sich zur gleichen Zeit mit Blüten, wie die blauen Traubenhyazinthen einen Teppich bilden – ein-

Damit sie schön bleiben

Ein „Friseurbesuch" für Geranien, Wollziest, Katzenminze, *Tellima,* Kamille, Goldlack, Beifuß, Nelken, Akelei, Wiesenraute: Man schneidet alle verwelkten Blüten so kurz wie möglich ab, damit das Laub wieder schön dicht und hübsch wird.

Der Wachsduft von 'Zéphirine Drouhin' erfüllt den Garten den ganzen Sommer über.

mal, aber nie wieder, denn die beiden blühen anschließend stur getrennt... Aber das ist ja gerade das Faszinierende daran!

Der Sommer

Der Rhythmus wird langsamer. Der Beginn des Sommers wird in der Zeit, wenn die Rosen voll erblüht sind, von Grau, Zartgrün und Pastelltönen beherrscht, und nun lösen sie Gold-, Rot- und lebhaftere Rosatöne ab. Katzenminze und *Phlomis russeliana* verblühen in voller Schönheit und leihen ihr Laub dem Sonnenhut, ein- und mehrjährigen Sonnenblumen, Kokardenblumen, dem Sonnenauge und Tagetes, die vernehmlich den Sommer ankündigen. Ziertabak, Zinnien, Buschmalven, Immortellen, Phlox, Petunien spielen den ganzen Sommer Variationen über subtiles Bunt, während die Wunderblumen mit ihrer nächtlichen Vorstellung beginnen: große, ein bisschen Doofe mit angenehmem Duft. Im Schatten breitet die Schopflilie ihre großen, bandförmigen Blätter aus und spielt grüne Ananas, gespickt mit kleinen, schwarzen Augen.

Um kippende Blumen zu vermeiden

... knipsen Sie die Triebspitzen von Astern und *Boltonia* von Juli an ab. Das vervielfacht die Blüten, und die reicher verzweigten, niedrigeren Pflanzen vertragen Windstöße besser, ohne gleich umzuknicken.

Aufräumen kommt später, erst einmal genießen wir die Herbstfarben.

In der prallen Sonne turnt der Baldrian auf den Mauern herum und überwuchert alles. Die Stockrosen strecken sich in den Himmel. Hortensie, Bechermalve, Muskatellersalbei und *Salvia nemorosa*, Fuchsien, Storchschnäbel, Oleander, Hibiskus, *Anisodentea* und *Leycesteria formosa* halten sich bereit für eine ausgedehnte Zeit der Schönheit, die erst mit dem ersten Frost zu Ende geht.

Nach einer Ruhepause, die nur durch die Allerspätesten erhellt wird, blühen im Licht des Augusts, das durch einen unsichtbaren Schleier gemildert ist, wieder die Rosen, zusammen mit den ersten Japan-Anemonen sowie herrlichen Taglilien und Dahlien in allen Variationen. Weiße Lilien, Montbretien und Königslilien überschwemmen den Garten eine unvergessliche Woche lang. Kosmeen, Fuchsschwanz und Sommerastern schließen den August ab.

Der Herbst

Ähnlich sanft, wie der Spätfrühling zur Zeit der Rosen- und Pfingstrosenblüte in den Sommer übergeht, gleitet der Sommer nun unmerklich in den Herbst über, denn die Blumen des Hochsommers bleiben erst mal schön. Der Rhythmus hat sich verlangsamt. Remontantrosen blühen noch einmal farbiger und mit mehr Duft als im Mai-Juni. Die Glattblatt-Astern (*Aster novae-angliae*) läuten die Veränderung der Jahreszeit ein, indem sie einen diskreten, aber berauschenden Duft verströmen, wenn man sie berührt.

Raublatt-Astern (*Aster novi-belgii*) und dann die durchscheinende Hängeaster *Aster vimineus* sowie 'Monte Cassino' geleiten den Garten in voller Schönheit bis zum ersten Frost. Die Chrysanthemen drängeln sich in allen Rosa-, Braun-, Pur-

Beim ersten Frost verbleichen die Hortensien.

pur-, Rot- und Goldtönen in einem betörenden Duft mitten in die blaue Blütezeit der Bartblume *Caryopteris clandonensis* 'Heavenly Blue', die ihren Namen zu Recht trägt. Einen Tupfer Orange bringen die Laternen der Lampionblume, die sich zwischen die gelben Blüten des Goldkrokus (*Sternbergia lutea*) schiebt. Die Scheinaster (*Boltonia asteroides*) prunkt in riesigen Wolken aus weißen Margeritenblumen. Die Hortensien zeigen sich Ton in Ton, und jetzt ist die Zeit für alle Arten von Früchten: Hagebutten an Kletter- und Wildrosen, die Beeren der Scheinrebe und des Schneeballs prägen den Garten bis zu den starken Januarfrösten.

Der Winter

Ein starker Frost, und der Winter ist da. Zerknitterte Rosen hängen noch an den plötzlich kahl gewordenen Zweigen. Von der Kälte überraschte Fuchsien, Fuchsschwanz, Astern und Garten-Chrysanthemen erscheinen mumifiziert mit ihren blass gewordenen Farben, die allmählich in Beige und Graubraun übergehen. Nur die Hagebutten der Rosen sowie die Beeren des Schneeballs, der Zwergmispel und des Feuerdorns widerstehen noch geraume Zeit der Kälte, bis die Vögel sie alle etwa im Januar weggepickt haben.

In dieser Zeit erweist sich, ob die Struktur des Gartens auf Dauer Bestand hat. Es bleiben nur die immergrünen Sträucher und Stauden. Nehmen Sie Ihre Fotos her und befassen Sie sich in aller Ruhe mit grundsätzlichen Dingen. Schließlich ist jetzt die Zeit, in der man Bäume und Sträucher auswählt und bei geeigneter Witterung pflanzt, um leere Stellen zu füllen und insgesamt die Struktur eines Gartens zu verbessern!

Gemischte Beete im neuen Stil

Im Gegensatz zu den herkömmlichen Gartenbüchern befassen wir uns hier bewusst nicht mit den Grundregeln, nach denen man Farben miteinander kombinieren sollte. – Denn niemand ist sich über ihre Festlegung sicher, und das ist dadurch erklärbar, dass das Licht ein oft unerkannter Mitspieler in den Werken zu diesem Thema ist.

Aber gerade das Licht spielt in meinen Augen eine entscheidende Rolle. Und was variiert mehr von einem Garten zum anderen als das Licht? Bereits am Anfang dieses Buches war von der Bedeutung des Kleinklimas die Rede, aber in puncto Licht wird jeder, der sich die Zeit nimmt, seinen Garten zu beobachten, auf Anhieb wissen, wie grundlegend es ist.

Für mich ist ein gemischtes Beet „im neuen Stil“ ein gut gefülltes Beet mit wohlgeformten Sträuchern und Stauden mit auffälligem Laub oder Formen, die eine gute Struktur aufweisen und dadurch ständig gegenwärtig bleiben. Der Rest ist eine Sache der Fantasie, und es ist eine Sache der Einjährigen (siehe Seite 120) und der Zwiebelblumen, aus denen man Jahr für Jahr eine unglaubliche Fülle der Süße emporwachsen lassen kann. Den Aspekt kann man radikal austauschen, etwa wenn man sich im September-Oktober oder im März-April zu einer einheitlichen Gestaltung umentscheidet.

Das wird nie langweilig, denn man kann sich jedes Jahr neue Zusammenstellungen ausdenken: Narzissen, die sich durch den samtigen Teppich der Storchschnäbel mit den dicken Wurzeln schieben, *Hyacinthoides hispanica* in Streifen unter der Zierjohannisbeere, Gruppen aus vier oder fünf Königslilien vor einem Hintergrund aus luftigem, goldenem Dill, Tabakpflanzen um große *Yucca*-Pflanzen herum ... Und dabei gibt es natürlich jede Menge Überraschungen, da man schließlich nie vergessen darf, dass in einem Garten nichts je festgelegt ist, dass nichts verloren und nichts je wirklich schlimm ist.

Und immer wieder neue Überraschungen. Um so mehr, als man nie vergessen darf, dass in einem Garten nichts je verloren ist, dass nichts wirklich schlimm ist. Man kann Pflanzen umsetzen, und je mehr man gärtnert, desto mehr neue Ideen entstehen, die es Ihnen ermöglichen, die undankbarsten Gewächse zu nutzen, die hoffnungslosesten Fälle, ohne gleich alles in Frage zu stellen.

Also noch einmal: Gehen Sie los, kaufen Sie alles oder lassen Sie sich alles schenken, was Ihnen gefällt, und pflanzen Sie all das nach Ihrer Eingebung. Tun Sie das allerdings nach Möglichkeit in sichtbaren Massen in der Größe von mindestens einem Quadratmeter.

Vorsicht vor Herbstzeitlosen!

Sie haben eine charakteristische Farbe, und die gefüllten Typen sind wirklich verführerisch. Aber sie sind tatsächlich sehr giftig und gefährlich, besonders wenn man Kleinkinder im Haus hat.

Nette Eroberer: Das Brandkraut *Phlomis russeliana,* aus der benachbarten Lichtung entfleuchter Fingerhut und *Geranium endressii,* das in den Hortensien hochklettert.

Praxisblatt

Mairosen – Strahlen der Sonne

Oft strahlend gelb, bringen sie Sonne in den unfreundlichsten Mai. Es sind die ersten Rosen des Jahres, und manche blühen noch spät im Jahr. Die typischsten Mairosen, das sind diese dicken Büsche mit goldgelben· einfachen Wildrosenblüten, die nie sonderlich populär gewesen sind: das chinesische Goldröschen *Rosa hugonis*, *Rosa ecea*, die Fuchsrose *Rosa foetida* (aus dieser gingen die ersten gefüllten gelben Rosen hervor). Sie sind mit der Sorte 'Canary Bird' perfekte Rosen für einen naturhaften Garten, dessen Grünfläche eine blühende Wiese ist: Die Nachbarschaft von Milchstern und Ranunkeln in dem gleichen leuchtenden Gelb steht ihnen sehr gut.

'Canary Bird' (*Rosa xanthina*) ist wie ein Sonnenbad.

Eine der ersten gefüllten Rosen, die blüht (oft ab der ersten Maiwoche), ist 'Gloire de Dijon', die eine riesige vanillegelbe Blüte, dick gefüllt mit Blütenblättern hat. Je mehr die Sonne scheint, desto intensiver wird ihre Farbe, bis sie sich im Hochsommer rosa tönt. Im Herbst dann wird sie wieder cremefarben, und Weihnachten ist sie manches Jahr immer noch da. Diese liebe alte Rose, die zugleich mit den Glyzinen blüht (zu denen sie hervorragend passt), entstand im 19. Jahrhundert, dessen Stil sie voll und ganz widerspiegelt. Leider wird diese Rose nur in der vollen Sonne, am Spalier einer warmen Mauer gezogen, so herrlich. Freiwachsend bleibt sie mickrig, und Sie fragen sich, wodurch sich dieses Loblied überhaupt rechtfertigt!

'Senator Lafolette' mit den großen Blüten wie Vögel im freien Flug, in kupfergetöntem Rosa, hat die gleichen Ansprüche. In Südfrankreich blüht diese Rose oft schon im März und wird wirklich riesig, im Loiretal ergibt sie eine große Kletterrose. Dort verläuft die nördliche Grenze, denn sie ist kälteempfindlich. Sie besitzt noch den chinesischen Charme der echten Teerosen und deren leichten Duft.

'Nevada' hingegen wächst als ein großer Strauch (1,50 m) mit karminrotem Holz, der sich mit handbreiten Blumen überzieht. Um die Staubgefäße herum kräuseln sich die kleinen Blütenblätter, zuerst in Weiß und später in Rosé. Es handelt sich um eine echte Remontantrose, die in zwei großen Schüben blüht, und dazwischen trägt sie über den Sommer verteilt nur hie und da ein paar Blüten. Sie sieht sehr hübsch neben einer *Yucca* aus, deren dunkles Laub ihre Farben zur Geltung bringt. Allerdings darf diese nicht zu nah stehen (1,50 m Abstand!), denn diese Rose geht enorm in die Breite, und Sie kennen sicher den zerstörerischen Appetit der Yuccas.

Das gleiche karminrote Holz, aber mattes und ganz leichtes Laub hat 'Thérèse Bugnet' mit dicken rosa Blumen. Diese unkomplizierte Rose wächst bereitwillig an einer Nordwand und blüht in sanften Wellen von Mai bis Juli und dann erneut ein wenig im Herbst. 'Madame Isaac Pereire' zählt zu den dicksten und wahrscheinlich am besten duftenden Rosen. Sie blüht von Mitte Mai an, und zwischen einem Streifen violetter Iris und einer ockergelben Mauer sind ihre von kräftig Rosa bis Fuchsienrot variierenden Blüten fast (aber nur fast!) ein bisschen gewöhnlich. Dieser dicke Strauch, der hübsch an einer Mauer oder einem Spalier anzusehen ist, blüht noch einmal herrlich im Herbst ... sofern ihn der Rost nicht aus der Bahn geworfen hat, denn in puncto Krankheiten ist er nicht gerade der Pflegeleichteste!

Bestens für deutsche Verhältnisse eignen sich die von Wilhelm Kordes erzielten „Frühlings"-Hybriden von *Rosa pimpinellifolia*: 'Frühlingsduft' mit halb gefüllten Blüten in Aprikosenrosa duftet angenehm, 'Frühlingsgold' bringt große, leuchtend zitronengelbe, einfache Blüten; 'Frühlingsmorgen' blüht einfach in Rosa mit gelber Mitte.

Praxisblatt

Moschusrosen

So schön wird die üppige 'Gloire de Dijon' nur an einer Fassade in der vollen Sonne.

Sie blühen von Juni bis zum Frost. Es sind ausladende Sträucher mit von Natur aus ansehnlichem Wuchs, die ebenso gut in einem kleinen wie in einem großen Garten stehen können. Keine Krankheiten, kein Schnitt, keine Sorgen! Ihr Duft ist beharrlich und würzig, mit dieser schweren Note, die an Moschus erinnert.

Eine Reihe bewährter Züchtungen erzielte zu Beginn des 20. Jahrhunderts der englische Geistliche Joseph Pemberton, dessen einzige Extravaganzen seine maßlose Begeisterung für Rosen war (vor allem für stark gefüllte, eher rundliche Rosen) – und die Schelmerei, dass er zur rituellen Tea Time lieber ein Glas Whisky statt einer Tasse Tee trank. Wie bei vielen alten Rosen variiert der Farbton ihrer Blüten je nach der Zeit im Jahr, der Gegend und dem Wetter. Die ersten Blüten sind oft zarter als die des Herbstes. Genauso ist es mit dem Duft, der sich immer mit dem Spätsommer intensiviert und dann neue Duftnoten enthüllt. Da schließlich ihre Farben stark nuanciert sind (mit einem irgendwie typisch englischen Touch), entwickeln sie sich meist im

'Scharlachglut' trägt Blüten in einem unvergesslichen, einzigartigen Rot, das im Juni Irrlicht spielt. 'Kathleen' (rechts) hingegen blüht im September noch einmal wunderbar.

Halbschatten hübscher als in der vollen Sonne. Man findet ehrwürdige Exemplare in vielen alten Gärten, vor allem in den Pariser Vororten und auf den kleinen französischen Landbahnhöfen.

'Prosperity' entfaltet ihre kleinen elfenbeinfarbenen Knospen zu milchweißen, etwas ungeordnet gefüllten Pompons. 'Cornelia' ist voller eng stehender, welliger Blütenblätter in bernsteingetöntem Rosa, und wie 'Felicia' im Rosa eines englischen Cherubins hat auch sie so schwere Blütensträuße, dass sich die Triebe mit dem festen, glänzenden Laub nach unten biegen. 'Penelope' sieht natürlicher aus mit ihren gefüllten Blütenbüscheln, die eine undeutlichere Form haben und opalartig rosa schimmern. Diese Rose wächst wiederum ausladend und erreicht gut 2 m Höhe und Breite.

'Kathleen' ist kaum bekannt, und das ist sehr schade, denn ihre breiten, pyramidenförmigen Rosensträuße besitzen einen unwiderstehlichen Charme. Die Knospen sind rosa, und die Blüten öffnen sich in einem bräunlichen Rosa, bevor sie bis hin zum Weiß verblassen. Sie erneuern sich ohne Unterbrechung den ganzen Sommer über, wenn man die verwelkten Sträuße entfernt. Wenn man das vergisst, hat man im Herbst eine Schwemme dicker, leuchtend roter Früchte, und dazwischen einige vereinzelte, herrlich duftende Blütenbüschel. Diese Rose ist so kräftig, dass sie in den steinigsten Böden wächst und an einer Mauer bis zu 3 m hoch wird.

Wenn Sie gefüllte Rosen lieber mögen, so liefert Ihnen 'Trier' (die Ausgangsform aller Moschata-Hybriden) massenhaft welche in Farbtönen von Rosa bis Weiß. 'Vanity' schickt 2 m lange unordentliche Triebe aus, die sich als Sträuße mit pinkfarbenen Hagebutten erweisen. Eigenartig ist, dass sie erst im Herbst duften, dann aber stark.

'Buff Beauty' hingegen ist ein breiter, niedriger Strauch, den kleine, runde Sträuße aus dicken, weichen Pompons beschweren. Ihre Farbe reicht vom intensivsten bis zum blassesten Bernstein, und bei wechselhaftem Wetter ist der Rand zuweilen rosa gesprenkelt. Vor etwa 20 Jahren hat der geniale belgische Rosenzüchter Louis Lens neue Abkömmlinge geschaffen, so zum Beispiel 'Focus', eine wunderhübsche Rose mit federleichten Blüten in Rosé, das in Weiß übergeht. 'Guirlande d'amour' blüht weiß und hat übertrieben dicke, blühfreudige Pompons, und 'Surprise' bringt eine Variation über alle Farbtöne von Beige über Orange und Rosa bis zum reinen Karminrot. Das sind wirklich problemlose Rosen, pflegeleicht wie nur was, und sie formen ganz allein entzückende Szenerien.

Ach du meine Tulpe!

Praxisblatt

Wenn man an die rot und gelb leuchtenden Beete denkt, die uns zwei Monate lang zwischen zwei Frühlingsschauern die Augen blenden, hat man keine sonderliche Lust, Tulpen zu pflanzen. Andererseits...

Es gibt unter uns die alt gewordenen Kinder, die die Erinnerung an diesen erstaunlichen Geruch langweiliger Tulpen bewahren, die, wenn sie fast soweit waren, ihre Blütenblätter loszulassen, breit waren wie Kuchenteller – und sie können nicht anders: Sie müssen welche kaufen. Vor allem die roten mit einem großen schwarzen und goldenen Fleck. In diesem blendenden Rot, das man nur bei Tulpen findet, und das in einem Garten zu überhaupt nichts passt, da kann man machen, was man will. Und manche Leute träumen von gefüllten Tulpen, die fast aussehen wie Pfingstrosen, von knittrigen Papageien-Tulpen, schlanken, spitzen, leichtblütigen wie Schwertlilien, denen Schauer nichts ausmachen. In märchenhaften Farben, fantastisch marmoriert oder in sagenhaftem, fast schwarzem Violett. Und alle zusammen bringen uns dazu, dass wir keinen Herbst verstreichen lassen, ohne Tulpen für den Frühling zu pflanzen...

Tulpenzwiebeln zu setzen ist vielleicht der erste Schritt beim Erlernen der Gärtnerzeiten. Zwischen dem Setzen von September bis November und der Blüte muss man fünf bis sieben

Die Lilienblütige Tulpe 'Yonina' ist eine seltene Herrlichkeit, die im April erblüht.

Die wilde Tulpe, die durch die Unkrautvernichtungsmittel aus den Weinbergen des Loiretals verjagt wurde, gewöhnt sich gut in leichtem Kalkboden ein.

Monate rechnen. Die Tulpe ist die ideale Anfänger-Blume, denn unter ihrem braunen Umhang, der bröckelig ist wie trockenes Papier, enthält die Zwiebel, die makellos perlmuttweiß sein muss, bereits den Keim einer schlafenden Blüte. Also wird (es sei denn, da ist eine Wühlmaus oder ein strenger Frost am Werk gewesen) die Schöne gleich in den ersten Frühlingstagen in leuchtenden Farben erwachen. Ab März, wenn sie früh blüht, bis Ende Mai bei späteren.

Frühe sind: 'Purissima' in zunächst grünlichem, dann cremigem Weiß, 'Général de Wet' in Blassorange, zart und duftend; 'Rotkäppchen' sieht mit ihren braun gefleckten Miniaturblättern im Blumenkasten lustig aus. Als gefüllte folgen ihnen Anfang April: 'Carlton' (rot), 'Queen of Marvel' (rosa), 'Montecarlo' (gelb) mit der botanischen *Tulipa pulchella* var. *humilis* (mit rosalila Sternen, kleinwüchsig). Mitte April erscheinen dann 'Douglas Bader' (hellrosa), 'Pink Impression' (kräftig rosa). Und die feinen mit den Lilienblüten: 'Mariette (rosa), 'Maryline' (rosa und weiß), 'Marjolein' (pink). Im Mai folgt das Festival der Gefüllten, die dick sind wie Pfingstrosen, aber etwas empfindlich: 'Mount Tacoma' (weiß mit ein paar grünen Spritzern) und 'Orange Princess' zum Beispiel. Nicht zu vergessen die verrückten, häufig zweifarbigen Papageien-Tulpen. Ihr köstliches Orange ('Apricot Parrot', 'Professor Röntgen', 'Orange Favorite') ist bisweilen grün gesprenkelt oder sie stellen ein atemberaubendes Rosa zur Schau ('Fantaisy').

Praxisblatt

Zwiebeln und Knollen: Blüten in Hülle und Fülle

Wenn man bedenkt, dass die Zwiebel selbst den Energievorrat darstellt, der im vorigen Sommer für die künftige Blüte aufgebaut wurde, dann braucht man sich in dieser Hinsicht keine Sorgen zu machen: Meist hat man etwa fünf Monate nach dem Pflanzen ebenso viele Blüten wie Zwiebeln. Knollenpflanzen wie die Dahlie, die Gladiole oder die Montbretie verhalten sich genauso. Wenn man aber im folgenden Jahr noch mehr haben möchte, sollte man besser daran denken, während der Blütezeit allgemein Volldünger zu verteilen. Ein paar Empfindliche sind zu nennen: Mit Ausnahme der Kaiserkrone enttäuschen die Schachbrettblumen (*Fritillaria*) oft; man muss unbedingt im September schön frische Zwiebeln pflanzen, um alle Chancen auf seiner Seite zu haben. Hingegen habe ich noch nicht herausbekommen, warum der Hundszahn (*Erythronium*) bei mir trotz aller günstigen Voraussetzungen überhaupt nicht aus dem Schmollwinkel heraus kommt.

Für die übrigen eignet sich jegliche gute Gartenerde, und man kann sie entweder ins Haus holen oder an Ort und Stelle lassen. Im Allgemeinen begnügt man sich damit, die Empfindlicheren (besondere Tulpen-Sorten, Dahlien und Gladiolen) auszugraben und hereinzuholen, wenn ihr Laub verwelkt ist. Die anderen bleiben im

Boden, leben sich ein und erscheinen jedes Jahr in immer größerer Zahl wieder.

Manchmal erlebt man Überraschungen: Hier eine Narzisse in einem neuen Farbton, dort eine Gruppe Tulpen, die gleich ganz ihre Farbe gewechselt haben ... kleine Geschenke der Natur. Narzissen, Blausterne und Hyazinthen werden leicht heimisch, auch im Gras, wenn dieses nicht zu dicht wächst.

Pflanzzeit September bis November

Dies ist die richtige Zeit um die Zwiebeln von Frühlingsblühern zu setzen, wie Lauch, Inkalilien, Krokus, Alpenveilchen, Schneeglöckchen, Tulpen, Holländische Iris, Narzissen, Blausterne und Hyazinthen, Weiße Lilien und Schachbrettblumen.

Schachbrettblumen wachsen gut in Töpfen, ebenso kleine Narzissen, Krokusse und Miniatur-Tulpen, wenn die Töpfe vor Kälte geschützt sind (z. B. indem man sie in Übertöpfe stellt). „Amaryllis" (*Hippeastrum*) gedeihen ganz einfach im Haus; wenn sie allerdings zu groß und prächtig werden, neigen sie zum Umkippen.

Pflanzzeit im April

Man pflanzt Lilien, Montbretien, Schopflilien, *Hymenocallis*, Milchstern, Sumpfkalla, Freesien, Knollen-Kapuzinerkresse (*Tropaeolum tuberosum, T. tricolor*) und Dahlien, wenn keine Gefahr mehr besteht, dass der Frost ihre jungen, zarten Triebe schädigt. Graben Sie alle Zwiebeln und Knollen doppelt so tief ein, wie sie hoch sind; nur die Weiße Lilie wird direkt unter die Erdoberfläche in ein Bett aus halb Sand, halb reifem Kompost gesetzt.

Warnungen für Faulpelze

Schließlich sei noch auf einige Problemfälle hingewiesen, denen der bequeme Gärtner besser aus dem Weg geht: Dahlien haben immer Durst, sie fühlen sich bei Zerstreuten, die dazu neigen, dieses wichtige Detail zu vergessen, im Gemüsegarten neben den Tomaten sehr wohl, und dann blühen sie schön und ausdauernd!

Gladiolen sind nur in Streifen aus mindestens 30 Stück in derselben Farbe schön, sonst sehen sie blöd aus. Und man sollte besser wissen, dass sie nur 14 Tage lang blühen und dann oft nie mehr wieder. Die schönsten sind die blassgrünen.

Die dicken leuchtenden Begonien mit den fleischigen Blüten eignen sich nicht so gut für bequeme Gärtner, denn ohne tägliches Gießen kann man sie gleich vergessen! Eine andere zu vermeidende Pflanze ist die kleine Sterngladiole mit dem ekelhaftem Duft, der Ihnen die Sommerabende verdirbt.

Damit es hübsch wird, muss man Narzissen genauso wie Porree pflanzen, aber ganz, ganz eng.

Ein Gemüsegarten für Bequeme

Ein Gemüsegarten ist für den Faulpelz sowieso tabu? Nur keine Scheu! Falls Sie allerdings den Selbstversorgergarten früherer Generationen vor Auge haben, stimme ich zu: Das geht nicht. Aktivieren wir besser unser Vorstellungsvermögen, nehmen ein wenig Experimentierfreude hinzu und begeben wir uns auf die Suche nach neuen Abenteuern.

Ein guter Plan als Grundlage

Ihr ganzer Garten kann ein einziger Gemüsegarten sein, in dem man sich gern aufhält, weil er Blumen enthält, weil er gut organisiert ist und sich als ein Ort der Harmonie erweist. Dazu muss man ihn so planen, dass so wenig wie möglich darin zu tun ist, denn es stimmt schon, dass ein Gemüsegarten, wenn man nicht aufpasst, sich schnell als anstrengend erweisen kann, vor allem, wenn man in die verlockende Falle des großen, kompletten Gemüsegartens (mit 100 m^2 pro Person) tappt.

Denn allein durch die ewige Abfolge von Saaten und Ernten verlangt er mehr Einsatz als ein Garten, der aus Stauden und Sträuchern besteht. Um ihn ohne viel Aufwand zu halten, ist es also unverzichtbar, den Raum gut zu planen, so dass die Pflege so weit wie möglich begrenzt ist. Denn Jäten und Hacken sind wirklich kein sehr erhebender Zeitvertreib!

In Reih und Glied klappt's besser

Der ideale Grundriss in einem kleineren oder größeren Gemüsegarten ist ein Quadrat oder Rechteck, in dem man das Gemüse in Reihen anbaut; das ergibt eine praktische Einheit, bei der man die Ernten seinen Gelüsten oder Bedürfnissen anpassen kann (ab Seite 242 finden Sie für jedes Gemüse Angaben für die zu erwartende Erntemenge). Und die Kultur in 80 cm bis 1 m breiten „Streifen" (je nach Armlänge des Hausherrn oder der Hausherrin), die durch Pfade getrennt sind, macht es möglich, an die Kulturen heranzukommen, ohne darin herumzutappen. Im Grunde ist das schon das Einmaleins eines gelungenen Gemüsegartens, und man bekommt es viel einfacher hin als ein großes Kuddelmuddel. Und sei es auch nur, weil viele Gemüsesorten es schlecht vertragen, immer an derselben Stelle gepflanzt zu werden.

Um festzulegen, wo die festen und unverzichtbaren Elemente (Kompost, Kräuterquadrat, Werkzeugschuppen...) hinkommen sollen, machen Sie einen einfachen und wirkungsvollen Plan: Vereinfachen Sie die zurückzulegenden Wege, denn in diesem Teil des Gartens sind Schubkarre und Arme oft voll beladen. Aromapflanzen kommen so nahe wie möglich an die Küche in eine sonnige Ecke, hingegen ist der Kompost besser hinten im Garten aufgehoben, zusammen mit den Frühbeetkästen: Aussaat unter Glas braucht Kompost; begrenzen Sie also die

Lagern Sie aus!

Falls sich Ihr Garten nicht in unmittelbarer Hausnähe befindet, legen Sie ein kleines Not-Kräuterbeet dicht an der Küchentür an, so müssen Sie sich bei strömendem Regen (oder falls Sie um elf Uhr nachts Appetit auf ein Ei im Förmchen mit Estragon bekommen) wenigstens nicht durch die Dunkelheit vortasten.

Anzahl lästiger Fahrten. Legen Sie alles an einer gut zugänglichen Stelle an, denn Sie müssen da oft mit der Schubkarre hin. Wer „praktisch“ sagt, meint nicht unbedingt hässlich: Der Komposthaufen sollte immer an einem leicht schattigen Platz liegen; eine kleine gestutzte Hecke aus *Lonicera nitida*, eine Clematis, Johannisbeersträucher oder ein schöner Obstbaum sind ideal, um ihn zu verdecken und abzuschirmen.

Bleibt die Frage nach der Größe: Wenn der Plan eine gute Grundlage hat, kann man immer wieder und ganz leicht seine Meinung ändern. Vor mehr als zwölf Jahren bebaute ich einen 800 m² großen Gemüsegarten, der heute auf 300 m² geschrumpft ist. Eine Rasenfläche mit passender Pergola hat das Gemüse ersetzt, und wenn ich morgen beschließe, meinen kleinen Traum vom Selbstversorger wieder aufzunehmen, genügen zwei Stunden mit der Fräse, um den Rasen umzupflügen – und schon habe ich ein geeignetes Gelände für eine Riesenernte von Kartoffeln, Kürbis, Mais und Konsorten.

Zu Rande kommen in aller Ruhe

Die Wege im Gemüsegarten sind die Problemquelle Nr. 1. Der Grund dafür ist, dass Gartenfreunde oft eine sehr nostalgische Vorstellung vom Gemüsegarten haben und eigentlich von Großvaters Garten mit festgetretenen Erdwegen träumen, die zwar weich unter den Füßen, aber unmöglich sauber zu halten sind. Da Unkrautvernichtungsmittel erst recht im Gemüsegarten tabu sind, wird man leicht zum Sklaven der Hacke, aber soweit wollen wir es erst gar nicht kommen lassen. Die ideale Lösung ist also der Rasenweg. Um so mehr, als man im Gemüsegarten die Schneidmesser der Fräse mit einer Art flacher Deckel versehen kann, die die Kanten schön exakt abschneiden. Damit sieht der Garten immer ansehnlich aus, selbst wenn Sie das Gras nur sporadisch mähen. Noch besser ist, dass allein der Rasenschnitt auf dem Weg um Ihren Gemüsegarten (70 m Länge) schon zum Mulchen aller Trittpfade ausreicht. Vor allem legen Sie breite Wege (mindestens 80 cm) an, mit schön abgerundeten Winkeln, damit Sie ohne umzufallen um die Kurve kommen.

Auf einem weniger als 12 m breiten Grundstück genügt ein Weg ringsherum; er lässt ausreichend Platz, so dass so viel Raum wie möglich bebaut werden kann. Weniger praktisch ist es, das Gelände durch einen Weg in der Mitte zweizuteilen, vor allem aber sieht es nicht schön aus, wenn er über die ganze Länge geht (wegen der zu schmalen Perspektive).

Oder aber Sie entscheiden sich für das andere klassische Modell: den quadratischen Gemüsegarten. Teilen Sie das Grundstück in vier Quadrate, die von zwei

Wein rankt über eine Stange aus Kastanienholz, und Kürbisse bilden einen hübschen Teppich.

kreuzweise angelegten Wegen durchschnitten werden, und stellen Sie in die Mitte eine kleine Laube, an der eine schöne Kletterrose rankt. Setzen Sie aber keinen Hochstamm-Apfel- oder Kirschbaum, die in zehn Jahren diesen kleinen Garten überbauen würden, denn sie erreichen eine beträchtliche Größe!

Dieses Modell eignet sich ebenso gut für den Anbau von Gemüse wie von Blumen (falls Sie eines Tages die Meinung ändern) und passt genauso gut in einen ganz kleinen Gemüsegarten mit 5 m Seitenlänge wie in einen großen, nur muss man in beiden Fällen auch einen Weg um den Garten herum anlegen, um überall gut heranzukommen.

Ein hübscher Rahmen

Ein blühender Gemüsegarten bedarf einer guten, vor kalten Winden geschützten Lage. Wenn weder Hecke noch Zaun vorhanden sind, beginnen Sie erst einmal damit. Man findet im Fachhandel immer hübschere Zäune, die man nur noch aufstellen braucht. Aber Vorsicht mit Zäunen aus Weiden- und Haselgeflecht, die gerade sehr in Mode sind: Sie halten nur zwei oder drei Jahre; das sollte man vorher wissen, denn es ist doch ein ganz schönes Stück Arbeit, sie aufzubauen. Auf dem Lande ergibt eine einfache Stange aus Kastanienholz, die man auf zwei Pfosten legt, einen sehr netten, billigen und haltbaren Zaun. Lassen Sie Clematis, Wein oder duftende Moschata-Rosen wie 'Penelope', 'Félicia', 'Cornelia' oder 'Trier' darum ranken. Diese Sorten klettern nicht zu sehr, sind nicht sehr stachlig und blühen den ganzen Sommer über. Man kann auch Gurken und kleinfrüchtige Kürbis daran hochziehen (Liebhabern dieser Köstlichkeiten sei gesagt, dass sich Hokkaido-Kürbisse hervorragend dafür eignen). Die Trennung zwischen Zier- und Gemüsegarten lässt sich hübsch auch mit einer Reihe im Kordon gezogener Apfelbäume markieren.

Die Schlüsselmomente im Gemüsegarten

Hier folgt ein vollständiges Programm. Um alle Faulen zufrieden zu stellen, haben wir die aufzubringende Zeit für einen Gemüsegarten mit Anspruch auf Autarkie angegeben und im Gegensatz dazu den Aufwand für einen auf das Wesentliche beschränkten Gemüsegarten.

Es gibt zwei kritische Perioden : Erstens die Zeit von der Kirschen- bis zur Rosenblüte, wenn sich alles wirklich sehr schnell entwickelt und zwischen dem Unkraut und Ihnen ein Wettkampf einsetzt. Damit Sie siegreich daraus hervorgehen, muss der Garten vor dieser Zeit unbedingt umgegraben sein. Sonst müssen Sie ziemlich viel Energie für die „Rückeroberung der Wildnis" aufbringen, wenn Sie Ihren Garten wiedersehen wollen.

Der andere kritische Moment ist der Hochsommer. Wenn man Hals über Kopf in die Ferien fährt nach dem Motto „Ach, wie ist es schön, wollen wir nicht ans Meer fahren?", erlebt man bei der Rückkehr mit Sicherheit einen kleinen Schock: Der Garten gleicht einem Fußabstreifer, dazwischen lugen Ungeheuer statt der Zucchini hervor und spaghettiartige grüne Bohnen. Etwas Mühe ist angebracht: Am Morgen des Tages vor der Abfahrt pflückt man alles, spätabends wässert man gründlich und mulcht dann überall.

Subtiler, aber sehr wichtig für die Zeiteinteilung ist der richtige Zeitpunkt fürs Umgraben im Herbst. Meistens bleibt einem nicht mehr als eine Woche, etwa im November, zwischen zwei großen Regenperioden. Dazu braucht man Feingefühl (denn das schwankt von einem Garten zum nächsten). Aber es ist wichtig, denn in einem vor dem Winter umgegrabenen Garten gibt es sehr viel weniger Unkraut. Wer lieber im Frühling umgräbt, muss es aus demselben Grund früh tun, denn es ist nie gut, nasse Erde umzugraben. Das ist erstens mühsam und zweitens ist der Boden danach nie so gut, wie wenn man ihn zur rechten Zeit bearbeitet hat.

März

Die Zeit der ersten Aussaaten und Pflanzaktionen ist gekommen. Aber auch Bodenbearbeitung und allgemeines Säubern stehen auf dem Programm (falls man es nicht den Winter über getan hat). Durchschnittlich im Gemüsegarten verbrachte Zeit: ein halber bis ein Tag pro Woche bei schönem Wetter. Echte Faulpelze behalten ihre Pantoffeln bis zum nächsten Monat an, es regnet jetzt noch so oft!

Auf dem Programm : Aussaat ins Freiland: Möhren*, Kohl, Kresse, Dicke Bohnen, Frühlings-Kopfsalat*, frühe Speiserüben*, Petersilie, Erbsen, Lauch, Radieschen*. ❦ Aussaat im Gewächshaus oder im Haus: Tomaten, Paprika... Man kann aber auch gar nichts tun und in zwei Monaten fertige Jungpflanzen kaufen! ❦ Auf alle freien Flächen wird Senf, Spinat oder Phazelia gesät – oder man bedeckt die Beete mit Mulchfolie, was sehr hässlich aussieht, aber zuverlässig gegen Unkraut wirkt. ❦ Pflanzen: Knoblauch, Schalotten, Erdbeeren,

Zwiebeln, Frühkartoffeln, Rhabarber. Und alle Aromapflanzen außer Basilikum und Dill, die kälteempfindlich sind. ❦ Allgemeines Ausstreuen von Schneckenkorn: Die kleinen grauen Schnecken tauchen massenhaft auf. ❦ Lassen Sie etwas Feldsalat ins Kraut schießen, damit er sich überall aussät.

* Wenn man Möhren, Speiserüben, Salat, Radieschen und Kartoffeln mit einem Tunnel überzieht, beschleunigt man die Ernte um 14 Tage.

April

Immer noch heißt es säen und pflanzen, schließlich ist der April der wichtigste Monat, um den Gemüsegarten zu füllen. Begünstigt vom schönen Wetter sind Winter-Kopfsalate und Spinat in vollem Wachstum, zusammen mit den ersten Radieschen. Durchschnittlich im Gemüsegarten zugebrachte Zeit: Ein Tag pro Woche zwischen zwei Regenschauern. Bei Minimalisten hie und da mal eine Stunde.

Auf dem Programm : Aussaat ins Freiland: Amarant, Dill, Rote Bete, Kerbel, Endivien*, Kohlrabi, Kohl*, Brokkoli, Weißkohl und Rotkohl, Kresse, Knollenfenchel, Römischer Salat und Batavia*, Pastinaken, Petersilie, Portulak, Radieschen, Rucola, Haferwurz und Schwarzwurzeln, eventuell Topinambur. ❦ Säen Sie am Rand Kapuzinerkresse und Kosmeen, Studentenblumen, Immortellen, Zinnien, Gartenastern direkt an Ort und Stelle in Reihen an einen nicht zu nährstoffreichen Standort (keine kürzlich gedüngte Stelle). ❦ Aussaat im Warmen (im Gewächshaus oder im Haus): Basilikum*, Kürbis* und Zucchini*, Gurke*, Melone*, Andenbeere*, Tomate*. ❦ Pflanzen: Artischocken, Spargel, Mangold, Frühlings-Kopfsalate, Herbstkohl, Kartoffeln. Und alle Aromapflanzen. ❦ Achtung, das Unkraut geht zum Angriff über! Verteilen Sie Mulch unter allen Gemüsepflanzen, die über 10 cm groß sind (außer bei Zwiebeln und Kartoffeln), nachdem Sie einmal gründlich gejätet haben. ❦ Lästig, aber unverzichtbar: Die Möhren auf 10 cm Abstand auslichten. ❦ Überziehen Sie die Erdbeeren mit einem Tunnel, um die Ernte um etwa 14 Tage vorzuziehen. ❦ Allgemeine Verteilung von Schneckenkorn. ❦ Alle 14 Tage die Wege mähen, aber ganz kurz.

In milden Klimaten schneiden Sie die Folie ab April alle 70 cm ein, anderswo ab Mai.

Setzen Sie die Jungpflänzchen einzeln in die aufgelockerte Erde und gießen Sie dann mit der Tülle.

Variante: Pflanzen Sie Melonen oder Gurken zwischen flache Ziegel, die direkt auf dem Boden liegen.

Damit die Aussaat von Möhren, Pastinaken und Petersilie gelingt, ziehen Sie der Pflanzschnur entlang eine breite Rille. Dann streuen Sie die Samen so locker wie möglich aus. Bedecken Sie sie mit einer dünnen Sandschicht und stampfen Sie das Ganze fest, indem Sie auf zwei darüber gelegten Brettern entlang laufen, die Sie nach Bedarf ein Stück weiter legen.

* Sie können auch die Hände in den Schoß legen und einfach am Anfang des nächsten Monats Jungpflanzen kaufen!

Mai

Auf dem Programm : Viel Arbeit! Aber jetzt kommt die Zielgerade vor dem Farniente! Das üppig wuchernde Unkraut droht mehr denn je, Sie verrückt zu machen. Durchschnittlich im Gemüsegarten verbrachte Zeit: ein halber Tag pro Woche, bei Minimalisten ab und zu mal eine Stunde. Aber die Luft ist lau und der volle Garten nimmt Form an, die Erde duftet und man setzt sich an den Tisch, um das erste köstliche Frühgemüse zu genießen. Das Leben ist schön!

Auf dem Programm : Aussaat ins Freiland: Amarant, Dill, Rote Bete, Möhren, Kerbel, Endivien, Brokkoli und Kohl*, Koriander, Kürbis und Zucchini*, Gurke* Kresse, Chicorée, Bohnen, Sommer-Kopfsalat*, Melone, Pastinaken, Petersilie, Portulak, Sommerrettich, Rucola, Haferwurz und Schwarzwurzel, Bohnenkraut und Thymian. ❦ Pflanzen: Um den 15. herum: Basilikum, Gurken, Kürbis und Zucchini, Auberginen, Paprika und Peperoni, Tomaten, Lauch, Winterkohl, Endivien und Sommer-Kopfsalate. ❦ Legen Sie den Gründünger mit dem Freischneidgerät oder dem Rasenmäher um und graben Sie ihn sofort leicht unter, kurz bevor Kohl oder Tomaten gepflanzt werden. ❦ Der Folientunnel der Erdbeeren wandert über vier oder fünf Tomaten- und eine Zucchinipflanze, damit wir schon bald welche essen können. ❦ Auslegen des Tröpfchen-Bewässerungssystems, wenn gepflanzt wird. ❦ Allgemeines Mulchen, aber nichts auf die Zwiebeln und nur leicht um die Kartoffeln. Wege alle 14 Tage schön kurz mähen. ❦ Allgemein Schneckenkorn verteilen. Sind auf den Bohnen Blattläuse? Dann schneiden Sie die Trieb-

Schütten Sie einen Topf voll reifen Kompost in ein 30 bis 40 cm breites Pflanzloch. Darüber kommt eine Schicht feiner Erde.

Setzen Sie die junge Kürbispflanze mitten in das Loch und graben Sie sie in die feine Erde ein. Gießen Sie reichlich mit der Tülle.

Um die Jungpflanze herum verteilen Sie Rasenschnitt, Laub oder feines Stroh 5 cm dick.

spitzen ab und werfen Sie sie ins Feuer. Wenn hingegen die Kohlerdflöhe Konfetti aus Kohl- und Radieschenblättern machen, überstäuben Sie sie mit Algenkalk, bei starkem Befall hilft Spritzen eines Pyrethrum-Mittels.

*Sie können auch Jungpflanzen kaufen, die es den ganzen Mai über gibt.

Juni

Uff! Wir atmen auf und der Garten ist herrlich. Wir genießen das Frühgemüse. Die pflichtgemäßen Beschäftigungen werden allmählich weniger: ein halber Tag pro Woche reicht dicke, selbst, wenn man sich Zeit lässt! Natürlich lümmeln sich die wahren Faulpelze schon in ihrem Liegestuhl oder sind vor aller Welt in die Ferien gefahren... Aber das Unkraut hat keinen Urlaub genommen, und an offen gebliebenen Stellen droht weiterhin der Dschungel.

Auf dem Programm : Aussaat im Freiland: Dill, Wintermöhren, Endivien, Koriander, Zucchini, Bohnen, Sommer-Kopfsalat, Pastinaken (Nachsaat), Mais, Portulak, Rucola, Sommerrettich. ❦ Pflanzen: wie im Mai. ❦ Wege mähen: alle drei Wochen. ❦ Wenn die Kartoffelkäfer zum Angriff blasen, spritzen Sie einmal abends ein Pyrethrum-Mittel (doppelte Konzentration wie bei den Blattläusen) und verfahren Sie ebenso bei Blattläusen, wenn sie über die Stränge schlagen. ❦ Wenn Sie dem Frieden nicht trauen, können sie eine Woche später noch einmal zum Spritzgerät greifen und Kartoffeln und Tomaten gegen Mehltau mit einem Pilzmittel behandeln. ❦ Wenn das Wetter wirklich trocken wird, beginnen wir jetzt mit dem abendlichen Gießen. Alle 14 Tage gießen wir anschließend Auberginen, Gurken, Kürbisse, Bohnen, Paprika (von unten) mit Pflanzenjauche: abwechselnd Brennnessel und Beinwell. Ein köstlicher Moment beim Gießen ist, wenn man mit den Füßen im Matsch steht. Ach ja, dies ist genau der richtige Moment für den Aufbau der Dusche im Garten!

Juli

Pflücken, probieren, betrachten... und dann noch (nur zu!) hie und da etwas ergänzend säen, um die scharenweise auftauchenden Besucher nicht zu enttäuschen. Übrigens eine gute Idee: Fordern Sie sie ruhig dazu auf, Unkraut zu jäten oder die Möhren auszulichten, meistens macht das woanders viel mehr Spaß als zu Hause, und Sie können betonen, dass man dabei unglaublich braun wird. Was absolut der Wahrheit entspricht und nachprüfbar ist, wenn man Sie nur mal ansieht, oder?

Auf dem Programm: Aussaat ins Freiland in der ersten Monatshälfte: Dill, Koriander, grüne Buschbohnen, Schnittsalat, Portulak, Rucola; in der zweiten Monatshälfte Speiserüben und Herbst- oder Winterrettiche, Zuckerhut und Escariol. ❦ Pflanzen: Basilikum, Lauch, Herbst- und Winterkohl, Erdbeeren. ❦ Gießen Sie spätabends, und zwar besser einmal in der Woche gründlich (10 l pro Meter?) als jeden Abend ein bisschen, selbst wenn der Duft des nassen Gemüsegartens Sie betört. ❦ Alle drei Wochen die Wege mähen. ❦ Alle 14 Tage bekommen Auberginen, Kürbisse, Bohnen und Tomaten nach dem Gießen Pflanzenjauche: abwechselnd Brennnessel und Beinwell (in den Wurzelbereich gießen). ❦ Achten Sie nach Gewittern auf die kleinen grauen Schnecken – hopp, noch eine Ladung Schneckenkorn...

August

Sonnenschirm oder Laube? Es ist wirklich heiß, und da im übrigen die Freunde hereinströmen, werden Sie doch wohl nicht anfangen umzugraben... Die Erde ist viel zu trocken und außerdem wäre das völlig unnütz. Säen Sie lieber mit ausladender, lässiger Geste breitwürfig Gründünger auf abgeerntete Beete; die Samen werden nur einmal untergeharkt, das ist alles. Die Ernte ist übrigens in vollem Gang – und da Sie ja nun Hilfe haben...

Auf dem Programm: Einmal im Monat Graswege mähen. ❦ Aussaat ins Freiland: vom 15. an (aber nur, wenn es nicht zu trocken ist): Spinat, Feldsalat, Wintersalat, Herbstrüben, Rucola, Petersilie, Herbstrettich, Meerrettich unter Sonnenschutz. ❦ Damit sich am Saisonende keine Krautfäule zeigt, behandelt man die Tomaten mit Kupferoxychlorid, aber bitte kurz nach der Ernte.

September

Es wird langsam zu kühl, um den ganzen Nachmittag draußen zu lesen. Das Unkraut erwacht mit den ersten heftigen Regengüssen zu neuem Leben. Durchschnittlich im Gemüsegarten zugebrachte Zeit: ab und zu ein paar Stunden.

Auf dem Programm: Die Graswege werden einmal im Monat gemäht. ❦ Aussaat ins Freiland: Riskieren Sie einen Frühlings-Kopfsalat, um was Grünes zum Reinbeißen zu haben, bevor der große Frost einsetzt. Ansonsten dasselbe Programm wie im August, mit mehr Erfolgsaussichten. ❦ Aussaat von Roggen, Klee und Wicken als Gründünger. ❦ Pflanzen: Erdbeeren, Rhabarber und in wintermilden Regionen Artischocken.

Oktober

Wie ist das schön! Vor allem, wenn Sie Studentenblumen und Kosmeen zwischen das Gemüse gesät haben.

Auf dem Programm: Ernte des Wintergemüses bei den Freunden des autarken Gemüsegartens – bitte bei schönem und trockenem Wetter und behutsam: Berühren Sie die Kürbisse nicht! Die anderen sind schon in ihre Filzpantoffeln geschlüpft. ❦ Aussaat im Freiland: Feldsalat für den Frühling und in milden Klimaten Dicke Bohnen und Erbsen. ❦ Pflanzen: Winter-Kopfsalat. In milden Klimaten rosa Knoblauch, Erdbeeren. ❦ Freunde eines ordentlichen Gartens machen mit dem Spargelkraut und allen vertrockneten Pflanzen ein hübsches Feuerchen und schneiden die Kanten der Rasenwege gerade. ❦ Generell den Garten umgraben und Kaliumschlacke, Kompost oder Dünger verteilen. ❦ Wer Grünzeug mag, packt einen Folientunnel über Endivien, Spinat, Mangold und Schnittlauch, um noch bis Dezember ernten zu können.

November

Wie ist der Garten schön unter dem Raureif – vom Haus aus gesehen, in dem ein schönes Holzfeuer knistert! Die trockenen Stängel von Bohnen und Rainfarn ergeben schließlich ausgezeichnetes Stroh zum Feueranmachen. Ein angenehmer Monat, denn es gibt fast nichts draußen zu tun.

Auf dem Programm : Den Garten umgraben. Aber verpassen Sie bloß nicht den richtigen Augenblick! Oft schenkt Ihnen der November eine einzige schöne Woche, bevor der Garten bis zum Januar im Regen versinkt. Wenn Sie im nächsten Jahr einen unkrautfreien Garten haben wollen, ist nun die Zeit zum Handeln gekommen. Na los! In einer Stunde pflügt man mit der Motorhacke 200 m^2 um. Sie haben keine? Mieten Sie eine mit dazugehörigem Fahrer! Aber zerkrümeln Sie die Erde nicht auch noch, das erledigt der Winter dann schon.

Dezember, Januar, Februar

Ausruhen, es sei denn, Sie haben den Garten im November noch nicht umgegraben.

Was zu viel ist, ist zuviel!

Eines der größten Probleme des Gemüsegartens ist die Überproduktion. Wenn man begeistert davon träumt, Körbe voll mit appetitlichem Gemüse hereinschneienden Freunden mitzugeben, der Nachbarin, die uns ins Gespräch verwickelt, sogar dem netten Vorbeikommenden, der aussieht, als habe er einen gesunden Appetit, dann lässt man sich leicht zu einem Zuviel verführen – und das endet selten gut. Auf diese Weise hat der Gemüsegarten übrigens seinen Ruf erworben, mürrisch zu machen, so dass keiner mehr was mit einem zu tun haben will. Wer Muskelkater hat, ist eben schlecht aufgelegt! Wehe, wenn Sie dazu noch diese alte Gewohnheit verinnerlicht haben, wirklich nichts verkommen zu lassen... Erinnert Sie das eventuell ganz fatal an Ferien, die Sie beim Schnippeln von Bohnenmassen verbrachten, die man dann auch noch essen musste (auch die dicken)...?

Dabei ist die Diagnose einfach: Hin- und hergerissen zwischen Neugierde und Begierde (jedes Jahr aufs Neue verlockt durch diese Samenkataloge, die mitten im Winter ins Haus flattern!), steht man da mit einem großen Korb voller Samenpackungen, dann kommt die Nachbarin mit einem Bund Kohlpflänzchen vorbei... Und das führt unweigerlich dazu, dass Sie unversehens 30 Tomatenpflanzen zu setzen haben, obwohl acht oder zehn genügen würden.

Es ist überhaupt nicht davon die Rede, dass man sich die Begierde untersagt (das ist ein zu großes Vergnügen!). Aber es empfiehlt sich nüchtern zu überlegen, wie man die Produktion seinen Bedürfnissen anpassen kann. Beispiel: Einen Satz Salat isst man bestenfalls innerhalb von drei Wochen. Wenn Sie fünfmal in der Woche welchen gefuttert haben, haben Sie vermutlich genug. Es ist folglich unsinnig, 60 Salatköpfe zu pflanzen, wenn Sie nur zu zweit am Tisch sitzen. Da sollte man besser die Freuden abwechseln und 30 in drei verschiedenen Sorten pflanzen, deren Ernte sich über zwei Monate hinzieht. Das heißt, ein Meter Saat von jeder Sorte befriedigt Ihre Lust, nur leckere Sachen keimen und wachsen zu sehen und dann zu verspeisen. Gut zu wissen für sparsame Leute: Die Samen halten sich ohne weiteres zwei bis drei Jahre, wenn sie kühl und trocken gelagert werden.

Ungeeignete Pflanzen für Faule

Manchmal funktioniert's einfach nicht. Man rackert sich ab und das Ergebnis ist gleich null! Spezialisten dafür sind: Artischocken, Auberginen, Möhren, Sellerie, Blumenkohl, Knollenfenchel, Mais, Paprika, Haferwurz. Der Schlüssel zum Erfolg liegt in der geeigneten Kombination des richtigen Bodens mit dem richtigen Klima. Ist es angesichts des Ergebnisses wirklich vernünftig, in einer Gegend Auberginen und Paprika anzubauen, wo der Sommer entweder kurz oder – sagen wir mal – zurückhaltend ist? Wenn es nicht darum geht, unbekannte Sorten auszuprobieren oder der Liebe Ihres Lebens, die nur Peperoni aus dem eigenen Garten mag, eine Freude zu machen, ist es wirklich nicht nötig, sich wegen einem Gemüse in Missstimmung bringen zu lassen. Merkwürdigerweise hat man in den Jahren, in denen es funktioniert, sowiese keine Lust mehr darauf.

Gute Pflanzen für Faulpelze sind hingegen all jene, die sich mit einmaligem Gießen pro Woche zufrieden geben, köstlich schmecken und nicht Ihre Abwesenheit nutzen, um zu schmarotzenden Monstern zu werden.

Bünde fürs Leben

Wenn sie sich bei Ihnen wohlfühlen, haben Sie gewonnen, denn sie säen sich allein wieder aus. Der Frühling zeigt sich, und beim Harken bemerken Sie, dass Sie gar keine Rauke säen müssen, denn da ist welche von ganz allein aufgetaucht. Nicht zu viel (damit sie nicht zum „Unkraut" wird), nicht alles auf einmal und auch nicht jedes Jahr, als wollte Sie Ihnen Überraschungen bereiten. Manchmal entdeckt man eine Unbekannte, vielleicht weil man es mit einem unsteten Gemüse zu tun hat (dem Kürbis) oder mit der Wildform eines Kulturgemüses, die aus einem vom Wind angewehten Samenkorn entstanden ist (Portulak, Feldsalat).

Wie schön ist doch ein Garten! So erscheinen ganz von selbst Dill, Mangold, Borretsch, Kerbel, Kürbis (aber das ist möglicherweise ein unbekannter), Fenchel, Melisse, Minze, Pastinaken, Petersilie, wilder Porree, Kartoffeln, Portulak, Rauke, Tomaten, Topinambur (an der Grenze zum Unkraut!).

Ein winziger Gemüsegarten zum Vergnügen

Wenn Ihr Garten ganz klein ist oder Sie wirklich keine Lust haben, die meiste Zeit dem Gemüsegarten zu widmen, bauen Sie nur das Wichtigste an: Rohkost, für die

Das ist das Problem bei den Dicken Bohnen: Sie tragen massenhaft, aber Ernten und Auspalen bedeutet doppelte Arbeit! Allerdings ist das auch sehr erholsam für den Geist ...

Sie Gleichwertiges nicht auf dem Markt finden.

Beispiele: Ein Dutzend Salatköpfe genügen, um drei Wochen lang Salat auf den Tisch zu bringen (wenn man viermal pro Woche Salat isst; ein Kopf reicht für vier Personen – oder mehr, wenn er dick ist). Eine Tomatenpflanze ergibt durchschnittlich 6 kg Früchte über zwei Monate; eine Zucchinipflanze reicht locker, um den Appetit einer ganzen Familie den Sommer über zu stillen; 5 m grüne Bohnen ergeben drei- bis viermal je 1 kg über drei Wochen verteilt; 1 m Radieschen genügen, um eine Woche lang täglich einen Bund zum Knabbern zu haben...

In der Rangliste des besten Verhältnisses zwischen Qualität und Aufwand stehen Zucchini, Buschbohnen, Portulak, Salatrauke und Tomaten ganz oben. Mit einem Sortiment Aromapflanzen dazu kann man sich einen hübschen kleinen Gemüsegarten auf nur etwa 12 m² schaffen.

Ein Tipp: Bauen Sie am besten das Gemüse in Reihen an, das ist praktischer für die Ernte, und einige von ihnen (Tomaten, Zucchini, Bohnen) mögen es nicht, wenn ihre Blätter beim Gießen nass werden, was aber zwangsläufig passiert, wenn man sie auf einem Beet zieht, auf dem überwiegend Blumen stehen.

So schön, so gut

In einem ganz kleinen Garten mischen Sie sicherlich schon Gemüse und Blumen. Aber tun Sie das auch genug? Manchmal plagt man sich mit Träumen, für die man eigentlich gar keinen Platz hat, während man andererseits bereits Pflanzen zieht, die dem Ersehnten bereits exakt entsprechen. Dabei man sieht sie noch nicht einmal!

Nehmen wir z. B. den Rhabarber. Wie er diesem Zierrhabarber (*Rheum palmatum*) in den Zeitschriften ähnelt, der Sie zum Träumen bringt! Schauen Sie sich den Gartenrhabarber doch einmal genau an, er steht seinem chinesischen Verwandten in nichts nach. Wir für unseren Teil haben ihn in ein Beet mit mehrjährigen Blumen gesetzt, zusammen mit kleinen weißen Rosen, die ihm Gesellschaft leisten ('Queen of the Musks', 'Gruß an Aachen' und 'Nevada'), und daneben steht eine riesige Palmlilie (*Yucca*). Sie vertragen sich wirklich gut miteinander und das Beet sieht herrlich aus. Zudem erfordert es nur minimale Pflege, denn einmaliges Umgraben alle zwei Jahre genügt, allerdings muss eine reichliche Kompostgabe damit einhergehen (5 cm dick). Da wir Rhabarber ebenso gern als Marmelade wie als Kuchen essen, ernten wir ihn zwischen Juni und Mitte Juli, kurz bevor seine Blüten

Die gute Idee mit den Pflanzen „von der Stange"

Man findet sie bundweise auf dem Markt oder in Kistchen in Gärtnereien, mit zehn, einem Dutzend oder fünfundzwanzig kleinen Kohl- oder Salatpflänzchen, oder auch einzeln (Aromapflanzen, Tomaten, Auberginen, Kürbis oder Peperoni). Das ist die ideale Lösung, will man kleine, seinem Verbrauch angepasste Mengen ziehen oder Salatpannen vermeiden. Zugleich hat man eine Gewähr für das Gelingen von Auberginen, Melonen, Peperoni und Tomaten.

aufblühen. Danach werden die Stiele faserig und man kann nichts mehr damit anfangen.

In dieser Zeit des Jahres wächst er schnell nach, vor allem, wenn man ihm gleich nach dem Abschneiden eine ganze Gießkanne mit 10-%igem Brennnesseljauche-Doping gönnt. In der Zwischenzeit kaschieren die Nachbarpflanzen sein vorübergehendes Fehlen, denn zu dieser Zeit im Jahr sind sie in vollem Wachstum.

Artischocken mit ihrem stolzen Wuchs und dem silbern bestäubten Laub sehen ebenfalls herrlich zu weißen Rosen, Pfingstrosen und Akelei aus und ersetzen vorteilhaft die launische Cardy. Unsere wachsen in der Reihe unter als Kordon gezogenen Weinreben, umgeben von einer Narzissen-Mischung und Kornblumen am Eingang zum Gemüsegarten. Damit sie elegant bleiben, braucht man die Stängel der erntereifen Artischocken nur direkt am Boden abzuschneiden.

In der Abteilung der Aromapflanzen sind Gewürzfenchel, Dill, Engelwurz, Garten- und Muskatellersalbei, Rosmarin und Thymian ebenso dekorative wie nützliche Pflanzen. Das ist das ganze Geheimnis der berühmten Pfarrgärten. Sie sind so beliebt, weil die Kamille mit den Rosen flirtet, der Boretsch sich zwischen den Kohlköpfen durchschlängelt und Salatköpfe ins Kraut schießen. Der einzige schwierige Punkt ist, Ernte und Zierde unter einen Hut zu bekommen. Auf einem anderen 10 m² großen Beet gesellt sich bei uns der Rhabarber zu den üppigen Blättern einer Reihe Gartenampfer und dem fiedrigen Laub von Dill und Gewürzfenchel, die sich überall aussäen.

Muskateller- und Gartensalbei spielen mit gedämpften Grautönen, Beifuß mit

Eine weiße Rose, gewöhnlicher Rhabarber und Yucca (alle pflegeleicht und schön) ... das gibt einen hübschen kleinen Garten, der nicht viel kostet!

hellem Silber (die Sorten *Artemisia* 'Powis Castle' und 'Lambrook Silver') und Graugrün (Eberraute und Kamper-Beifuß). Man könnte das mit metallischem Blau durchzogene Laub eines Dutzends Porreepflanzen und zwei oder drei Spargelpflanzen hinzufügen, deren Triebe förmlich Rad schlagen und von Juni bis zum Frost ganz flauschig wirken, nachdem Sie sich im Frühling an den Stangen gelabt haben.

Auf dem freien Platz stehen Tomaten, Kopfsalat, Radieschen, Bohnen und einjährige Blumen in Hülle und Fülle: Kornblumen, Kapuzinerkresse, Ringelblumen, Bechermalven (*Lavatera*), die die nützlichen Insekten anlocken, so dass Sie sich nicht gleich bei der ersten Blattlaus auf ein Spritz- oder Stäubemittel stürzen müssen. Aber Vorsicht vor zu viel Dünger: Überdüngtes Gemüse schmeckt allzu leicht fade, verteilen Sie daher auch Kompost nicht zu üppig!

Ein Rand aus Erdbeeren

Dafür gibt es nur eine: 'Bordurella'. Ein sehr hässlicher Name für eine wunderbare Pflanze, die den ganzen Sommer über köstliche, dicke Erdbeeren in Hülle und Fülle hervorbringt. Und die brav ist: Sie wächst nett und freundlich vor sich hin, ohne Ausläufer zu bilden. Normalerweise rechnet man eine Erdbeerpflanze alle 30 cm, doch diesen Abstand können Sie auf 20 cm verringern und einen Tonziegel zwischen die einzelnen Pflanzen einsenken. Das sieht hübsch aus, hält den Boden frisch und unkrautfrei und ergibt appetitlich saubere Erdbeeren. Das Feinste vom Feinen: Ein Weg aus Ziegel- oder Pflastersteinen, den man so mit einer Reihe aus abwechselnd Erdbeeren und Ziegelsteinen säumt ...

Gutes Gemüse-Management

Die traditionelle Kultur in rechteckigen Beeten zwischen zwei Trittpfaden ist immer noch die praktischste Lösung, weil man so am einfachsten möglichst viele Dinge auf so wenig Raum wie möglich mit einem Minimum an Problemen ernten kann. Die richtige Proportion sind 1 m breite Rechtecke, einschließlich der Pfade. Das macht es auch kurzen Armen möglich, ohne Verrenkungen zu ernten, denn alles ist von der einen oder anderen Seite des Weges erreichbar. Teilen Sie die Fläche in etwa 1 m breite Streifen ein, so reicht der Platz für drei bis vier Reihen und eine Trittstelle. Legen Sie eine Pflanzschnur aus. Verteilen Sie die unordentlich auf das Beet geschüttete Erde locker mit dem Kreil, und säen oder pflanzen Sie dann. Der übrige Platz reicht aus für drei Saatrillen mit Möhren, Spinat oder Kopfsalat oder auch zum Pflanzen von drei Reihen Porree oder einer Reihe Kohl und einer mit Studentenblumen, damit es hübsch aussieht.

An einem ruhigen, milden Aprilabend, wenn die Erde gut duftet und die Amseln ihre Arien schmettern, ist das ein wahres Glück. Danach können Sie ganz gemütlich Ihren Aperitif nehmen und haben Gelegenheit Ihre Meisterarbeit bewundern.

Besetztes Gelände bringt weniger Arbeit

„Unkraut" ist ein Problem, zugegeben. Gemeint sind jene Wildpflanzen, um die Sie sich nicht kümmern, die aber viel vitaler sind als die von Ihnen bevorzugten Gemüsepflanzen. In dieser guten, fruchtbaren Erde, die locker und von der Frühlingssonne gewärmt ist, nutzt das Unkraut selbstverständlich die günstige Gelegenheit, und nach weniger als drei Regenschauern beginnt der Garten zu grünen, noch bevor Sie ein Samentütchen gezückt haben.

Angesichts dieser Vermessenheit hat der Gärtner die „falsche Saat" erfunden. Dabei werden die Unkräuter angeschwindelt: Man tut so, als wolle man alles einsäen, man harkt schön fein und so weiter und so fort... und dann erfolgt erst mal 14 bis 20 Tage lang gar nichts, je nach Ge-

Wintersalat verträgt sich gut mit Knoblauch und Zwiebeln. Aber Achtung: wenn der Sommer kommt, harmonisiert dieses Trio überhaupt nicht mehr, denn alle Kopfsalate wollen gern gegossen werden, die Zwiebeln aber nicht.

gend und Terminkalender des Gärtners. Das Unkraut keimt massenhaft... und dann kommt (normalerweise) – zack! – der Gärtner mit seiner superscharfen elektrischen Hacke. Hackt alles um, hackt noch einmal und geht zur offiziellen Saat über.

Aber – potz Blitz, es funktioniert nicht, aber auch absolut nicht! In stark von Unkraut heimgesuchten Gärten (wie meinem) versteht dieses offensichtlich nicht den Trick, und das Ergebnis ist, dass ich statt eines Teppichs aus Miere einen aus Melde, Bingelkraut oder Gänsefingerkraut habe. Kurz, ich gewinne einen kleinen Vorsprung auf das Jahresprogramm der genannten Unkräuter. Das ist alles, dafür jedoch garantiert. Und die Möhren ertrinken im Grünzeug, bevor sie auch nur zwei zarte Blättchen ausgebildet haben. Das ist interessant: Die ökologisch interessierten Beobachter notieren: „Dieses Jahr im März Miere statt des üblichen Ehrenpreises." Das haben sie nun davon. Natürlich, wenn der Gärtner kneift, weil er was anderes im Kopf hat, ist alles für die Katz. Stellen Sie sich vor, Sie verlieben sich mitten in der Zeit der „falschen Saat" – dann ist Ihr Garten verloren, denn wenn Sie endlich beschließen, doch mal einen Blick drauf zu werfen, finden Sie einen wahren Urwald vor.

Viel schlauer ist: Beschleunigen Sie die Bewegung. Das Unkraut will es gemütlich? Bitte, soll es haben, und auf die verlockend lockere Erde breiten wir ihm ein Dach überm Kopf, Heizung inklusive, indem wir ab März eine große durchsichtige Folie ausbreiten. Unbestritten sieht das hässlich aus, aber darunter wächst es wie verrückt. So gut, dass sich sogar die Winde und die Disteln mit einem Monat Vorsprung zeigen, sich in riesigen Wurzelwirbeln austoben, die sich an die Folie heften und sich auf Nimmerwiedersehen mit einem Schwung ausreißen lassen, wenn man die Zudecke abnimmt. Sie können in aller Ruhe mit Ihrer/Ihrem Liebsten auf Kreuzfahrt gehen, die Folie muss mindestens 14 Tage lang liegen bleiben (und wenn's grad so reinläuft, auch länger), denn sie erwärmt außerdem den Boden.

Kein Fitzelchen Platz für „Unkraut" in diesem Paradies für Bienen, Schwebfliegen und Hummeln.

Und zwar so gut, dass dies sogar ein ausgezeichnetes Mittel ist, um die Ernte der Tomaten und Zucchinis, die man dann unter dem Folientunnel zieht, um acht bis zehn Tage vorzuziehen.

Nur muss man gleich darauf etwas finden, das schnell das Land besetzt, um eine neue Invasion zu verhindern, denn jede Jahreszeit hat ihre Spezialität: die Miere von Oktober bis April, den Ehrenpreis von März bis Mai, das Bingelkraut, die Zaun- und die Ackerwinde, den Erdrauch und die Wolfsmilch anschließend, dann im Juli Gänsefuß und Melde. So ungefähr, denn je nach Jahr und Gegend gibt es Abweichungen.

Es empfiehlt sich, Mulch und Gründünger abzuwechseln. Verteilen Sie den Mulch überall (außer um Knoblauch und Zwiebeln) ab April-Mai: auf den Beeten 5 cm dick, auf den Wegen 10 cm hoch.

Rache!

Sie haben Sie ausgetrickst, sie haben überall einen üppigen Teppich gewebt, der alle Ihre Hoffnungen vernichtet hat? Sehr gut. Holen Sie das Freischneidgerät, schützen Sie Ihre kostbaren Augen mit einer eng anliegenden Skibrille – und jetzt ran an die Buletten: Zermalmen Sie alles direkt am Boden und zücken Sie dann den Kreil. Nun muss nur noch ordentlich die Sonne draufknallen – und das war's dann. Sie haben sogar ein paar Mark für Gründüngersamen gespart. Jetzt brauchen Sie nur noch die Kartoffeln zu pflanzen und die Jahrhunderternte abzuwarten.

Vorsicht bei den Kartoffeln: Vor allem keinen frischen Rasenschnitt auftragen, davon gehen sie ein. Lassen Sie das gemähte Gras einen Tag lang trocknen, bevor Sie es in dünner Schicht (2 cm) um die Pflanzhügel herum verteilen; ab Mai verhindert das üppige Kartoffelkraut sowieso das Erscheinen von Unkraut.

Und sobald ein Stück Land durch eine Ernte frei geworden ist, säen Sie Gründünger darauf, der wunderbar das Schlimmste Un-Kraut erstickt.

Setzen Sie auf Gründünger

Als Gründünger bezeichnet man Pflanzen, die genauso dynamisch sind wie das berühmte Unkraut, und die nur gezogen werden, um zerhackt und durch Untergraben in den Boden eingearbeitet zu werden. Im Gemüsegarten verwendet man sie hauptsächlich im Frühjahr, wenn ein Teil des Gartens darauf wartet, dass er mit Sommer- und Dauergemüse bestückt wird, und im Spätsommer, sobald etwas abgeerntet ist.

Da sie sich in ihren Ansprüchen vom Gemüse unterscheiden, entnehmen sie dem Boden nicht dieselben Elemente. Besser noch: Leguminosen (Hülsenfrüchtler) wie z. B. Lupine und Klee reichern ihn an, indem sie mit ihren Knöllchenbakterien an den Wurzeln Stickstoff aus der Luft binden. Manche, wie Luzerne, Wicke oder Roggen wirken dermaßen erstickend, dass ihnen die schlimmsten Plagen (Sauerampfer, Disteln, Winden) nicht widerstehen. Auf Seite 224 und 225 werden die wichtigsten Gründüngungspflanzen genauer vorgestellt. Ein Rat: Wenn Sie einmal mit der Gartenarbeit gar nicht hinterherkommen, säen Sie im ganzen Garten eine Gründüngung ein und warten Sie ab, was dann passiert: Innerhalb eines einzigen Jahres wird das Grundstück auf sagenhafte Weise gereinigt und noch dazu rundum gedüngt.

Gute Bienenpflanzen sind die Klee-Arten, die auch die Bodenbeschaffenheit verbessern.

Beispiel: Im Februar-März säen Sie Senf, Phazelia oder Spinat auf das unbepflanzte Gelände, das bis Mai auf das Sommergemüse wartet (Buschbohnen, Tomaten, Zucchini usw.). Wenn es Ihnen nichts ausmacht, bei einer kleinen Runde im Garten mit den Waden im Tau zu waten, säen Sie diese Gründüngungspflanzen auch auf den Wegen aus. Es ist nicht nötig, den Boden vor der Aussaat aufzulockern, man sät breitwürfig und einfaches Unterharken reicht aus. Der Boden ist von einer Pflanze besetzt, die ihn rasch bedeckt, also ist im April-Mai (der kritischsten Zeit des Jahres für alle, denen Jäten ein Graus ist) kein Unkraut in Sicht.

Da das eine Zwischenkultur ist, können Sie ohne Skrupel darauf herumlaufen, um hier oder dort mal was zu hacken oder nachzuschauen, was aufgeht und was nicht.

Nach zwei Monaten, Anfang Mai, wenn es Zeit ist, Tomaten und Zucchini zu setzen, müssen Sie nur eine Woche davor ganz wild ein Quadrat dieses schönen Gründüngers mit dem Schlegler umlegen (Brille und alte Jacke nicht vergessen!) und alles liegen lassen, damit die Regenwürmer daraus Humus machen... Einmal mit der Fräse drüber, und das Gelände ist fertig.

Ab Juli können die von den Kartoffeln, Zwiebeln, Erbsen und vom Frühlingskohl befreiten Beete ihrerseits Gründünger aufnehmen: Senf oder Phazelia, die beim ersten großen Frost absterben. Oder auch Roggen, Rotklee oder Inkarnatklee, die den Winter im Garten verbringen und die geschätzte Tugend besitzen, schwere Böden tiefgründig aufzulockern und sie ganz nebenbei von den hartnäckigsten Unkräutern wie Quecke und Winde zu befreien.

Sie können auch ganz einfach Erbsen- und Bohnenpflanzen, die ihren Zyklus abgeschlossen haben, stehen lassen. Sie düngen weiter den Boden mit Stickstoff und halten ihn locker und sauber. Im Frühling nehmen Sie das Land wieder in Besitz, indem Sie die Vegetation mit dem Schlegler mähen (mit einem recht kurzen Faden;

Überraschungssalat

Wenn Sie im Herbst Klee säen, mischen Sie eine gute Prise Samen des hellen Römischen Salats (Bindesalat) darunter. Die kleinen Salatköpfe werden vom Klee geschützt und werden so ungewöhnlich zart. Sie sind im April-Mai genussreif, kommen also gerade recht, um die „offiziellen“ Wintersalate abzulösen!

Vorsicht vor fatalen Schlägen gegen nahebei stehendes Gemüse!).

Berücksichtigen Sie, dass Perserklee nicht nur gut über den Winter kommt, sondern auch mehrmals nacheinander gemäht werden kann, bevor man ihn untergräbt, nach Belieben im Frühling, Sommer, Herbst oder auch am Ende des folgenden Winters. Mähen Sie ihn, nachdem er geblüht hat (er ist sehr hübsch, duftet und lockt Bienen an), und lassen Sie ihn an Ort und Stelle verrotten oder verwenden Sie ihn zum Mulchen des Gemüses.

Der Vorteil dieser Methode ist, dass der Boden rund ums Jahr bedeckt bleibt. Kurzum, hier wird das Gesetz des Stärkeren auf den Gemüsegarten übertragen! Anders ausgedrückt handelt es sich hier um negativen Liberalismus in Reinform, denn das Unkraut hat von vornherein kaum Gelegenheit, auch nur die Nase aus dem Boden zu stecken und liefert sich unter der Mulchschicht einzigartige Kämpfe, von denen Sie am meisten profitieren. Und nun behaupte noch mal einer, Gärtner seien Pazifisten!

Schwierige Fruchtfolgen

Sie haben sicher davon gehört, dass „nie ein Kohl auf einen Kohl folgen darf“, weil er davon krank wird. Und Sie übrigens auch – denn wenn Sie diese Nachricht das erste Mal hören, sind Sie wahrscheinlich am Boden zerstört... Schlimmer noch, es gibt ganz Überzeugte (eine ziemlich häufige Spezies), die dem hinzufügen „keine Wurzel auf eine Wurzel“ und extrem Puristische (in der Ausbreitung begriffen), die noch draufschlagen: „Salat verträgt keine Gurke als Nachbarin.“

Wechselwirkungen – günstige wie ungünstige – von Gemüsearten aufeinander sind vielfach belegt. Dazu gibt es mittlerweile eine ganze Reihe von wissenschaftlichen Untersuchungen.

Allerdings brauchen Sie im Garten keine Wissenschaft zu betreiben, zumal nicht alle Gemüsesorten so schwierig, und mit einem Gartenheft als Gedächtnis-

Die lieblich duftende Esparsette liebt Kalk ... aber passen Sie auf: Ziegen und Schafe sind ganz verrückt danach!

stütze, in dem man seinen Plan vom Gemüsegarten einträgt und den Standort seiner kleinen Kulturen notiert (damit man nicht alles durcheinander bringt), kommt man wunderbar aus. Und ein Gartenheft empfehle ich Ihnen sowieso, denn es ist ungemein reizvoll und bringt einen selbst an den Tagen in Schwung, an denen nichts klappt.

Eine gelungene Wohngemeinschaft

Tatsächlich gibt es Gemüsesorten, denen es ein Graus ist, auf einem Beet aufeinander zu folgen. Aber nicht sehr viele. Das ist der Fall bei Kreuzblütlern (Kohl, Speiserüben, Radieschen), Doldenblütlern (Möhren, Pastinaken), Leguminosen (Erbsen, Bohnen) und Liliengewächsen (Knoblauch, Zwiebeln, Porree, Schalotten). In ihrem Fall sollte man besser zwischen zwei Kulturen derselben Familie drei Jahre abwarten, um Krankheiten vorzubeugen. Kürbisgewächse (Kürbis, Gurken usw.) und Nachtschattengewächse (Kartoffeln und Tomaten) machen sich nichts aus gleichen Vorgängern, aber da sie Starkzehrer sind, muss man darauf achten, dass sie einen gut gedüngten Boden bekommen, das ist alles. Schließlich scheint weder Salat noch Spinat beeinträchtigt, wenn sie nacheinander auf demselben Beet wachsen.

Nun wissen Sie Bescheid... Und jetzt will ich Ihnen auch verraten, wie man leicht einen blühenden Gemüsegarten hinbekommt: Fangen Sie damit an, in derselben Ecke Knoblauch, Schalotten und Zwiebeln zu versammeln. Das trifft sich gut, denn man pflanzt sie früh, wenn der Gemüsegarten noch leer ist. Sie haben dieselben Ansprüche: vor allem keinen Dünger, lockeren Boden, nicht gießen und die Füße an der Luft. Ihnen ist Mulch ein Graus, denn der lässt sie verfaulen, man muss also ein paar Mal Hacken zum Unkrautjäten einplanen (meist zweimal). Hier haben wir nun also ein Quadrat mit Liliengewächsen, das dieses Jahr nicht gedüngt wird und das nicht gegossen werden muss.

Fehlt der Porree. Dieser sondert sich meist ab, außer bei denen, die ihn wahnsinnig gern mögen und sogar im Sommer essen. Also: In der Regel pflanzt man ihn im Mai-Juni, und dann kann man ihn vom Herbst bis zum Winter essen. Außerdem ist er sehr „gefräßig“, will einen schön fruchtbaren und am liebsten auch frischen Boden.

Zwei Lösungen: Entweder Sie säen Senf auf ein Beet, das an das Zwiebelbeet grenzt, so dass Sie einen vollständigen Komplex mit Liliengewächsen zusammen haben, und Sie pflanzen den Porree, kurz nachdem der zerhackte Senf untergegraben wurde. Das funktioniert sehr gut. Oder aber Sie lassen ihm eine Sonderbehandlung zuteil werden und pflanzen ihn

Familiengeschichten

Vorsicht bei Gründüngern, die aus derselben Familie stammen wie manche Gemüse: Der Senf ist ein Kreuzblütler wie der Kohl und die Rüben. Klee gehört der gleichen Familie an wie Erbsen und Bohnen. Rechnen Sie drei Jahre Abstand zwischen dem Anbau von Pflanzen dieser beiden Familien auf einer Parzelle.

Tomaten und Tagetes

Wie ein Sonnenstrahl wirkt eine Bordüre aus kleinen Tagetes, die den ganzen Sommer über blühen. Winzige, farnartige Blätter in sanftem, zartem Grün, überschwemmt von Myriaden fingernagelgroßer Blütchen in allen Gelbtönen bis hin zum Braun. Sie duften nach Zitronenmelisse, wenn man sie berührt. Und das allergrößte Glück ist, dass die Schnecken sich nicht darin verstecken und sie dem Befall der Tomaten durch Fadenwürmer (Nematoden) vorbeugen.

zusammen mit dem Kopfkohl. Das bekommt ihm ebenfalls sehr gut und ergibt also ein Quadrat mit Starkzehrern, die reichlich mit Kompost versorgt werden müssen. Versuchen Sie, es bei den anderen Gemüsen genauso zu machen: Den ganzen März und April über säen Sie Dicke Bohnen und Erbsen nebeneinander. Beide brauchen keinen Dünger, reichern sogar selbst den Boden an, und man erntet sie zur selben Zeit.

Ebenso verhält es sich mit anspruchsvollen Gemüsen wie Kohl und Spinat: Setzen Sie sie zusammen, sie sind Starkzehrer, sie lieben Wassergaben, und man kann das Herbstgemüse gleich auf das Frühlingsgemüse folgen lassen.

Möhren und Pastinaken haben die gleichen Ansprüche: einen frischen, nicht zu schweren Boden, der im Jahr davor gedüngt wurde. Dazu kommt (da die Möhrenfliege sich am Geruch orientiert) ein anderer, stark riechender Doldenblütler wie Koriander, Anis oder Dill – so schlägt man (sozusagen) zwei Fliegen mit einer Klappe!

Wenn Sie so vorgehen, werden Sie nächstes Jahr leicht die Quadrate ausmachen, die diese oder jene Familie beherbergt haben, die Stellen im Garten, die üppig gedüngt werden müssen (das frühere Zwiebelquadrat) und die, die eine anspruchslose Kultur ohne zusätzliches Düngen aufnehmen können (das zuvor von den Hülsenfrüchtlern oder Starkzehrern besetzte Beet).

Praxisblatt

Vom richtigen Mulchen im Gemüsegarten

Nach dem Mähen kann man den angetrockneten Rasenschnitt 5 cm dick zwischen den Gemüsereihen ausbreiten.

Zwei Auffassungen gibt es dazu: Die einen wenden Mulch nur in der schönen Jahreszeit an, die anderen mulchen das ganze Jahr über. Das Mulchen in der schönen Jahreszeit dient hauptsächlich dazu, den Boden feucht zu halten und die voll aktiven Mikroorganismen zu nutzen, die daraus Humus bereiten. Ideal ist Mulchen für schwere Böden, die er leichter macht. Empfehlenswertes Material: Rasenschnitt, Leinstroh und -häcksel, Gründüngerschnitt, gehäckselter Farn. Vorsicht mit Stroh: Weizenstroh ist in der Regel mit starken Pestiziden behandelt. Außerdem legt das stark kohlenstoffhaltige Stroh Stickstoff aus dem Boden bei seiner Zersetzung fest, und dieser Stickstoff fehlt dem Gemüse, auf dem der Mulch liegt. Nehmen Sie Stroh also nur für die Wege.

Im Herbst hat der Boden fast allen Rasenschnitt verdaut, und dieser wird grob untergegraben. Farn und Stroh hingegen können bis zum Winterende als Bodenbedeckung liegen bleiben, dann werden sie ebenfalls untergegraben. Da der Boden unter dieser Decke sehr sauber bleibt, braucht man keinen „Herbstputz“ zu veranstalten und kann z. B. die Bohnen an Ort und Stelle trocknen lassen. Sie reichern schließlich den Boden mit Stickstoff an, und die leichte Decke aus den dürren Stängeln hält ihn ausreichend sauber.

Nun profitieren schwere Böden davon, wenn sie im Winter in groben Schollen umgegraben werden; der Frost übernimmt es dann, sie mit einer Sorgfalt, der den Gärtner entzückt, zu zerkleinern. Leichte Böden hingegen begnügen sich mit einer

winterlichen Decke, denn sie werden besser im Frühling bearbeitet. Die Moral von der Geschicht': Haben Sie es mit einem schweren Boden zu tun, graben Sie ihn im Spätwinter um, damit Sie voll und ganz die Pflanzenreste und die Arbeit des Frostes nutzen. Haben Sie eher einen leichten Boden, füllen Sie im Herbst Mulch auf, indem Sie z. B. Laub mit dem letzten Rasenschnitt mischen, so dass sich eine 5 cm dicke Schicht ergibt, und graben Sie alles im Frühjahr unter. Einen Nachteil hat das Mulchen: Die isolierende Mulchschicht, im Winter als Frostschutz und im Sommer als Sonnenschutz erwünscht, verzögert die Erwärmung des Bodens im Frühjahr. Im kalten Boden sind die Bodenorganismen noch wenig aktiv, es kommt zu Stickstoffmangel. Abhilfe bringt eine schwarze Mulchfolie.

Praxisblatt

Die Spinat-Taktik

In kleinen Gärten kommt es nicht selten vor, dass man den für Trittwege vorgesehenen Platz mit später zu pikierendem Salat oder Kohl einsät, solange das Gemüse auf den Beeten noch nicht erntereif ist. Das ist eine gute Methode, obwohl sie verlangt, dass man behände genug ist, um, wenn nötig, mit geschlossenen Füßen zu hacken. Und obwohl alle Plätze besetzt sind, erweist sich das tatsächlich als notwendig, denn sogar die zu dicht gesäten Salatköpfe (wie es „Anfängern" oft einmal passiert) wachsen viel weniger schnell als das Unkraut.

Durch diese Beobachtung ist wahrscheinlich die „Gertrude-Franck-Methode" entstanden, die den Namen einer deutschen Biogarten-Fee trägt und eine Technik bezeichnet, die von „Bilderstürmern" auch einfach „Spinatmethode" genannt wird. Sie besteht darin, Gemüse jeweils in einer Reihe zu säen (oder zur Not in Doppelreihen) und dazwischen Spinat anstelle der Trittspuren. Wenn die Ernte zu Ende geht, wird gereinigt und gehackt. Der Clou: an der frei gewordenen Stelle wird unmittelbar Spinat gesät, und die benachbarte Trittstelle nimmt nun eine Kultur auf.

Spinat wächst schnell, birgt als Angehöriger der Gänsefußgewächse für nachfolgende Gemüse-Arten überhaupt kein Gesundheitsrisiko und hat eher ein üppiges Naturell. Da es zudem viele Familien gibt, in denen niemand Spinat mag, hat man auch keinerlei Hemmungen, darauf herumzulaufen.

Wenn der Spinat einmal völlig undurchdringlich geworden ist, mäht man ihn ab – mit der Sichel, wenn man orthodoxer Biogärtner ist, mit dem Schlegler, wenn man eher fürs „Kurz-und-gründlich-Prinzip" ist. Aber Vorsicht: in kleinem Gang arbeiten, sonst ist das Gerät nicht zu beherrschen, hackt die benachbarten Kulturen kurz und klein und überzieht Sie obendrein noch mit nicht gerade appetitlichen, dafür fein gehacktem Schneckenspinat.

Man kann den Spinat auch durch Senf ersetzen, auf keinen Fall aber durch den Weißen Wiesenklee, wie in manchen neunmalklugen Bio-Gemüsegarten-Handbüchern empfohlen wird. Denn der Weißklee schlägt die Miere um Längen, was seine Wucherfähigkeiten anbelangt, da er mehrjährig und somit fast nicht auszurotten ist ...

Einziger Nachteil: Spinat und selbst der noch entgegenkommendere Senf fühlen sich nicht in allen Gärten wohl.

Praxisblatt

Gebrauchsanweisung für Gründüngung

An schönen Juni-Abenden genießen wir den köstlichen Duft der Luzerne.

Umgraben ist unnötig, es genügt oberflächliches Aufrauen. Drükken Sie das Saatgut mit dem steil gestellten Rechen gut an, und die Sache ist geritzt.

Buchweizen

Aussaat ab Frühjahr bis August, Umbruch im Herbst. Der hervorragende Unkrautvernichter wächst auch in armen und sauren Böden. Die überschwängliche weiße Blüte lockt Bienen an. 50 g auf 10 m^2.

Esparsette

Die aparten rosa, duftenden Blüten zieren im Juni. Aussaat im März oder September, jeweils für das Einarbeiten im Juli. Eine Bienenfutterpflanze für kalkhaltige Böden. 20 g auf 10 m^2.

Inkarnatklee

Aussaat im August-September, Umbruch im Frühling, zum Ende seiner herrlichen Blüte in Purpurrot. Bienenfutterpflanze. 25 g auf 10 m^2.

Lupine

Aussaat von Mai bis Juli in eher sauren, mineralischen, sogar mageren Böden. Einarbeiten von September bis November. Friert im Winter ab. 200 g auf 10 m^2.

Luzerne

Aussaat im März-April oder im September. Die Kultur dauert mindestens zwei Jahre; in dieser Zeit wird das Gelände durch und durch gereinigt und tiefgründig verbessert dank der langen Wurzeln. Ideal um ein Grundstück von Disteln, Winden und Quecke zu befreien. Für alle Böden. Zusätzlich reichert die Luzerne den Boden mit Stickstoff an. Ein Nachteil: Sie lässt sich nur mit Mühe ummähen. Umbruch gegen Winterende, etwa um einer Kartoffelkultur Platz zu machen. 200 g auf 10 m^2.

Nigella, Jungfer im Grünen

Eine reizende, allerdings wenig gebräuchliche Gründüngungspflanze für

tiefgründige Böden. Aussaat im September oder März für das Einarbeiten im Juni. 20 g auf 10 m².

Phazelia

Aussaat im März-April, Umbruch im Mai-Juni, oder auch Aussaat im August, alles Weitere übernimmt dann der Frost. Eine Bienenfutterpflanze für alle Böden. 20 g auf 10 m².

Roter Wiesenklee

Aussaat im März-April oder im September. Umbruch am Ende der Blütezeit im Frühling. 20 g auf 10 m².

Senf

Er wächst in Rekordgeschwindigkeit: Ausgesät im März-April, bricht man ihn im Mai-Juni um, oder nach einer Aussaat im August-September übernimmt der Frost die Einverleibung in den Boden. 10 g auf 10 m².

Spinat

Aussaaten vom März-April bricht man im Mai-Juni um, jene vom August-September im März-April. Ideal als Zwischenkultur. Aussaatmenge: 20 g auf 10 m².

Steinklee

Es zeigt sich weniger wüchsig als die Luzerne und nicht ganz so wirkungsvoll, dafür aber lässt er sich leichter schneiden. Aussaat im März-April bis Anfang September. Für alle Böden. 10 g auf 10 m².

Wicke

Aussaat der Sommerwicke im März, im Juni-Juli einarbeiten, oder Winterwicke im September säen für einen Umbruch im Frühling. Reinigt außergewöhnlich gut, besser noch als ein Herbizideinsatz. 100 g auf 10 m².

Winterroggen

Aussaat von September bis November, das Einarbeiten geschieht im Frühjahr. Für alle nicht alkalischen Böden. Wirksam gegen die Quecke und sehr grazil obendrein. 200 g auf 10 m².

Praxisblatt

Schwach- oder Starkzehrer: Jedes Gemüse hat seinen Appetit

Bereits in Zusammenhang mit den Mischkulturen und der richtigen Beetaufteilung war auf Seite 220 und 221 von den sehr unterschiedlichen Nährstoffansprüchen der Gemüsearten die Rede: Sogenannte Starkzehrer gedeihen nur auf gut mit Kompost versorgten Parzellen, Schwachzehrer kränkeln dagegen, wenn man sie mästet. Dazwischen stehen die Mittelzehrer mit mittleren Nährstoffansprüchen.

Wir nennen hier als Anhaltspunkt Kompostmengen, die man für den Gemüsegarten vorsehen muss. „Startdünger" bekommen Starkzehrern gut, sind aber ehrlich gesagt vor allem in mittelprächtigen Böden nützlich, denn in einem Boden, der schon humusreich ist, begnügt sich das Gemüse ohne weiteres mit der Grunddüngung. Tragen Sie nicht zu dick auf, das macht nur unnütze Arbeit.

Starkzehrer

Die angegebenen Dosen sind durch zwei zu teilen, wenn das Gemüse auf einen Gründünger folgt oder auf das Untergraben von Mulch. Hingegen tut ihm in nährstoffarmen Böden eine Gabe von abwechselnd Brennnessel- und Beinwelljauche mitten in der Produktionsperiode alle 14 Tage gut.

• 3 kg reifer Kompost pro m^2: Gartenmelde, Mangold, Cardy, Gänsefuß, Kohl-Arten (außer Rosenkohl), Spinat, Fenchel, Erdbeere, Mais, Sauerampfer, Porree, Kartoffel, Neuseeländer Spinat.

• 1 kg reifer Kompost pro Pflanze: Artischocke, Aubergine, Salat- und Einlegegurke, Kürbis, Paprika und Peperoni, Rhabarber, Tomate.

Mittelzehrer

1,5 kg reifer Kompost pro m², im Winter verteilt, bzw. keine Düngergabe auf bereits mit Mulch angereicherte Böden: Erdkirsche, Amarant, Spargel, Rote Bete, Möhre, Endivie, Rosenkohl, Meerkohl, Kresse, Kopfsalat, Melone, Speiserübe, Petersilie, Haferwurz, Schwarzwurzel, Topinambur.

Schwachzehrer

Nichts verabreichen oder höchstens bei nährstoffarmen Böden 500 g reifen Kompost pro m² im Herbst vor der Kultur aufbringen. In neutralem oder saurem Boden ist eine Verteilung von Algenkalk willkommen: 30 g pro m² im April-Mai: Knoblauch, Knollenziest, Schalotte, Gartenfenchel, Saubohne, Bohne, Erbse, Radieschen, Rettich.

Praxisblatt

Identitäts-kontrolle

Haben Sie sich schon einmal damit befasst, zu welcher Familie die vielen alltäglichen und ungewöhnlichen Gemüse-Arten, Gründünger und Aromapflanzen gehören, die in den Gemüsegärten wachsen?

• Baldriangewächse: Feldsalat.
• Doldenblütler: Anis, Dill Liebstöckel, Engelwurz, Fenchel, Kerbel, Kümmel, Möhre, Pastinake, Petersilie, Sellerie.
• Korbblütler: Artischocke, Cardy, Chicorée, Endivie, Estragon, Haferwurz, Kopfsalat, Schwarzwurzel, Topinambur, Wermut.
• Kreuzblütler: Kohl, Kresse, Radieschen und Rettich, Rucola, Senf, Speiserübe (Mairübe, Herbstrübe).
• Gänsefußgewächse: Gänsefuß, Gartenmelde, Mangold, Rote Bete, Spinat.
• Schmetterlingsblütler (Hülsenfrüchtler, Leguminosen): Dicke Bohne, Busch- und Stangenbohne, Erbse, Esparsette, Klee, Steinklee, Wicke.
• Gräser: Mais, Roggen.
• Knöterichgewächse: Rhabarber.
• Lippenblütler: Bohnenkraut, Pfefferminze, Rosmarin, Thymian, Salbei, Ysop, Zitronenmelisse.
• Liliengewächse: Frühlingszwiebel, Knoblauch, Porree, Schalotte, Spargel, Zwiebel.
• Nachtschattengewächse: Andenkirsche, Aubergine, Kartoffel, Tomate.

Die übrigen Gründünger, Gemüse und Aromapflanzen aus anderen, oft seltenen Familien bereiten ohnehin keine Probleme.

Faulpelz und Feinschmecker

Einen Gemüsegarten kultiviert man, weil man gern isst, sonst kann man es gleich sein lassen. Und da es nicht schwieriger ist, geschmackvolles Gemüse zu ziehen als schlechtes, sollte man besser die richtige Wahl in den Dutzenden, ja Hunderten im Umlauf befindlichen Sorten aller Kategorien zu treffen wissen. Bei den Tomaten z. B. gibt es mindestens 350 Sorten... meist so genannte „Anti-Matsch-Tomaten", die dafür geschaffen wurden, im Transportflugzug um den Erdball zu fliegen, drei Wochen Kühlung zu überstehen und im Selbstbedienungs-Supermarkt betascht zu werden.

Doch es gibt auch angenehme Überraschungen: die Möhre 'Nanco', die Tomate 'Bali', die Bohne 'Oxinel' sind moderne Züchtungen, die den alten (besten!) Sorten in nichts nachstehen. Denn auch da gibt es Gutes und weniger Gutes, was auch immer die Helden des Widerstandes dazu sagen mögen, die sie vor dem Vergessen bewahrt haben. Die 'Chantenay'-Möhre ist aus dem offiziellen Katalog der registrierten Gemüsesorten von 1997 verschwunden, obwohl sie die einzige war, die bei einem dilettierenden Gärtner überlebte. Manchmal erweisen sich die militanten Biogärtner als auch nicht schlauer als die anderen, z. B. verkauft sich der Porree 'Großer Gelber von Poitou' schlecht, weil seine blass grünen Blätter in den Augen der Verbraucher kränklich erscheinen. Dabei ist das eine der raffiniertesten Sorten, und wenn die Nachfrage sinkt, wird sie verschwinden. Aus all diesen Gründen finden Sie ab Seite 242 eine Auswahl guter Sorten.

Sie werden nicht darum herum kommen, eigene Versuche mit diversen Sorten anzustellen, denn es kommt auch auf die Lage an, wie und ob sich eine bestimmte Auslese bewährt. Es gibt Sorten, die in einem Garten nichts ergeben und gleich nebenan wunderbar sind. Die Qualität hängt zudem von der Art ab, wie man seinen Garten bebaut. Seien Sie nicht zu großzügig mit Dünger – und in diesem Fall heißt Dünger auch Kompost! Gießen Sie nicht zu viel. Einmal pro Woche reicht völlig bei den anspruchsvollsten Gemüse-Arten. Zuviel Dünger und Gießen „motzt" Spinat und den besten Kohl auf und ergibt meistens überdimensionales Gemüse, das sich schlecht hält. Manche, wie der Knoblauch, vertragen überhaupt keinen frischen Dünger und kein Gießen: Sie verrotten an Ort und Stelle.

Gute Bohnen sind süß und zart, ihr Geschmack erinnert an frische Butter (die ihnen übrigens als „Beilage" völlig reicht), und sie bilden keine Fäden. Guter Kohl stinkt nicht die Küche voll, und Salat, der knackig und leicht ist, wenn er direkt aus dem Gemüsegarten kommt, duftet schön. Seien Sie Feinschmecker, seien Sie anspruchsvoll – an der Auswahl soll es nicht mangeln.

Seien Sie neugierig, aber nicht verrückt

Seit gut zehn Jahren interessieren sich immer mehr Gärtner dafür, traditionelle Gemüsesorten zu erhalten. Die lokalen Gartensorten aus der ganzen Welt zirkulieren wie noch nie. Jährlich erscheinen neue Kataloge voll von Herrlichkeiten für neugierige Gärtner. Kürbisse sind wohl derzeit die Favoriten bei all diesen Privatversuchen. Das gilt sowohl für die unverbesserlichen Neugierigen als auch für jene Nostalgiker, die sich für die „guten alten" Gemüse-Sorten von anno dazumal begeistern – auf eigenes Risiko.

Eine einzige Pflanze des Siam-Kürbis z. B. bedeckte mit ihren großen Blättern 50 m^2 und vernichtete während der Sommerferien die Hälfte meines Gemüsegartens. Als Ernte gab es aber nur etwa 15 kleine längliche, hübsch grün und weiß gefleckte Bälle. All das für nichts und wieder nichts. Denn nachdem ich fast die linke Hand eingebüßt hätte, als ich versuchte, die Schale von einem der Kürbisse mit der Sichel durchzuhauen, habe ich ein gutes Kilo aussaatbereiter Samen entdeckt, die großzügig von zwei Zentimeter dickem, weißem Fruchtfleisch geschützt waren (und ich muss gestehen, dass ich nicht die Courage hatte, es wie geplant in die Spaghetti-artige Beilage zu verwandeln). Ich danke heute noch dem Winter, der in jenem Jahr den Garten mit –20 °C vor einer weiteren Invasion gerettet hat!

Wir hatten es auch schon mit Yamswurzeln zu tun. Unsere waren nie, aber auch nie bereit, die Größe eines kleinen Fingers zu überschreiten, trotz der aufopfernden Pflege einer Mannschaft von Experten, die sie zwei Jahre lang mit besonderer Aufmerksamkeit auf afrikanische Art versorgt haben. Das heißt, jede hatte ihren eigenen, einen Meter hohen und breiten Haufen, den ein Hut aus zwei Meter langen Stangen krönte, um den üppigen, rankenden Wuchs dieses Schatzes mit seinen dekorativen herzförmigen Blättern zu leiten. Ein übrigens sehr stabiles Rankgewächs. Sie war im wahrsten Sinne des Wortes umwerfend... denn überall krochen die Triebe im Gras herum.

Andere zu vermeidende Plagen: Die Erdmandel bildet genauso gut Ausläufer wie jede beliebige Quecke, und ihre bescheidenen „Erdmandeln" entschädigen Sie nicht für die zusätzliche Sorge, die sie in einer guten, fruchtbaren Erde unausweichlich erzeugt. Sauerklee ist ein unbesiegbares Unkraut. Vom Topinambur bekommt man ziemlich unangenehme Blähungen, er wird riesig (bis zu 3 m hoch) und man wird ihn nur in enger Zusammenarbeit mit den Feldmäusen wieder los. Leider pflanzen sich die Mäuse da, wo sie ein Non-Stop-Restaurant gefunden haben, massenhaft fort, ohne sich um die Zukunft Gedanken zu machen...

Aber bei all dem gibt es auch angenehme Überraschungen. Der Amarant erweist sich als bester Sommerspinat, wächst ganz allein und sät sich sogar aus... Die Bohne 'Kilomètre' mit Riesentrieben bildet über 1 m lange Hülsen. Ihr sehr milder Geschmack ist nicht umwerfend, aber eine einzige Reihe bildet eine regelrechte Hecke, die keine große Hitze fürchtet. In sonnigen Jahren enthüllt die Augenbohne (oder China-Bohne) ihre Identität: Das ist die afrikanische „Niébé" mit dem süßen

Geschmack, deren glänzende Blätter wie Spinat verwendet werden.

'Hubbard'-Kürbisse (trotz ihrer unbesiegbaren Schale), 'Butternut' und der kleine 'Reine de la table' mit dem nussartigen Geschmack, der niedliche 'Sweet Dumpling' (ein Squash-Kürbis), der nach Mandeln duftet, und der dicke 'Pleine de Naples' sind wirklich köstliche Winterkürbisse. Ihr einziger Fehler ist, dass sie ohne die leiseste Vorwarnung auf dem schönsten Buffet zusammensacken, doch dann ist es zu spät und sie verströmen bereits einen zweifelhaften Geruch. Und die Flecken, die sie hinterlassen, bekommt man nie wieder raus. Nun rät aber jeder dazu, sie warm zu lagern statt in einem Vorratskeller!

Der mehrjährige Porree (der in den Weinbergen des Loiretales und um Bordeaux allzeit präsent ist), produziert Myriaden von kleinen Zwiebeln, die man nur an irgendeinen gut durchlässigen Standort zu pflanzen braucht, damit er sich vermehrt. Da er am Winterende gut schmeckt, löst er die traditionellen Porree-Sorten ab.

Es gibt auch das asiatische Zitronengras, das an ein großes Queckenbüschel erinnert. Kaufen Sie im Frühling einen kleinen Bund davon in einem asiatischen Laden, lassen Sie es in einem Glas Wasser Wurzeln bilden und pflanzen Sie es dann in einen Topf mit gut durchlässiger Erde – und dann können Sie bald köstliche Kräutertees oder Hühnchen und Fleischspießchen mit Zitronengras genießen.

Wenn Sie in ein tropisches Land reisen

... dann werden Sie dem Vergnügen nicht widerstehen können, Samen mitzubringen. Manchmal erlebt man da positive Überraschungen, aber oft sind die tropi-

Die ersten Plätze der Hitparade für Kürbisliebhaber gebühren 'Butternut' und bei den Schwergewichten 'Pleine de Naples'. Sie halten sich bis Mai.

schen Sorten zu spät dran für unser Klima. Wenn vielleicht ein Garten am Mittelmeer eine Chance hat, so ist das weiter nördlich schon weniger sicher. Tropische Zwiebeln z. B. geraten in unseren Klimaten ganz aus dem Häuschen, und ebenso wird dort aus unseren nichts.

Falls Sie Ihren tropischen Gärtnerfreunden Saatgut schenken möchten, denken Sie daran, nur Sorten auszuwählen, die keine Hybriden sind. Sie sind es nämlich gewöhnt, ihr Saatgut selber nachzuziehen. Hybriden aber lassen sich nicht sortenecht vermehren, sie spalten bei der Nachzucht genetisch auf. Sie können zwar Tropenbewohnern erklären, dass man in Europa jedes Jahr neue Samen kauft. Aber das scheint den Menschen dort dermaßen unglaublich, dass sie es mit der Nachzucht trotzdem versuchen.

Ernten zum richtigen Zeitpunkt

Es wäre doch schade, nicht voll und ganz von diesem Privileg des Gemüsegärtners zu profitieren, Feinschmeckergerichte auf den Tisch zu bringen. Gut ausgewählte Sorten (siehe Beschreibungen ab Seite 242) bringen schon Überdurchschnittliches, aber wenn sie dann auch noch genau zum richtigen Zeitpunkt geerntet werden, ist das der pure Genuss. Ein allgemeiner Tipp: Da Sie den Garten „griffbereit“ haben, ernten Sie im letzten Moment. Außer im Hochsommer, da sollte man besser früh aufstehen und das Gemüse vor 9 Uhr pflücken. Dann ist es, vom Tau gut erfrischt, in Hochform. Ein Wort an jene, die weiter entfernt von der Küche gießen: Gefriertaschen aus der Gefrierabteilung im Supermarkt sind ideal für den Heimtransport der Ernte.

Bei manchem Gemüse zieht sich die Erntezeit über mehr als drei Monate hin: Kopfkohl, Feldsalat, Porree, Kartoffeln, Knoblauch, Zwiebeln, Schalotten, Spinat, Speiserüben, Radieschen und Rettich, Herbstendivien, Mangold, Möhren, Pastinaken, Petersilie, Haferwurz und Schwarzwurzeln, Topinambur.

Aber Achtung, andere Gemüsesorten werden ebenfalls über einen Zeitraum von drei Monaten und länger geerntet, aber nur, wenn Sie sie regelmäßig einmal die Woche abernten. Sonst schießen sie ins Kraut und das war's dann. Das trifft zu für Amarant, Gartenmelde, Brokkoli und Rosenkohl vom Frühling bis zum Herbst. Das Gleiche gilt im Frühjahr für Spargel

und Artischocken und im Sommer für Zucchini, Salatgurken, Schnittsalat, Portulak, Salatrauke, Koriander und Neuseeländer Spinat. Erdbeeren verderben, wenn man sie zu reif werden lässt. Und schmecken überreife Erdbeeren nicht furchtbar?

Die Flüchtigsten werden über drei Wochen hinweg geerntet. Das sind Kohlrabi,

Oben: Paprika 'd'Ampuis' mit harter Schale und ohne Geschmack beweist, dass bei den „Alten" nicht nur die Besten überlebt haben. Unten: Die Tomate mit dem Namen 'Géante de Bérao' schmeckt roh überhaupt nicht, ist aber getrocknet ganz köstlich.

Dicke Bohnen, Kopfsalat, Speiserüben, Gartenampfer. Superflüchtig sind Portulak und Zuckermais, die nur eine Woche lang zart bleiben. Wenigstens die grünen Bohnen, der Frühlingsspinat und die Erbsen müssen mindestens einmal in der Woche geerntet werden, sonst werden sie ungenießbar.

In diesem Spankorb liegen 'Belles de Fontenay', die Königin der Kartoffeln!

Manche verlangen ein Minimum an Methodik und mögen es nicht, wenn man sie durchschüttelt, um sicherzugehen, dass man auch nichts übersehen hat. Die grünen Bohnen zum Beispiel. Die zarten 'Mangetout' sind bei einem Durchmesser von 5 mm am besten. Dennoch sind manche ('Phénomène', mit violetten Hülsen) auch dick noch sehr gut und schmecken sowohl aus frischen wie getrockneten Samen zubereitet. Denken Sie daran, wenn Sie nicht sicher sind, dass Sie immer im richtigen Moment Zeit haben. Auf jeden Fall gilt aber, dass die Ernten um so üppiger ausfallen, je regelmäßiger sie stattfinden.

Eine Besonderheit der Bohnen ist, dass Sorten, die gleich nach der Ernte am besten schmecken, nicht unbedingt die sind, die sich am besten einfrieren lassen. Und Bohnen mit dem Aufdruck „ideal zum Einfrieren" auf den Samentüten schmecken recht mittelprächtig, wenn man sie gleich nach der Ernte zubereitet. Der Grund dafür ist, dass das Ideal ihres „Schöpfers" dem Ihren widerspricht, welches da lautet: massenhafte und gleichzeitige Ernte, industrielle Größen. Genauso verhält es sich bei den Erbsen und Dicken Bohnen, die man pflücken muss, sobald die Samen die Hülsen aufblähen.

Die Tomaten begnügen sich mit einer wöchentlichen Ernte, müssen aber genau dann gepflückt werden, wenn sie richtig reif sind. Man kann sagen, was man will: Selbst, wenn die noch gelben Früchte nach dem Abschneiden noch rot werden, ist der Geschmack nicht zu mit den reifen zu vergleichen. Und Vorsicht: Nicht alle Sorten schmecken gekocht.

Bei Zucchini und Salatgurken 'Lémon' reicht eine Ernte in der Woche – wenn sie gut gemulcht sind und das Wetter nicht zu heiß ist, sonst wachsen Ungetüme unter den Blättern heran, die aber nach nichts schmecken. Der optimale Durchmesser beträgt 7 cm. Warten Sie hingegen ab, bis die Melonen nicht nur schön dick werden, sondern auch schön schwer, bevor Sie sie ernten. Der Stiel muss anfangen, am Fruchtansatz einzureißen, und sie schmecken besser, nachdem sie einen Tag kühl (im Vorratskeller) gelagert wurden.

Sobald sie sich am Ansatz runden, kann man Knoblauch, Zwiebeln und Schalotten essen... als Vorgeschmack, denn erst im Juli-August, wenn ihre Blätter trocken sind, zieht man sie heraus, um sie trocken und kühl für den Winter zu lagern. Frühe Ernten (ab Mai) bekommen besonders Schalotten gut. Dazu nimmt man von jedem Horst ein paar Zwiebeln ab, wodurch die Bleibenden mehr Entfaltungsraum behalten.

Frühgemüse, neue Kartoffeln, Mairüben und Kohlrabi werden walnussgroß geerntet, und Möhren, wenn sie so dick sind wie der kleine Finger (der pure Zucker!). Das Feinste vom Feinen erhält man, wenn es einem gelingt, Erbsen, Mairübchen und neue Möhrchen zu synchronisieren, dazu kommen ein paar frische Schalotten, ein paar Salat-Sämlinge, und daraus wird dann eine köstliche Frühlingssuppe zubereitet.

Wenn die Salatköpfe unter Druck fest bleiben, sind sie gerade richtig und duften nach Haselnüssen... abgesehen natürlich von den Schnittsalaten, die keinen Kopf bilden. Und außer, wenn man zuviel davon hat: Dann isst man sie besser zu zart, als wenn sie geschossen sind. (Auch wenn Ihr Großvater Sie ganz erstaunt anguckt, „weil man das nicht tut".) Werfen Sie schließlich nicht die jungen Sämlinge von Salat und Spinat weg, die Sie auslichten. Im Salat oder auch im Eintopf, mit einer Kartoffel und einer Fingerspitze Crème fraîche schmecken sie köstlich.

Endivien schmecken besser gebleicht. Das geschieht, indem man sie in kleinen Mengen von fünf bis sieben Stück eine Woche lang unter einer gebogenen Rolloabdeckung versteckt, denn wenn sie erst gebleicht sind, neigen sie rasch zum Verfaulen. Porree schießt im Mai, eignet sich dann aber noch für köstliche Brühe. Ein Großmutter-Trick, um die Ernte eines Porree-Beetes zu verlängern: Ziehen Sie die Pflanzen nicht komplett im Herbst heraus, wenn sie noch zart sind, sondern entfernen Sie hie und da ein paar Blätter am Ansatz.

Man kann anfangen, Rote Bete, Möhren, Herbstrüben und Winterrettiche im Zuge des Auslichtens zu ernten, sobald der Wurzelansatz an der Erdoberfläche

Faulpelz-Geheimnisse zum Thema Erdbeer-Ernte

Ein Gärtner ohne Erdbeeren? Unvorstellbar desolat! Leider nur verheddern sich die Erdbeeren mit ihren Ausläufern im Gras und geben nach drei Jahren gar nichts mehr her, wenn man sein Leben nicht mit der Hacke in der Hand verbringt. Also: Ziehen Sie Erdbeeren schön in der Reihe.

Im Mai mulchen Sie, damit die Früchte später nicht nach Erde schmecken. Mit schönem, hellem Stroh bringt man Sonne in den Garten, und die Erdbeeren scheinen mit dieser Unterlage besser zu reifen. Das Nonplusultra allerdings ist ein Teppich aus Kiefernnadeln. Nicht nur, dass das ein idealer Vorwand ist, im Wald spazieren zu gehen und von den Waldarbeitern liegen gelassene Äste auf zusammeln. Dieser schön saubere und duftende Teppich hat zudem die Fähigkeit, den Boden saurer zu machen, gerade so, wie es die Erdbeeren lieben, so dass sie ganz köstlich werden. Zu empfehlen sind bei den einmal tragenden: 'Elsanta', 'Favette', 'Ferma', 'Romata', 'Splendida', 'Tenira', bei den remontierenden: 'Ostara' und 'Rimona'.

dick wird. Die große Ernte erfolgt jedoch erst im Oktober. Das Gemüse wird bei trockenem Wetter herausgezogen, von den Blättern befreit und kann den ganzen Winter über in Sand gelagert werden. Pastinaken, Wurzelpetersilie und Topinambur werden ebenfalls schon vom Sommer an geerntet; sie verbringen aber problemlos den Winter zusammen mit Kohl und Porree im Garten.

Kürbisse sind reif, sobald ihr Stiel aufhellt und ihre Schale die endgültige Farbe angenommen hat. Sie halten sich besser warm und trocken in der Küche gelagert als im Vorratskeller. Aber wenn Ihnen eines Abends, wenn Sie von der Arbeit nach Hause kommen, ein Verwesungsgeruch an der Gurgel packt, machen Sie sich nichts daraus: Das ist nur ein Kürbis, der den Geist aufgegeben hat. Fassen Sie ihn ganz vorsichtig an, denn der Schuldige hat zwar seine schöne Erscheinung bewahrt; er löst sich aber beim ersten festen Anpacken in Wohlgefallen auf.

Aromapflanzen für ein pflegeleichtes Gärtchen

Nicht nur, dass sie köstlich schmecken und herrlich duften – sie bereiten uns obendrein das Vergnügen, wirklich nur minimale Pflege zu brauchen. Man muss sie lediglich pflanzen oder säen und dann zurückzuschneiden. Das ist tatsächlich schon alles. Die meisten sehen ebenso hübsch in einem ganz kleinen Garten wie auf einem Beet gemischt mit Blumen aus. Oder sie schmücken eine Rabatte, die ihnen ganz allein vorbehalten ist. Das sieht in einem kleinen Stadtgarten sehr nett aus, denn es reichen 3 oder 4 m², um die ganze Palette der Aromapflanzen zu ziehen. In Paris birgt der Schlosspark von Bagatelle dafür ein reizendes Beispiel: Die Aromapflanzen wachsen hier gemischt mit Blumen.

Damit sie sich gegenseitig nicht zu sehr bedrängen, dient eine Reihe von Ziegel-

In Töpfen

Kleinblättriges Basilikum setzt sich dadurch in Szene, dass es sich zu dicken Kugeln rundet. Es sieht zusammen mit Pelargonien sehr schön aus, die seine Vorliebe für volle Sonne, nährstoffreiche Mischungen (halb Muttererde, halb Gartenerde) und großzügig gespendetes Gießwasser teilen. Großblättriges Basilikum ist viel weniger hübsch und wächst erheblich besser direkt in der Erde, z. B. bei den Tomaten.

Safran hingegen gelingt besser im Topf als im Freiland, wo Zerstreute ihn schon im ersten Jahr einbüßen, denn er wirft sein Laub im Frühling ab.

Dill, Koriander, Kerbel, Schnittlauch, Petersilie, Rosmarin, Thymian, Eisenkraut verhalten sich im Topf wechselhaft; am besten behandelt man sie alle als Einjährige. Eine Ausnahme: Der chinesische Schnittlauch wächst besser im Topf als im Beet.

steinen dazu, die fein aufgereihten Aromapflanzen in Zaum zu halten. Den gleichen Zweck erfüllen Stangen von entrindetem Edelkastanienholz, Dachsparren oder Terracotta-Fliesen. Aber weder Buchsbaum noch Heiligenkraut oder Gamander lassen sich auf diese Weise bändigen; diese müssen zweimal im Jahr „zum Friseur“ (Juni und September).

Ich meinesteils habe meinen anspruchsvollsten und übermütigsten Aromapflanzen eine ganze Rabatte entlang eines der Wege im Gemüsegarten gleich am Eingang zugeteilt, so dass ich sie griffbereit habe. Ein eingegrabenes und somit unsichtbares Brett trennt sie vom Rasen auf dem Weg. So bilden sie im Gemüsegarten ein 7 m^2 großes Gärtchen für sich, vor dem Hintergrund eines Zauns, auf dem seit urewigen Zeiten Geißblatt und halbgefüllte Alba-Rosen wuchern. Fenchel, Muskatellersalbei, Dill und Engelwurz blühen hier zusammen mit Stockrosen, Fingerhut und Nachtviolen, die der Zufall hierher gebracht hat. Frühlingszwiebeln und Schnittlauch wachsen in kleinen, quer zum Weg angelegten Reihen zusammen mit Petersilie, Koriander und Kerbel, die jedes Jahr den Platz wechseln. Auf diesem Beet stehen auch ein paar mehrjährige Gemüse-Arten wie Sauerampfer, mehrjähriger Porree, Meerkohl und ein alter Gänsefuß, der Gute Heinrich, den ich aus purem Optimismus behalte, weil ich darauf lauere, dass er sich vielleicht dazu durchringt, uns mal ein Töpfchen voll köstlicher Blätter zu liefern.

Zur Gruppe der Aromapflanzen gehören leider auch ein paar schlimme Wucherer: Stauden wie Pfefferminze, Zitronenmelisse zum Beispiel, und etwas weniger ausgeprägt Feldthymian und Zitronenthymian. Ihr Ausbreitungsdrang lässt sich im Zaum halten, wenn man sie in Töpfe mit 25 cm Durchmesser pflanzt, die mit einer Mischung aus zwei Dritteln Gartenerde und einem Drittel Kies gefüllt sind. Man gräbt die Töpfe so ein, dass gerade 5 cm herausschauen.

Die Ernte verfrühen und hinausziehen

Man braucht nicht unbedingt in ein Kleingewächshaus zu investieren, um kleines, feines Gemüse im Frühjahr genießen oder bis zu den Herbstfrösten (oder darüber hinaus) ernten zu können. Es genügt ein einfaches Folientunnel zu errichten. Unter diesem Schutz gewinnt man leicht zwei Wochen – sowohl im Hinblick auf das Verfrühen im Frühling, als auch was die Verlängerung der Ernte im Herbst betrifft. Und außerdem gewinnt man die Möglichkeit, die Kultur von Salat, Spinat und Kräutern in den Winter hinaus auszudehnen. Es gibt verschiedene Ausführungen mit mehr oder weniger starrer Eindeckung in den Gartenmärkten zu kaufen. Wir aber bevorzugen das Modell Eigenbau aus gebogenen Weidenruten, die man mit einem Vlies überspannt. Dieses Material ist luft- und wasserdurchlässig, es lässt sich aufrollen wie Stoff und hält mindestens vier Jahre.

Aussaaten finden darunter ab Februar statt mit den allerersten Radieschen der schnellsten Sorte ‘Qum Kader’: Sie bildet nur drei oder vier Blätter aus, scheint dann gar nicht mehr zu wachsen und dann – welch eine Überraschung – liefert sie knackige Radieschen innerhalb von weniger als zwei Monaten. Zur Reifezeit, gegen Ostern, ist man froh über jedes wirklich frische Gemüse.

Im Februar gedeihen im Tunnel ebenfalls Frühlingssalate wie ‘Maikönigin’, ‘Capitan’, roter Batavia, ‘Divina’, ‘Gotte’ und außerdem Möhren: runde oder kreiselförmige Karotten wie ‘Pariser Markt’ und ‘Rubin’, kurze Frühsorten wie ‘Amsterdamer Treib’ und ‘Little Finger’ oder die halblangen ‘Nantaise’-Selektionen. Alles das ist im Mai erntereif.

Im März schon folgt eine neue Serie Salat, Radieschen, Petersilie, Basilikum, Koriander. Im April kommt Fruchtgemüse hinzu. Natürlich noch nicht die komplette Palette, aber vielleicht drei Tomatenpflanzen, eine Gurke, eine Zuchetti, eine Paprika... Ab Mai bis September nimmt das Tunnel nurmehr die neuen Aussaaten auf. Öffnen Sie die Sonnenseite ab Juni, damit die Pflanzen genug frische Luft erhalten. Die Abdeckung kommt im Juli erst einmal ganz weg, um im Oktober erneut aufgebracht zu werden für Spinat, späte Salatsätze und Endivien mit einigen Frühlingszwiebeln für den Winter. Und danach? Pause!

Veränderbarer Tunnel

Bei mir bestehen die Bögen aus diesjährigen, 2 m langen und fingerdicken Weidenzweigen. Sie kosten nichts, sind schnell gemacht, ökologisch und noch dazu veränderbar. Sie werden im Winter geschnitten, sofort mit einem Bindfaden, der die beiden Enden miteinander verbindet, in Form gebogen und in der frischen Luft geschützt unter das Dach gehängt. Direkt in die Erde gesteckt, ergeben sie einen kleinen Tunnel, und wenn man sie an Tomatenstützen befestigt, einen großen. Man braucht nur große Krampen 20 cm vom oberen Ende jeder Stütze zu befestigen und dabei soviel Platz lassen, dass die Weidenzweige hindurchgeschoben werden können. Stecken Sie die Stützen in einer Doppelreihe mit 70 cm Abstand in den Boden und achten Sie darauf, dass die Krampen an der Außenseite liegen. Pflanzen Sie dann die Tomaten, am besten an der Innenseite der Stützen. Schieben Sie die Weidenzweige durch die Krampen, dann kommt das Vlies darüber. Bindfäden, die im Abstand von 1 m mit Zeltheringen am Boden befestigt werden, fixieren die Plane über den Bögen. Die Bögen halten drei bis vier Jahre, anschließend geben sie noch ausgezeichnetes Anmachholz ab!

Ali Babas Schatztruhe

Sie haben keinen Keller und können keine Vorräte halten? Nehmen Sie einen großen Tontopf von mindestens 30 cm Durchmesser, bevorzugt einen mit Griffen, damit man ihn besser transportieren kann. Legen Sie eine Tonscherbe über das Wasserabzugsloch und füllen Sie 10 cm hoch trockenen Sand ein. Darüber kommt eine 10 bis 15 cm dicke Schicht Karotten und anschließend wieder eine 10 cm dicke Sandschicht. Das führt man immer weiter bis obenhin fort und schließt mit einer Lage Sand ab. Stellen Sie den Topf an einen frostfreien Platz, zum Beispiel am Keller- oder Hintereingang. So ein kleines Vorratslager ist praktisch und erfreut jedes Mal, wenn man daran vorbeigeht.

Ausgewähltes Gemüse für einen Schlemmerwinter

So mancher mag sich einen langen, makellosen Winter vorstellen, wenn er seinen gut gefüllten Gemüsegarten betrachtet: Das ist der Gipfel des Selbstversorgertraumes, der in den Köpfen von Gemüsegartenfans herumspukt. Und den Gipfel der Schlemmerei bilden mit Liebe gekochte Gerichte, die einen anderen Geschmack haben und mit immer nur dem Allerbesten zubereitet sind. Es ist doch wirklich etwas Feines, wenn man im Winter etwas völlig Anderes essen kann.

Im April-Mai sät man Schwarz- und Haferwurz, die mitten im Winter nach Spargel schmecken, und Pastinaken, die sowohl als Püree wie auch in der Brühe lecker sind. Probieren Sie auch Rote Bete und pflanzen Sie drei Mangoldpflanzen. Was? Mit dem faden Zeug wie in der Kantine soll man seine Zeit verplempern? Wer das sagt, kennt nicht die genialen Köche, die eine Mangoldquiche zaubern und mit Roter Bete 'Rouge Crapaudine' einen herrlichen Salat zubereiten. Mit Feldsalat, einer Schalotte und einem weichen Ei ist das ein königliches Mahl. (Wer grinst und das für ein Junggesellenessen für einsame Könige hält, hat keine Ahnung!)

Probieren Sie's! Sonst wird sie noch verschwinden, weil keine Freunde mehr da sind, und das wäre schade, denn die 'Rouge Crapaudine' ist ein Gedicht! Sofern Sie genug Platz haben, werden diese Pflanzen nicht gerade stören. Man muss sie nur auslichten, sobald man sie packen kann, und lässt nur eine Pflanze alle 10 bis 15 cm stehen, so dass sie alle schön dick werden können. Dann mulchen Sie und denken Sie nicht mehr dran.

Setzen Sie im Mai Kürbis. Man gießt einmal gut (10 l pro Pflanze), mulcht dick (10 cm hoch Rasenschnitt) und verliert bis zur Ernte im Oktober kein Wort mehr darüber.

Im Juni wird für eine reichliche Herbsternte gepflanzt: Porree ('Gros jaune du Poitou', 'St Victor'; nicht 'Furor', der schmeckt nicht!) und Herbstkohl ('Brunswig', 'Tête noire', Brokkoli 'Calabrais'). Man sät Wintermöhren ('Chantenay') und Dicke Bohnen ('Michelet'). Der Juli schließt die Wurzelzeit ab mit der Speiserübe 'Rave hâtive d'Auvergne', mit 'Nancy' und vor allem 'Noir de Calluire' und den Herbstrettichen 'Rose de Chine' oder Winterrettichen 'Violet de Gournay' (die weniger beeindruckend sind als der riesige und sehr scharfe schwarze Winterrettich).

Mangold, Schwarzwurzeln, Pastinaken und Haferwurz verbringen den Winter im Garten, auf dem Beet, so wie sie sind. Rote Bete, Möhren, Speiserüben, Rettiche werden in einem dunklen, gesunden Keller trocken in Sand gelagert. Trockene Bohnen hängt man bis zu ihrer Verwendung bündelweise an einen Balken im Schuppen, oder man schlägt in einem Beutel die Kerne heraus. Halbtrockene Bohnen lassen sich sehr gut einfrieren.

Kleine Wintersalate

Auch das ist ein Gärtnerluxus: den ganzen Winter über hat man alle Arten von köstlichem Grünzeug parat. Wenn Sie ab Mitte August Feldsalat und Spinat säen (unter die Wedel getrockneten Adlerfarns und dann gut gießen, haben Sie im Herbst Grünes in Hülle und Fülle. Roher Spinat schmeckt ausgezeichnet als Salat. Wenn Sie ihn mit einem Tunnel überbauen, können Sie den ganzen Winter welchen ernten.

Winterendivie kennt jeder, aber Zuckerhut? Man sieht so gut wie nie welchen auf dem Markt, dabei ist er einfach eine Wucht! Man sät ihn im Juli-August wie Winterendivie und schützt ihn genauso unter einem kleinen Dach aus Farn oder – prosaischer – unter einem mit Beschattungsstoff bezogenen Tunnel. Das hält gerade so warm, dass der Salat zart wird. Feiner als Chicorée, leicht süß, leicht bitter, ist er zugleich sehr produktiv: Wenn man die Köpfe abgeschnitten hat, bilden die Pflanzen bis März ununterbrochen neue. Probieren Sie ihn – er schmeckt delikat.

Im Winter bleibt auch Radicchio auf dem Beet stehen: Roter Veroneser und Verona bilden das rote Köpfchen erst nach der Überwinterung im April aus. Durch die Kälte bauen sich die Bitterstoffe ab, dadurch schmecken die genannten Sorten im Vergleich zu den Sommersorten ungleich milder.

Auch aus jungen Haferwurz-Trieben kann man einen spritzigen Salat machen, und dann gibt es natürlich noch den Löwenzahn ab Ende Januar. Eine eher angenehme Weise, ihn zu beseitigen, denn eigentlich ist das ja Unkraut!

Vergessen Sie den Feldsalat nicht, den man in milden Wintern nahezu durchgehend ernten kann.

Weiß ist zarter

Bedecken Sie alle Löwenzahnpflanzen, die Ihnen über den Weg laufen, mit einem Blumentopf. Innerhalb einer Woche sind sie genau richtig gebleicht.

Eine Auswahl für Feinschmecker

Zum Appetit auf Kompost:

✢
nichts

✱
im Vorjahr gedüngt

✱✱
15 kg reifer Kompost auf 10 m²

✱✱✱
30 kg reifer Kompost auf 10 m²

Nur die besten Arten und Sorten werden in Kürze beschrieben – denn man gärtnert nicht, um wie in der Kantine zu essen. Dazu gibt es Hinweise zur Kultur und grob geschätzte Angaben zu den Erträgen pro laufendem Meter. Aber auch die eventuellen Launen werden nicht verheimlicht.

Amarant ✱✱

Amaranthus gangeticus,
Fuchsschwanzgewächse

Diese Riesenpflanze (2 m) mit den prächtigen purpurroten oder goldenen Ähren ergibt den besten Sommerspinat, nährstoffreiche, tiefgründige Böden vorausgesetzt. Dieser Star der afrikanischen Kräutersoßen gedeiht in der Sonne. Er bringt sagenhafte Erträge, wenn er mindestens zweimal monatlich geerntet wird und nachwachsen kann. Direktsaat von April bis Mai. Auf 30 cm Abstand auslichten. Ernte 1 bis 5 kg Blätter pro Pflanze von Juli bis zum ersten Frost. Die reifen Samen (im Oktober mit einer aufgeschlagenen Zeitung auffangen) werden im Couscous gegessen.

Gut zu wissen: Auch jener Fuchsschwanz, der fruchtbare Gärten im Juli überwuchert, ist essbar. Es wird aber sicher schwierig sein, ihn auf dem Markt aufzutreiben.

Andenbeere, Kapstachelbeere ✱✱

Physalis peruviana,
Nachtschattengewächse

Ehrlich gesagt, lohnt sich das nicht, und die Gartensorten sind nicht einmal hübsch.

Artischocke ✱✱✱

Cynara scolymus, Korbblütler

Guter, offener und tiefgründiger Boden ist Pflicht bei diesem majestäti-

schen mehrjährigen Gemüse, das man für fünf bis sechs Jahre behält. Zwar finden die violetten allseits Zustimmung, ich mag aber die unten schön fleischige bretonische 'Camus' lieber, die sehr süß, aber selten ist. Ein Glück, dass sie in einer Gegend wächst, in der sich Gemüsegärtner oft als Dichter erweisen. Recht winterhart in mitteleuropäischen Verhältnissen ist die 'Große Grüne von Laon' sowie die F1-Hybride 'Orlando' mit violetten Deckblättern.

Setzen Sie im März-April drei gut bewurzelte Pflanzen in 20 cm Abstand in einer Dreiecksformation bei 50 cm Reihenabstand. Artischocken tun sich am Anfang schwer; sie müssen gegossen oder müssen bei warmer Witterung sogar beschattet werden. Später sind sie jedoch problemlos, sofern ihnen der Garten gefällt. Ernte ab dem Frühjahr nach dem Pflanzen, von Mai bis Juli: drei bis acht Köpfe pro Wurzelstock. Wenn Sie Artischocken ebensoviel gießen wie die Tomaten (einschließlich Düngerverteilung), haben Sie im September noch eine zweite Ernte. Nach der Ernte gehen die Triebe, die getragen haben, ein und werden von einer Fülle kleiner neuer ersetzt.

Gut zu wissen: Junge, pflanzbereite Teilstücke bekommt man ohne weiteres geschenkt, denn in jedem Frühling müssen die drei schönsten in jedem Horst ausgewählt und alle anderen mit einem Spargelmesser entfernt werden. Verteilen Sie eine Schaufel Kompost um jeden und im Herbst dann 30 cm dick Laub, um sie vor der Kälte zu schützen.

Aubergine **

Solanum melongena,
Nachtschattengewächse

Entsprechend ihrer ostindischen Abstammung verlangt sie viel Wärme und ihr Erfolg ist Glücksache. Wählen Sie also eine bewährte Sorte: 'Solara F1', 'Ova F1' oder 'Black Beauty'. Es gibt auch weiß- und gelbfrüchtige Sorten, die häufig als Topfpflanzen angeboten werden.

Man pflanzt sie frühestens Mitte Mai an einen vollsonnigen Platz, in Horsten mit 50 cm Abstand. Eine Kultur unter dem Folientunnel ist aber bis Juli ratsam. Überwachen Sie, ob im Juni-Juli Kartoffelkäfer auftauchen und bekämpfen Sie sie durch Überstäuben mit einem Pyrethrum-Mittel. Geerntet wird von Ende Juli bis Oktober. Der Ertrag liegt bei 3 bis 15 Früchten pro Pflanze.

Gut zu wissen: Veredelte Pflanzen geben fünfmal mehr Früchte als die anderen und das sogar mit drei Wochen Vorsprung.

Wählen Sie in jedem Frühjahr die drei schönsten Artischocken-Triebe im Abstand von 20 cm aus und entfernen Sie dann die übrigen mit einem Messer.

Bohnen *

Phaseolus vulgaris,
Schmetterlingsblütler

Für alle Böden. Aussaat im Freiland alle 14 Tage von Mai bis Mitte Juli, entweder in fortlaufender Reihe oder in Horsten mit je fünf Samen und einem Abstand von 20 cm. Zwischen den Reihen bleiben 50 cm Abstand. Säen Sie Stangenbohnen vo Anfang Mai bis Ende Juni, Buschbohnen von Mitte Mai bis Anfang Juli. Häufeln Sie, wenn die Pflanzen 15 cm hoch

Das passiert, wenn Sie mitten in der Erntezeit eine Woche lang nicht auf den Spargel aufpassen. Sie können alle durchgetriebenen Stängel in der Erde schneiden, aber nur einmal, sonst erschöpfen sich die Wurzelstöcke aus.

sind, dann müssen Sie weniger gießen. Die Ernte erstreckt sich über drei Wochen, je nach Aussaattermin zwischen Juli und dem Frost (700 g pro Meter). Eine gute Nachricht: Es gibt viele köstliche grüne Bohnen, die fadenlos bleiben, egal, wie oft Sie sie vernachlässigen: grüne Buschbohnen 'Aramis', 'Oxinel', 'Totem', 'Vilbel'; interessant auch die Stangenbohnen mit violetten Hülsen: 'Blauhilde', oder die violette Buschbohne 'Purple King'.

Gut zu wissen: Stangenbohnen klettern gern am Mais hoch, damit das aber funktioniert, säen Sie sie zu Füßen der Maispflanzen, wenn diese bereits 20 cm hoch sind, und vergessen Sie das Gießen nicht.

Brokkoli ✻✻✻

Brassica oleracea Botrytis-Gruppe, Kreuzblütler

Feiner als der Blumenkohl und viel leichter zu ziehen, aber ausschließlich in frischem und neutralem oder kalkhaltigem Boden. Schneidet man nur das Zentrum des Blütensprosses aus, wachsen kleinere Büschel von Oktober bis März nach (1 bis 3 kg pro Meter).

Aussaat im März-April ins Freiland. Einen Monat später auf 50 cm Abstand pikieren. Achtung: Bei trockenem Wetter achten Sie auf Kohlerdflöhe, eine Art kleiner, schwarzer Flöhe, die Löcher in kleine Kohlköpfe sowie ihre Verwandten, die Radieschen, fressen. Überstäuben mit einem Pyrethrum-Mittel macht dem ein Ende. Die zitronengelben Kohleulenraupen, die Kohl fressen, sind im Sommer seltener. Mit *Bacillus thuringiensis* behandeln oder einen Pyrethrum-haltigen Köder auslegen.

Cardy ✻✻✻

Cynara cardunculus, Korbblütler

Sieht zugegegen sehr schön aus, ist aber wirklich zu kompliziert.

Chinakohl ✻✻✻

Brassica rapa Pekinensis-Gruppe, Kreuzblütler

Haben Sie wirklich Lust auf einen regelrechten Krieg gegen die Schnecken? Und was machen Sie dann mit diesem Gemüse?

Dicke Bohne, Saubohne, Puffbohne ✢

Vicia faba, Schmetterlingsblütler

Einfache Kultur in schwerem, frischem Boden. Aussaat Mitte März bis Mitte April, wobei alle 15 cm ein Samenkorn ausgelegt wird. Ernte von Mitte Juni bis spätestens Mitte August. Alle Sorten sind gleich gut. Die Saubohne 'Michelet' ist die beste (probieren Sie sie „halbtrocken"!), und sie kommt ohne Gießen aus. Was will man mehr bei dieser an sich so durstigen Kultur?

Endivien **

Chicorium endivia, Korbblütler

Säen Sie von April bis Ende Juni im Halbschatten krausen Frisee-Endivien oder Sorten mit glatten Blättern vom Typ Escariol einschließlich 'Zuckerhut'. Einen Monat später lichten Sie aus oder pikieren Sie auf 30 cm Abstand. Frisee und Escariol werden von Juni bis August geerntet, während der 'Zuckerhut' den Herbst im Garten verbringt, unter einer Strohmatte, die ihn vor der Kälte schützt und ihn gleichzeitig zart und bittersüß, sprich ausgezeichnet macht. Er ist besser als der normale Endivie und als der Rote Veroneser, vor allem, da er zwei Ernten liefert, denn jede abgeschnittene Pflanze bildet erneut kleine, ausgezeichnete Köpfchen. Säen Sie im Juli-August Wintersätze, die von September bis November geerntet werden.

Gut zu wissen : Man findet leicht Jungpflanzen von Frisee und Escariol. Diese Salate schmecker besser leicht gebleicht. Der vollherzige, frostunempfindliche 'Escariol Grüner' hält sich am längsten im Einschlag.

Erbsen *

Pisum sativum, Schmetterlingsblütler

Wenn Sie es zu mühsam finden, Erbsen auszupulen, überspringen Sie diesen Absatz. Wenn Sie allerdings gern eine Runde schwatzen, legen Sie los damit, Erbschen schmecken dermaßen gut! Aussaat ab Anfang März alle 14 Tage. Man sät in fortlaufender Reihe oder jeweils fünf Samen alle 10 cm. Ernte von Mai bis Ende Juni. Rechnen Sie für Liebhaber 10 m Saat. Pal- oder Schalerbsen erbringen ein meist glattes, rundes Samenkorn, bei Markerbsen sind die Erbschen runzelig und im trockenen Zustand nicht mehr zum Kochen geeignet. Zuckererbsen haben keine Pergamentschicht in den Hülsen, werden also nicht zäh, und man erspart sich das Auspulen. Sie schmecken delikat.

Gut zu wissen : Nur wenn sie nicht gerade leidenschaftlich gern Erbsen pulen, vergessen sie Kichererbsen. Bei nur einer Erbse pro Hülse habe ich nicht mal Lust sie zu ernten.

Erdbeere ***

Fragaria vesca var. *hortensis,* Rosengewächse

Alle kalkarmen Böden eignen sich für diese Staude, die man drei Jahre behält (danach lässt der Ertrag nach). Gepflanzt wird von Juli bis September oder auch im März, mit 30 cm Abstand. Pflanzen Sie Erdbeeren in eine Reihe, dann sind sie leichter zu pflegen. Denn mit ihren Ausläufern ist die

Entfernen Sie Möhrenkraut mit einer kurzen Umdrehung dicht am Wurzelhals. Wechseln Sie dann in einem Eimer Möhren- und Sandschichten ab und lagern Sie alles bei 5 bis 10 °C im Trockenen.

Unter einer Hütte aus Reisstroh (die Strandmatte vom letzten Sommer!) bleichen die Endivien frostgeschützt vor sich hin.

Erdbeere ein potentieller Wucherer. Die erste Ernte erhält man im Frühjahr nach dem Pflanzen. Verteilen Sie jeden Frühling eine 3 cm dicke Schicht reifen Kompost um die Pflanzen. Mulchen Sie, wenn sich die Erdbeerfrüchte gebildet haben.

Es gibt zwei Sortengruppen: einmal tragende, die im Mai-Juni reif werden, und remontierende Sorten. Monatserdbeeren (*Fragaria vesca* var. *semperflorens*) tragen bis zum Frost, sofern sie regelmäßig gegossen werden. Die Sorten der Walderdbeere bleiben (*Fragaria vesca*) kompakt und liefern den ganzen Sommer über Früchte, aber die Ernte ist ein Geduldsspiel. Schneiden Sie die Ausläufer der „Auswanderungswilligen“ im Juli ab, damit sie produktiv bleiben.

Gut zu wissen: Tauchen Sie die Wurzeln in Kuhfladen, damit die Jungpflanzen leichter anwachsen, und pflanzen Sie vor allem mit der Pflanzschaufel in ausreichend große Löcher, damit die Wurzeln ohne Knicken oder Abschneiden hineinpassen. Graben Sie die Erdbeerpflanzen genau bis zum Wurzelhals ein, nicht weiter. Erneuern Sie die Pflanzungen durch Abnahme von diesjährigen Ausläufern oder von bewurzelten jungen Trieben von Pflanzen „kompakter“ Art.

Feldsalat, Rapunzel +

Valerianella locusta,
Baldriangewächse

Der Salat für Faule schlechthin. Nicht zu glauben, aber er ist einheimisch, und auf dem Lande ging man früher zum Sammeln in die Brachen und auf Obstwiesen, damals, vor dem Triumphzug der Unkrautvernichtungsmittel. Er wird von August bis Mitte Oktober breitwürfig auf den unvorbereiteten Boden gesät. Harken Sie ihn kräftig oder besser: Walzen Sie. Mühen Sie sich bloß zuvor nicht mit Umgraben ab, denn das hindert ihn am Keimen! Ernte von Januar bis April.

Fenchel +

Foeniculum vulgare, Doldenblütler

Der Knollenfenchel ist so launenhaft, dass der Anbau sich nur lohnt, wenn man ihn sehr gern isst. Achten Sie auf eine schossfeste Sorte und kaufen Sie Jungpflanzen, die man spätestens Ende Juli pflanzt. Vielleicht ergattern Sie ja auch die Staude: Der Staudenfenchel wächst in Frankreich (bis ins Loiretal) wild, er gedeiht in allen Böden, sogar auf Böschungen und Trockenwiesen. Er bringt nur ganz kleine, flache Knollen, aber nonstop von März bis zum Frost, und er sät sich in Hülle und Fülle selbst aus. Kosten Sie ihn roh, er ist unglaublich süß.

Gänsefuß, Guter Heinrich ***

Chenopodium album,
Gänsefußgewächse

Die Ernte ist nicht garantiert, aber die Kultur dieses mehrjährigen Gemüses gestaltet sich absolut sorgenfrei. Es heißt, er mag frische Böden und kühle Klimate, aber er kann dort ebenso gut gedeihen wie verschwinden. Vorsicht auch vor ungeschickten Hieben mit der Hacke, denn im Winter ist die Pflanze nicht zu sehen. Pflanzung von März bis Mai alle 50 cm wie Auberginen, aber im Halbschatten.

Gartenmelde ***

Atriplex hortensis,
Gänsefußgewächse

Eignet sich für alle Böden, ist aber ein bisschen langweilig, schmeckt zu Foliengerichten. Die Soße aus der purpurroten Sorte schmeckt etwas nach Meerwasser, was bei der hellen Gartenmelde ('Rheinische Gelbe') nicht der Fall ist.

Direktsaat im Herbst oder sehr zeitigen Frühjahr. Auf 30 cm Abstand auslichten, die Triebspitzen pinzieren, um die Ernte der schönen Blätter auf einen Monat zu verlängern. Ernte: 1 bis 5 kg Blätter pro Pflanze von Juni bis August. Sät sich selbst aus. Mit Beginn der Samenbildung werden die Blätter bitter.

Gurke ***

Cucumis sativus, Kürbisgewächse

Aussaat im Haus im April, Auspflanzen im Mai in Horsten mit 1 m Abstand. Ernte von Juli bis zum Frost. Es gibt Jungpflanzen zu kaufen. Achten Sie aber ausdrücklich auf eine Freilandsorte für den Frischverzehr. Die eigene Aussaat lohnt sich für die ausgezeichnete 'Lémon'-Gurke, von der man wohl keine Jungpflanzen bekommt. Sie begnügt sich mit einmal gießen (10 l pro Pflanze) und ernten pro Woche und kann somit als die einzige für den Faulpelz geeignete Sorte gelten. Die anderen strafen Zerstreute, indem sie bitter und/oder riesig werden, bevor sie jegliche Produktion einstellen. Die Einlegegurke, eine Variante der Salatgurke, hat denselben Fehler. Damit sollten Sie sich gar nicht erst abplagen.

Helmbohne +

Dolichos lablab,
Schmetterlingsblütler

Das ist die typische Bohne der europäischen Gemüsegärten vor der „Thronbesteigung" der südamerikanischen Bohne. Kälteempfindlicher und später dran als klassische Bohnen, sät man sie von Ende Mai bis Mitte Juni in lockeren und Sonnen beschienenen Boden in Gruppen von fünf Samenkörnern und mit 20 cm Abstand. Die am meisten verbreitete Sorte klettert, das ist die Bohne 'Kilomètre', die ihren Namen verdient hat: Sie wird 3 m hoch und hat 1 m lange Hülsen. Geben Sie ihr stabile Stangen und pflanzen Sie sie quer zum vorherrschenden Wind, sonst müssen Sie sich auf Schäden gefasst machen! Ernte der grünen Bohnen im August und trocken im September-Oktober, köstlich in allen Stadien. Auch die Blätter sind essbar und ergeben einen sehr guten Spinat (die berühmte Blattsoße, die in der westafrikanischen Küche sehr beliebt ist, enthält Blätter der Helmbohne und des Amarant).

Kartoffel ***

Solanum tuberosum,
Nachtschattengewächse

Nicht schwierig hinzubekommen und wirklich besser als auf dem Markt. Pflanzung von Frühkartoffeln Ende März, im April die anderen, in Löcher im Abstand von 40 cm. Häufeln Sie 20 cm hoch, wenn die Blätter erscheinen. Ernte von Ende Juni (Frühkartoffeln) bis August von 500 g bis 2 kg pro Meter. Meine Lieblingssorten: 'Belle de Fontenay' und 'BF 15' (frühe, festkochend), 'Ratte' und 'Roseval' (spät, festkochend), 'Bintje' und 'Manon' (spät, für flockiges Püree und köstliche Pommes frites). Die frühen halten sich in einem Vorratskeller bis Dezember, die späten bis März.

Gut zu wissen : Beschädigen Sie nicht die spontan im Garten nachwachsenden Kartoffeln: Sie kommen oft früher und sind schöner als die, die man pflanzt! Leichtes Überstäuben mit Algenkalk im Mai entmutigt Kartoffelkäfer und verbessert den Geschmack der Ernte.

Ein Vorrat an 'Butternut', eines der besten Winterkürbisse, der fest, duftend und vitaminreich ist und bis Mai in Form bleibt.

Die 'Lémon'-Gurke im Taschenformat hat einen milden Geschmack, komme, was wolle, und ist noch dazu schön ertragreich.

Knoblauch +

Allium sativum, Liliengewächse

Der weiße, frühe macht in leichtem Boden keine Probleme. Ansonsten nehmen Sie lieber den rosafarbenen, der unbedingt in Rillen gepflanzt werden muss. Der violette ist winterhärter, aber ehrlich gesagt auch der am wenigsten feine.
Die von außen abgenommenen Brutzwiebeln werden im November oder von Januar bis April in 20 cm Abstand gesetzt. Rechnen Sie mit zweimal Jäten bis zur Ernte von Ende Mai bis Juli. Der weiße hält sich, kühl und trocken gelagert, bis zum Dezember, der rosafarbene bis April. Ernte: 500 g pro Meter. Frisch schmeckt er köstlich.
Feinschmeckertrick : Wenn Sie eine Pflanze in einer gut dränierten Ecke stehen lassen, können Sie so etwas wie unvergleichliche Frühlingszwiebeln ernten. So hat man das ganze Jahr über frischen Knoblauch.

Knollenziest **

Stachys tuberifera, Lippenblütler

Dieses potentielle Unkraut ist mühsam zu schälen und hat keinen Geschmack. Das muss man sich wirklich nicht antun!

Kohlrabi ***

Brassica oleracea Gongylodes-Gruppe, Kreuzblütler

Für alle Böden und unkompliziert: Aussaat im März-April, Auslichten auf 15 cm im Mai, Ernte im Juni-Juli, späte Sätze bis Oktober. Wenn er Eigröße erreicht hat, schmeckt er köstlich. Danach wird er holzig und sieht lediglich toll aus. Weiße und violette Sorten unterscheiden sich nicht im Geschmack. Die verwandten Steckrüben lohnen sich überhaupt nicht.
Gut zu wissen : Wenn man ihn sich selbst überlässt, bildet Kohlrabi einen zweiten Stock mit kleinen „Knollen" oberhalb der Hauptwurzel. Sie sind zwar zu hart zum Knabbern, geben aber Suppen ein köstliches Aroma.

Kopfkohl ***

Brassica oleracea Capitata-Gruppe, Kreuzblütler

Er erfährt dieselbe Behandlung wie Brokkoli. Gepflanzt wird im Mai-Juni, geerntet ab September. Eine frühere Sorte ist 'Butterkohl', für eine spätere Pflanz- und Erntezeit bieten sich speziell dafür ausgelesene Sorten an wie 'Braunschweiger'. Moderne Hybriden sind unpraktischerweise alle zugleich erntereif. Und Frühlingskohl ist launisch und nicht besser als auf dem Markt. Sparen Sie sich die Mühe, ihn zu ziehen!

Kopfsalat, Eissalat *

Lactuca sativa, Korbblütler

Salatfreaks säen oder pflanzen Salat alle 14 Tage von März bis Juli, neh-

Frühjahrsmüdigkeit? Knabbern Sie Fenchel: Seine feinen Federbüsche sind roh wie gekocht ebenso lecker, z. B. zu einem Fischgericht.

Rechts: Unterm Folientunnel reifen Köstlichkeiten heran.

men sich in der Hochsommerhitze ein wenig zurück und gönnen sich dann im August-September noch eine zweite Serie „um die Zeit zu überbrücken". Durchschnittliche Dauer einer Ernte: drei Wochen. Anfänger verzagen angesichts der Menge an Sorten und Bezeichnungen, die etwas irreführend sind: Wintersalate isst man im Frühling und Frühlingssalate bis Juli.

Zur Wiederholung: Die Aussaat von Frühlingssalaten im Freiland erfolgt alle 14 Tage von März bis April. Zur Auswahl stehen Kopfsalat (grün- und rotlaubige Typen), Eissalat, Binde- oder Romanasalat, rote und grüne Eichblattsalate, die krausen Lollo Bionda und Lollo Rossa. Beim Kauf von Samentütchen müssen Sie auf die Eignung für die vorgesehene Aussaatzeit achten, sonst schießt Ihnen Ihr ersehnter Sommersalat durch wie nichts. Man kann alle Sorten selbst ins Beet aussäen und auslichten (Abstand 20 cm), damit sie schön dick werden. Die überzähligen Sämlinge pikiert man.

Von April bis Ende Juni steht die Aussaat von Sommersalaten auf dem Programm. Neuere Sorten sind den Saatgutherstellern zufolge resistent gegen Mehltau, was jedoch sehr von der Gegend und der jeweiligen Witterung abhängt. 'Radichetta' ist ein unverwüstlicher Schnittsalat, dessen Ernte sich bis zum Frost hinzieht. Lichten Sie auf 20 cm Abstand aus. Pikieren ist übrigens bei heißer Witterung riskant: Die Jungpflanzen welken in rasender Geschwindigkeit. Wintersalate werden von Mitte August bis Mitte September ins Freiland gesät oder einen Monat später (oder auch im Februar) alle 20 cm gepflanzt. Ernte von Mitte März bis Ende April.

Gut zu wissen: Vom Frühjahr bis zum Sommer haben die Pflanzen bei Direktaussaat immer 14 Tage Verspätung, aber sie ergeben besser entwickelte Salatköpfe.

Kürbis und Zucchini ***

Cucurbita maxima, Cucurbita pepo, Kürbisgewächse

Sie werden wie Gurken behandelt; aber lassen Sie zwischen den Zucchinis, die keine Ausläufer bilden, 1 m Abstand zwischen den Pflanzen. Bei den rankenden sind 2 m Pflanzabstand einzuhalten. Der Kürbis 'Muscat de Provence' besitzt sehr gute Lagereigenschaften und schmeckt sehr gut. 'Vegetable Spaghetti' ist jener Kürbis mit den walzenförmigen Früchten, dessen Fruchtfleisch sich nach 20 Minuten Kochzeit zu einer Spaghetti-ähnlichen Masse verwandelt.

Zucchini erntet man von Ende Juni bis zum Frost. Man erzielt 10 kg und mehr pro Pflanze. Die Kürbisernte verläuft ab Ende September, und das sehr unterschiedlich von einem Jahr zum anderen: ein bis fünf Früchte pro Pflanze. Sie werden trocken und warm gelagert.

Gut zu wissen: Man findet immer mehr Sorten als Jungpflanzen im Mai. Zucchini kann man von Juni bis Mitte Juli direkt an Ort und Stelle säen, wenn man eine plötzlich unterbrochene Ernte (mangels Gießen oder regelmäßiger Ernte einmal in der Woche) wettmachen will. Die genannten Kürbisse hingegen müssen alle im Mai gepflanzt werden, denn sie brauchen Zeit zum Reifen. Schließlich: Vermeiden Sie F1-Hybriden, sie streiken bei der ersten Gieß-Panne.

Mangold ***, Rote Bete ***

Beta vulgaris, Gänsefußgewächse

Sie gedeihen ohne Mätzchen in frischen, selbst sehr schweren Böden. Kaufen Sie vom Mangold nur zwei oder drei Jungpflanzen auf dem Markt, denn bei Tisch hat er wenig Freunde. Pflanzen oder säen Sie von April bis Juni (Pflanzabstand 30 cm). Geerntet wird von Juni bis September: 3 bis 5 kg Blätter pro Pflanze. 'Bright Light' ist eine neue Auslese mit leuchtend bunten Stielen in Gelb, Rosa. Sehr dekorativ und wesentlich schmackhafter als der spektakuläre Mangold mit roter Mittelrippe (der ist ungenießbar).

Rote Bete wird im April-Mai direkt ausgesät und einen Monat später auf 10 cm Abstand ausgelichtet. Ernte von Juni bis September (3 kg pro Meter) und Lagerung in Sand. Es gibt Sorten mit rundlicher und welche mit länglicher Rübe.

Meerkohl *

Crambe maritima, Kreuzblütler

Dieses Kind der Nord- und Ostsee-Strände macht nicht viel Arbeit, aber es verblüfft. Man pflanzt Meerkohl in einen Winkel mit leichter Erde, und er wächst und wächst, blüht, bildet massenhaft dicke, bläuliche Blätter, die seinen Namen rechtfertigen – tja, und was macht man dann damit? Selbst unter einem Topf gebleicht, selbst von einem Chefkoch zubereitet, ist er nicht gerade das Nonplusultra. Also: Nicht nötig, hoffnungsvoll die Kleinanzeigen zu studieren, er ist unauffindbar, und das ist auch nicht weiter verwunderlich.

Möhre **

Daucus carota, Doldenblütler

Aussaat ab März in leichte Böden und in Frühbeetkästen (frühe Sorten wählen), sonst von April bis Mitte Juli in angereicherte Erde des Vorjahres. Nach einem Monat etwas auslichten. Ernte von Mai bis Oktober, 1 bis 3 kg pro Meter. Wenn Sie sie im Winter in Sand lagern wollen, säen Sie im Juni-Juli eine ausdrückliche späte Sorte (z. B. 'Zino').

Gut zu wissen: Bedecken Sie die Saat mit Sand und drücken Sie diesen mit einem Brett fest, das erleichtert die Keimung. Um wurmstichige Möhren zu vermeiden, ziehen Sie Möhren in Reihen abwechselnd mit Dill, Koriander oder Pastinaken, denn die Möhrenfliege orientiert sich am Geruch.

Paprika, Peperoni ***

Capsicum annuum, Nachtschattengewächse

Gleicher Anbau wie die Aubergine: Kaufen Sie Jungpflanzen. Außer natürlich, Sie können 'Piment d'Espelette', 'Piment de Bresse' oder anderen Schätzen der traditionellen Küche aus aller Herren Länder nicht widerstehen; dann müssen Sie sie säen wie bei den Gurken beschrieben, denn man findet selten Jungpflanzen. Apropos: Freunde von „Papas Soße“ sollen mal gleich auf den Boden der Tatsachen zurückkehren: Es ist so ziemlich unmöglich, Chilis von den Antillen in Mitteleuropa zu ernten. Bei Paprika lassen wirklich nur die Hybriden dem Gärtner eine Chance, sich daran zu laben, aber auch nur einem Sonnengärtner. Denn anderswo lässt der Ertrag von drei bis fünf Früchten pro Pflanze zu wünschen übrig. 'Gourmet' ist eine zuverlässige mitteldeutsche, orangerote Auslese. Setzen Sie die Paprika-Pflanzen bis zum Juli unter ein Folientunnel. Ernte von August bis Oktober.

Pastinaken **

Pastinaca sativa, Doldenblüler

Der Anbau geschieht wie Möhren, ist aber einfacher, denn Pastinaken können den Winter über im Garten bleiben und ergeben geschmackvolle Pürees und Fonds. Säen Sie in schwerem Boden relativ spät (April-Mai), so gehen sie besser auf. Ernte im Oktober-November oder auch später. Machen Sie sich nichts aus ihrem merkwürdigen Aussehen im Winter (man könnte sie für Styropor halten), denn gekocht schmecken sie gut! Pastinaken säen sich spontan aus. Vorsicht, ihr Laub verursacht manchmal starke Allergien!

Porree, Lauch ***

Allium porrum, Liliengewächse

Verschwenden Sie keine Gedanken an die Aussaat, denn Porree wächst sehr langsam; kaufen Sie Jungpflanzen. Pflanzen Sie mit dem spitzen Pflanzholz alle 20 cm im März, wenn Sie im Sommer ernten wollen, im Mai-Juni für die Ernte ab September bis in den Winter hinein. Für die verschiedenen Anbauzeiten müssen Sie jeweils andere Sorten nehmen, sonst geht's schief. Ertrag: 2 bis 3 kg Porree pro Meter.
Gut zu wissen: Der mehrjährige Porree, um dessen Basis sich Brutzwiebeln bilden, begnügt sich mit jeglichem gut durchlässigen Boden. Er stammt aus den französischen Weinbergen, wird aber selten verkauft. Man erntet ihn im April-Mai, indem man die fingerdicken Stängel in der Erde abschneidet, so dass die kleinen Brutzwiebeln die Ablösung übernehmen können. Er ist ein Porree, der eigentlich nicht so aussieht; bei uns hat er sich geweigert, an dem idealen Standort zu wachsen, den wir ihm vorbereitet hatten. Die fünf oder sechs winzigen, einsamen Zwiebelchen aber, die in einem ziemlich ungünstigen Boden wachsen, wo die Schuppentür sie ummäht, die bilden ein unerschöpfliches Vorkommen – so ist das eben!

Portulak *

Portulaca oleracea var. *sativa,* Portulakgewächse

Manche beschweren sich darüber, denn das ist ein „Unkraut“... und das sagt ja wohl deutlich genug, wie wenig Ihnen dieser witzige kleine fleischige Salat das Leben schwer machen wird. Bevor Sie ihn von Mitte Mai bis Ende Juli direkt ins Freiland säen, schauen Sie gut nach, ob nicht schon welcher da wächst.

Die Ernte (1 kg pro Meter) beginnt vier bis fünf Wochen nach der Aussaat und zieht sich über den ganzen Sommer hin, und er sät sich gern ganz von allein aus. Sommerportulak trägt fleischige, eiförmige Blätter an aufrechten Stängeln.

Der Winterportulak (*Montia perfoliata*) mit glatten, löffelartigen, zarten Blättern ist eine Pflanze für fleißige (!) Gewächshausgärtner für eine Kultur während der Wintermonate.

Radieschen und Rettich **

Raphanus sativus, Kreuzblütler

Kinderleicht und Liebling der Kinder. Gesät wird jeden Monat von Februar bis Mitte Juli. Von Februar bis April säen Sie Radieschen ins Frühbeet; von Mai bis Juli folgen Sommerrettiche; im Juli Herbst- und Winterrettiche. Geerntet wird nahezu durchgängig von März bis November. Rettich schmeckt lecker zum hellen, kühlen Bierchen.

Im Oktober geerntete Herbst- und Winterrettiche werden in Sand kühl und trocken eingeschlagen. Die langen weißen 'Eiszapfen' wachsen besonders rasch heran; man kann sie nahezu ganzjährig ziehen.

Gut zu wissen: Säen Sie Radieschen gemischt mit Kopfsalat, Dill, Möhren, Spinat, so dass die Saat lockerer ausfällt. Wenn Sie die Radieschen ernten, lichten Sie dabei die überzähligen Pflanzen aus.

Rhabarber ***

Rheum rhabarbarum, Knöterichgewächse

Diese Staude wächst in schwerer, feuchter Erde wunderbar, trödelt aber oft am Anfang. Doch lassen Sie sich

nicht davon bange machen: Nachher ist man oft mit der Ernte überfordert; eine Pflanze reicht völlig. Pflanzen Sie sie im März oder September in ein Pflanzloch in 1 m Entfernung von allen anderen Stauden und Sträuchern. Die Ernte der Blattstiele erfolgt im Mai-Juni und dann nochmals im Juli (5 bis 6 kg pro Pflanze), erstmals zwei oder drei Jahre nach der Pflanzung, das kommt darauf an. Gießen Sie ihn soviel wie die Tomaten (einschließlich Pflanzenjauchen), damit er schneller loslegt. Jedes Frühjahr geben Sie ihm eine Ration Kompost (3 kg).

Rosenkohl **

Brassica oleracea Gemmifera-Gruppe, Kreuzblütler

Er begnügt sich mit wenig; in zu reicher Erde bilden sich die kleinen Röschen nicht. Wenn Sie sicher sind, dass sie Ihren geernteten Rosenkohl tatsächlich essen werden, kaufen Sie im Mai Jungpflanzen, die Sie mit 50 cm Abstand setzen. Ernte 1 pro 2 kg pro Meter von Oktober bis März. Ausnahmsweise sind Hybriden in aller Regel besser als die alten Sorten.

'Talma' und 'Alpha', Kantalupen der neuen Generation, garantieren den Erfolg.

Rucola, Salatrauke *

Eruca sativa, Rucola silvatica, Kreuzblütler

Diese Trendpflanze mit scharfem, eigenartigem Geschmack (ein bisschen wie angebranntes Gummi) passt ausgezeichnet zu Sommersalaten und Frischkäse. Die Kulturform erinnert ein wenig an Kresse. Man sät sie ganzjährig: mehrmals in Töpfe auf der Fensterbank, unter Folie, direkt ins Freiland dann zweimal von April bis Mitte Juni in frischen, beschatteten Boden. Auslichten auf 15 cm Abstand. Geerntet wird von Juni bis zum Frost (500 g pro Meter). Rucola sät sich selbst in Hülle und Fülle aus, wenn man sie ins Kraut schießen lässt.

Die mehrjährige Wildform *Rucola silvatica* besitzt fein gefiederte Blätter und schmeckt noch würziger. Die Pflanzen dauern aus, wenn man nur immer einzelne Blätter abnimmt.

Sauerampfer ***

Rumex acetosa, Knöterichgewächse

Pflegeleichte Staude. Pflanzung von September bis März in kühlen, schattigen Boden alle 50 cm in Horste. Zwei Pflanzen genügen für eine vierköpfige Familie, denn die Blätter wachsen von März bis Juni ständig nach, wenn man sie aberntet. Danach werden sie zu sauer. Wenn man alle Blätter Mitte September rupft, bekommt man noch einmal eine schöne Ernte, die vom Herbstregen begünstigt wird. Teilen Sie die Wurzelstöcke alle drei Jahre.

Eine gute Sache: Gartenampfer ist milder als der klassische Sauerampfer und gibt von März bis Mai riesige Blätter (40 cm).

Nach einem kurzen Aufenthalt an der frischen Luft unter dem Dachvorsprung hängen Sie die Zwiebeln in den Werkzeugschuppen.

Schalotte +

Allium cepa var. *ascalonicum*

Für alle Böden, aber nur Glückspilze, die in leichtem Boden gärtnern, haben das Recht auf die graue Schalotte, die am besten ist. Bei den anderen verschimmelt sie genau zur Erntezeit. Man tröstet sich mit 'Jermor', einer feinen rosa Schalotte. Aber die richtige Schalotte für den Faulpelz ist auf jeden Fall 'Golden Gourmet'. Sie schlägt alle Ertragsrekorde: Jede Steckzwiebel ergibt drei bis sieben Stück von 5 cm Breite. Schalotten schecken sehr süß, halten sich bis Mai und sind für die Zwiebelsuppe und kleine, schnell zubereitete Köstlichkeiten wie Entenleber-Ragout mit Schalotte unschlagbar. Der Anbau erfolgt wie beim Knoblauch.

Schwarzwurzel und Haferwurz **

Scorzonera hispanica, Tragopogon porrifolius, Korbblütler

Aussaat im April in frischen und tiefgründigen Boden, so breitwürfig wie möglich. Auf 15 cm auslichten. Einmal jäten. Ernte ab Oktober und bis Mai. Die Schwarzwurzel ist mehrjährig, wird aber schnell hart, außerdem hört man am Ende des zweiten Sommers nach der Aussaat auf, sie zu ernten.

Gut zu wissen: Um sich das Schälen zu ersparen – eine Fronarbeit – kaufen Sie eine extraharte Nagelbürste (oder eine Wurzelbürste) und bürsten Sie die Wurzeln unter fließendem Wasser ab, das funktioniert prima. Auch bei Möhren, Pastinaken und Wurzelpetersilie übrigens.

Sellerie ***

Apium graveolens, Doldenblütler

Knollensellerie mit seiner langen Kulturdauer ist zu anspruchsvoll für einen Faulpelz. Höchstens in frischeren Böden und begünstigten Klimaten empfiehlt sich Schnitt- bzw. Stangensellerie. Achten Sie dabei auf eine selbst bleichende Sorte wie 'Golden Spartan'. Aussaat ab März, Ernte ab Hochsommer bis in den Herbst hinein.

Spargel **

Asparagus officinalis, Liliengewächse

Dieser mehrjährige König der leichten Böden wächst sehr gut in allen fruchtbaren Gärten. Sein Ertrag ist beachtlich: Ein Bündel pro Pflanze für 20 Jahre und länger. Die Ernte zieht sich von Mitte April bis Ende Juni hin, und dann bildet das Spargelkraut hübsche, fiedrige Büsche.

Pflanzen Sie im März-April mit 70 cm Abstand in einem 30 cm tief und 25 bis 30 cm breit ausgehobenem Graben. Der Grabenboden wird gelockert und mit Kompost vermischt. Danach begnügen sich die wahren Faulpelze damit, einen 5 cm dicken Mulch aus reifem Kompost zu verteilen und auf die Ernte des Grünspargels ab dem zweiten Frühling nach der Pflanzung zu warten. Traditionelle Gärtner häufeln ihren Spargel jeden Frühling 40 cm hoch an, um weißen, zarteren Spargel zu ernten.

Achten Sie auf das Auftauchen des Spargelhähnchens im Juli: Diese auffallend rote Fliege mit schwarzen Punkten lässt sich bei Berührung gleich fallen und kann die Wurzelstöcke zerstören. Mit einem Pyrethrum-Mittel behandeln. Um die Larven zurückzudrängen, trägt man jeden Herbst die Haufen wieder ab und schneidet die vergilbten Stängel direkt am Boden ab, um sie dann zu verbrennen (ergibt wunderbares Reisig für ein Kaminfeuer!).

Gut zu wissen : Mulchen mit Algen im Frühjahr macht Spargel noch schmackhafter. Stattdessen kann man auch einmal im Jahr Algenkalk verteilen (300 g pro 10 m²).

Schneiden Sie von den Blättern der Porree-Jungpflanzen zwei Drittel ab und von den Wurzeln 1 cm, dann wachsen sie besser an.

Speiserübe, Mai- oder Herbstrübe, Teltower Rübchen ***

Brassica napus Oleifera-Gruppe, Kreuzblütler

Mairüben sät man im März-April zweimal im Abstand von einem Monat. Aber nur, wenn Sie begünstigt wohnen, d. h. fruchtbare Erde und ein mildes, regnerisches Klima haben, sonst warten Sie bis Juli-August für die Saat von Herbst- und Winterrüben ab. Auf 5 cm auslichten. Ernte im Mai-Juni als Frühgemüse oder im Oktober zum Einlagern im Winter. Herbstrüben kann man im Oktober herausziehen und in Sand einschlagen. Einen milden Winter könnten Speiserüben draußen verbringen, aber davon werden sie fade und fallen möglicherweise den Feldmäusen zum Opfer. Es gibt rein weiße und rot überlaufene Sorten.

Spinat ***

Spinacea oleracea, Gänsefußgewächse

Bei ihm heißt es: alles oder nichts. Alles in frischem, ja sogar schwerem Boden, nichts in leichtem... normalerweise jedenfalls. Muss man es ausprobieren. Die beste Zeit: Aussaat im August-September, um von Oktober bis April zu ernten. Die Aussaat vom Februar bis März, die von April bis Juni geerntet wird, gelingt nur, wenn es im Frühling nicht zu rasch anhaltend warm wird. Lichten Sie auf 10 cm Abstand aus. Probieren Sie ihn als Salat!

Tomate ***

Lycopersicon esculentum, Nachtschattengewächse

Leute, die gern hätscheln, säen im März im Haus ihre drei Dutzend Samentütchen mit den bezaubernden Namen. Die anderen warten den Mai ab – die Freunde haben sowieso immer zuviel, und überhaupt sind Jungpflanzen auf dem Markt nicht teuer, allerdings, das muss man zugeben, ist die Auswahl geringer. Die Palette an Sorten ist ungeheuerlich, aber das macht die Sache auch interessant. Gelbe Tomaten (z. B. 'Goldene Königin') schmecken fruchtig und mild. Kinder lieben besonders die Kirsch- oder Cocktailtomaten, von denen man schon ab Juli beständig naschen kann. Festes Fleisch (gut zum Grillen) zeichnet die Flaschentomaten aus (auch Roma- oder Eiertomaten genannt). Die großen Fleischtomaten sollten gut ausreifen können, damit sie gut schmecken.

Tomaten pflanzt man im Mai in Horsten im Abstand von 50 cm, in die zuvor zwei Schaufeln Kompost und eine stabile, 1 m hohe Stütze kommen. Setzen Sie die Pflanzen bis zu den ersten Blättern ein. Gießen Sie gründlich einmal in der Woche. Mulchen Sie gleich nach dem Pflanzen. Lassen Sie die zwei ersten Triebe an der Pflanze und entfernen Sie, wenn Sie sechs Büschel haben, alle neu erscheinenden. Binden Sie die Pflanzen regelmäßig an. Spritzen Sie einmal monatlich von Ende Juni bis Ende September mit einem Pilzmittel (z. B. Kupferoxychlorid).

Geerntet wird von Ende Juni (wenn die Tomaten unter Folie stehen) bis Mitte Oktober. Ertrag: 6 bis 10 kg pro Pflanze.

Gut zu wissen : Stecken Sie beim Pflanzen zuerst die Stützen in den Boden, um die Wurzeln der kleinen Tomatenpflanzen beim Einsetzen nicht zu verletzen. Mulchen Sie sofort.

Topinambur *

Helianthus tuberosus, Korbblütler

Ein potentielles Unkraut: Lassen Sie eine winzige Knolle davon fallen, und Sie können sicher sein, dass es ihr schon gelingen wird, eine Familie zu gründen. Er wächst und gedeiht, selbst, wenn Sie ihn mitten im Gras sich selbst überlassen. Topinambur enthält etwa 16 Prozent Kohlenhydrate, wovon Inulin die Hälfte ausmacht. Damit ist Topinambur ein Diätgemüse für Zuckerkranke, weil er nur wenig Glukose enthält. Er schmeckt auch recht gut und erinnert dabei an Artischockenböden. Das Dumme am Topinambur ist nur seine blähende Wirkung, die aber vielleicht geringer ist, wenn man ihn nach den ersten Nachtfrösten erntet. Gepflanzt wird ab April: eine Knolle alle 50 cm, die Ernte (5 bis 10 kg pro Meter) erfolgt von September bis in alle Ewigkeit.

Gut zu wissen : Man kocht die Knollen im Topf mit ganz wenig Wasser zehn Minuten lang. So bewahren sie all ihr Aroma und lassen sich ganz leicht schälen.

Wassermelone, Zuckermelone **

Citrullus lanatus var. *caffer* und *Cucumis melo,* Gurkengewächse

Wenn Sie Melonen unter Folie ziehen wie die Gemüsebauern und die richtige Sorte nehmen, haben sie ihren Platz bei den Faulen. Wassermelonen gedeihen im Garten recht gut, brauchen aber viel Wasser.

Bei den Zuckermelonen unterscheidet man verschiedene Typen: Netz- oder Muskatmelonen besitzen eine raue, genetzte Oberfläche. Cantalup-Melonen weisen eine gerippte, genetzte Oberfläche auf und sind segmentiert. Die Ananasmelone hat dagegen eine glatte Oberfläche. Honigmelonen, eine eigene Varietät, bringen in Mitteleuropa keinen Erfolg.

Es gibt drei Lösungen : Sie sind vom Schicksal verwöhnt und können Jungpflanzen von Netzmelonen, von Cantalup-Melonen oder von Ananas-Melonen kaufen. Man pflanzt sie im Mai in 50 cm Abstand auf ein Beet, das mit schwarzer Folie überspannt ist. Darin schneidet man runde Pflanzlöcher ein. + Sie säen eine dieser Sorten im April im Haus in Töpfe, die über der Heizung stehen, und verpflanzen sie dann im Mai. + In wirklich sehr sonnigen Gegenden kann man im April direkt ins Freiland säen, durchsichtige Folie darüber spannen und diese dann einschneiden, wenn die Pflänzchen ihre ersten Blätter entwickeln. In diesem Fall säen Sie die Samen in Dreiergruppen und behalten Sie jeweils nur die schönste Pflanze. Das sieht hässlich aus, gewiss, aber es funktioniert ganz ohne Gießen und massenhaften Misttransport! Geerntet wird von Juli bis September, drei bis fünf Melonen pro Pflanze.

Gut zu wissen : Wenn die Früchte walnussgroß sind, schneiden Sie die Triebe knapp über dem sie bedeckenden Blatt ab: So werden sie richtig dick.

Winterkresse und Brunnenkresse +

Barbarea praecox, Nasturtium officinale, Kreuzblütler

Brunnenkresse ist Superprivilegierten vorbehalten, die an einer klaren Quelle gärtnern. Pflanzen Sie Zweige aus einem im April auf dem Markt gekauften Bund ans Ufer und überlassen Sie den Rest der Natur. Erstmals können Sie diesen mehrjährigen Salat im Juni ernten. Aber pflanzen Sie Kresse nicht an ein Bachufer, das ist wegen des von Schafen übertragenen Leberegels zu gefährlich.

Winterkresse, die übrigens stark der Rauke ähnelt, sät man im März mit den Kindern aus, denn das geht ebenso einfach und schnell wie bei den Radieschen, und in einem Monat schon kann man sie essen. Gleich danach wird sie scharf. Aber Vorsicht, sie gelingt nur in frischem Boden im Halbschatten.

Wurzelpetersilie **

Petroselinum crispum var. *tuberosum,* Doldenblütler

Gleiche Kultur wie Möhren, aber sie verbringt den Winter im Garten. Gut zu wissen: Ihr Laub schmeckt wie normale Petersilie. In schwerem Boden geht sie im Frühling besser auf.

Zuckermais ***

Zea mays, Süßgräser

Ehrlich gesagt, wenn Sie nicht gerade Ihrer großen Liebe eine Freude damit machen wollen, plagen Sie sich nicht mit diesem launenhaften Gewächs herum. Denn selbst, wenn Sie ideale Bedingungen schaffen, braucht er: Geduld bis Mitte Juni, damit Ihr guter, offener Boden genau richtig lauwarm ist. Aussaat alle 20 cm in Doppelreihen, um die Bestäubung der Blüten durch die Insekten zu erleichtern... und damit ist noch lange nichts garantiert!

Wenn Ihre Maisplantage unter einem guten Stern steht, ist es im September mit der Ernte soweit – zugegebenermaßen ein unvergesslicher Genuss. Aber Sie haben nur eine Woche Zeit, dann werden die Maiskolben hart wie Holz. Es sei denn, Sie tun in einem Katalog eine schöne kanadische Hybride wie 'Divinity' auf, die zart bleibt.

Zwiebel +

Allium cepa, Liliengewächse

Sie erfährt die gleiche Behandlung wie Knoblauch. Die Aussaat ist mühsam; kaufen Sie besser Steckzwiebeln, die im frühen Frühjahr gesteckt werden. Die beste: 'Jaune paille des Vertus'.

Aber das lohnt sich nur in leichtem Boden, sonst ist es zu lästig, das Unkraut zu jäten.

Bei den Frühlingszwiebeln (*Alluim fistulosum*) handelt es sich um ein kleines Blattbündel mit Zwiebelgeschmack. Wenn Sie das ganze Jahr über so etwas wie frische Zwiebeln haben wollen, setzen Sie Frühlingszwiebeln nicht mehr büschelweise, sondern in der Reihe. Ziehen Sie eine 10 cm tiefe Saatrille, die Sie mit einer Mischung aus gleichen Teilen Sand und Kompost füllen. Pflanzen Sie die Zwiebelchen in 20 cm Abstand voneinander, bedecken Sie sie bis zum Ansatz mit Erde. 1 m Pflanzung genügt schon, damit Sie das ganze Jahr über Frühlingszwiebeln zur Verfügung haben, die zeigefingerdick und auch dicker werden. Wenn man den ganzen Winter über ernten will, schützt man sie mit einem Folientunnel.

Ebenfalls zum Würzen wird der „Chinesische Schnittlauch" oder Knolau (*Allium tuberosum*) verwendet. Er sieht aus wie ein zarter Porree, schmeckt aber nach Knoblauch. Schneiden Sie die Blätter wie beim Schnittlauch mit der Haushalts- oder Gartenschere (sie sind ziemlich zäh!), lösen Sie hingegen die anhängenden Triebe der Frühlingszwiebel auf Wurzelhöhe mit einem großen Messer ab.

Von Juni bis September entfernen Sie etwa einmal in der Woche alle Seitentriebe, die in den Blattachseln der Tomaten erscheinen.

Aromapflanzen

Schließlich gehören zum Gemüsegarten untrennbar die unentbehrlichen Gewürz- und Aromapflanzen: Nicht nur die typischen Küchenkräuter wie Schnittlauch, Petersilie, Dill, Thymian, Majoran, Bohnenkraut, Estragon, Liebstöckel und Rosmarin, sondern auch Teekräuter wie der Ysop, die Pfefferminze und die Zitronenmelisse oder Anis. Bis auf die Pfefferminze, die es frischer und schattiger liebt, brauchen sie einen möglichst sonnigen Platz, um ihr Aroma wirklich zu entfalten. Gewürzkräuter sollten an einer gut erreichbaren Ecke liegen, damit man noch bei schlechtem Wetter oder bei aufgeweichtem Boden gern hinaus geht zum Pflücken. Viele der Aromapflanzen tragen mit ihrem grauem oder silbrigen Laub und natürlich mit ihren Blüten dazu bei, dass der Gemüsegarten hübsch anzusehen ist. Viele stellen übrigens auch wertvolle Bienenfutterpflanzen dar, allen voran der Borretsch mit seinen blauen Sternchenblüten.

Entweder Ferien oder Gemüsegarten?

Ferien, es sind Ferien! Es kommt überhaupt nicht in Frage, dass wir sie damit zubringen, Tonnen von Bohnen zu pflücken oder jeden Tag Auberginen zu essen, mit der Begründung, dass es eine Leistung darstellt, wenn so weit im Norden überhaupt welche wachsen. Es ist unsinnig, einen Garten mit Gemüse zu füllen, das Ihre kleine Familie einstimmig verabscheut. Und es ist zu traurig, ganz allein eine Reihe Mangold zu vertilgen („die kann man doch nicht verkommen lassen") oder 20 kg Fenchel gegenüber zu stehen (der sich als zählebiger erwies, als man dachte), wenn ihrer Umgebung davon schlecht wird. (Dabei tut es so gut, mit Leuten am Tisch zu sitzen, die das mögen, was sie auf dem Teller haben!)

Damit sei nur angedeutet, warum ein Gemüsegarten einen oft so miesepetrig macht. Beherrscht von der dämlichen Lust, ihn mit allem anzufüllen, was anbaubar ist, selbst, wenn man weiß, dass keiner (nicht mal man selbst) Lust haben wird, Steckrüben, Sellerie oder Topinambur zu essen, nicht mal ein einziges Mal im Jahr. Wenn es Ihnen hingegen Spaß macht, Portulak zur Not auch allein zu knabbern, auch wenn Sie der Spöttelei einer undankbaren Umwelt ausgesetzt sind, nur immer zu... Aber säen Sie dann nur einen Meter davon, denn zehn Meter werden augenblicklich zum Horrortrip. Vor allem im nächsten Jahr, wenn er sich überall aussät.

Freiheit ist so etwas Schönes! Man gärtnert vor allem, um sich ein Eckchen voller Glück zu schaffen, bleiben Sie also auf Kurs. Verschaffen wir uns einen kleinen Überblick, damit Sie sich Ferien gönnen können, wann und wie Sie wollen. – Ohne sie mit einem ordentlichen Hexenschuss bezahlen zu müssen, den man sich beim Tauchen nach seinem im Dschungel versunkenen Garten zugezogen hat.

Das richtige Gemüse zur richtigen Zeit

Wenn Sie Ihre Urlaubstermine lange im voraus wissen, ist es recht einfach, die Erntezeiten darauf abzustimmen. Doch selbst, wenn Sie einen unvorhersehbaren Terminkalender Ihr eigen nennen, können Sie das Glück des eigenen Gartens genießen. Unter der Bedingung natürlich, dass Sie sich weder über misslungenen Salat aufregen, noch über „alles, was verdirbt", denn es stimmt schon, dass es zwar von allen Gemüsesorten Varianten von „sehr früh" bis „spät" gibt, doch die Launen ihrer Bezeichnungen, gepaart mit denen des Wetters, sorgen häufig für Chaos in den ausgefeiltesten Plänen.

Die Lektüre der Angaben auf den Samentütchen wird unruhige Geister nicht beruhigen. „Spät" ist sichtlich ein Wort, das tabu ist und nur mit Zurückhaltung verwendet oder umschrieben wird. Das heißt, dass Sie Seite an Seite Buschbohnen finden, die „sehr früh", andere, die „früh", sind und dann noch grüne Bohnen ohne genauere Angabe, das heißt wahrscheinlich nicht früh. Aber sind es normale oder späte? Man weiß es nicht und muss es schon ausprobieren, wenn man es wissen will.

Theoretisch bestehen zwischen den „sehr frühen" und den „frühen" Sorten 14 Tage Unterschied. Mitten im Sommer aber bedeutet das eher nur eine Woche. Also ist die Angabe naturgemäß vage. Nehmen wir einmal an, dass eine Bohne, sagen wir mal eine frühe, am 15. Mai gesät wurde, dann ist sie um den 20. Juli erntereif. Aber wenn dieselbe am 15. Juni gesät wird, ist sie am 8. August schon soweit. Wenn man hingegen am 14. Juli sät, muss der September schon schön sein, wenn man um den 15. herum ernten will. Schlimmer noch: Wenn es anfängt zu regnen, fällt die Ernte ganz ins Wasser...

Mit all dem sei nur angedeutet, dass die Planung eines Gemüsegartens nicht einfacher zu handhaben ist als jegliches Budget. Aber bewahren wir Ruhe: Es gibt zwangsläufig Bohnen-Lawinen in der Woche, in der alle Ihre Nachbarn ebenfalls davon überschwemmt werden. Und es kommen Pannen vor, weil Sie gerade in der Woche, in der „sie hätten gesät werden müssen", Lust auf Tapetenwechsel hatten... Aber wer weiß das schon im voraus?

Eines ist sicher: Wenn man im Sommer wegfährt, „remontieren" die Erdbeeren nicht und man verzichtet besser auf Möhren, Einlegegurken und Salatgurken, Zuckermais, zarte Kohlrabi, Speiserüben und Knollenfenchel. Weil ohnehin das Gießen ausfällt, wäre das nur verplemperte Zeit. Alle anderen Gemüse hingegen vertragen sehr gut sommerliches Nichtstun – einen vollständig gemulchten Garten vorausgesetzt. Ein zusätzlicher Vorteil sei denjenigen gewährt, die sich mit schwerer Erde abplagen: Da diese Art Boden gut Feuchtigkeit speichert, kann man im Sommer drei Wochen wegfahren und dann eine sagenhafte Ernte superreifer Tomaten vorfinden, die über die etwas dick gewordenen Bohnen und für einen gewöhnlichen Appetit zu üppigen Schnittsalat hinwegtröstet.

Ferien im Juli

Das ist der ideale Monat: Vom Klima begünstigte Gärtner haben alles bereits im Juni gekostet. Der normale Hobbygärtner in Mitteleuropa muss sich sowieso bis August gedulden. Wir wollen ja nicht nur erholt nach Hause zurückkommen, sondern noch dazu wunschlos glücklich einen mit schmackhaften, gerade richtig reifen Dingen vollgestopften Garten vorfinden. Also füllen wir ihn zwischen dem 15. Mai und der ersten Juniwoche. Es ist unsinnig, sich schon Ende April auf die jungen Pflänzchen zu stürzen. Sie würden nur voll Bedauern um die Tomaten wegfahren, die gerade fast reif waren, die Buschbohnen und die Zucchini, die wahrscheinlich in Ihrer Abwesenheit zu montrösen Formen auswachsen. Zusätzlicher Vorteil dieser Zeit im Garten: Es ist schön genug, um direkt in Freiland und Frischluft zu pflanzen, was Ihnen den ganzen Zirkus mit dem Folientunnel erspart.

Damit Sie auch wirklich alle Chancen auf Ihrer Seite haben, wählen Sie Tomatensorten, die im August reifen, wie 'St

Pierre', 'Montfavet 63/5', 'Casaque rouge', 'Ibiza', 'Bali', 'Cœur de Bœuf', 'des Andes' oder die gelbe 'Golden Jubilee'... Das Gleiche gilt für die Zucchini: Warten Sie Ende Mai ab und pflanzen Sie eine nicht so frühe Sorte wie 'Diamant' mit festem Fruchtfleisch oder die zarte 'Kleine grüne von Algier'. Pflanzen Sie zugleich Auberginen und Paprika, wenn Sie Lust dazu haben.

Unter einer durchsichtigen Folie säen Sie Melonen 'Kleine graue von Rennes' oder 'Talma'. Ebenfalls Ende Mai-Anfang Juni säen Sie Buschbohnen wie 'Talisman', 'Oxinel' oder 'Aramis', die in der ersten Augustwoche heranreifen.

Beim Salat schließlich säen Sie 'Radichetta' (auch 'Cressonnette du Maroc' genannt), einen wohlschmeckenden Schnittsalat, der der Hochsommerhitze gegenüber unempfindlich ist, und 'Romaine des Melons' unter einen Sonnenschutz mit 1 m Dill und genauso viel Koriander. Wenn Sie das im Juni regelmäßig gießen, wird alles gut gehen, sonst ist das Ergebnis nicht gewährleistet, vor allem, wenn der Juli trocken ist.

Einige unverzichtbare Vorbereitungen müssen Sie unmittelbar vor der Abfahrt noch treffen: Spätabends vor dem Reisetag gründlich gießen und 10 cm dick mulchen. Nicht vergessen alle bereits ausgebildeten Zucchini zu ernten, wenn schon welche da sind.

Im August verreisen

Das ist am leichtesten mit einem blühenden Gemüsegarten zu vereinbaren, denn in diesem Monat befindet sich der Garten in voller Produktion. Nicht ratsam ist jetzt ein Urlaub für Depressive und Sparsame, die leicht bedauern. Schließlich muss man bereit sein, auf einen Teil der Ernte des Sommergemüses zu verzichten, das jetzt

Die Peperoni 'Espelette' ist eine Köstlichkeit mit rauchigem Aroma aus dem Baskenland. Sie taucht überall auf ... in den Jahren, wo es ihr beliebt. Getrocknet schmeckt sie köstlich.

massenhaft in Ihrer Abwesenheit reif wird und auslaugt, weil es nicht abgeerntet wird. Aber vielleicht haben Sie ja einen idealen Nachbarn oder einen Freund, der „den Garten hütet“. Übrigens empfehle ich ihnen lebhaft, die Einladung dazu auszusprechen, denn man behält unvergessliche Erinnerungen an solch einen Gartentausch in der schönsten Sommerszeit.

Um die Ernte am besten auf Ihre Anwesenheit abzustimmen, beginnen die Vorbereitungen Ende April. Dann schauen Sie sich nach kleinen Tomaten- (vier oder fünf genügen) und Zucchini-Pflänzchen (eine) als Frühgemüse um, die bis zum 15. Mai im Warmen unter dem Tunnel gehalten werden. Nehmen Sie sehr frühe Sorten

Die beste Bohne für Faulpelze ist diese mit violetten Hülsen, die den ganzen Sommer über trägt.

wie bei den Tomaten ‘Fournaise’ oder ‘Auriga’, die schon ab Ende Juni reif sind (‘Supermarmande’ ist weniger sicher), bei Zucchini ‘Ronde de Nice’.

Ebenfalls unter dem Tunnel versuchen Sie es mit einer Saat Bohnen ‘Oxinel’, die im Juli eine über zehn Tage zusammengefasste große Ernte bringen. Säen Sie außerdem 3 bis 5 m Kopfsalat ‘Du Bon jardinier’, ‘Batavia dorée de printemps’ oder ‘Sangria’ (ein roter, fleischiger, der über einen Monat lang geerntet wird). Pflanzen Sie draußen ‘Lémon’-Gurken, die es gut vertragen, wenn man sie sich selbst überlässt. Mitte Juni pflanzen Sie noch einmal ergänzend späte Tomaten: ‘St Pierre’, ‘Cœur de Bœuf’. Sie sind ab Ende August reif.

Anfang Juli säen Sie zwei frühe Zucchinis und Bohnen (‘Vilbel’, ‘Aramis’ oder ‘Totem’), die vor Ihrer Abreise noch Zeit haben loszulegen und im September dann reif sind. Probieren Sie die Aussaat von Herbstrettichen, Portulak, Rucola oder Radichetta unter Sonnenschutz. Wenn Sie sie gut genug gießen, erstarken alle diese Sämlinge soweit, um Ihre Abwesenheit zu überstehen.

Unmittelbar vor Ihrer Abfahrt pflücken Sie so viel Tomaten wie möglich und verschenken Sie sie, denn frühe Tomaten schmecken nur roh. Entfernen Sie ausgebildete Gurken und Zucchini und alle Bohnen, ernten Sie den Schnittsalat und gießen Sie alles gründlich spätabends. Dann mulchen Sie 10 cm dick.

Wie schön ist doch ein Gemüsegarten

Ein Garten mit Gemüse ist ein richtiges kleines Königreich. Leckere Sachen, Blumen in Hülle und Fülle, die sich überall aussäen, Düfte satt, das faszinierende Schauspiel all dieser Wesen, die da ihr eigenes himmlisches und irdisches Insekten- und Vogelleben führen. Hier findet sich alles, was man braucht, damit sich der Geist erholt fühlt, und sei der Garten auch noch so klein...

Meistens beherbergt er auch allerlei ergatterten Kram, denn Freunde von Gemüsegärten sind oft die geborenen Wiederverwerter. Jene genialen Bastler schustern als etwas in die Jahre gekommenen Gören immerzu irgend welche Hütten zusammen (aus allem, was ihnen in die Finger kommt). Sie verteilen auf Pfosten befestigte Düngersäcke (die aussehen wie große Bonbons) im ganzen Garten (natürlich, um die Tauben zu verjagen) und stellen überall kleine Spiegel auf, was ziemlich blenden kann. Sieht so etwa ein Elendsviertel aus? Meckerer, die so etwas behaupten, haben keinen Blick für die Federnelken, von denselben Ästheten liebevoll in dicken, mit zartfarbenen Sternchen übersäten Federkissen an alle vier Ecken der Beete gepflanzt. Sie missachten die Glyzine, die ihre Äste in den Zaun windet oder sich in die Gartenlaube schwingt, zusammen mit einem Weinstock, der seine Trauben friedlich hell werden lässt, während der sich Herr dieses Ortes mit zwei oder drei Kumpanen ruhig und entspannt „einen genehmigt“.

Zum Teufel mit den Vorurteilen über das, was schön ist und sich gehört! Der Slumcharakter des Häuschens mit Sofa, Bar und Bücherstapeln, einem Sammelsurium aus Kisten, Strippen und alten Fahrradreifen („das kann man immer noch mal brauchen“) gehört zum Glück des Gemüsegartens. Eine abendliche Dusche im Geißblatt, die Füße auf der lauwarmen, matschigen Erde, wenn alles in einem Fest der Düfte zur Ruhe kommt: Das sind die köstlichsten, heitersten Augenblicke...

Selber einmachen?

Warum nicht? Das Problem bei dieser Angelegenheit ist nur die Treue zu Großmutters Einmachgläsern, die heute nicht mehr in den Schnellkochtopf passen, weil sie zu hoch und zu bauchig sind. Aber wenn Sie gewöhnliche Schraubdeckelgläser mit Metalldeckel nehmen, reichen zehn Minuten Kochzeit schon, um köstliche Tomaten für den Winter einzukochen. Die einzige Vorsichtsmaßregel: Umwickeln Sie jedes Glas mit einem Geschirrtuch, um Stöße zu vermeiden.

Und dann freuen Sie sich auf köstliche Genüsse in der gemüsearmen Jahreszeit: Eingemachtes, voll aromatisches und garantiert frei von Konservierungsstoffen.

Also werden Sie bitte nicht zum Konformisten, tun Sie, was Ihnen gefällt, und lassen Sie sich's gut gehen!

Schnittblumen im Gemüsegarten

Blumen und Gemüse haben sich schon immer gut vertragen. In allen ländlichen Gemüsegärten wachsen auch Blumen, und

Keine Sorgen bereiten Fenchel und Muskateller-Salbei: Wo sie sich erst einmal angesiedelt haben, bleiben sie ein Leben lang!

untrennbar mit den Bauerngärten verbunden sind Stauden wie Pfingstrose, Tränendes Herz, Vergissmeinnicht, die Phloxe in ihren Rosa- und Lila-Schattierungen sowie der wunderbare Rittersporn. „Für die Chefin" hört man oft entschuldigend sagen. Aber wenn schon der Chef selber für Dahlien und Federnelken schwärmt, dann will das etwas heißen! Manche murren, wenn sie die Wege entlanggehen, auf denen die Kapuzinerkresse übertreibt, aber das sind dieselben, die ganz nebenbei wilde Stiefmütterchen in alte Suppenterrinen häufen, wenn sie sie beim Umgraben des Gartens finden, um sie dann entlang der Trittpfade wieder einzupflanzen...

In einem Gemüsegarten voller Blumen merkt man gar nicht, wie die Zeit vergeht. Man lebt in der Prächtigkeit von Farben und Düften, und man hat immer was für Sträuße. Da man die Blumen in einem schön lockeren Stück sät, das als Anzuchtbeet dient, bleiben immer Pflanzen übrig, die man ganz leicht hier oder da einpflanzen kann, entlang der Hauptwege oder zwischen zwei Gemüsereihen. Wenn Sie sie nicht pikieren, gehen diese Jungpflanzen sowieso ein, und das wäre doch zu schade!

Liebhaber von Blumensträußen säen extra pflegeleichte Blumen. Im Spätfrühling überwuchert die Jungfer im Grünen Erdbeeren und Spargel, der Orientalische Mohn mit den dicken „Pfingstrosenblüten" leuchtet auf graugrünen Stängeln, verstreut sich dann innerhalb von acht Tagen bei einem Windstoß und überlässt den Platz den Gartennelken (Chabaud-, Margeriten- und Tige-de-fer-Nelken), die den Garten den ganzen Sommer mit ihrem Duft überschwemmen.

Die Duftwicken 'Spencer', die am stärksten duften und die zugleich die hübschesten sind, verzaubern den Juni, diesen Monat, in dem sich Flocken- und Kornblumen unter Wolken von leichten Blüten in blassem Rosa oder strahlendem Blau neigen. Im Sommer streben Stockrosen gen Himmel, und beim Muskatellersalbei steigen aus dem grobkörnigem Laub dicke rosa Blütenstände auf. Pelzige Löwenmäulchen, Immortellen mit Blütenkronen wie Glimmer, eifrig umschwärmt von den Hummeln, große und kleine Zinnien, die so gut nach Bohnerwachs riechen, wenn man sie gießt, Tabak, der abends duftet, Sommerastern, Tagetes, Bechermalven und viele andere stellen sich in Reihen auf ein ihnen vorbehaltenes Beet oder zwischen das Gemüse.

Ein guter Rat: Setzen Sie Stauden (z. B. Lupinen, Weiße Lilien, Chrysanthemen, Stockrosen) an Wegränder. So müssen Sie sich nicht verrenken, um sie zu umschiffen, wenn Sie den Garten umgraben. Und Sie haben eine ständige Quelle für Ableger zur Hand.

Hübsche Freundinnen

Im Gemüsegarten, wie übrigens auch im Obstgarten, locken die Blumen das ganze Völkchen von Insekten an, die zu Ihrem Glück tätig werden. Manche wirken auch schon von allein wohltuend auf das Gemüse. Alle Blüten locken Bienen an, aber Kornblumen, Phazelia (auch Bienenfreund genannt), Löwenmäulchen oder Geißblatt ziehen sie scharenweise an. Das gilt auch für Narzissen, Tulpen und Schachbrettblumen, die für Honig- und Wildbienen die erste Mahlzeit im Frühling bedeuten. Hummeln bevorzugen Immortellen. Viele wertvolle Bienenfutterpflanzen finden sich unter den Aromapflanzen: Borretsch, Lavendel und der Ysop stehen hier an erster Stelle neben den zahlreichen Lippenblütlern.

Schwebfliegen hingegen (diese schlanken „Wespen" ohne Wespentaille, die Blattläuse fressen) ziehen Blumen mit schirmchenartigen Blütenkronen vor wie Winden, Prunkwinden, Wunderblumen, Bechermalven und auch Ringelblume und Tagetes. Merken Sie sich nebenbei, dass trotz ihrer Ähnlichkeit mit den Wespen diese graziösen Tierchen nicht stechen. Ihr Tarnkleid schützt sie vor Feinden, während sie sich ihrerseits als Nützlinge betätigen, indem sie Blattläuse vertilgen.

Blattläuse gehören auch zum Menü von Ohrenkneifern, die immer glücklich sind, wenn sie in Kaktusdahlien nisten können (die sie zwar etwas anknabbern, aber sie haben sowieso schon die etwas zerzausten Blüten, also machen wir kein Drama daraus). Der blaue Lein lockert mit seinen feinen, langen Wurzeln schwere Böden auf. Lupinen und Wicken reichern ihn an, denn wie alle Leguminosen haben sie dank ihrer Knöllchenbakterien die Fähigkeit, Stickstoff aus der Luft zu binden und dem Boden zuzuführen. Tagetes verhindern den Befall mit Fadenwürmern (Nematoden), der sich bei Tomaten fatal auswirkt, besonders, wenn man sie zu lange am selben Standort pflanzt.

Auch die Vögel leisten ihren Beitrag. Die Meisen verschlingen täglich Raupen und andere Tierchen entsprechend ihrem Eigengewicht. Und ab Januar singen sie aus voller Kehle beim ersten warmen Sonnenstrahl.

Köstliches aus dem Obstgarten

Was Obstbäume betrifft, braucht man Gartenfreunden sowieso nichts zu erzählen: Da sind sie schon Champions im Nichtstun! Aber damit sie endlich aufhören zu schimpfen, „dass die Bäume nicht tragen", sollten sie schon ein Minimum an Technik beherrschen. Die Beschäftigung mit der Materie beansprucht nur den Kopf, und man kann die Hausschuhe dabei anbehalten!

Der Weg zur Weisheit

Noch ist Winter, und schon blühen die Mandelbäume: Das ist ein Privileg der Gärtner in sonnenverwöhnten Gegenden. Bald darauf folgt die rosa angehauchte Blüte der Aprikosenbäume und die eindeutig rosafarbene der Pfirsichbäume. Anschließend kommen die Pflaumenbäume. Zuerst die wilden Kirschpflaumen, die Myrobalanen, die genauso fragile Blüten haben wie ihre Verwandten, die Schlehen. Ihnen folgen alle jene, an denen wir uns gütlich tun, wenn der Sommer da ist. Ihre Blüten duften an sonnigen Frühlingstagen nach Honig.

Während die Butterblumen die Wiesen zum Leuchten bringen, eröffnen die Vogelkirschen den Reigen der Kirschbäume am Waldrand und in der Hecke, bald gefolgt von Knorpelkirschen und Weichselbäumen, und schließlich den Sauerkirschen. Sie stehen noch in Blüte, wenn die Birnbäume mit ihrer recht steifen Silhouette und dicken weißen Sträußen mit granatroten Staubgefäßen die Gärten mit ihrem starken, pfeffrigen Duft erfüllen, der bald dem lieblichen und leichten der rosa und weiß blühenden Apfelbäume weicht. Und zum Schluss kommen, zur selben Zeit wie die Dichternarzissen, die Quittenbäume in zartem Rosa und die Walnussbäume mit ihren langen, grünen, körnigen Kätzchen.

Einen Monat etwa nach der Blüte setzen die Früchte an, und man weiß, ob das Jahr gut ist oder nicht. Obwohl ... Alles hängt ab vom Appetit der Vögel und den Launen des Wetters, das die schönsten Hoffnungen zunichte machen kann. Denn viele Obstbäume tragen einem natürlich Rhythmus folgend nur alle zwei Jahre, und auch das ist nie garantiert. Das lässt diejenigen rot sehen, die möchten, das ihnen alles aufs Wort gehorcht. Auf die Gefahr hin, dass es ihnen sogar peinlich ist, wenn die Ernte in „guten“ Jahren viel zu reichlich für eine einzige Familie ausfällt.

Denn wenn Obstbäume tragen, dann aber ordentlich! Sobald der Baum sieben bis acht Jahre alt ist, tun die Ernten nicht nur dem Appetit der Essfreudigsten, sondern auch der Großzügigkeit der „Leutsehlichsten“ Genüge.

In diesen Jahren, wenn der Herbst Kirsch- und Pfirsichbäume entflammt, Quittenbäume blond werden lässt, nach deren letzter Ernte der Garten duftet, geht der erfüllte Gärtner mit einem heute recht seltenen Gefühl des Ausgefülltseins in den Winter. Wenn man sich einen Schrank mit Eingemachtem vorstellt, in dem die Pfirsiche in ihrem Sirup in Gesellschaft von Marmeladengläsern im Halbdunkel schlummern, bekommt man doch unwillkürlich Lust, es sich gemütlich zu machen: für einen langen Winter und eine Zeit der Träumerei, mit den Füßen in den Filzpantoffeln und Reif im Hintergrund.

Maßgeschneidert (er) trägt sich's besser

Und dann begibt man sich für solche Traumbilder in ideale Obstgärten, in denen Bäume stehen, die man adoptiert hat, weil sie etwa 'Köstliche von Charneux' oder 'Champagner Renette' heißen, oder wegen des geheimnisvollen Reizes, der darin liegen kann, den Unterschied zwischen dem Pflaumenpfirsich, den sogenannten Brugnolen, und den gelbfleischigen Pfirsichsorten zu erhellen. Aber die Realität ist: absolutes Nichts. Denn Hobby-Obstbauer sind unverbesserliche Faulpelze: Im Allgemeinen hört die Pflege eines Obstbaumes in einem Garten pünktlich am Tag ihrer Pflanzung auf. Und alsbald hört man sie mosern, wenn sie einen Blick auf Obstplantagen werfen, wo schon im Alter von einem Jahr die Apfelbäume ihr Kilochen tragen: Dies gelänge nur mit Hilfe von viel Giftzeug, das „die“ da draufspritzen würden. Das stimmt zwar (manchmal), aber das ist nicht der einzige Grund: Auch Biogärtner ernten schnell und gut.

Am anderen Pol dieses Traums vom Paradies, das unverzüglich mit fantastischer irdischer Nahrung angefüllt ist, stehen die furchtsamen Naturen, die sich vorstellen, dass die Kultur von Obstbäumen absoluten Experten vorbehalten sei, verschreckt von den Kennern alter, von Tüftlern des vorletzten Jahrhunderts erfundenen Methoden (Assen der Gartenschere und großen Maulhelden mit kleinen Geheimnissen). Nichts da.

Machen Sie sich keine Gedanken wegen des Schnitts, darauf kann man notfalls verzichten, und ansonsten ist Obstbau vor allem eine Sache der richtigen Sortenwahl. Das heißt, der Obstgarten muss sowohl auf Ihre Kräfte als auch auf Ihren Appetit abgestimmt sein und dem örtlichen Klima entsprechen. Denn wenn man Sorgen vermeiden will, rät auch hier die Weisheit, nur das anzubauen, was im der Region gedeihen kann. Es ist unsinnig, sich darauf versteifen zu wollen, späte Muskatellertrauben zu ernten, wenn man im nördlichen Mitteleuropa lebt. Sogar gehätschelt, selbst im Gewächshaus, wird das enttäuschend. Hingegen kann man es

Hände frei

Kein Rückschnitt, kein Spritzen und Ernten in Hülle und Fülle: Das ist garantiert bei Roten und Weißen Johannisbeeren, Stachelbeeren und Himbeeren, weniger sicher bei Haselnüssen (wurmstichige Nüsse), Kirsch- und Pflaumenbäumen, die schlecht das Alleinsein vertragen, bei der (mangels Etikett) unbekannten Kakipflaume, und absolut nicht gewiss beim Aprikosen-, Pfirsich-, Birn- und Apfelbaum sowie dem Weinstock, die ein Minimum an Spritzen und Schnitt brauchen. Der Mandel-, der Oliven- und der Feigenbaum brauchen Sonne. Und bei Walnuss und Edelkastanie muss man sich 20 Jahre gedulden, ehe man weiß, ob man es mit einem „Gewinn“ zu tun hat oder nicht. Wenn die Antwort günstig ausfällt, können Sie den Winter mit einer prall gefüllten Speisekammer angehen und sich wie ein Eichhörnchen fühlen!

Ist sie nicht schön, diese Knorpelkirsche im März? Davor stehen Schwarze Johannisbeer-Sträucher.

mit den Sorten 'Perlette' oder 'Exalta' probieren, die früh dran sind. Es bringt überhaupt jedoch nichts, Pfirsichbäume in schwerem Lehmboden zu ziehen. Übrigens wachsen Weinstöcke viel eher in unterschiedlichen Böden als Pfirsichbäume. Schließlich gibt es Früchte, deren Anbau sich meiner Meinung nach nicht lohnt: Brombeeren, Kiwis und Blaubeeren sind auf dem Markt genauso gut wie zu Haus und machen mehr Sorgen als Freude.

Statt sich unglücklich zu machen, tauschen Sie lieber mit Freunden, die auf einem andersartigen Grundstück gärtnern. Wenn Sie einen Anruf bekommen, der Sie dazu auffordert, mit einem leeren Korb (zum Füllen) bei einem Freund vorbeizukommen, ist das doch wohl viel angenehmer als ein von vornherein verlorener Wettkampf gegen den Mangel an Sonne, den schlechten Boden und die ganze Palette der Krankheiten, die im Allgemeinen die Schwäche eines Baumes ausnutzen, der sich nicht wohlfühlt. Und für eingefleischte „Autarkisten" sollte es doch mit dem Teufel zugehen, wenn sie bei über 2000 Apfelsorten, 1000 verschiedenen Birnensorten, einem guten Hundert Kirsch-, Pflaumen-, Pfirsich- und Aprikosensorten und angesichts der Liebhaber-Vereine allerorts (bei denen man mit ihnen umzugehen lernen kann) nicht ihr Glück finden!

Das fängt ja gut an...

Die Kunst, dass ein Obstgarten gelingt, ist mehr als ein Programm mit verbissenen Pflegemaßnahmen: Wenn man weiß, welche Bäume in einen Garten passen, hat man schon das halbe Programm absolviert. Das allerdings ist gar nicht so leicht. Nicht, dass ein Obstgarten außergewöhnlichen Boden bräuchte – Wein, Pflaumen, Quitten, Johannisbeeren und Stachelbeeren begnügen sich mit mittelmäßigen Böden –, sondern weil die grundsätzlichen

Kriterien für die Sortenwahl schwer zu beschreiben sind. Fantasie-Etiketten, Jungpflanzen in schlechtem Zustand, die oft in den Geschäften bei viel zu hohen Temperaturen gelagert werden, weil sich keiner auskennt – das führt dazu, dass der Kauf eines Baumes oft eine Art Lotterie ist, in der man noch seltener gewinnt als beim Bingo.

Die Moral von der Geschicht': Wenn man alle Chancen auf seine Seite bringen will, sollte man seine Bäume besser in einer richtigen Baumschule kaufen, und zwar am besten in der Nähe. Man erkennt einen richtigen Baumschulgärtner an den Fragen, die er stellt. Um so mehr wenn er

Bei diesem Exemplar zeigen es die kleinen Ausläufer, die schon durch die Gießlöcher ins Freie drängten: Das war ein schlechter Kauf.

aus der Gegend stammt, denn für die Auswahl von Bäumen muss man auch die Lage des Gartens berücksichtigen: Spätfröste lassen zu frühe Sorten erfrieren, und sie sind in Senken und im Tiefland weitaus gefährlicher als auf Anhöhen. Zum Beispiel ist es unsinnig, einen frühen Pfirsichbaum wie 'Amsden' oder einen frühen Aprikosenbaum wie 'Frühe von Saumur' in einer Senke zu pflanzen, denn da werden die schon haselnussgroßen Früchte in drei von vier Jahren vom Frost vernichtet. Hier nimmt man besser gleich spätere Sorten.

Es gibt auch Obstsorten, die nur in ihrer Herkunftsgegend gut sind: Zum Beispiel ist 'Finkenwerder' im luftfeuchten Klima des Alten Landes nahe Hamburg eine vorzügliche Apfelsorte, auf den schweren Böden im kontinentaleren Klima Süddeutschlands enttäuscht sie.

Dann gibt es noch das große Problem der Unterlagen: Obstbäume werden veredelt, um ihren Anbau besser den verschiedenen Standorten anzupassen. Aber leider machen sich die Anzuchtbetriebe in aller Regel nicht die Mühe, die Unterlage zu benennen. Alle diese Gründe sprechen dafür, Obstbäume in einer richtigen Baumschule auszuwählen, wo Sie mit dem Gärtner sprechen und sogar manchmal zusammen mit ihm nachdenken können, denn im Gespräch erfährt man natürlich ganz viel!

Ganz in Weiß …

Ganz allein langweilen sich Mandel-, Kirsch-, Haselnuss- und Pflaumenbäume, und in etwas geringerem Maße auch Schwarze Johannisbeeren, Birn- und Apfelbäume. Sie blühen wunderschön – und dann ist Sense. Der Grund ist, dass die Bienen sich noch so sehr anstrengen können: ohne passenden Partner gibt's keine Früchte. Die Frage ist besonders knifflig bei Kirschbäumen, die sich nicht mit jedem einlassen, und den armen Gärtner, der nur über ein Handtuch-Gärtchen verfügt, mitten im Winter in Unruhe versetzen: In dieser Zeit muss er bestellen – und außerdem hat er jetzt nichts anderes zu tun als nachzudenken. Klar, die Bienen kennen keine Grenzen, und meistens löst sich das ganze Problem dank der Kirschbäume, die in 300 m Umkreis wachsen, in Wohlgefallen auf. Doch das beruhigt unruhige Geister nicht, denn wer mag schon einen x-beliebigen Nachbarn nach dem Namen seines Kirschbaums fragen? Meistens weiß der sowieso nichts darüber, und das Schlimmste ist, dass ihm das auch völlig schnuppe ist, da er Kirschen erntet, ohne je über diese Angelegenheit nachgedacht zu haben! In der Sortenliste ab Seite 304 finden Sie einige Angaben dazu, welche „Partnerschaften" am fruchtbarsten sind.

Kleinere wachsen schneller

Da man davon träumt, den Baum in voller Pracht und fruchtüberladen zu sehen, pflanzt man groß, schwer und teuer. Ganz falsch! Es ist viel besser, eine etwa 1,20 m große Veredelung zu pflanzen, das heißt, einen jungen, biegsamen Trieb, der nicht mehr als fingerdick und eventuell etwas verzweigt ist. Kleiner Baum bedeutet zugleich kleine Wurzeln: Also braucht man nicht zu buddeln wie ein Maulwurf, um ihn bequem einzupflanzen. Es genügt (aber das muss auch sein), wenn die Wurzeln locker ins Loch passen. Ein kleiner Baum gewöhnt sich außerdem viel besser ein, und nach höchstens einem Jahr Wartezeit fängt er an zu wachsen und hat rasch seine Kollegen überholt, die bereits groß gekauft wurden. Ein anderer Vorteil ist, dass eine ein- bis zweijährige Veredelung ein Drittel oder gar nur ein Viertel vom dem kostet, was man für einen schon ausgebildeten Baum bezahlt.

Eigenzüchtungen

Unsere Großeltern haben viele Obstbäume selbst gesät, und aus diesem schönen Brauch ist die riesige Auswahl an verfügbaren Obstsorten entstanden: Die besten wurden ausfindig gemacht und dann durch Veredeln vermehrt. Aprikosen-, Pflaumen-, Pfirsich- und Nektarinenbäume lassen sich leicht säen: Man braucht nur nach dem Verspeisen der Früchte die Steine in einer schattigen Ecke des Gartens in eine 20 cm breite und tiefe Rille zu pflanzen, in die man eine Mischung aus halb Erde, halb Sand gefüllt hat. Danach reichliches Gießen nicht vergessen. Wenn dann der Frühling kommt, sieht man die jungen Keime aus dem Boden lugen. Im darauffolgenden Winter werden sie verpflanzt, und vier Jahre später entdeckt man die erste Ernte. In der Regel mit Überraschungen, denn meist erhält man neue Sorten.

Schließlich (und nicht zuletzt!) ist eine so junge Veredelung leicht und unproblematisch – ohne Bruchgefahr – zu transportieren, und man kann sie gut erst mal einschlagen, bis der Frost vorüber ist und das Wetter sich fürs Pflanzen anbietet.

Luft!

Wenn sie reichlich tragen sollen, ohne ihrem Besitzer zur Last zu fallen, brauchen Obstbäume Luft und Licht. In eine stickige, von Mauern begrenzte Ecke geklemmt oder zu nahe an einer Hecke werden sie leicht krank, was sich auf den Ertrag auswirkt. Wenn sie näher als 100 m an einen Waldrand gepflanzt werden, überziehen sie sich mit Flechten, und besonders Äpfel und Birnen werden ungenießbar. Luft und Licht: Das bedeutet recht große Pflanzabstände – mindestens 2 m zwischen spindelförmig erzogenen Apfel- und Birnbäumen oder im senkrechten Kordon, 4 m bei Niederstamm-Pflaumen, -Pfirsichen, -Aprikosen, -Mandeln, -Birnen und -Äpfeln sowie Sauerkirschen und Haselnüssen, 6 bis 7 m bei Hochstammbäumen.

Um die Wärme der einen Garten umgebenden Mauer möglichst auszunutzen, bepflanzen Sie Spaliere alle 2 m und in mindestens 50 cm Abstand zur Mauer, und lassen Sie dann mindestens einen 6 m breiten Streifen vor den Spalieren frei von Bäumen, wiederum, damit sie Luft und Licht bekommen und besonders um den Befall mit Mehltau zu vermeiden. Johannis- und Stachelbeeren, Himbeeren, Heidelbeeren und Brombeeren pflanzt man mit 1 m Abstand. Achten Sie aber auf die Ausläufer bei Himbeeren, die mindestens zweimal jährlich mit dem Rasenmäher abgemäht werden müssen, damit sie sich nicht in den benachbarten Kulturen herumtreiben.

Eine weitere Ausnahme bei diesen Pflanzabständen ist die Apfelbaumhecke auf einem großen Landbesitz. Da kann man einen Apfelbaum pro laufenden Meter pflanzen, aber nur unter einer Bedingung: dass man nur Pflanzen kauft, die garantiert auf M 9 gepfropft sind (eine Unterlage, die die Bäume auf höchstens 2 bis 3 m Höhe und 2 m Breite hält) und dass man nur eine Reihe bildet, die durch zwei zwischen Stützen in 50 cm Abstand gespannte Reihen Draht unterstützt wird.

Ein ausgezeichnetes Mittel, die Füße wieder auf den Boden zu bekommen, bevor man ellenlange Listen von Bäumen mit wohlklingenden Namen bestellt: Graben Sie die Löcher und halten Sie dabei die genannten Abstände ein. Diese Methode veranschaulicht ganz klar, wie viele Bäume ein Grundstück tatsächlich aufnehmen kann! Wenn Sie schon mal dabei sind, setzen Sie in jedes Loch eine Stütze und wählen Sie dazu 2 m lange Stangen mit 6 bis 7 cm Durchmesser, denn das gehört zu den Details, die Hobby-Gärtner zu häufig vergessen (dabei sind junge Bäume sehr windempfindlich).

Heilpflanzen für Bäume

Biodynamische Versuche in Deutschland haben ergeben, dass Mairübchen und Meerrettich eine Heilwirkung gegen Monilia haben sollen. Der Meerrettich wächst mehrjährig. Die Mairübchen dagegen werden im März-April oder aber im September gesät. Auch vom Knoblauch heißt es, dass er Bäumen Vitalität verleiht. Gute Nachricht für Faule: Man kann ihn an Ort und Stelle stehen lassen, und manchmal erweist er sich als ziemlich ausdauernd, so dass Sie fast das ganze Jahr über einen Vorrat an frischen Knollen haben, die schlank sind wie Frühlingszwiebeln. Schlechte Nachricht: Meerrettich, Mairübchen und Knoblauch wachsen doch besser ohne Unkraut als mit; vergessen Sie also nicht, sie jedes Frühjahr zu mulchen.

Nach der Arbeit die Belohnung

Bedecken Sie fünf Jahre lang jeweils im Frühling den Boden auf einem Quadratmeter mit Pappe, auf die Sie Rasenschnitt breiten. Es dauert genau ein Jahr, bis diese Mulchschicht zu Humus geworden ist.

Pfirsich- und Aprikosenbäume tragen etwa 20 Jahre lang, und Hochstamm-Apfel- und Birnbäume sind mit über 50 Jahren immer noch fruchtüberladen. Doch um diese langen Erntejahre zu gewährleisten, muss man am Anfang sorgfältig vorgehen.

Eine schlechte Nachricht für Super-Faule: Man pflanzt stets in einem umgegrabenen und vom Unkraut befreiten Gelände, aber bei mildem Wetter. Die Pflanzzeit reicht von November bis Februar. Man kann noch im März pflanzen, dann muss man aber den Sommer über gut gießen, denn junge, im Frühling gepflanzte Bäume sind Trockenheit gegenüber empfindlicher als die anderen.

Rechnen Sie pro Baum ein gut aufgelockertes Quadrat mit 1 m Seitenlänge, in dessen Mitte Sie ein so breites Loch graben, dass der Wurzelballen bequem hineinpasst. Das heißt bei einer einjährigen Veredelung im Allgemeinen ein Pflanzloch von 30 bis 40 cm Seitenlänge und etwa 30 cm Tiefe. Stecken Sie eine stabile, 6 bis 7 cm dicke Stütze mitten in das Loch. Schütten Sie zwei Schaufeln reifen Kompost sowie eine halbe große Konservenbüchse reifer Hornspäne hinein. Darüber geben Sie eine Schaufel voll feiner Erde, und zwar so, dass

alles eine Art Hügel, auf dem die Wurzeln dann fast von allein richtig liegen. Kürzen Sie die Wurzeln mit der Gartenschere leicht ein und tauchen Sie sie dann in einen Eimer, der mit einer Mischung aus Kuhfladen und Gartenerde zu gleichen Teilen gefüllt ist. Suchen Sie den Veredelungsknoten und drehen Sie die dickere Seite nach Süden, um den jungen Baum in der gleichen Ausrichtung zu pflanzen wie in der Baumschule.

Die Wurzeln müssen – ohne Schummeln – locker ins Pflanzloch passen. Falls die eine oder andere sich verbiegt, sollte man sie lieber abschneiden als versuchen, sie um jeden Preis krumm ins Loch zu stopfen. Stellen Sie den Baum schön parallel zur Stütze und breiten Sie die Wurzeln gleichmäßig aus, dann graben Sie ihn bis zum Wurzelhals ein, der meist 10 cm unter dem Veredelungsknoten liegt. Binden Sie den Stamm locker an den Stützpfahl.

Schneiden Sie Steinobstbäume sofort bis auf 80 cm Länge zurück, wenn Sie sie zu Niederstamm-Bäumen erziehen wollen. Hochstämme kappt man auf 1 m Höhe. Warten Sie hingegen mit dem Schnitt von Kernobst ein Jahr ab, denn sonst wachsen die Bäume nicht an. Der Schnitt verläuft gleich. Zum Schluss gießen Sie reichlich (eine Gießkanne voll).

Durch das Gießen muss die Erde zu einer Kuhle zusammensacken, die Ihnen im Sommer (von Juli bis Ende August) dazu dient, dem kleinen Neuling eine Gießkanne wöchentlich zu verabreichen. Denn damit's funktioniert, muss man junge Bäume im ersten Sommer nach ihrer Pflanzung unbedingt gießen. Wenn sie in diesem Jahr leiden, besteht die Gefahr, dass sie ihr ganzes Leben lang kränkeln. Danach wird das Programm deutlich lockerer. Fünf Jahre lang buddelt man mit dem Kreil im Spätwinter zwei Handvoll Volldünger in die Baumscheibe und mulcht dann im Frühjahr.

Es ist ganz wichtig, in dieser Wachstumszeit den Boden um die Stämme auf etwa 1 m^2 frei zu halten. Ein Trick, der wunderbar funktioniert: Bedecken Sie den Boden jeweils im April mit ausgedienter Pappe. Das ist zugegeben scheußlich. Außer, Sie breiten darüber gleich den ersten Rasenschnitt. Und dann ist es absolut genial, denn die Verbindung aus Pappe und Rasen braucht genau ein Jahr zum Zersetzen. Dabei hinterlässt sie einen sauberen, lockeren und mit Nährstoffen angereicherten Boden. Also genau das, was die jungen Obstbäume brauchen.

Und so wachsen sie ganz schnell und danken Ihnen, indem sie Ihnen zwei Jahre nach der Pflanzung Früchte liefern. Und mit sieben Jahren sind sie auf Hochtouren und schön wie nur was! Dann genügt es, auf dem Gelände eine Mischung aus Deutschem und Welschem Weidelgras (*Lolium perenne* und *L. multiflorum*) zu säen, die man von Mai bis September zwei- oder dreimal mäht. Das gemähte Gras lässt man an Ort und Stelle liegen, und im Frühjahr teilt man jedem Baum zwei bis drei Schäufelchen organischen Dünger zu, damit er in Form bleibt. Durchschnittliche Ernte: 30 bis 50 kg Früchte pro Baum.

Der korrekte Schnitt von Obstbäumen ist eine Wissenschaft, jedoch genügt es, wenn man sich an ein paar Grundregeln hält: Lassen Sie dem jungen Baum nur einen Mitteltrieb und drei oder vier Seitentriebe, die sich gleichmäßig in der Krone verteilen. Alle Seitenäste werden auf gleicher Höhe gekappt, der Mitteltrieb ragt darüber hinaus. Achten Sie auf ein harmonisches Astgerüst und darauf, dass Licht in alle Teile der Krone fällt. Zweige, die ins Innere der Krone wachsen, werden gekappt.

Die Arbeiten im Obstgarten

Es gibt zwei Arbeitsspitzen: den Herbst und den Spätwinter. Dazu ein Minimum an Technik für ein ruhiges Leben.

März

Rückschnitt des Weins (der sich am leichtesten schneiden lässt). ❦ Ende der Pflanzzeit. ❦ Die im Herbst an den Stämmen befestigten Leimringe verbrennen. ❦ Im Frühling werden kleine Bäume (Ø bis 7 cm) durch Spaltpfropfen veredelt und die stärkeren durch Rindenpfropfen. ❦ Mandel-, Kirsch-, Mispel-, Oliven-, Apfel-, Birn- und Pflaumenbäume werden veredelt. Das ist leicht und wie Zauberei, denn innerhalb von zwei Jahren erlangt der Baum wieder Höchstform. (Der Pfirsichbaum ist etwas schwierig, aber man kann sein Glück versuchen!) Wein veredelt man durch Kopulation mit Gegenzungen; das ist etwas defiziler, und um den Dreh rauszubekommen, geht nichts über einen Kurs bei einem erfahrenen Baumschuler. Behandeln Sie Knospen tragende Bäume mit einem Breitband-Fungizid oder einem Kupferpräparat. Wiederholen Sie diese Behandlung zur Vorbeugung gegen Krankheiten, wenn die Blüten aufgeblüht sind, und dann noch einmal, wenn die Blütenblätter abfallen. ❦ Wenn Sie im Vorjahr eine starke Monilia-Infektion hatten, ersetzen Sie das Kupferpräparat durch die folgende Mischung: 500 ml Natronsilikat und 150 g Algenkalk auf 5 l Wasser. Damit der Algenkalk nicht den Zerstäuber verstopft, mischen Sie die Brühe in einem Kaffeefilter, den Sie auf den Stutzen des Zerstäubers setzen. Diese Behandlung muss monatlich bis August erfolgen.

April–Mai

Jetzt heißt es fertig werden mit den Veredelungen bei Feigen, Kakipflaume, Walnuss, Birne, Apfel und Pflaumenbaum. ❦ Fanggürtel aus Wellkarton gegen Pflaumen- und Apfelwickler an den Baumstämmen anbringen. ❦ Behandeln Sie die knospenden Bäume mit Schwefelkalkbrühe oder einem Kupferpräparat. Wiederholen Sie die Behandlung zur Vorbeugung von Krankheiten, wenn die Blüten aufgeblüht sind, und nochmals, wenn die Blütenblätter abfallen. ❦ Behandeln Sie knospenden Wein mit dem Kupferpräparat und bestäuben Sie ihn nach der Blüte mit Schwefelblüte. ❦ Hängen Sie in jeden Apfelbaum einen mit Stroh gefüllten Topf, um Ohrenkneifer anzulocken, die Blattläuse fressen.

Juni–Juli

Die Liste der Arbeiten ist lang, aber es gibt viele „Wenns“, denn nicht jedes Jahr bringt Mühsal. ❦ Dünnen Sie überzählige Früchte aus: Etwa zehn pro Meter Ast genügen bei Äpfeln, Birnen und Pfirsichen. Pflaumen, Aprikosen und Kirschen auszudünnen ist unnötig! Hingegen muss man Stützen unter alle fruchtbeladenen Äste stellen. ❦ Denken Sie daran, die Triebe der Weinstöcke zurückzuschneiden, die in dieser Jahreszeit recht üppig wirken. Man scheidet zwei Blätter oberhalb der Trauben und kürzt die anderen Triebe auf drei Viertel ihrer Länge, abgesehen von dem, der den Haupttrieb verlängert. Genauso verfährt man bei Apfel- und Birnbäumen, die im Kordon gezogen werden. ❦ Einmal monatlich werden Apfelbäume und Wein abwechselnd mit Kupfersulfat (oder auch mit pulverisiertem Schwefel und einem Pilzmittel) behandelt. ❦ Schorfanfällige Sorten (z. B. 'Goldparmäne'), behandeln Sie besser mit 1-%igem Silikat. ❦ Junge Bäume, die im letzten Winter gepflanzt wurden, wöchentlich gießen: In aller Ruhe jeder Pflanze 10 l Wasser geben und gut unter die Mulchschicht laufen lassen. Das ist ein erfreulicher Moment in der Dämmerung und zugleich Garantie dafür, dass die Obstbäume ordentlich loslegen. ❦ Gegen Mitte Juli Beginn des Okulierens bei Kirsche, Mistel, Birne und Pflaume. Man erkennt den richtigen Moment daran, dass Knospen in den Blattachseln erscheinen. ❦ Falls sich an den Kirschbäumen nach der Ernte Rost zeigt, wird wieder mit 1-%igem Natriumsilikat oder einem Kupferpräparat behandelt. ❦ Bei Befall mit Echtem Mehltau behandeln Sie mit Kaliumpermanganat (3 g auf 5 l), das sehr wirksam ist, aber (Achtung!) Flecken gibt. ❦ Wenn die Blattläuse die Blätter an Kirsch- und Apfelbäumen kräuseln, behandeln Sie bei einbrechender Nacht mit einem Pyrethrum-Mittel, dem Sie ein Netzmittel mit Minze- oder Kiefernöl beigegeben haben. Das riecht gut und verbessert die Wirksamkeit der Behandlung. ❦ Wenn Raupen seidige Kokons in Apfel- und Birnbäumen spinnen, behandeln Sie mit einem *Bacillus-thuringiensis*-Präparat. ❦ Falls viele Früchte wurmstichig sind, spritzen Sie Apfel- und Birnbäume dreimal zwischen Juni und Mitte Juli mit einem systhemisch wirksamen Pyrethrum-Mittel. Oder aber bringen Sie in jedem Baum eine Fliegenfalle an und befestigen Sie um den Stamm in 1 m Höhe einen mit Kleister bestrichenen Wellpappestreifen.

August–September

Bringen Sie Fallen gegen Wespen, Hornissen und große Fliegen an, die die beinahe reifen Früchte schädigen. ❦ Den ganzen August über werden die jungen Bäume weiterhin wöchentlich gegossen. ❦ Weiter okuliert werden Aprikose, Mandel, Kakipflaume, Mistel, Pfirsich, Birne, Apfel und Pflaume. ❦ Unter den Bäumen, die von Rost befallen sind, wird gemäht, alles abgefallene Laub wird entfernt und verbrannt. Das Gleiche erfolgt mit durch Monilia verfaultes Obst. Dieses Programm ist nicht sehr erhebend, aber mindestens ebenso wirksam wie eine Behandlung. ❦ Falls der Befall stark ist, führen Sie noch eine Behandlung mit 1-%igem Natriumsilikat durch. ❦ Weiterhin monatliche Behandlung mit Schwefel und Pilzmittel in dieser kritischen Zeit, in der Echter und Falscher Mehltau leicht in die Offensive gehen.

Oktober–Dezember

Mitte Oktober allgemeine Ernte von Winteräpfeln und -birnen. In einem 10 °C kühlen Raum reifen sie dann

Im Juni-Juli müssen Obstbäume von überzähligen Früchten ausgedünnt werden, besonders Pfirsichbäume.

Kleine Wildlinge lassen sich wunderbar mit den besten Sorten veredeln. Dies kann zu zwei verschiedenen Zeiten geschehen: im August-September oder zur Zeit der Baumblüte.

Im Sommer erkennt man die geeigneten Edelreiser an den Knospen, die in den Blattachseln sitzen. Das ideale Edelreis ist 3 bis 5 mm dick und wird schräg abgeschnitten.

Schneiden Sie die Unterlage in 30 cm Höhe ab und spalten Sie den Stamm genau in der Mitte 2 cm tief mit der Gärtnerhippe.

Stecken Sie das Edelreis so in die Unterlage, dass die Kambiumschichten gut miteinander Kontakt haben und es so aussieht, als sei das Edelreis nur leicht unter die Borke der Unterlage geschoben. Umwickeln Sie dann die Veredelungsstelle.

Bestreichen Sie alles mit Wundwachs, um die Veredelungsstelle zu schützen. Hier wurde der Zugast der Unterlage zum schützenden Kreis um das Edelreis gebogen.

Zum Schutz des Edelreises vor der Sonne legen Sie ein Stück Beschattungsnetz um den Kreis und binden Sie es fest. Zum Schluss erfolgt eine ordentliche Dusche und reichliches Gießen.

ganz in Ruhe. ❦ Noch einmal allgemeines Spritzen der Bäume mit einem konzentrierten Pilzmittel, wenn die Blätter abfallen. ❦ Herbstputz im Obstgarten: Verbrennen Sie die im Sommer um die Stämme befestigten Leimstreifen und ersetzen Sie sie. ❦ Graben Sie Pflanzlöcher für neue Bäume, bevor Sie diese kaufen. ❦ Zwischen den Bäumen wird umgegraben und eventuell eine Winterbehandlung mit Mineralöl durchgeführt, um die älteren gesund zu erhalten. ❦ Ab Ende November beginnt die Pflanzzeit. ❦ Im Dezember nehmen Sie Edelreiser ab, junge, bleistiftdicke diesjährige Triebe, die Sie für die Veredelungen im Frühling bundweise am Fuße einer Nordwand eingraben.

Januar–Februar

Rückschnitt von Birn- und Apfelbäumen. Bei Pfirsichbäumen kann man abwarten, bis die Blütenknospen rosa werden, um sie sicher von den anderen Knospen zu unterscheiden. ❦ Wenn am Fuße junger Bäume lauter Gras wächst, ziehen Sie es in einem Umkreis von 1 m um den Stamm herum heraus und jäten Sie vorsichtig, um den Boden aufzulockern, ohne die Oberflächenwurzeln zu verletzen. ❦ Nutzen Sie die Gelegenheit, um Volldünger oder eine Schubkarre voll reifen Kompost pro Baum oder pro Meter Johannis- und Stachelbeersträucher einzubringen. ❦ Johannis- und Stachelbeeren zurückschneiden. Entfernen Sie einen oder zwei dicke Äste, um sie zur Bildung neuer Zweige anzuregen. ❦ Pinseln Sie Stämme und Hauptäste ein, das ist gut für die Gesundheit der Bäume. Für 10 l Brühe füllen Sie einen Eimer 15 cm hoch mit Kuhfladen, mischen Sie dazu ebenso viel feinen Lehm, geben Sie 300 g Algenkalk und 100 g Natriumsilikat dazu. Füllen Sie mit Wasser auf und verrühren Sie alles gut, bis es die Konsistenz eines sehr dünnen Eierkuchenteiges hat. Tragen Sie die Brühe mit einer dicken Tapezierquaste auf. ❦ Behandeln Sie alle Bäume mit einem konzentrierten Pilzmittel. ❦ Pflanzen Sie junge Bäume bei schönem, mildem Wetter.

Übrigens: Jeden Winter veranstalten örtliche Obst- und Gartenbau-Vereine, die Landwirtschaftsämter oder auch die Volkshochschule Kurse zum Schnitt und zur Veredelung von Obstbäumen.

Große und kleine Formen

Was wollen Sie? – Majestätische Bäume, die schöne, typische Formen bilden, die aber Zeit brauchen, – oder aber so rasch wie möglich Obst, das Sie mit ausgestreckter Hand pflücken können, wenn Sie einen kleinen Streifzug durch den Garten unternehen? Und das bedeutet Bäume, die wenig Platz brauchen, aber wohl nicht die gleiche Majestät wie ein ausgewachsener Hochstamm erreichen.

Vielleicht entscheiden Sie sich für etwas von jedem der beiden Typen, je nach Größe des Gartens. Die großen Obstbäume brauchen einen Bereich für sich allein und mindestens 25 m² pro „Baumgestalt“, die kleinen begnügen sich mit dem Drittel und können um den Gemüsegarten herum stehen, diesen vom Rasen und den Blumenbeeten abgrenzen, einen Weg säumen, eine Fassade bekleiden oder auch ein Tor einrahmen.

Denn genau wie die sogenannten Zierbäume verwandeln Obstbäume einen Garten. Sie tragen dazu bei, ihn zu strukturieren, verleihen ihm aber eine persönlichere Note als Zierbäume. Sie haben etwas Gediegenes und Familiäres, und während sie zunächst einmal Essbares liefern, prägen sie maßgeblich diese unvergesslichen und geliebten Gärten.

Es lebe der freie Obstgarten!

Er besteht aus Hochstamm-Obstbäumen und sieht herrlich aus. Die Bäume stehen auf der Wiese, lassen den Blick zwischen den Stämmen in die Ferne schweifen, während ihr Astwerk große Sonnenschirme flicht, die stärkere Winde abmildern und das unansehnlichste Fleckchen Erde gestalten. Nachteil: Diese mindestens 1,50 m hoch über dem Erdboden ansetzenden Kronen der Hochstämme verlangen den Einsatz einer Leiter zur Erntezeit, die übrigens kaum vor einem Alter von 15 Jahren beginnt, da die Pflanzen zunächst einmal alle Energie zum Wachsen brauchen.

Um solche Hochstamm-Bäume zu erzielen, wählen Sie auf einen auf derselben Art veredelten Sämling und beginnen Sie mit dem Schnitt erst ab 1,20 m Höhe. Wer nicht so geschickt ist oder es eilig hat, erzieht seine Bäume zum Niederstamm. Im Allgemeinen tragen diese Bäume erheblich schneller als ihre großwüchsigen Kameraden. Innerhalb von drei, höchstens fünf Jahren hat man normalerweise eine ordentliche Ernte. Bei den üblichen Erziehungsformen kann man dabei mit den Füßen auf dem Boden bleiben. Die üblichste Erziehungsform ist der Buschbaum,

Üppige Ernten für den Faulpelz

Gelobt sei der französische Agrarwissenschaftler Jean Marie Lespinasse, der den senkrechten Kordon bzw. die Kultur des Apfelbaumes ohne Schnitt erfunden hat. Vorgehen: Man pflanzt auf M 9 gepfropfte einjährige Veredelungen in etwa 1,50 m Abstand voneinander in eine Reihe, leitet sie an eine etwa 2 m hohe Stütze und achtet darauf, dass der Haupttrieb den Nebentrieben stets mindestens 50 cm voraus ist. Vom zweiten Jahr an nach der Pflanzung übernehmen die Äpfel das Biegen der Äste. Man muss lediglich daran denken, ihnen in jedem Frühjahr ihre Ration Dünger zu geben. Ein letzter Vorteil ist, dass man, wenn der Baum nach zehn Jahren zu hoch wird, ihm nur den Wipfel und den obersten Astquirl kürzen muss, und schon hat man ohne viel Federlesen einen Niederstamm! Genauso kann man Birnbäume ziehen.

der bei allen Arten funktioniert und hübsche kleine Bäume mit offenem Wuchs ergibt.

Aber um dieses Ziel zu erreichen, reicht es nicht, irgend einen x-beliebigen Strauch nach dem Pflanzen dicht am Boden abzuschneiden. Es darf sich vielmehr um keine allzu wuchskräftige Jungpflanze handeln, sonst funktioniert das nämlich überhaupt nicht. Und da wären wir (wieder) bei der Frage nach den Unterlagen ... Bei Birn- und Apfelbäumen ist das recht einfach: Auf Quitten veredelte Birnbäume und auf M 9 gepfropfte Apfelbäume werden kaum über 2 m groß. Diese Pflanzen eignen sich am besten für kleine Formen. Bei Kirschen und Pflaumenbäumen verhält es sich ein wenig anders. Die auf eine ‘Sainte Lucie’ veredelte Kirsche ist selbstverständlich weniger wuchskräftig als auf einer Vogelkirsche, aber sie schwingt sich in nährstoffreichem Boden trotzdem bis in 4 m Höhe oder sogar höher hinauf. Und bei schwerem Boden wird der Baum möglicherweise Mühe haben, sich einzugewöhnen, läuft also Gefahr, krank zu werden oder ganz plötzlich eines schönen Sommertages einzugehen. Folglich bietet man uns regelmäßig neue zwergwüchsige Unterlagen an, denn die Profis, die danach trachten müssen, ihre Erntekosten zu senken, versuchen auch, die Höhe der Bäume zu vermindern. Leider nur erfährt man ebenso regelmäßig, dass die letzte Neuheit sich wieder einmal als Enttäuschung erwiesen hat ... Bleibt also nur, einen 'Montmorency' zu kaufen, der von Natur aus nicht groß ist. Allerdings sollte man dann Sauerkirschen mögen.

Aprikosen- und Pfirsichbäume eignen sich hervorragend (unabhängig von der Unterlage) für die Erziehung zum Niederstamm, hingegen ist das beim Pflaumenbaum sehr ungewiss – es sei denn, man neigt ihn schräg, wie vom Wind niedergedrückt, bevor er zu hoch wird. Ein Tipp: Bevor Sie Ihre jungen Veredelungen pflanzen, schneiden Sie sie nicht weiter als auf 80 cm herunter. Denn sonst schimpfen Sie nur den lieben langen Tag über die zu niedrigen Äste, wegen denen Sie nicht unter der Baumkrone hindurchkommen – und die übrigens im Vergleich zu denen, die mehr Licht bekommen, schließlich wenig Früchte tragen.

Locker gepflanzt im Schutz einer Mauer

Wenn Sie Wände und Mauern verkleiden wollen, rate ich Ihnen ehrlich davon ab, sich in die Erziehung einer Palmette und eines kunstvollen Flechtgitters zu stürzen, die beide nur was für Gartenscheren-Fanatiker sind. Hingegen wird das locker gepflanzte Spalier zum Glück des Faulpelzes. Es besteht darin, ganz einfach Bäume in 70 cm Abstand vor eine Mauer zu pflanzen und ihre Krone auszulichten, so dass alle Äste genug Licht bekommen. Dabei werden die entfernt, die sich überkreuzen, aneinander reiben und sich bei einem Windstoß zu verletzen drohen. Aprikosen-, Pfirsich-, Birn- und Apfelbäume eignen sich am besten dafür. Diese Form des lockeren Spaliers ist von Gärtnern aus Montreuil und Bagnolet in der Gegend um Paris erfunden worden, die früher berühmt für ihr Luxusobst war. Denn Spalierbäume tragen schönere Früchte, die etwa 14 Tage früher reif sind als im Garten.

Man sollte schon einen nach Osten, Süden oder Westen ausgerichteten Platz wählen. Das Spalier stellt zudem eine ausgezeichnete Technik dar für die erfolgreiche Kultur eines frühen Pfirsich- oder Aprikosenbaumes in einem frostgefährdeten Garten.

An der Schnur ist gar nicht stur

Im Kordon tragen Obstbäume reichlich, machen nicht viel Mühe und brauchen nicht viel Platz. Kaufen Sie ein- oder zweijährige Veredelungen von Apfelbäumen, die auf M 9, oder Birnbäume, die auf Quittenbäume aufgepfropft sind. Ebenso eignen sich Weinstöcke. Rechnen Sie eine 6 cm dicke und 1,50 cm hohe Stütze für jedes Reihenende, und je eine weitere in 1,50 oder besser 2 m Abstand. Ein Tipp: Wenn Sie einen Weg mit zwei Kordon-Reihen säumen, pflanzen Sie stets um 40 bis 50 cm zurückversetzt, so dass sich die kleinen Bäumchen auch in der Breite entwickeln können. Pflanzen Sie die Veredelungen in Löcher, die Sie am Fuße der Stützen gegraben haben; diese sind eingegraben noch 1 m hoch. Spannen Sie eine Schnur zwischen die Stützen.

Begnügen Sie sich damit, die Bäumchen an den Reihenenden im Bogen zu leiten, aber schneiden Sie den Stamm der Bäume dazwischen auf 1 m zurück. Führen Sie die beiden Zweige, die beidseits des Stammes unter der Schnittstelle wachsen, am Draht entlang. Anschließend werden wie beim Pfirsichbaum die Seitentriebe abwechselnd links und rechts (im Fischgratmuster) geleitet, wobei alle von den Hauptästen aus waagerecht abzweigenden Seitentriebe auf Scherenlänge zurückgeschnitten werden.

Diese kleine Form ist ideal für die Trennung von Rasen und Garten, Gemüsegarten und Blumenbeet, sie säumt einen Weg und verleiht dem Garten eine schmucke Note, ohne zuviel Arbeit zu machen, und ganz nebenbei erntet man noch erstklassige Früchte, denn sie entwickeln sich bei dieser Erziehungsmethode immer wunderbar.

Ein Obstgarten ist schön

Das ideale Modell ist der Wiesen-Obstgarten, wo die Bäume in einem Rasenteppich wachsen, auf dem das schön reife Fallobst landet, ohne Schaden zu nehmen. Zwar brauchen die Bäume aus gesundheitlichen Gründen in den ersten fünf Jahren ihres Daseins zunächst Luft, Wasser und lockere Erde ohne Konkurrenz, doch dann gibt es keinen Grund, sie nicht mit Blumen zu umgeben.

Man muss aber bescheidene Arten wählen, denn unter der Baumkrone ist der Boden meist trocken und ausgelaugt, da die meisten Obstbäume viele Oberflächenwurzeln ausbilden, vor allem, wenn man beschlossen hat, sie in kleinen Formen zu ziehen.

Ein blühendes Narzissenband unter den blühenden Bäumen sieht von März bis Ende April einfach entzückend aus. Man bekommt es in frischem, tiefgründigem Boden leicht hinzu. Kaufen Sie eine große Packung gemischter Narzissen und pflanzen Sie sie in Dreierreihen unter die Bäume. Man kann auch Narzissen und Blausterne mischen oder sie getrennt pflanzen. In zwei, drei Jahren ist die Narzissenreihe dichter geworden, denn die Zwiebeln haben sich vermehrt. Kein Problem mit der Pflege: Man mäht nur mit dem Rasenmäher darum herum, bis das

Narzissen vermehren sich ganz von allein, wenn sie erst einmal da sind, und zwar so sehr, dass man so etwa alle drei bis vier Jahre ruhig ein paar ausreißen kann.

Laub vergilbt. Kosmeen, Gladiolen, Lavendel, Lupinen (die Russel-Hybriden) sehen um Obstbäume herum ebenfalls schön aus, wobei die letztgenannten noch einen Vorteil haben: Sie reichern den Boden wie alle Hülsenfrüchtler mit Stickstoff an.

Praktische Geister verbinden das Nützliche sogleich mit dem Angenehmen, indem sie einen hübsch anzusehenden Gründünger wie die violette blühende Esparsette oder purpurroten Inkarnat-Klee säen.

Wespen? – Ab in die Falle!

Schneiden Sie eine Kunststoffflasche 10 cm unter dem Hals ab, stecken Sie diesen umgedreht hinein, bohren Sie mit einem heiß gemachten Metallspieß an zwei Seiten Löcher, durch die Sie einen Bindfaden als Henkel ziehen. Dann füllen Sie die Falle zu zwei Dritteln mit Sirup und hängen Sie sie in den Obstbaum oder an ein Spalier. Für einen Niederstamm-Birnbaum braucht man zwei, für einen Hochstamm-Apfelbaum fünf Fallen. Sie finden das hässlich? Stimmt – aber es ist billig und wirkt. In einem Maße, dass man alles jeden Morgen auf den Kompost kippen und neuen Sirup einfüllen muss.

Praxisblatt

Wie halten wir's mit dem Schnitt?

An diesen fischgrätartig geschnittenen Zweigen erkennt man gut die Anordnung der Pfirsiche. Die Zweige, die getragen haben, werden im Winter entfernt, denn sie bilden danach keine Früchte mehr aus.

Wenn man den Gartenscheren-Fanatikern glaubt, ist der Rückschnitt der Bäume eine schwierige Angelegenheit. Falls Sie ein gutes Jahrhundert voller Mysterien und Humbuck entrümpeln wollen, drehen Sie eine Runde im Obstgarten eines Fachmanns. Im Allgemeinen beginnt die Lektion nach dem Motto „Gut, ich habe nun alles entfernt, was das Durchkommen des Traktors behindert", und geht weiter im Stil: „Man schneidet alle Äste ab, an die die Pflücker nicht rankommen". Merken Sie sich folgende drei Grundprinzipien:

- Die Bäume müssen ein harmonisches, luftiges Gerüst haben, damit die Sonne überall herankommt und die Säfte überall gut zirkulieren können.
- Die fruchttragenden Zweige müssen so dicht wie möglich an den Hauptästen bleiben.
- Schließlich sind bei Pfirsich-, Birn- und Apfelbäumen zehn Früchte pro Meter Astlänge ideal.
- Zu steil stehende Äste bilden keine Früchte aus, sondern wachsen immer weiter in die Länge. Um sie in die richtige Wuchsform zu zwingen, werden sie daher heruntergebunden oder mit Gewichten (Steinen) beschwert, was bisweilen recht ulkig aussieht. (Künstler spreizen die zu steilen Ästen auch mit zurecht geschnitzten Hölzchem vom Hauptstamm ab.) Ideal gilt ein Verzweigungswinkel von 45 Grad.

Gute Nachricht für Faule: Mandel, Kirsche, Aprikose, Pflaume, Kakipflaume und Feigen kommen ganz allein klar. Man braucht sie nur gleich nach dem Pflanzen zurückzuschneiden und dabei um ein Drittel ihrer Höhe zu kürzen, damit sie Äste bilden, die ihnen dann als Gerüst dienen. Meist lässt man die drei kräftigsten Äste stehen, wobei man auf eine gute Verteilung um den Stamm herum achtet. Diese Leitäste kürzt man um die Hälfte ein, damit jeder seinerseits zwei gegabelte Äste hervorbringen kann. Das ist im Prinzip alles.

Der Schnitt von Pfirsichbäumen ist etwas schwieriger. Die Pfirsiche erscheinen an Zweigen, die anschließend entweder überhaupt nichts mehr tragen oder übertrieben lang werden, um dann zwei Jahre später wieder zu tragen. Man schneidet die Triebe, die auf und unter den Ästen senkrecht abstehen, ganz ab und kürzt die Seitenzweige bis auf drei Knospen ein, abgesehen von denen, die Pfirsiche tragen werden, und die man ganz lässt. Ein kleiner Wochenendkurs vermittelt Ihnen schnell den richtigen Dreh.

Weinstöcke schneiden ist ein Kinderspiel. Das sieht fast so aus wie beim Pfirsichbaum, denn das Prinzip ist das Gleiche: Man muss für ein Erneuern der fruchttragenden Triebe sorgen, denn sie tragen nur einmal gut. Sobald der Weinstock aus zwei Hauptästen gebildet ist, schneidet man alle Zweige, die daraus entsprießen, über der zweiten Knospe ab.

Rat für Anfänger: Lassen Sie beim Ernten der Trauben ein Stückchen vom Stängel stehen, damit Sie die fruchttragenden Äste gut erkennen können. Wenn Sie sich beim Schneiden vertun, ist das nicht weiter schlimm: Sie laufen nur Gefahr, eine Ernte zu verpassen.

Wer seine Birnbäume richtig schneiden will, muss ein Masochist sein. Denn selbst die Hilfe eines fachkundigen Freundes, der weiß, wie man es anstellen muss, bringt uns nicht weiter: Wir verstehen überhaupt nichts – und dann machen wir uns rundum ans Auslichten. Ganz nach dem Motto „Ich will nicht, dass die Früchte ganz am Ende der Zweige hängen" und Pi mal Daumen. Lesen Sie vor allem nichts zu dieser Frage; alle zu diesem Thema geschriebenen Artikel sind von Sadisten verfasst, die einen Schachweltmeister mit ihren Geschichten von Fruchtspießen und Blattnarben traumatisieren würden. Machen Sie es wie ich: Ernten Sie die Birnen, indem Sie nach Gefühl zurückschneiden. Und wenn Sie nicht in der Lage sind, eine Blütenknospe von einer Triebknospe zu unterscheiden, warten Sie mit dem Rückschnitt ab, bis der Birnbaum blüht.

Kürzen Sie Wein über der zweiten Knospe ein. Eine von beiden gibt die Trauben, die andere fruchtet im Jahr darauf. Im folgenden März schneiden Sie den fruchttragenden Trieb ganz zurück und entfernen Sie über der zweiten Knospe den, der nicht getragen hat. Damit hat sich's.

Die Wahl des Feinschmeckers

Unvergessliches Obst zu ernten ist nicht komplizierter als abscheuliches, man muss nur wissen, wie man zu den richtigen Sorten kommt. Und Auswahl gibt es wahrlich genug! Um die besten Sorten für Ihre Gegend auszusuchen, erkundigen Sie sich am besten beim örtlichen Obst- und Gartenbauverein oder beim Landwirtschaftsamt (Gartenbaureferat) nach einem Obstmarkt oder einer Baumschule in der Nähe, wo man noch alte und lokale Obstsorten finden kann. Übrigens unterhalten viele Vereine auch einen „alten" Obstgarten, in dem man die Früchte probieren und die Bäume in natürlicher Größe sehen kann. Sie führen auch auf Bestellung Veredelungen aus – fürs nächste Jahr und mit der Unterlage, die Ihnen zusagt.

Vielleicht wollen Sie aber sogar selber lernen, wie man Großmamas Aprikosenbaum oder auch einen Zweig des Pflaumenbaumes vom Nachbarn veredelt. Und zwar in einer netten Atmosphäre, denn im Allgemeinen gehört bei den landauf landab angebotenen Kursen ein gemeinsames Picknick dazu. Auch hier gilt: Versteifen Sie sich nicht darauf, eine komplette Obstpalette anbauen zu wollen, es sei denn, Sie haben das richtige Klima, genug Zeit und ein geeignetes Temperament dazu. Manche Bäume verlangen Geduld: Walnussbäume und Edelkastanien brauchen zwanzig Jahre, bis sie richtig tragen. Manche, wie die Kiwis, sind zu launenhaft für einen Faulpelz, und außerdem aus dem Garten nicht besser als aus dem Laden. Dazu kommt, dass die weiblichen Kiwi-Pflanzen nur dann tragen, wenn sie eine männliche Pflanze als Bestäuber in der Nähe haben.

Andere verlangen Sonne: Das beste Beispiel dafür sind die Feigenbäume, die sich in Mitteleuropa in so manchem Garten dahinschleppen. Es sei denn, man tut eine alte Sorte in einem französischen Garten auf dem Lande auf, von der man leicht im August-September Stecklinge abnehmen kann. Andere vertragen zum Gedeihen keine übermäßige Hitze, wie Johannisbeeren und Stachelbeeren.

Um Ihnen zu helfen, Ihre Träume von der fantastischen Ernte zu realisieren, folgen als nächstes die Grundkriterien, die erfüllt sein sollten, bevor man Bäume kauft. Danach folgt eine kleine Hitparade von besonderen Obstsorten, eigens ausgewählt für Feinschmecker von der lockeren Sorte.

Wenn Sie im Herbst reichlich Obst ernten, ist es ein wahres Glück, sich den Winter vorzustellen: Im ganzen Haus duftet es nach Marmelade und Kompott.

Kleine Früchtchen, kleiner Aufwand

Schwarze, Rote und Weiße Johannisbeeren sowie Stachelbeeren sind die pflegeleichtesten unter dem Beerenobst. Kulturheidelbeeren und Preiselbeeren verlangen Fingerspitzengefühl und ein passendes Kleinklima, das ein gewöhnlicher Gärtner nicht bieten kann. Beerensträucher gelten gemeinhin als platzsparend: Ein 1 m breiter Streifen genügt ihnen. Außer bei Himbeeren, da braucht man zusätzlich noch Platz, um auf beiden Seiten einmal im Monat mit dem Rasenmäher durchzukommen. Das ist nötig, um zu verhindern, dass sich die Himbeeren des ganzen Gartens bemächtigen, denn sie bilden unablässig Ausläufer. Ansonsten lauten die Ansprüche: gute Gartenerde (am besten etwas kalkhaltig für Schwarze Johannisbeeren, leicht sauer für Himbeeren; aber beide können durchaus im selben Garten wachsen).

Wenn es auch kaum möglich ist, eine Favoritenlisten für die Johannisbeeren aufzustellen, die, unabhängig von der Farbe, alle sauer sind, so sei doch die Stachelbeere 'Winham's Industry' erwähnt, die die beste ist, aber leider von Juni an häufig vom Echten Mehltau heimgesucht wird. Die Jostabeere, eine Hybride aus Schwarzer Johannis- und Stachelbeere ist hingegen nie krank. Bei Himbeeren ziehen Sie die frühen Sorten vom Juni-Juli vor, wie 'Lloyd George' oder 'Rubin', die viel aromatischer sind als 'Héritage' oder die riesige (aber fade) 'Zefa' ..., die dafür bekannt sind, dass sie remontieren, aber im

Weniger säuerlich als Schwarze Johannisbeeren, aber genauso groß wie Stachelbeeren sind die Jostabeeren, die in Hülle und Fülle tragen und nie krank werden.

September viel produktiver sind als im Juni. Bei Himbeeren ist sowieso das einfachste, die Fruchtruten bis zum Boden zurückzuschneiden, sobald sie abgeerntet sind, und lieber eine einzige, aber große Ernte im Jahr zu haben. Bei den Schwarzen Johannisbeeren nehmen Sie am besten 'Malling Jet', 'Titania' und 'Tenah', die produktiv und selbstfruchtbar sind; ansonsten wählen Sie Sorten, die sich gut gegenseitig befruchten, wie 'Burga' und 'Royal de Naples', 'Noir de Bourgogne' und 'Rosenthals Langtraubige Schwarze'.

Schwarze, Rote und Weiße Johannisbeeren werden alle drei Jahre ausgelichtet, wobei zwei oder drei alte Triebe im Winter entfernt werden, um sie dazu anzuregen, sich zu erneuern; dabei bilden sie sehr schön Knospen. Ein Tipp: Säen Sie Gründünger (Steinklee oder Klee) rechts und links der Sträucher, um Unkraut fernzuhalten. Er wird dann ein- oder zweimal zwischen Juni und September gemäht.

Gut zu wissen für Leute, die knapp bei Kasse sind: Da diese Sträucher so willig sind, kann man sich ganz leicht aus Ausläufern oder Ablegern aus Nachbars Garten eine hübsche kleine Gratis-Plantage zusammenstellen!

Der Traum vom Aprikosenbaum

Dieser Bursche hat so viele Launen gezeigt, dass man schließlich annimmt, er wäre kein Baum für Faule. Aber ja doch! Der Aprikosenbaum braucht Sonne und bevorzugt leichte, durchlässige, eine Spur kalkhaltige Böden. In einem schweren, kalten Boden läuft er Gefahr, ganz plötzlich mitten im Sommer von einem Tag auf den anderen zusammenzubrechen – und zwar am liebsten in dem Jahr, in dem er voller Früchte hängt. In niederschlagsreichen Gegenden trägt er schlecht.

Allerdings reagiert dieser Baum empfindlich auf Pannen: Eine Kuh, die ausbüxt und mitten im Sommer die Äste abbricht, oder ein Bauer, der bei starkem Wind Herbizide spitzt, können Ihren schönen Aprikosenbaum umbringen. Bestenfalls wird er krank und lässt den ganzen Katalog mit möglichen Problemen Revue passieren.

'Précoce de Saumur' ist die produktivste Aprikosensorte im Loiretal.

Wählen Sie ihn auf einen Sämling derselben Art veredelt für gesunde Böden; für tiefgründige eher veredelt auf eine Myrobalane. Die Aprikose ist ideal für lockere Spaliere vor einer Ost-, Süd- oder Westwand. Ansonsten bringt es nichts, den Baum zurückzuschneiden.

Ob die Katze den Vögeln wohl wirklich Angst einjagt? Aber die Sonne tanzt in ihren Augen, und es ist wie ein kleines Ritual sie zur Zeit der Kirschen-Ernte aufzuhängen.

Die schöne Kirschenzeit

Kaum beginnt der Sommer, ist man schon in Hochstimmung: Die Tage werden immer länger, und alles wächst und gedeiht. Das ist die Zeit der Lindenblüte, des frisch gemähten Heus ... und der Kirschen, die man sich gleich unterm Baum in den Mund stopft. Denn wenn man Kirschen wirklich genießen will, muss man sie gleich nach dem Pflücken essen.

Das größte Problem ist: Wie kann man den Vögeln zuvorkommen, die mit einer verblüffenden Sicherheit den genauen Moment ihrer perfekten Reife kennen? Sehenswert sind Kirschbäume, in denen Ballons mit aufgemalten, großen merkwürdigen Augen, Alupapierstreifen, Katzenköpfe oder gar ganze Katzen aus Blech mit blitzenden Glasmurmel-Augen hängen – da geht es heiß her. Doch eines ist wohl klar, man probiert aber auch alles mögliche und unmögliche, bis hin zum absoluten Sadismus: Das „volle Pulle" laufende Radio mit dem bescheuertsten Sender der ganzen Gegend bringt garantiert nichts! Wirksamer ist: Nehmen Sie eine Kassette mit Schreien von natürlichen Feinden wie Bussard, Falke oder Sperber auf und spielen Sie sie an dem Tag, wenn die Kirschen schön reif werden, in kurzen, 10 bis 20 Minuten dauernden Sequenzen im Kirschbaum ab. Ein technisches Problem ist, dass die entsprechenden Stellen auf CDs und Kassetten durchschnittlich nur eine Minute dauern, und die Amseln kapieren schnell, wenn es sich um wiederholte Aufnahmen handelt; da muss schon ein wenig tüfteln oder erfinderisch sein. Vielleicht trägt aber auch die kletterfreudige Katze des Hauses zu einer wirkungsvollen Abschreckug bei.

Schließlich kann man auch nur „weiße" Knorpelkirschen ('Büttners Rote Knorpel', 'Napoleonskirsche') und Sauerkirschen ziehen, denn die verschmähen die Vögel meistens. Und außerdem sind diese Sorten sehr wirksame Bestäubersorten. Der Kirschbaum liebt saubere, tiefgründige, gut durchlässige Böden. Schwere, lehmige Böden behagen ihm nicht, und was Kalk angeht, so gedeihen hierin Sauerkirschen besser als Süß- bzw. Knorpelkirschen.

Ein Schnitt ist nicht unbedingt erforderlich, aber ein Auslichten während der Kirschenzeit empfiehlt sich, um die Höhe der Bäume im Griff zu behalten, die leicht zu hoch werden. Selbst auf eine schwächer wüchsige Unterlage veredelt überschreiten Süß- und Knorpelkirschen im Alter von etwa zehn Jahren 4 m Höhe. Im selben Alter erreichen die auf die Vogelkirsche gepfropften Bäume 15 m Höhe und fangen meist auch erst in diesem Alter an, die ersten Kirschen hervorbringen. Die am leichtesten zu ziehenden sind die Sauerkirschen; sie tragen jedes Jahr, ohne 3 bis 4 m Höhe zu überschneiten.

Von der Quitte zur Mispel: interessante Outsider

Kein Schnitt, keine Krankheiten, alle Böden, bisweilen astronomische Ernten, sehr elegant ... und überhaupt keine Popularität! Dabei erfreuen Quitten, Kakipflaumen und Misteln Feinschmecker in einer Zeit, in der der Winter schon seine Fühler ausstreckt. Der Quittenbaum wächst ausladend (4 bis 5 m breit, 3 m hoch) und ist eine Augenweide, wenn im Oktober die Quitten wie dicke, gelbe Laternen zwischen dem Laub leuchten, das sich rötlich oder gelb färbt. Gemeint sind dabei nicht die die großen, fülligen Birnenquitten 'Champion' oder (noch schlimmer) 'Vranja', die fade schmecken und beim leisesten Windstoß abfallen. Nein, was Sie brauchen, ist der gewöhnliche Quittenbaum, die sogenannte Apfelquitte (z. B. 'Konstantinopoler').

Rund und apfelgroß sind die Früchte, und ihr Duft ist 20 m im Umkreis zu riechen. Die Ernte Ende Oktober dauert zwei Wochen lang – für eine Saison voller Quittengelee, Quittenbrot und köstlicher marokkanischer und tunesischer Fleischgerichte (Tagines).

Der Mispelbaum ist ein Cousin des Quittenbaumes. Er besitzt die gleiche Blüte, das gleiche samtige Laub, aber eher einen runden Wuchs (2 × 2 m), wenn man ihn in der Baumschule kauft. (Wildformen entwickeln sich zu einem dicken, wirren Strauch, und die Früchte sind recht klein. Man isst Mispeln, wenn sie überreif sind, nachdem der Frost sie weich gemacht und ihr Fruchtfleisch zum köstlichen Kompott reduziert hat, das allerdings voller großer Steine steckt.

Der frisch gepflanzte Mispelbaum wirkt am Anfang etwas mickrig, wächst aber ruhig vor sich hin, und eines schönen Tages stellen Sie fest, dass er voller Mispeln hängt. Keine Gefahr, dass sie Ihnen geklaut werden, da die meisten Leute meinen, sie wären verfault, denn die krötenbraunen Früchte machen nicht viel her. Dieser Baum beruhigt Ängstliche und gefällt denen sehr, die gern Überraschungen auf Lager haben, denn er ist sehr selten in Gärten zu sehen.

Zuerst hart, am Tag nach dem ersten Reif jedoch honigmild sind die riesigen orangefarbenen Kakipflaumen. Der Baum wird 4 bis 10 m hoch. Die Früchte zerfallen in kleine, glatte Lappen, kaum dass der Löffel sich unter die durchscheinende Haut schiebt, die von einer glänzenden

Sonne muss sein!

Selbst Mandel- und Feigenbaum sind nicht unbedingt schwierig. Allerdings nur unter der Bedingung, dass der Landstrich sehr sonnig und der Boden gut durchlässig ist. Ansonsten muss man wissen, dass der Mandelbaum eher paarweise lebt (z. B. 'Aï' und 'Ferragne') und dass der Feigenbaum so weit wie möglich von einer Mauer entfernt stehen muss (wegen seiner zerstörerischen Wurzeln). Am besten wählt man eine Sorte mit violetten Früchten (wie 'Violette Dauphine').

Schicht umgeben ist. Der Baum sieht wunderschön aus mit seinem langen, glänzenden Laub, das der Herbst karminrot tönt. Indessen liegen zu der Zeit, wenn die Früchte reifen, schon alle Blätter am Boden. Sie fallen alle auf einmal ab, in einer einzigen Nacht, wenn der Frost zugeschlagen hat. – Und so leuchten die Früchte ganz allein auf den sehr dunklen Zweigen. Man kann ganze Zweige schneiden und über drei Wochen in einem geheizten Raum aufbewahren, so werden die Früchte noch besser.

Leider ist das Pflanzen eines Kakipflaumenbaumes eine wahre Lotterie, denn die Bäume werden ohne Etikett verkauft, so dass man im Hinblick auf die Sortenbezeichnung im Dunkeln gelassen wird. Die beste Sorte ist 'Muscat', aber bisweilen findet man auch köstliche Auslesen mit ausgezeichneten kleinen Früchten.

Die Haselnusshecke

Wenn es einen Strauch gibt, mit dem man zugleich hübsch einen Garten eingrenzen kann, ohne das er zu viel Platz wegnimmt (Höhe: 2,50 m), und Früchte ernten, so ist es der Haselstrauch. Der uns noch dazu dank seiner weichen Blätter mit Lauberde erster Güte versorgt. Schnitt braucht die Hasel nicht, aber es ist gut, die dichten Büsche alle vier bis fünf Jahre auszulichten, indem man die ältesten Äste ganz kurz schneidet.

Das ist die Gelegenheit für die Herstellung idealer Stützen, an denen die Bohnen hoch wachsen können, es gibt gutes Anmachholz und eignet sich wunderbar für Bögen zum Spannen des Tunnels im Gemüsegarten. Haseln wachsen in jeglicher guten Gartenerde, aber in Kalkboden sind die Nüsse besser und dicker. Da er schließlich ohne Unterlass Ausläufer bildet, kann man sich leicht Gratispflanzen besorgen – man muss nur nett nachfragen.

Ein Nachteil: Die kleine Made des Haselnussbohrers, die in den Haselnüssen frisst, und gegen die man fast nichts anderes tun kann, als regelmäßig zwei bis drei Hühner unter dem Haselstrauch laufen zu lassen. Was man wissen muss: Wenn man Haselnüsse ernten will, braucht man zwei Sorten, die gleichzeit blühen und sich gegenseitig befruchten. Fragen Sie danach ausdrücklich in einer gut sortierten Baumschule.

Herrliche Pfirsiche

Vergessen Sie's gleich, wenn Sie sehr lehmigen oder ausgeprägt kalkhaltigen Boden haben. Auf ausgespochen leichten Böden

Die Verbindung der Kletterrose 'Thalia' mit der Haselnuss ist eine der wenigen, welche die Ernte nicht beeinträchtigen. Außerdem sammelt man die Nüsse vom Boden auf.

dagegen erschöpfen sich Pfirsichbäume sehr rasch. In Gegenden, wo der Sommer kurz ist und die Sonne knapp bemessen, wählen Sie Augustsorten (die auch am häufigsten sind), denn die frühen laufen Gefahr, im Frühjahr zu erfrieren, und den späten fehlt leicht Sonne zum Reifen (oder aber ziehen Sie Ihre Bäume an einem lockeren Spalier). Der Schnitt ist Pflicht, sonst treibt der Baum nur lange Ruten und trägt immer kleinere Früchte. Aber das lernt man leicht vor Ort und mit der Gartenschere in der Hand bei jemandem, der sich damit auskennt.

Auch eine Krankheit ist obligatorisch: die Kräuselkrankheit. Sie verursacht gelbe, aufgeblähte Flecken auf den Blättern, die wie gekäuselt wirken und im Spätfrühling abfallen, was die Bäume schwächt. Um das zu vermeiden, kommt man um die zwei Behandlungen mit einem Kupfermittel zum Zeitpunkt des Knospenschwellens und noch einmal im folgenden Oktober nicht herum.

Was die Unterlage betrifft: Das ist ein kleines bisschen kompliziert. Die auf einen Sämling derselben Art und 'Jaspi' gepfropften Bäume sind wüchsig und winterhart, wachsen gut in offenem Boden, sind aber empfindlich gegenüber Feuchtigkeit und Kalk. Bei schweren Böden nehmen Sie lieber 'Ishtara' als Unterlage, und bei kalkhaltigen Böden den Mandelbaum GF 677 oder 'Cadaman'.

In jedem Fall ist ein Pfirsichbaum nach 25 Jahren am Ende seiner „Laufbahn" angelangt, es sei denn, Sie versuchen einen radikalen Verjüngungsschnitt, bei dem die Stützäste ganz weggeschnitten werden, damit sie sich erneuern. In diesem Fall entfernen Sie schon die Hälfte von ihnen in einem Winter und die bleibende Hälfte

im darauf folgenden, und führen Sie dann wieder einen Erziehungsschnitt durch. Aber das kann funktionieren oder auch nicht. Wenn's funktioniert, haben Sie für zehn Jahre eine fast sofortige und gute Wiederaufnahme der Produktion. In der Hitliste finden Sie ab Seite 307 Sorten, die gegen Krankheiten resistent sind, denn manche (wie 'Orlandine' oder 'Red Top') sind regelrechte Katastrophen.

Köstliche Birnen

Die Birne ist die Liebhaberfrucht par excellence; manchmal genießt man sie lauwarm gleich unter dem Baum (kleine und frühe Birnen bis September), häufiger allerdings nach der Reife im Obstlager zwischen September und Februar. Und da braucht man, wenn man sie gerade richtig reif genießen will, Intuition. Ergebnis: Ein bisschen wie guter Wein oder gute Küche zieht die Birne den Klugschnabel an, der meint, er wäre verpflichtet, jeglichen Genuss mit schwer verständlichen Adjektiven einhergehen zu lassen. Im 19. Jahrhundert galt die Birne als Nonplusultra der bürgerlichen Frucht und hat die Eitelkeiten bis ins Absurde getrieben. So gab es einen ganzen Schwung Birnen, die dem Sowieso-Präsidenten oder dem Soundso-Notar gewidmet waren, und der Gipfel der Eitelkeit waren riesige Prunkbirnen, die offensichtlich vollkommen geformt, aber leider auch vollkommen geschmacklos waren ('Notaire Lepin', 'Belle Angevine' usw.).

So hat sich der Birnbaum den Ruf eines schwierigen Baumes erworben, der zu seinem Verschwinden geführt hat: Seit 50 Jahren wird der Birnenverzehr immer geringer. Schade, eine Gartenbirne schmeckt wirklich ganz ausgezeichnet! Und wirklich: Wenn man einen guten Garten hat, kann man Birnen bis zur Übersättigung essen, ohne sich sonderlich die „Birne" zu zerbrechen.

Dieser Baum für kühle, tiefgründige Böden verträgt besser schwere Böden als der Apfelbaum. Die meisten Birnbäume sind auf Quitte veredelt, aber mit Unterschieden. Die 'Quitte von Angers' passt in Böden, die sich im Frühling langsam erwärmen; der Quittenbaum 'Adams' fördert die Fruchtbildung von 'Gellerts Butterbirne' und der launischen 'Doyenne du Comice'. Bei den Sämlingen ist in Frankreich 'Frieudière' beliebter, in Deutschland die 'Kirchensaller Mostbirne', die Kälte verträgt und in allen Böden gedeiht. Der Birnbaum wächst sehr wohlgestaltet und eignet sich für alle Schnittfantasien, man kann ihn aber auch in die Vertikale durchstarten lassen, ihn überhaupt nicht zurückschneiden oder ihn als Buschbaum ziehen, wobei er in der „Formzeit" nur leicht zurückgeschnitten wird.

Zwischen den Stämmen und den Stützbalken dieser 'Reinette du Mans' schweift der Blick in die Ferne.

Äpfel, an denen man sich nicht die Zähne ausbeißt

Der Lieblingsbaum der Franzosen und des Landschaftsgärtners Erwan Tymen, der als guter Bretone den Apfelbaum ebenso wegen seiner Äpfel wie wegen des fürs Mittagsschläfchen unvergleichlichen Schattens lobt. Der Apfelbaum mit seinem schön freien Stamm, der den Blick ins Unendliche schweifen lässt, ist ein sympathischer Baum. In der Tat ist er in Halbstamm-Form ein guter Sonnenschirm, obwohl er ein bisschen herumtrödelt. (Sieben Jahre muss man auf eine komfortable Siesta warten!)

Das ideale Obstlager

Das ist ein dunkler, hygienischer Raum, in dem die sich Temperatur im Winter etwa um 10 °C hält. Die Früchte werden nebeneinander auf Lattenroste gelegt, am besten, ohne sich zu berühren. Ein alter Trick zur Gesunderhaltung der Raumluft: Stellen Sie im Oktober einen mit Kalk gefüllten Eimer in den Raum. Jede Woche sollte man eine kleine Inspektion durchführen, um die ideal reifen Früchte für den Verzehr zu entnehmen und verdorbene zu entfernen.

Wenn man Äpfel ernten will, bevor man 150 ist, ist es wirklich unverzichtbar zu wissen, welche Unterlage ihm als Antrieb dient. Aus der Zeit, in der man das Aroma der Worte ebenso schätzte wie das der Äpfel, hatte man zuerst 'Paradies' (das ergibt kleine Bäume, die schnell fruchtüberladen, aber Trockenheit gegenüber empfindlich sind), dann den mittelgroßen 'Doucin' und schließlich die Veredelung auf einen Sämling derselben Art, die wuchskräftig ist, aber lange braucht, bis sie Äpfel trägt (locker 15 Jahre!). Obwohl diese Namen auch heute noch verwendet werden, benutzt man jetzt vor allem Zahlen mit einem M davor. Meistens haben Sie die Wahl zwischen drei Typen von Unterlagen:

M 9 (der ehemalige 'Paradies') wurzelt recht oberflächlich und eignet sich deshalb für frische, tiefgründige Böden. Nicht hoch wachsend, ist das die Unterlage für gewerbliche Obstplantagen, die in der

Vertikalen gezogen werden, und ideal für hübsche Kordons. Aber Achtung: er braucht ein Stützgerüst oder man muss ihn zumindest an eine Stütze binden, denn er ist empfindlich. Er trägt schon im Jahr nach seiner Pflanzung. In mittelmäßigem Boden sollte man lieber M 26 bevorzugen.

M 106 (ehemals 'Doucin') ergibt höhere Bäume (3 bis 4 m), die vom zweiten Jahr an tragen, aber die Sorte fürchtet Kalk. Ab einem Alter von 20 Jahren bringt er oft kleinere Früchte.

M 25 ist eine sehr robuste Unterlage, trägt sechs bis sieben Jahre nach dem Pflanzen. Erwachsene Bäume werden bis zu 6 oder 7 m hoch.

Der Apfelbaum zieht tiefgründige, gut durchlüftete Erde vor und verträgt besser Kalk als der Birnbaum, unter der Bedingung, dass der Boden gut durchlässig ist. Wo der Winter streng ist und der Sommer sonnig, werden die Äpfel ausgezeichnet.

Die besten „Sonnenschirme“ sind: 'Belle fille', 'Pépin de Bourgueil', 'Reinette d'Armorique', 'Kanada Renette', 'Baumann', 'Usta Churia', 'Winter Banana'. Ein Trick, wie man mürrische Apfelbäume zur Fruchtbildung anregt: Schneiden Sie sie im September zurück. Das ist etwas roh (man sollte das nicht jedes Jahr machen) – aber es funktioniert!

Alte Obstsorten in modernem Anbau

Im Gegensatz zu einem hartnäckigen Vorurteil muss man überlieferte Obstsorten nicht wie anno dazumal kultivieren. Früher erzog man diese Sorten zu Hochstämmen und wartete 20 Jahre ab, bevor man die ersten Früchte ernten konnte. Man brauchte ein großes Grundstück, hohe Leitern und einige Wendigkeit für die Ernte.

Dabei eignen sich diese alten Sorten sehr gut dazu, zum Nieder- oder Halbstamm erzogen zu werden, wodurch die Ernten schon zwei Jahre nach der Pflanzung beginnen und 150 Jahre dauern.

Pflaumen in Hülle und Fülle

Der Pflaumenbaum ist für Faule ein Geschenk des Himmels: Sogar sich selbst überlassen, auch noch mitten in einem Kreis aus kleinen, stacheligen Ausläufern, biegt sich dieser Baum für alle Böden unter den Ernten. Und um eben diese Ausläufer zu vermeiden, wählen Sie ihn lieber mit einer Myrobalane oder 'Mariana' als Unterlage als mit 'St. Julien'. Er gehört zu denen, die nie krank sind (oder gerade mal ein bisschen: ein ganz paar wurmstichige Pflaumen, etwas Monilia, etwas Rost, aber das ist nicht weiter schlimm). Er braucht keinen Schnitt, nur von Zeit zu Zeit da und dort im Spätwinter einen Hieb mit der kleinen Axt, um die Ausläufer zu entfernen und die Pflaumen zugänglich zu erhalten. Nachteil? Manchmal bummelt er sechs bis sieben Jahre herum, bevor er Früchte trägt. Vor allem aber achten Sie darauf, die 'Reine-Claude dorée' in die Nähe von 'Reine-Claude d'Oullins' zu pflanzen, sonst gibt es zwar Blüten, aber keine Früchte.

Im Schatten meines Weinstocks …

Ein Stück Fassade nach Süden oder auch Westen, einen 1 m breiten Streifen in der Sonne im Garten ... und der Wein zieht sich zu einem Fries auf 5 bis 6 m Länge, der stets elegant aussieht, sogar, wenn der Winter ihn seines Laubes beraubt. An einem windgeschützten und sonnigen Platz können in nahezu jedem Garten Weinreben reifen – auch außerhalb des Weinbauklimas. Natürlich bereiten wir den Reben ein schön großes Pflanzloch und mischen der Aushuberde reichlich Kompost zu. Pflanzreben werden auf ein bis zwei Augen beschnitten, das oberste Auge schließt mit dem Pflanzloch ab. Bei Pfropfreben sollte die Veredelung wenige Zentimeter über dem Boden stehen.

Jährlicher Schnitt ist Pflicht (aber leicht zu verstehen), jegliche gute Gartenerde und monatliches Spritzen von Mai bis September vermeiden Probleme.

Ein Tipp: Wenn Sie eine Laube verzieren möchten, wählen Sie eine üppige Sorte, die auf Spritzen verzichten kann und sogar trägt, wenn Sie sie nicht zurückschneiden, wie 'Perlette', 'Amandin' oder 'Perdin', aber nicht 'Chasselas', die zu empfindlich ist.

In Gegenden mit kurzem, nicht immer sonnigem Sommer pflanzen Sie nur frühe Sorten und machen Sie es wie früher: Pflanzen Sie den Weinstock draußen an die Veranda an die Mauer des Wintergartens und leiten Sie ihn durch einen Spalt nach innen. Im Sommer haben Sie dann Weintrauben und Schatten, und im Winter, wenn die Blätter abgefallen sind, ist es im Wintergarten wieder hell. Wichtig: Drängen Sie die Triebe der Weinreben nicht zu dicht an die Wand, das fördert den Echten Mehltau. Lassen Sie ein Minimum an Luft zirkulieren, und wenn zu viele Trauben daran hängen, dünnen Sie sie im Juni-Juli aus, so werden sie besser! In jedem Herbst wird der Weinstock 20 cm hoch angehäufelt und mit Reisig umstellt, so dass strenge Fröste keinen Schaden anrichten.

Eine schöne, mit Weinreben bewachsene Laube am Schloss La Guyonnère im französischen Département Deux Sèvres.

Die besten, nichts als die besten!

Aprikosen-Hitparade

Wenn man die außer Acht lässt, die pappige Aprikosen geben ('Aprikose von Nancy'), die, die keine geben ('Tardif Delbard', 'Luizet'), die Monilia bekommen und den ganzen Obstgarten damit anstecken ('Royal', 'Polonais'), bleibt noch folgende ultrakurze Hitparade: Dazu gehören nur zwei, allerdings ausgezeichnete Sorten, und sie tragen schon im Jahr nach ihrer Pflanzung! Die Aprikosen, die morgens gepflückt werden, sind nach einem Tag im Keller genau richtig. Die besten sind oft die heruntergefallenen, die ganz reif sind.

'Bergeron'

Die späteste (Anfang August) und beste! Aber mal klappt's, mal nicht. Sehr robust.

'Frühe von Saumur' ('Précoce de Saumur')

Wer hat gesagt, dass Aprikosenbäume „nie tragen"? Es sind welche bekannt, die unter der Last der Früchte zusammenbrechen! Wohl ist diese Aprikose nicht außergewöhnlich, aber saftig. Der Baum sollte an einem Spalier erzogen werden, sonst erfriert er, denn er blüht sehr früh. Ernte ab Ende Juli.

Die besten Kirschen

Das Fest beginnt Ende Mai mit der Knorpelkirsche 'Burlat' und der Süßkirsche 'Early Rivers' und schließt Ende August ab mit der Glaskirsche 'Schöne von Chatenay'. Kirschen sollten morgens vor 10 Uhr geerntet und so bald wie möglich genossen werden, außer 'Montmorency', die entsteint und gezuckert einen einmaligen Mandelgeschmack annimmt und sich wunderbar im hausgemachtem Kirschauflauf macht. Achten Sie auf die richtigen „Partnerschaften" zwischen den Sorten.

Vier großzügige Befruchter: die Süßkirsche 'Early Rivers', die Knorpelkirschen 'Burlat' und 'Büttners Rote Knorpel', die Sauerkirsche 'Montmorency'. Eine gute Nachricht: 'Early Rivers' und 'Montmorency' sind fast selbstfruchtbar. Verbindungen, die mit Sicherheit fruchtbar sind (weil sie sich gegenseitig befruchten): 'Early Rivers', 'Burlat' und 'Van'; 'Early Rivers' und 'Marmotte'; 'Hedelfinger' und 'Tardif de Vignola'; 'Van' und 'Büttners Rote Knorpel'.

'Schöne von Chatenay'

Die späteste und schönste Glaskirsche. Trotz ihres Rufs trägt sie schnell und gut, und sogar alle zwei Jahre reichlich, Anfang August in einer Zeit, in der es keine Kirschen mehr gibt. Köstlich für alle Kirschgerichte oder auch im Obstwasser. Leider ist sie empfindlich gegenüber Monilia und Kräuselkrankheit und verlangt daher vorbeugende Spritzungen mit einem Pflanzenpflegemittel.

'Burlat'

Die erste Knorpelkirsche, Anfang Juni. Sie ist knackig, trägt üppig und recht schnell (5 Jahre). Sehr gut zur

Oben: Diese schön fleischigen Sauerkirschen 'Belle Magnifique' sind sehr spät dran, sie reifen erst Ende Juli.
Unten: Aprikosen 'Bergeron', eine hervorragende Sorte für sonnige Gärten.

Befruchtung; schöner Schattenspender.

'Cœur de pigeon'

Ein hässlicher Kirschbaum mit Besenwuchs, aber er trägt riesige, knackige und aromatische cremefarbene Kirschen mit rosa Wangen, die die Vögel nicht (so sehr) fressen. Er braucht länger, ehe er trägt (sieben bis acht Jahre), aber wenn er dann loslegt, dann ordentlich, und die Ernte (Ende Juni) ist umwerfend.

'Early Rivers'

Diese Süßkirsche ist ebenso früh und ist ein ebenso guter Befruchter wie 'Burlat'. Der sehr ausladende Baum gibt einen schönen Schattenspender ab. Er ist Krankheiten gegenüber wenig empfindlich. Er trägt gut, aber die Kirschen schmecken am besten gleich unter dem Baum oder im Kirschauflauf, denn die Kirschen sind sehr empfindlich. Ernte über etwa 14 Tage ab Anfang Juni.

'Hedelfinger'

Seine Ernte großer, schwarzer und süßer Früchte Ende Juni ist unvergesslich. Der schöner, große Baum für einen großen Garten fühlt sich selbst in kühleren Klimaten wohl. Dieser Knorpelkirsche macht Regen kaum etwas aus. Sie kann von 'Early Rivers' befruchtet werden. Der gleiche langweilige Wuchs wie 'Büttners Späte Knorpel', aber das wächst sich im Alter von etwa zehn Jahren aus.

'Marmotte'

Eine große, leicht säuerliche und köstliche Knorpelkirsche, die Ende Juni reif ist. Schöne Wuchsform, verbreitert sich nach oben.

'Montmorency Courte'

Die produktivste Sauerkirsche und die beste zum Einlegen in Obstwasser, für Marmelade und Auflauf ... wenn man sich solange geduldet, bis sie sich gegen Ende Juni dunkelrot gefärbt hat. Ein schöner kleiner Baum mit etwas hängendem Wuchs, der zuweilen stark von Schwarzen Blattläusen befallen wird. Glücklicherweise machen ein oder zwei Behandlungen mit einem Pyrethrum-Mittel dem ein Ende. Er trägt sehr rasch (vom dritten Jahr an) und viel.

'Büttners Späte Knorpel'

Sie ist etwas empfindlich gegenüber der Kräuselkrankheit, zeigt sich aber Monilia gegenüber resistent (außer in feuchten Jahren). Die sehr robuste Sorte hat in den ersten zehn Jahren einen etwas steifen Wuchs, bevor ihre Äste unter dem Gewicht riesiger Ernten biegsamer werden. Die cremefarbenen Früchte werden von der Sonne in der ersten Julihälfte rosa getönt. Die Vögel lassen sie so ziemlich in Ruhe.

'Tardif de Vignola'

Sehr robust, sehr gute Knorpelkirsche für Ende Juni mit schwarzen, duftenden Früchten. Dieser große Baum trägt sehr gut.

'Van'

Diese Knorpelkirsche trägt sehr gut, wächst aber nicht schön (Besenwuchs) und ist Monilia gegenüber etwas empfindlich. Die ausgezeichneten schwarzen Früchte sind in der zweiten Junihälfte reif.

Meine Lieblings-Pfirsiche

Pfirsiche verlangen einen warmen, geschützten Standort und guten Boden (keinen schweren und keinen allzu leichten). Sie schmecken noch besser, wenn man sie vor 10 Uhr morgens pflückt und dann ein paar Stunden in einem Korb im kühlen Schatten eines Obstraumes lagert. Auch am nächsten Tag schmecken sie noch gut, aber kaum darüber hinaus.

Die September-Pfirsiche sind meist herber als die vom Sommer, vor allem die roten Sorten, die eher erstaunliches als gutes Aroma aufweisen. Weiße Pfirsiche schmecken übrigens aromatischer als die gelben. Keine Sorgen mit der Fruchtbarkeit: Pfirsiche sind selbstfruchtbar.

'Amsden'

Der früheste Pfirsich reift ab Mitte Juli, ist aber nicht unbedingt der tollste: fest haftender Stein, ungeheuer viel Saft, aber nicht viel Geschmack. Er trägt gut und jedes Jahr, allerdings nur mit Gewissheit in sonnigen, geschützten Gärten, denn sonst erfriert die sehr frühe Blüte leicht.

'Charles Ingouff'

Noch ein früher (Ende Juli) mit großen roten Früchten mit dünner Schale, die ausgezeichnet schmecken. Trägt sehr gut.

'Dixired'

Ein gut tragender Pfirsichbaum mit guten, gelben Früchten, der überall passt. Aber Vorsicht vor der Kräuselkrankheit, vergessen Sie nicht die Behandlungen am Winteranfang und -ende!

Der Pfirsich 'Amsden' bildet sehr rasch Früchte, nämlich schon nach zwei Jahren.

'Beurré Griffard' ist eine der schmackhaftesten frühen Birnen. Sie wird oft schon Ende Juli reif.

'Grosse Mignonne Hâtive'

Anfang August reifen dicke, saftige Pfirsiche mit feinem Geschmack, die in den Feinkostgeschäften früher die beliebtesten waren. Diese bewährte Sorte trägt wirklich sehr gut. Man kann das Vergnügen verlängern mit 'Grosse Mignonne', die 14 Tage später reif wird und die gleichen guten Eigenschaften hat. Vorsicht zur Reifezeit, die Wespen sind ebenfalls ganz wild darauf!

'Lord Napier'

Eine köstliche Nektarine mit weißem Fruchtfleisch. Ihre späte Blüte ermöglicht eine Kultur auch außerhalb des Weinbauklimas. Sie lässt sich gut am Spalier ziehen, vor allem an einer sonnigen Ostwand. Freuen Sie sich auf die Ernte im August.

'Red Wing'

Sehr süß, sehr saftig. Ein leckerer, weißer, moderner Pfirsich, wie es sich gehört.

'Saturne'

Anfang August gibt es eine Unmenge flacher, Saft triefender Pfirsiche. Robust. Es gibt ihn auch in gelb: 'Jalousia'.

Wohlschmeckende Birnen

Birnen werden gepflückt, wenn sie leicht mit der Hand zu lösen sind. Man isst sie im Sommer am selben Tag oder aber von August bis Oktober nach mindestens einem Tag kühler Lagerung. Im Oktober erntet man die Winterbirnen, die im Obstraum zu Ende reifen.

Gute Befruchter sind: 'Dr. Jules Guyot', 'Gute Luise', 'Williams Christ'. Gegenseitig befruchten sich: 'Bergamotte Esperen' und 'Williams Christ'; 'Beurré Clairgeau' und 'Gellerts Butterbirne'; 'Conférence', 'Clapps Liebling', 'Boscs Flaschenbirne', 'Dr. Jules Guyot' und 'Williams Christ'; 'Gute Luise', 'Beurré Clairgeau', 'Beurré Giffard', 'Gräfin von Paris' und 'Duchesse d'Angoulême'.

'Doyenne du Comice' ist besser nichts für Faule, denn die macht zu viel Sorgen, obwohl dies unbestreitbar die beste Winterbirne ist. 'Durondeau' oder 'Passe-Crassane' sind in Frankreich wegen des Bakterienbrandes derzeit verboten. Falls sie wiederkommen, verdienen sie einen Platz in der Hitliste, denn sie sind ausgezeichnete Winterbirnen.

'André Desportes'

Eine kleine, wohlgeformte Birne, mit der man Spitzbuben ärgern kann, denn selbst reif bleibt sie grün. Und reif ist sie schon etwa Mitte Juli! Sie wird gleich an Ort und Stelle gegessen, denn in der darauf folgenden Stunde wird sie überreif und verwandelt sich in so eine Art Kompott. Trägt gut.

'Bergamotte Esperen'

Was hässlicheres gibt's gar nicht! Eine kleine, ganz runde Birne mit krötenfarbener, faltiger Schale. Der Baum trägt in dicken Büscheln mit etwa einem Dutzend Früchten, die im Oktober geerntet werden, steinhart sind und im Januar-Februar verspeist werden: Dann sind sie ganz zart, saftig und haben einen unvergleichlichen Bergamotte-Geschmack.

'Beurré d'Amanlis'

Am Stielansatz ganz schmal, besitzt sie einen dicken Bauch, eine bronzefarbene Schale mit einer zuweilen zinnoberroten kleinen Wange. Sie ist butterweich, saftig und ebenso fein wie eine 'Gellerts Butterbirne', aber mit noch mehr Geschmack. Sie trägt jedes Jahr, ist Ende September reif, hat einen schönen, sehr astreichen Wuchs, der sehr geschmeidig ist und sich von Natur aus für ein lockeres Spalier eignet. Achtung, Wespen und Hornissen tun sich gern gütlich daran.

'Beurré Clairgeau' ('Clairgeaus Butterbirne')

Um dieser Taschenausgabe eines Birnbaums, der allerhöchstens 1,50 m hoch wird, etwas Schwung zu verleihen, veredelt man ihn meist auf einen Sämling. Die langen, blass roten oder zinnoberroten Birnen sollten im Monat nach der Ernte verspeist werden. Super. Trägt jedes Jahr, Ernte im Oktober.

'Beurré Griffard'

Eine der besten Sommerbirnen zusammen mit 'Williams Christ', der sie gute 14 Tage zwischen Juli und August zuvorkommt. Sie hat den gleichen Muskat-Geschmack, feineres, saftigeres Fruchtfleisch, und sie trägt ebenso reichlich.

'Gellerts Butterbirne' ('Gellerts')

Sie braucht länger, bis sie trägt (haben Sie fünf Jahre Geduld!), aber wenn sie dann loslegt, dann richtig! Eine der besten Septemberbirnen. Mit ihrem butterweichen, extrafeinen Fruchtfleisch unter der bronzefarbenen Schale hat sie nichts mit der Birne gemein, die es auf dem Markt oder gar im Supermarkt zu kaufen gibt. Nach einem halben Tag im Obstkeller schmeckt sie köstlich.

'Conférence'

Sehr (manchem vielleicht zu?) saftig und im Grunde nichts Besonderes, aber Birnen jedes Jahr und sehr nett am Spalier.

'Cuisse Madame'

Die Dame, die ihren Namen angeregt hat, muss kurze, breite Oberschenkel (französisch: cuisse) gehabt haben, denn so ist diese kleine Birne. Wie 'Bergamotte' erntet man sie hart wie Holz im Oktober, dann also wenn sie überhaupt nicht besonders attraktiv ist. Ab Januar wird sie gegessen, aber gekocht, und zwar am besten in Rotwein. Sie ist viel besser als 'Curé' (die Pastorenbirne), die stets zum Verfaulen neigt.

'Dr. Jules Guyot'

Für die üppige Ernte mitten in den großen Ferien. Nicht außergewöhnlich, aber deutlich besser als 'Frühe von Trévoux', die gleichzeitig und in genauso großer Menge reift. Weniger gut als 'Beurré Griffard', aber man kann sie wegen der leichteren Befruchtung vorziehen.

'Gute Luise von Avranches'

Für Ende September und Freunde saftiger Birnen mit ausgeprägtem Geschmack. Der Baum ist robust, trägt gut, lässt sich aber ziemlich schlecht auf einen Quittenbaum als Unterlage veredeln. (Er kann dann plötzlich in der Blüte seiner Jahre mitten im Sommer und mit allen Birnen dran eingehen!)

'Williams Christ'

Die Königin der Birnen und ein Geschenk des Himmels für Faulpelze, denn sogar in der Wiese (dann neigt sie allerdings zu Schorf, trägt sie in Hülle und Fülle und ist ausgezeichnet. Der einzige Fehler: Auch die Wespen lieben sie und können eine ganze Ernte im Handumdrehen verderben. Und manchmal muss man die Früchte ausdünnen, denn es sind wirklich viele.

Äpfel zum Reinbeißen

Außer wenn anderes vermerkt ist, folgt hier eine kleine Auswahl gut tragender, pflegeleichter Bäume. Die Liste enthält z. B. nicht den köstlichen 'Cox Orange' und 'Elstar', die für einen normalen Hobbygärtner wahre Geißeln bedeuten. Sommeräpfel werden morgens gepflückt und im Laufe des Tages verspeist, denn sie werden leicht mehlig, und die meisten sind besser roh als gekocht. Winteräpfel erntet man Anfang Oktober noch hart. Sie reifen dann langsam in einem gesunden, gerade mal frostfreien Raum bei 5 bis 10 °C und sind lecker roh und gekocht von Dezember bis Mai (nur die haltbarsten, die schrumpelig und etwas weich werden, aber ausgezeichnet schmecken). Apfelbäume tragen besser, wenn der geeignete Bestäubungspartner in der Nähe ist. Ziersorten wie 'Everest' oder 'Golden Gem', aber auch 'Goldparmäne' sind großzügige Befruchter. Fruchtbare Verbindungen sind: 'Akane' und 'Goldparmäne'; 'Calville' und 'Goldparmäne'; 'Calville' und 'Goldparmäne'; 'De l'Estre' und 'Goldparmäne'; 'Golden Delicious', 'Goldparmäne', 'Reinette Clochard'; 'Goldparmäne' und 'Reinette Baumann'.

'Akane'

Ein roter, flacher Apfel, hübsch gestreift, säuerlich und knackig, für den Spätsommer.

'(Schöner aus) Boskoop'

Die riesigen, säuerlichen Äpfel werden von Ende September bis Mitte Oktober geerntet und von November bis Mitte Januar gekocht verarbeitet. Sie sind unansehnlich, schmecken roh nicht so toll, sind aber ausgezeichnet als Kompott und für Kuchen. Der

'Boskoop' wächst gut in frischen Böden und in höheren Lagen. Vorsicht, Kupfer beschädigt sein Laub.

'Calville du roi'

Zart, cremefarben mit rosa Wange und hübsch gefältelt, mit einzigartigem Geschmack zum So-Essen von Oktober bis Dezember. Kann im Kordon gezogen oder locker spaliert werden. Empfindlich gegen Kupfer.

'Golden Delicious'

Ich sehe schon die Apfelesser, die sich vor Entrüstung verschlucken – aber wenn man wirklich jedes Jahr ernten will, ist dieser Apfel ideal. Wenn man ihn genau richtig reif und roh im Oktober isst, hat er einen wunderbaren Bananengeschmack, den er (ohne Schale und am besten in mit etwas Vanille abgeschmecktem Sirup) gekocht behält.

'Kanada Renette'

Ziehen Sie die „graue" ('Reinette gris du Canada') der „weißen" 'Reinette Monstreuse du Canada' vor, die empfindlicher gegen Obstbaumkrebs ist, und erziehen Sie den Baum am besten zu einer kleinen Form. Ernte Ende September, Verzehr November bis Februar. Der Apfel schmeckt ebenso gut roh wie gekocht (als mürbes Kompott).

'Melrose'

Auf dem Markt gekauft schmeckt dieser Apfel gewöhnlich, aber in sonnigen Gegenden ist er sehr lecker – und er trägt! Im Oktober-November roh zu essen.

'Pepin de Bourgueil'

Eine alte, kleine, zinnoberrote Apfelsorte aus dem Loiretal. Fest, säuerlich, und von Januar bis Mai ausgezeichnet. Unverwüstliche Gesundheit zeichnet ihn aus.

'Reinette Baumann'

Trotz ihres Rufs trägt die Sorte rasch und viel, wenn sie auf einen M 106 veredelt wurde. Der Apfel wird roh oder gekocht von Oktober bis Januar gegessen und schmeckt mild.

'Reinette Clochard'

Fest und mild, mit Anisaroma, trägt diese Sorte viel besser, als es ihr Ruf annehmen lässt. Der Apfel wird von November bis April roh oder gekocht gegessen.

'Reinette du Mans'

Ein einzigartiges Aroma hat dieser „gelbe Apfel", wie er in „seiner" Gegend genannt wird. Gegessen wird er von Januar bis Mai, am besten gekocht, aber auch roh, allerdings

Von links nach rechts: 'Reinette de Caux', 'Transparente de Croncels', 'Court pendu', 'Calville rouge du Mont d'Or', 'Signe Tillish' und 'Grande Alexandre'.

braucht man dann gute Zähne! Im Kordon gezogen trägt er ab einem Alter von drei Jahren, obwohl es heißt, er lege lange nicht los. Er ist super als Bratapfel.

'Goldparmäne' ('Reine des Reinettes')

Sie trägt gut und liefert jedes Jahr säuerliche Äpfel, in die man gleich nach der Ernte hineinbeißen kann, oder man verarbeitet sie den September über gekocht; auf keinen Fall später, auch, wenn sich der Apfel hält. Sehr guter Pollenspender.

'Signe Tillisch'

Ein riesiger milder und säuerlicher Apfel, blass grün, mit dem Geschmack nach Ananas, für September. Er ist fruchtbar und kennt keine Krankheiten. Er wird im Kordon gezogen und roh gegessen. Er trägt jedes Jahr, auch ohne Pflege.

'Winter Banana'

Regelrechter Bananengeschmack, zartes Fruchtfleisch, zum Rohessen von Oktober bis November. Er trägt jedes Jahr, achten Sie aber auf Mehltau. Er verträgt schlecht Kupfer-Behandlungen.

Hausgemachte Dörrpflaumen sind lecker! Man braucht nur einen kleinen Rost unter eine Scheibe zu schieben, die (wegen der Lüftung) auf zwei Keilen ruht, und nach zwei Tagen sind die Dörrpflaumen genau richtig.

Pflaumen in allen Farben

Wenn sie früh am Morgen gepflückt und dann in einem dämmerigen Obstraum kühl in einem Korb gelagert werden, schmecken sie noch besser. Dann entfalten sie all ihren Duft ... außer die 'Reine-Claude dorée', die man direkt unter dem Baum essen sollte, denn sie wird rasch fade. Wenn man sie auf ein Rost im Schutz einer Fensterscheibe in die pralle Sonne legt und drei bis vier Tage trocknen lässt, geben 'Prunes d'Ente', Zwetschgen, violette Renekloden und 'Sainte Catherine' ausgezeichnete Dörrpflaumen.

Selbstfruchtbare Sorten sind: 'Prune d'Ente', 'Elsässer Zwetsche', 'Reine-Claude d'Oullins', 'Stanley' und 'Victoria'. Außerdem sind 'Prune d'Ente, 'Stanley' und 'Reine-Claude d'Oullins' gute Pollenspender, die die Ernten ihrer Nachbarbäume verbessern. Zum Beispiel befruchtet 'Reine-Claude d'Oullins' die 'Reine-Claude dorée', die Mirabellen 'Metz' und 'Nancy', 'Italiener Zwetsche', 'Reine-Claude 'd'Althan' und 'Reine-Claude violette'. Gegenseitig befruchten sich: 'Reine-Claude d'Althan' und 'Reine-Claude d'Oullins'.

Mirabelle

Sie ist roh wie gekocht gleich geschmackvoll, göttlich auf dem Kuchen und in der Marmelade, aber eingelegt reicht sie nicht an die 'Reine-Claude dorée' heran. 'De Metz' reift später (Ende August), ist kleiner und Blattläusen gegenüber empfindlicher als die 'Nancy Mirabelle' (Anfang August). Die beste aber ist 'Parfumée', die im September reift. Alle gedeihen besser in Kalkboden. Es kommt leider vor, dass der Mirabellenbaum ganz plötzlich eingeht, oft nach einem heftigen Befall mit der Kräuselkrankheit mitten im Sommer, was um so frustrierender ist, als er zu den wahren Langweilern gehört, die zehn Jahre brauchen, ehe sie tragen.

Aprikosenpflaume

Diese Hybride zwischen Pflaume und Aprikose ähnelt sehr der 'Reine-Claude d'Oullins' und trägt ebenso gut. Sie liefert gute, helle Pflaumen, die aber nur in den mildestens Gebieten gedeihen. Ernte Anfang August.

'Prune d'Ente'

Mit ihrem feinem, trockenen, sehr aromatischen Fleisch schmecken die Früchte ebenso lecker auf dem Kuchen wie direkt unter dem Baum roh gegessen oder auch getrocknet. Diese Septemberpflaume steht entweder auf einer Unterlage aus Myrobalane oder man kauft sie auf einen Sämling veredelt. Es empfiehlt sich lehmig-kalkhaltiger, tiefgründiger Boden und ein sonnenverwöhnter, windgeschützter Platz. Dies ist die Pflaume für die berühmten Dörrpflaumen „Pruneaux d'Agen“. Sie trägt gut und fühlt sich wie die Zwetschge in schwerem Boden wohl. 'Stanley' und 'Victoria' haben die gleichen guten Eigenschaften zur selben Zeit, mit riesigen Früchten.

Zwetschge, Zwetsche

Die gleiche Art Geschmack wie die 'Prune d'Ente', nur später, Mitte September. Ausgezeichnet als Marmelade und auf dem Kuchen. Die Hauszwetschge trägt gut, wird aber sehr oft von Maden befallen. Zwetschgen ergeben gute Dörrpflaumen, aber zur Reifezeit kann man nicht mehr allein auf die Sonne rechnen. Ein Rat: Binden Sie die Äste waagerecht, um die Fruchtbildung dieses kräftigen Baumes anzuregen, der in seiner Jugend wegen seiner Steifheit recht unansehnlich ist.

Reneklode

Die süßeste ist unbestreitbar die ‘Reine-Claude dorée’, von der es etliche Klone unterschiedlicher Qualität gibt. In einem Maße, dass es sich lohnt, sie selber zu veredeln, wenn man einen außergewöhnlichen Baum kennt. Das heißt einen mit dicken, runden, rissigen Früchten, die halb golden, halb rosa sind und beim ersten Regen vor lauter Süße platzen. Ernte ist Mitte August. Sie schmecken ebenso köstlich roh wie gekocht und eignen sich besonders für gedeckten Pflaumenkuchen, wie man ihn im Loiretal gern isst.

Ich persönlich mag auch die ‘Reine-Claude d’Oullins’ gern, da sie die erste ist (Erntebeginn Ende Juli) und eingemacht die beste. Die ‘Reine-Claude Comte d’Althann’ mit den purpurroten Früchten, die Anfang August kommt, hat den Wohlgeschmack der ‘Reine-Claude dorée’, aber ohne die übertriebene Süße. Und die violette, späte (Sie ernten sie Anfang September) ist eine gute Pflaume, die sich zu allem eignet (einschließlich Dörrpflaumen); sie trägt sehr gut, braucht allerdings sieben bis acht Jahre, um in Gang zu kommen.

‘Sainte Catherine’

Eine meiner Kindheitserinnerungen, denn in der Touraine findet man sie fast überall. Oft auf einen Ausläufer oder einen Sämling derselben Art veredelt, biegt sie sich unter den länglichen, goldenen Pflaumen, die rosa getupft sind. Sie reift um den 15. September. Ihr seltsames, stark nach Muskat schmeckendes Aroma kommt in der Marmelade sehr gut zur Geltung. Früher wurde sie zu den berühmten „Pruneaux de Tours“ verarbeitet, die in den Brotbacköfen getrocknet wurden. Das funktioniert aber ebenso gut in der Sonne und macht so weniger Arbeit.

Meine Auswahl an Weintrauben

Damit die Reben auch wirklich gut ausreifen, schneidet man Mitte August alle Triebe rücksichtslos weg, die über das Spalier hinausgewachsen sind.

Weintrauben pflückt man am besten morgens (mit den Füßen im Tau) und isst sie im Laufe des Tages. Danach welken sie und verlieren ihr feines Aroma. Muskatellerwein wird 14 Tage bis einen Monat lang geerntet, wenn er ganz reif ist. Er wird noch besser, wenn er in der Sonne brät, die seinen ganz besonderen Geschmack noch steigert. Eine kleine Hitliste der (hauptsächlich weißen) Traubensorten:

‘Amandin’

Ihre Kennzeichen sind: Muskataroma, dicke, knackige Beeren und strotzende Gesundheit, so dass es einem die Reben nicht übel nehmen, wenn man das Spritzen vergisst. Die Sorte reift Mitte September.

‘Cardinal’

Eine große Traube mit dicken dunkel rosa Beeren. Einfacher, aber angenehmer im Geschmack und volle Produktion Anfang September. Kann durch ‘Aladin’ ersetzt werden, die auf Spritzen verzichten kann.

‘Chasselas’

Ehrlich gesagt ist diese ziemlich empfindliche Sorte nicht ideal für einen Faulpelz! Sie schmeckt zwar köstlich, zeigt sich aber allzeit bereit für Krankheiten, und sie kommt am Anfang schlecht voran. Zu alledem verträgt sie keine lehmigen Böden. Achten Sie vor allem darauf, ihr immer die im Kalender verzeichneten Behandlungen zuteil werden zu lassen, sonst müssen Sie mit Enttäuschungen rechnen. Und die rosafarbene ist noch komplizierter als die goldene. Mitte September.

'Exalta'

Diese weiße Weintraube, die sehr gut trägt, bringt Anfang September riesige Trauben mit Muskataroma hervor.

'Muscat de Hambourg'

Eine unvergleichliche Sorte, aber sie braucht sehr viel Wärme, so dass man sie nur in den am meisten bevorzugten Gebieten ziehen kann. Sie ist spät dran (Mitte Oktober), die Ernte zieht sich bis Mitte Dezember hin mit Trauben, die in der Sonne „gebraten" sind. Sie ist sehr produktiv und gewinnt, wenn man sie im Juni ausdünnt.

'Perdin'

Ein Geschenk des Himmels für den Faulen, der in den Sommerurlaub gefahren ist: Sie reift mitten im August und kann auf Spritzen verzichten.

'Perlette'

Unverwüstliche Vitalität, zuverlässige Ernten jedes Jahr. Einfacher Geschmack, aber keine Kerne. Früh (August).

'Sulima'

Lange Beeren an ganz langen Trauben und ein köstliches Muskataroma zeichnet diese Sorte aus. Sie überrascht durch eine dünne Haut und ganz erstaunliche Erträge. Ende September.

Literaturverzeichnis

Bärtels, Andreas, und Haag, Dorothea: Gehölze für den Garten. Verlag Eugen Ulmer, Stuttgart 1993.

Beucher, Patricia: Gemüse – natürlich und gesund. Verlag Eugen Ulmer, Stuttgart 2000.

Briemle, Helga: Gärten für die ganze Familie. Verlag Eugen Ulmer, Stuttgart 1999.

Collaert, Jean-Paul: Stauden. Verlag Eugen Ulmer, Stuttgart 1999.

Erhardt, Anne und Walter: PPP Index. Pflanzeneinkaufsführer für Europa. Verlag Eugen Ulmer, Stuttgart 1997, 3. Auflage.

Erhardt, Walter, Erich Götz, Nils Bödecker, Siegmund Seybold: Zander – Handwörterbuch der Pflanzennamen. Verlag Eugen Ulmer, Stuttgart 2000, 16. Auflage.

Garbe, Pascal: Teiche und kleine Wassergärten. Verlag Eugen Ulmer, Stuttgart 2000.

Köhlein, Fritz, und Menzel, Peter: Das große Buch der Stauden und Sommerblumen. Verlag Eugen Ulmer, Stuttgart 1994, 2. Auflage.

Lebleu, Edouard: Aromapflanzen. Verlag Eugen Ulmer, Stuttgart 1999.

Lindner, Ulrike: Der Hausgarten biologisch. Verlag Eugen Ulmer, Stuttgart 1991, 2. Auflage.

Oberholzer, Alex: Ein Garten für Tiere. Erlebnisraum Naturgarten. Verlag Eugen Ulmer, Stuttgart 1997.

Schmid, Otto, und Henggeler, Silvia: Biologischer Pflanzenschutz im Garten. Verlag Eugen Ulmer, Stuttgart 2000, 10. Auflage.

The Royal Horticultural Society: Handbuch der Pflanzenvermehrung. Verlag Eugen Ulmer, Stuttgart 1999.

Register

Register

Register